El libro del Marketing
Interactivo y la Publicidad Digital

Madrid 2013

Eduardo Liberos, Álvaro Núñez,
Ruth Bareño, Rafael García del Poyo,
Juan Carlos Gutiérrez-Ulecia y Gabriela Pino

El libro del Marketing Interactivo y la Publicidad Digital

ESIC

BUSINESS&MARKETINGSCHOOL

Primera edición: marzo 2013

© ESIC EDITORIAL
Avda. de Valdenigrales, s/n. 28223 Pozuelo de Alarcón (Madrid)
Tel. 91 452 41 00 - Fax 91 352 85 34
www.esic.es

© Eduardo Liberos, Álvaro Núñez, Ruth Bareño, Rafael García del Poyo,
   Juan Carlos Gutiérrez-Ulecia, Gabriela Pino

ISBN: 978-84-7356-907-1
Depósito Legal: M-12314-2013
Cubierta: Gerardo Domínguez

Fotocomposición y Fotomecánica: Nueva Maqueta
                                 Doña Mencía, 39
                                 28011 Madrid

Imprime: Gráficas Dehon
         La Morera, 23-25
         28850 Torrejón de Ardoz (Madrid)

Impreso en España

Índice

Coordinador de la obra

Eduardo Liberos

Licenciado en Marketing y Master en Dirección Financiera por ESIC, MBA por la Universidad Politécnica de Cataluña, Master en Sistemas y Tecnología de la Información por el Instituto de Empresa, Postgrado en Management Research por Harvard University y Postgrado en Competive Marketing Strategy por Wharton. Pueden seguirle en @eduardoliberos.

Miembro y portavoz de eEurope advisory group 2005 en la Comisión Europea, grupo de 40 expertos europeos para el desarrollo de internet y la sociedad de la información.

Ha trabajado en puestos de dirección para Thomson, Ecuality, Quiero TV y Netthink Carat.

Co-autor del libro *Lo que se aprende de los mejores MBA II*, editado por Gestión 2000 (2008) y del libro *El Libro del Comercio Electrónico*, editado por ESIC Editorial (2010).

Más información actualizada del libro en: http://bit.ly/Marketing-Digital. http://bit.ly/Marketing-Interativo. @markinteractivo.

Los autores

Eduardo Liberos

Licenciado en Marketing y Master en Dirección Financiera por ESIC, MBA por la Universidad Politécnica de Cataluña, Master en Sistemas y Tecnología de la Información por el Instituto de Empresa, Postgrado en Management Research por Harvard University y Postgrado en Competive Marketing Strategy por Wharton. Pueden seguirle en @eduardoliberos.

Miembro y portavoz de eEurope advisory group 2005 en la Comisión Europea, grupo de 40 expertos europeos para el desarrollo de internet y la sociedad de la información.

Ha trabajado en puestos de dirección para Thomson, Ecuality, Quiero TV y Netthink Carat.

Co-autor del libro *Lo que se aprende de los mejores MBA II*, editado por Gestión 2000 (2008) y del libro *El Libro del Comercio Electrónico*, editado por ESIC Editorial (2010).

Álvaro Núñez

Actualmente es Director del área académica de marketing en IEDGE Business School (www.iedge.eu) y es Director General de Acciones Especiales & Entertainment en GrupoM-WPP, primer grupo mundial de comunicación y publicidad. Destacó en puestos anteriores como Director de Comunicación no Convencional de Media Planning Group, Director de Acciones Especiales e interactividad de la cadena de TV Cuatro y de la plataforma de TV de pago Digital +, Jefe de Publicidad y Patrocinios de Canal +, Jefe de Compras y Logística de la incubadora de consultaría de Negocios on line Netjuice y como Gerente de e-commerce en Sonae Distribución, primer grupo de empresas en Portugal. Ha trabajado para más de 200 clientes de diversos sectores, entre ellos: Telefónica, El Corte Inglés, Repsol, Nike, Grupo Prisa, LVMH, Kia-Hyundai, Audi, Grupo Fiat, Iberdrola, Loterías y Apuestas del Estado, etc.

Es Licenciado en Administración y Dirección de Empresas por ICADE, Master en Marketing Digital por el Instituto de Empresa y especialista en Dirección de Marketing y Comercial por la Cámara de Comercio e Industria de Madrid.

Ruth Bareño

Licenciada en Ciencias Económicas y Empresariales por la UEX y Máster en Economía de las Telecomunicaciones por la UNED. Ha desarrollado su carrera en Vodafone, en Jetmultimedia y Tempos 21 (Grupo Telefónica) como Gerente Comercial en soluciones completas de movilidad (NFC, Bluetooth, Apps…).

Ha sido Responsable de Publicidad en el Móvil dentro de Orange Advertising Network España y actualmente es Directora General de madvertise, agencia especializada en mobile marketing y Vicepresidenta de la Mobile Marketing Association en España.

Rafael García del Poyo

Rafael García del Poyo es abogado y socio responsable del sector de Digital Business del bufete Osborne Clarke en Madrid.

Es licenciado en Derecho por la Universidad Complutense de Madrid y diplomado en Derecho Mercantil Internacional y Derecho Comunitario Europeo por la Universidad Católica de Lovaina en Bélgica.

Rafael García del Poyo es un abogado de reconocido prestigio en materia jurídica de las Tecnologías de la Información y de las Comunicaciones tanto en el ámbito nacional como europeo.

En los últimos 20 años este abogado ha actuado como asesor jurídico de empresas nacionales e importantes grupos multinacionales de muy diversos sectores económicos en asuntos relacionados, entre otros, con el derecho de las telecomunicaciones, el marketing digital, el comercio electrónico, los procesos de externalización de servicios (outsourcing y cloud computing) y la protección jurídica de datos personales.

Es además árbitro en materia de comercio electrónico de Confianza On-line en el seno de la Junta Arbitral Nacional de Consumo, del Comité de Arbitraje y Mediación de la Energía y la Ingeniería de la Asociación Europea de Arbitraje y sobre nombres de dominio en Red.es.

Conferenciante habitual y personal docente en diversas instituciones y universidades sobre materias relacionadas con el derecho y la tecnología, Rafael García del Poyo ha publicado artículos en periódicos y revistas especializadas y es co-autor de numerosos libros. Así mismo, es Secretario General del Centro Español de Derecho Espacial (CEDE) y Vice-Presidente de la Cámara de Comercio de Bélgica y Luxemburgo en España, entre otras instituciones y asociaciones profesionales.

Juan Carlos Gutiérrez-Ulecia

Master en Dirección Comercial por la Business & Marketing School ESIC. Master European Business Certificated por South Bank University de Londres. Licenciado en Administración y Dirección de Empresas por la Universidad de Empresariales San Pablo C.E.U. de Madrid. Diplomado en Ciencias Empresariales por la Facultad de Ciencias Actuariales y Empresariales de Extremadura. Actualmente es director de publicidad on line Vocento Net Finance.

Ha trabajado como director de Marketing Para XTB en España y Portugal, director de publicidad on line de portales verticales en Vocento, jefe de publicidad on line para Elmundo.es, director de Eleconomista.es y como responsable de grandes cuentas de Yell.es.

Gabriela Pino

Licenciada en Investigación y Técnicas de Mercado por la Universidad CEU-San Pablo, Diplomada en Empresariales por el CEU-San Pablo, Máster en Marketing Directo, Relacional e Interactivo por ICEMD-ESIC y Máster en Trading por IEDGE Business School.

Actualmente es Direct Marketing Manager Europeo en AmTrust International. Ha trabajado en CIGNA Health, Life & Accident for Europe como Media Marketing Manager para el mercado español, alemán, portugués, italiano y sueco. También ha sido Gerente de Online Marketing en Cortal Consors (Grupo BNP Paribas) y ha trabajado en los departamentos de marketing en Gonzalez Byass, Swiss Post International y Mobile Group.

Es profesora de Marketing en IEDGE Business School (ww.iedge.eu).

Prólogo

Cuando llegó por primera vez a mis manos este libro, pensé que se trataría del clásico manual de Marketing digital, para ayudar a los profesionales que querían tener una visión más amplia del futuro del medio o simplemente para aquellos que querían iniciar una andadura en lo que se denomina el marketing del futuro.

Lo cierto es que a medida que me adentraba en la lectura y repasaba los contenidos, me di cuenta que la lectura que tenía entre manos, había sido el trabajo intenso de una serie de profesionales de este medio, que querían mostrar a los estudiantes, a los que se dedican a estas disciplinas, a inmigrantes digitales e incluso a iniciados, a tener una nueva dimensión del Marketing Interactivo y Digital, aplicando los conceptos y metodologías que aquí se muestran.

Mucho ha evolucionado el sector del marketing y la comunicación en los últimos 15 años. El marketing digital es la respuesta correcta a la utilización masiva de las nuevas tecnologías y su incorporación normal y habitual en el proceso de comunicación estratégica de las empresas. Hace años, me hubiera gustado disponer de un libro cómo éste para conocer con detalle cómo comunicar, contactar y fidelizar a nuestros clientes, pero es ahora cuando la experiencia acumulada de Eduardo Liberos, Álvaro Núñez, Juan Carlos Gutiérrez-Ulecia, Gabriela Pino, Ruth Bareño y Rafael García del Poyo lo ha hecho posible.

Durante todos los años de mi vida profesional, que son muchos y en los que he conseguido con gran éxito adaptarme a los profundos cambios, industriales, tecnológicos, de comunicación y que han supuesto una gran evolución en los medios, hay uno que me gustaría resaltar, y es la adaptación al momento que vives.

Esta adaptación, entendida como ser el primero en visualizar lo que vendrá, mover los recursos para afrontar lo que nos vamos a encontrar, diseñar estrategias que permitan garantizar la supervivencia de nuestras empresas, construir los lazos con nuestro cliente final, cada uno en el medio que desarrolle su actividad, nos permitirá optimizar nuestra cuenta de resultados y sin duda, sufrir menos en los procesos de transformación de nuestro negocio.

Y eso es lo que este libro quiere transmitir, conocimientos, estrategias, productos, filosofías y conceptos, que sin duda, deberías conocer si tu objetivo final es mantenerte en este mundo tan cambiante, rápido y convulso. La lectura de este manual, no te dejará indiferente, te sorprenderá por su orientación para todos los niveles, lectura amena y sus casos prácticos.

Querido lector, ante lo inevitable y apasionante del mundo que vivimos, abre tu mente, desarrolla tu creatividad, transforma lo necesario en tu organización, diseña estrategias innovadoras con foco digital, sorprende a tu audiencia multiplataforma, y lee con atención las claves de este manual.

Quién sabe, es posible que puedas transformar la adaptación.

ALEJANDRO ECHEVARRÍA
Presidente Mediaset España

Capítulo 1
El mundo de la publicidad online

1.1. Introducción. Historia de la publicidad online

Cuando allá por el año 2000 empezaban a aparecer en España las primeras compañías basadas 100% en Internet, ya se vislumbraban dos tipos muy diferentes de negocio.

Por un lado llegaba a nuestro país el rumor de los primeros modelos de Comercio Electrónico, abanderados por la meta-tienda de Amazon.com, donde el nuevo medio digital prometía romper barreras, acortar cadenas de valor y, por tanto, ajustar costes de cara al consumidor final.

El otro modelo de negocio se basaba plenamente en la venta de publicidad, donde toda la fuerza comercial giraba en torno a un equipo de comerciales que practicaban el «negocio entre empresas» o Business To Business (B2B). Yahoo! fue el site que abanderó este modelo a nivel mundial, y uno de los primeros en dar guerra en el NASDAQ americano. Los primeros sites adoptaban el modelo del «portal», como evolución natural de los buscadores de páginas web. De hecho, el concepto entre Buscador (Google) y Portal (Terra) es muy diferente. Si en el buscador se trata de lograr un click-out[1] rápido y exitoso, en el Portal se trata de aumentar lo más posible las páginas vistas dentro de nuestro site por un mismo usuario, en la misma sesión[2]. Mientras que el Buscador persigue que el navegante «encuentre rápido lo que busca con la esperanza de que vuelva más veces a buscar», el Portal pretende que el navegante «encuentre lo que busca en mi site con la esperanza de que vuelva más veces a consultar este servicio en mi site» asegurándose así un mayor ratio de páginas vistas por visita.

---

[1] **Click-Out**: Un click que lleva al usuario a un site diferente al que navegaba, y por tanto fuera de «nuestro negocio». Un click-out te llevará de Yahoo.es a tusitio.com.

[2] **Sesión**: Cuando navegamos en un site, el servidor abre una instancia o registro (log) contra una IP determinada para mantener la coherencia de navegación y «seguir la conversación» contra nuestro navegador (browser, Navigator). Estas sesiones son las que permiten guardar una cesta de la compra, o darnos el resultado de nuestro horóscopo en diferentes páginas. De no ser así, debido a la intermitencia de nuestra conexión a Internet o la constante colisión de paquetes de datos en los «nodos intermedios», sería imposible mantener la traza entre las páginas servidas a un mismo puesto cliente.

Recordad que 1 página vista = 1 espacio publicitario (como mínimo). Más adelante nacieron los sites de contenidos verticales, más cercanos al concepto de «revista electrónica» que al de «directorio de páginas y servicios». Sin embargo, ambos se basan en el concepto de gratuidad para el usuario, desplazando todo el flujo de caja hacia el pago «offline» de las empresas que compraban los espacios publicitarios que el site ofrece.

Independientemente de la cuenta de resultados de ambos modelos, lo cierto es que Internet, casi ya 20 años después de nacer en España como fenómeno social, se ha consolidado como un canal de negocio y promoción muy diferente a lo que estábamos acostumbrados. Así como muchos de los productos y servicios adaptables a Internet se ofertan de forma diferente al mundo, la venta de formatos publicitarios ha sufrido, sufre y sufrirá muchos cambios con respecto a los soportes físicos.

En esta tabla tenemos el ranking de los veinte países en Internet con mayor número de usuarios del mundo.

WORLD INTERNET USAGE AND POPULATION STATISTICS June 30, 2012						
World Regions	Population (2012 Est.)	Internet Users Dec. 31, 2000	Internet Users Latest Data	Penetration (% Population)	Growth 2000-2012	Users % of Table
Africa	1,073,380,925	4,514,400	167,335,676	15.6 %	3,606.7 %	7.0 %
Asia	3,922,066,987	114,304,000	1,076,681,059	27.5 %	841.9 %	44.8 %
Europe	820,918,446	105,096,093	518,512,109	63.2 %	393.4 %	21.5 %
Middle East	223,608,203	3,284,800	90,000,455	40.2 %	2,639.9 %	3.7 %
North America	348,280,154	108,096,800	273,785,413	78.6 %	153.3 %	11.4 %
Latin America / Caribbean	593,688,638	18,068,919	254,915,745	42.9 %	1,310.8 %	10.6 %
Oceania / Australia	35,903,569	7,620,480	24,287,919	67.6 %	218.7 %	1.0 %
WORLD TOTAL	7,017,846,922	360,985,492	2,405,518,376	34.3 %	566.4 %	100.0 %

NOTES: (1) Internet Usage and World Population Statistics are for June 30, 2012. (2) CLICK on each world region name for detailed regional usage information. (3) Demographic (Population) numbers are based on data from the US Census Bureau and local census agencies. (4) Internet usage information comes from data published by Nielsen Online, by the International Telecommunications Union, by GfK, local ICT Regulators and other reliable sources. (5) For definitions, disclaimers, navigation help and methodology, please refer to the Site Surfing Guide. (6) Information in this site may be cited, giving the due credit to www.internetworldstats.com. Copyright © 2001 - 2013, Miniwatts Marketing Group. All rights reserved worldwide.

Fuente: Miniwatts Marketing Group.

No hay duda que Internet y la interactividad en general se han convertido en parte de nuestra vida cotidiana. Esto ocurre prácticamente en todo momento del día y en casi cualquier ámbito. Nos ocurre como usuarios, como empleados, como empresarios, como hijos, como padres, madres o abuelos.

Es innegable que Internet es un medio para que cualquier empresa o profesional, llegue a quienes necesitan sus productos o servicios. Es indiscutible que Internet es masivo y por supuesto podemos asegurar que es innegable que Internet es efectivo como medio publicitario.

Como medio publicitario, el valor más destacable de Internet es que ha permitido el acceso a todo tipo de anunciantes sin importar el tamaño o naturaleza del mismo, es decir, una pequeña o mediana empresa, cuyo ámbito de actuación esté muy localizado geográficamente, puede competir con una gran empresa nacional o, incluso, con una multinacional en igualdad de condiciones, planificando sus campañas online con las mismas herramientas y consiguiendo resultados muy similares en cuanto a efectividad. Es lo que se llama como «la democratización de la publicidad».

Muchos anunciantes empiezan a darse cuenta, otros ya lo saben y así lo vienen demostrando en los últimos años de que Internet es un medio apto para la puesta en marcha de estrategias de generación o refuerzo de marca en coordinación con otros medios, tanto como para las de respuesta directa, ya que la versatilidad en cuanto a formatos, herramientas, cobertura, audiencia, segmentación[3], etc., le permite adaptarse a la situación particular de cada uno de ellos.

Los datos demuestran que a través de la red se puede llegar al consumidor real y/o potencial allí donde se encuentre y en el momento más adecuado para mostrarle sus mensajes comerciales. A todo lo cual cabe añadir que la publicidad interactiva revierte mayor rentabilidad económica y comunicativa en comparación con otros media tradicionales.

Esta apuesta por parte del anunciante hacia Internet se pone de manifiesto en su comportamiento inversor. Las cifras confirman que éste ha sido el medio que más ha incrementado su partida presupuestaria: No obstante y según la tendencia marcada por otros mercados más desarrollados como el norteamericano o el inglés, a muy corto plazo. Internet recibirá más ingresos que la radio, uno de los medios más tradicionales y con la segunda audiencia cuantitativamente más mayoritaria.

Por otra parte, el modo en que los internautas reciben la publicidad online está experimentando un cambio notable, convirtiendo en obsoletas muchas de las fórmulas de comunicación hasta ahora utilizadas por los anunciantes. Y es que, en la era digital, la mayor experiencia y sofisticación del consumidor le permiten ejercer un control sobre los medios y sus mensajes que hasta el momento no tenían. No espera a que unos contenidos comerciales supuestamente de su interés invadan la pantalla de su ordenador sino que, aprovechando la oportunidad que ofrece la tecnología, escoge entre una enorme variedad de soportes y dispositivos mediáticos bastante accesibles y puestos a su disposición a través de la red para buscar información y/o compartirla. En consecuencia, un medio tan revolucionario e innovador como es Internet está desarrollando continuamente nuevas herramientas publicitarias que permiten una elevada segmentación de la audiencia y mensajes más relevantes o afines con las necesidades del usuario.

La situación actual de la publicidad interactiva en España y latinoamerica, tanto desde la óptica del receptor de los mensajes a través de la actitud que demuestra hacia ellos, como desde la perspectiva del anunciante, mediante su comportamiento inversor donde muestra sus preferencias en cuanto a los distintos formatos publicitarios, recoge las últimas tendencias con las que las empresas hacen llegar sus mensajes comerciales a los usuarios de la red y las herramientas más novedosas que se están implementando en este momento en España. Éstas desembarcan de la mano de multi-

---

3 Mas información en: http://bit.ly/Marketing-Digital.

nacionales, una vez que se ha probado el éxito y la eficacia obtenidos por las mismas en otros países como Estados Unidos o Inglaterra, punteros en la búsqueda y lanzamiento de soportes cada vez más sofisticados, menos intrusivos y, por ende, más respetuosos con el comportamiento de navegación de los internautas y con el uso que éstos hacen de la World Wide Web.

Los que más navegan por la red, el 80%, son los jóvenes de entre 15 y 24 años. La conexión suele realizarse principalmente desde hogares y puestos de trabajo, aunque Internet en las aulas gana protagonismo, como dijo el Observatorio de las Telecomunicaciones y de la Sociedad de la Información de Red.es:

«Hay una clase navegadora ya consolidada, un cuarto de la población es navegadora intensiva y estable. Hay algunos que se decepcionan y abandonan porque no encuentran lo que necesitan, son el 3,8% de los internautas».

Entre las actividades que coparon el interés de los internautas destacan el uso de buscadores, acceso a redes sociales, acceso al correo electrónico, y la consulta de noticias. El chat pierde usuarios en favor de la mensajería instantánea, que es la actividad que ha experimentado un mayor crecimiento.

Las descargas son otro de los productos estrella de Internet, el 32% del total son del tipo P2P. El comercio electrónico es el reflejo de cambio del consumo y hoy en dia podemos decir que es un canal estratégico para cualquier pyme que desee crecer.

1.2. Publicidad online versus publicidad offline

Internet está cambiando los hábitos de consumo en la gente. En los medios tradicionales, la masificación de la publicidad provoca saturación en el público pero la publicidad online puede evitar este peligro al ir directamente al target. Una característica es que es interactivo y autoselectivo, el público decide donde ir y que mensaje consumir. Los anunciantes confían cada vez más en los medios electrónicos para la publicidad, ya que son de fácil acceso y edición. Otra característica interesante, es su bajo costo de producción y su alcance geográfico indeterminado, con poco dinero tenemos una vidriera a que excede lo local. Una campaña publicitaria dirigida por Internet le puede ahorrar tiempo y dinero a un departamento de publicidad al eliminar la necesidad de laborioso y costoso trabajo, aprovechando que se puede personalizar los contenidos gracias a la mensurabilidad.

Además al estar en un medio relativamente virgen las ventajas y posibilidades de la publicidad en Internet son enormes. El costo de producir mensajes para Internet y su vehiculización es bajo comparado con el de los medios tradicionales. Los productos o servicios pueden ser publicitados las 24 horas del día no sólo al mercado local. El lanzamiento de cualquier campaña, los costos operacionales de la misma son mínimos y la oferta esta disponible en forma permanente.

Es posible medir prácticamente cualquier variable que se decida para el target. Con esto se puede tener un control absoluto de quienes ven nuestra publicidad, que hacen, quienes nos visitan, de dónde y cómo, cuántos son, cuánto tiempo se quedan en nuestra página. Es posible medir los resultados de la publicidad online en sólo cuestión de días, mientras que con los medios convencionales se necesitan meses para conducir un estudio. Se puede targetizar la publicidad y personalizarla de acuerdo a nuestro público objetivo. Se puede personalizar la publicidad de acuerdo a los gustos del público. La mayoría de los usuarios de Internet son de NSE alto y medio por lo que es un cliente potencial perfecto para cualquier producto.

La inmediatez del mundo digital supone que todo tiene que ser al instante. Por este medio el posible cliente puede ver el anuncio, pedir información del producto de interés y cerrar la compra en el mismo momento, lo que ahorra tiempo y esfuerzo. Todos los contenidos comparten el mismo espacio en la pantalla de la PC. El texto o imagen en la que está interesado el internauta comparte espacio con la publicidad, de manera que no se puede hacer zapping, mientras el contenido del website sea de su interés.

Quien está frente a la pantalla de la PC, está atento e interactuando con el medio. La publicidad online se beneficia de esto ya que el usuario no tiende a dormirse o realizar otras actividades como suele suceder con la radio y la televisión. Esta ventaja es compartida con los medios gráficos.

Con el monitoreo constante, es fácil determinar las necesidades de los potenciales clientes. Esto que permite tener más éxito al hacerles llegar lo que realmente buscan y por lo que están dispuestos a pagar, evitando disparar mensajes a ciegas buscando un posible blanco, como en los medios tradicionales. A través de la vehiculización de mensajes publicitarios en Internet se puede llegar a más clientes ya que no existen barreras geográficas ni de tiempo. La publicidad está expuesta permanentemente, lo que no ocurre no ocurre si se utilizan soportes de publicidad tradicionales.

Al haber costos bajos, se pueden probar nuevas ideas con poca inversión y rápida mensurabilidad. Esto beneficia a pequeñas empresas que no disponen de grandes presupuestos publicitarios y necesitan medir el retorno en corto tiempo.

Las desventajas y riesgos de vehiculizar mensajes publicitarios en Internet pueden ser grandes dependiendo del publico objetivo al que se quiera llegar. Aunque el crecimiento de los usuarios de Internet ha sido explosivo en los últimos años, es preciso hacer un panorama global ver que se excluye del mensaje publicitario a segmentos de la población que no tienen acceso a la Red. Hay que tener claro que con Internet se llega sólo a los internautas.

Con la maduración de Internet 2.0 y la conversión del esquema de comunicación, el medio digital permite la circulación de cualquier clase de mensaje sin una fuente definida. El relativo anonimato puede generar algunos casos de fraude que afecta la confianza sobre la que se basa la relación anunciante-cliente.

Los internautas se están saturando con la publicidad invasiva y con ofertas de productos no solicitas. La repetición e insistencia del mensaje que ayudan a reforzar el posicionamiento en los medios tradicionales, en el medio digital deben ser dosificadas con cuidado para no generar rechazo en los potenciales clientes. Ya que es un medio de fácil acceso, la competencia puede ponerse rápidamente en conocimiento de cualquier estrategia de mercadeo o ventas que se coloque en Internet. Por eso la innovación de las herramientas elegidas debe ser dinámica y nunca caer en la repetición.

El constante surgimiento de sitios en Internet junto con el constante cambio de hábitos del Internauta hace difícil definir qué medios son los mejores para pautar. Los usuarios no son fieles a un medio tal cual sucede con las radios o determinados formatos de televisión. Actualmente los números de usuarios de Internet que acceden a determinados medios, son medidos por sistemas poco fiables o por datos que entregan los propios anunciadores. De esta manera las cifras son poco fiables para el anunciante y hacen difícil la tarea de planificar inversiones de acuerdo al target.

Internet permite escuchar y obtener información del usuario. Esta información es la llave para PERSONALIZAR el Mensaje, los Servicios y Productos. La actitud activa (interactiva) del usuario significa: Capacidad para seleccionar lo que desea.

Interactividad = Multidireccional: Se rompe la comunicación lineal.

El usuario puede decidir cuándo y qué ver,… participa en el contenido. Respecto a la INFORMACIÓN que recibimos y recordamos:

✓ 10% de lo que **LEEMOS**

✓ 20% de lo que **OIMOS**

✓ 30% de lo que **VEMOS**

✓ 70% del **AUTODIALOGO**

✓ 90% de lo que **HACEMOS**.

Resumiendo: «Lo bueno»

- Es un medio que permite obtener valiosa información de nuestros consumidores. Se comparte información y NO sólo se expone.

- Es un medio «GLOCAL». Nos permite, con capacidad masiva uno a muchos, establecer relaciones uno a uno, donde los mensajes se pueden personalizar.

- Las barreras espacio-tiempo desaparecen.

- Inmediato y de bajo coste.

- Internet es un medio en el que Contenidos, Publicidad, Marketing directo, Promoción, Ventas y Relaciones Públicas se unen en un mismo «Acto de Comunicación».

Resumiendo: «Lo malo»

- Miedo a la pérdida de la intimidad y del contacto humano.

- Cantidad de información excesiva y en ocasiones difícil de encontrar, en ocasiones inútil.

- Gap generacional (matiz tecnológico).

- Peligro de que la llamada globalización se resquebraje en dos, separando el mundo conectado del resto por una «brecha digital».

- No está todavía consolidado.

La situación actual de la publicidad en prensa la podemos resumir en las siguientes conclusiones:

- Pérdida de cuota de medios gráficos.
- Enorme concentración en grupos de comunicación.
- Regionalización de la difusión vs. centralización de la planificación.
- Incorporación de gratuitos. Share de prensa.
- Error estratégico de los diarios de pago.
- Error estratégico de los periódicos gratuitos.
- Burocratización de la planificación.
- «En busca de GRP perdido».
- El QRP de la prensa (puesta en valor).
- Mejora en flexibilidad de espacios.

La Prensa ha aprendido a convivir con la Publicidad en más soportes, más oferta editorial (fines de semana), más targets, más información local, más color, diversificación de contenidos, mayor especialización y profundidad, con los suplementos, con una mejor impresión, con una maquetación más moderna y con nuevos formatos publicitarios.

Algunas de las ventajas del anuncio gráfico son el acto volitivo de compra y de lectura, la capacidad de argumentar. Permite explicar mejor el producto. Ofrece una mayor credibilidad y veracidad: «lo escrito prevalece sobre lo hablado».

La inmediatez de la inserción, es una acción que se repite a diario. Posee una imagen de marca que aporta valor a la publicidad. La lectura de la publicidad forma parte de la lectura del diario, el diario llega y se lee en lugares donde no llega Internet y otros medios como la televisión.

Algunas de las ventajas con las que cuenta la prensa escrita como soporte publicitario son:

- La calidad del impacto.
- La credibilidad y seriedad.
- Posibilidad de dar una información amplia del producto.
- Integración de la información dentro del soporte.
- Público objetivo de calidad y fiel.
- Capacidad de segmentación (según el tipo de diario o la distribución geográfica).

Contexto internacional: los datos de referencia y últimas estadísticas actualizadas recomendamos acceder a https://www.facebook.com/Libro.Marketing.Digital[4].

---

4 Para acceder a contenidos actualizados, pueden visitar: https://www.facebook.com/Libro.Marketing.Digital.

Lo que más destaca de la inversión publicitaria en Internet es la evolución que ha experimentado en pocos años, consolidando su posición en el sector a medida que se asienta como medio de comunicación y soporte publicitario. Los medios interactivos ya son el tercer soporte publicitario en España tan solo precedidos por televisión y por diarios

Aunque Internet sea de gran utilidad para varias actividades, sin duda resulta una herramienta casi insuperable para promocionar productos y servicios. El bajo coste y el gran alcance de la publicidad en Internet la convierten en un medio publicitario con todas las letras. Las ventajas generales de la publicidad se suman a las ventajas específicas de la publicidad en Internet, para alcanzar logros competitivos y relevantes para las empresas que implementan campañas publicitarias y estratégicas de marketing directo en Internet:

«Acerca tu empresa a empresas líderes, anúnciate a precios competitivos».

A partir de aquí, podemos ir construyendo, para cada una de las empresas donde trabajemos una escalera de menor a mayor conocimiento de la marca e idealización mediante medios, soportes y herramientas digitales:

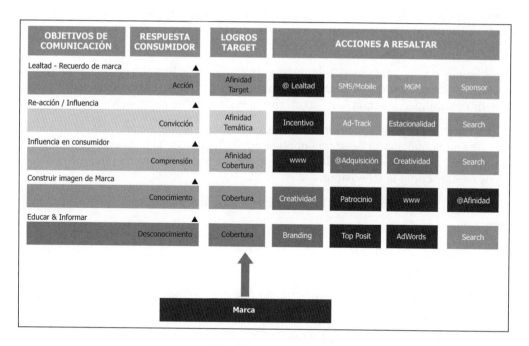

Resumiendo:

- Alto impacto en los consumidores en comparación con la publicidad fuera de Internet.
- Resulta más económica que la publicidad en otros medios.
- Puede combinarse con otros medios de publicidad.

- Permiten crear y mantener la imagen empresaria.

- Las campañas de publicidad en Internet presentan un bajo nivel de riesgo.

- Permiten probar nuevas ideas publicitarias arriesgando poco dinero.

- Favorecen la comunicación instantánea con los clientes y prospectos, a través de varios canales: foros, emails, chat, videoconferencia, boletines electrónicos, etc.

- La comunicación con el cliente es sencilla y bidireccional.

- Facilita establecer redes de afiliados al sitio.

- Facilita el intercambio de links y banners con otros sitios y aumentar las visitas.

- Reporta ganancias adicionales a las que brinda la venta del producto o servicio ofrecido en el sitio, a través de campañas PPC (pago por clic) y PPA (pago por acción).

1.3. Modelos de contratación de campañas en publicidad online

Internet ofrece cuatro modelos de contratación para campañas publicitarias, que pueden aplicarse tanto a anuncios gráficos como a anuncios de texto.

CPM (*Cost Per Mille Impressions*). Coste Por Mil Impresiones

Es el modelo más elemental mediante el cual pagas en función del número de impresiones de tu anuncio, es decir, el número de veces que se visualiza la publicidad en una página, independientemente de que los usuarios hagan click o realicen algún tipo de acción o compra.

Utiliza este sistema para campañas de branding, es decir, cuando tu objetivo sea conseguir visibilidad o reconocimiento de marca, no siendo efectivo para aumentar el beneficio a través de la acción o compra por parte del usuario.

En este tipo de campañas el número de usuarios suele ser muy elevado y, por tanto, el valor aportado por cada uno es menor.

CPC (*Cost Per Click*). Coste Por Click

En este modelo se requiere una mínima acción por parte del usuario, únicamente pagas por cada click que se hace en tu anuncio (es el modelo utilizado por Google Adsense en sitios web y Adwords en buscadores), independientemente del número de veces que aparezca o que el usuario termine realizando alguna acción o compra.

Cada vez más empresas utilizan para sus portales y redes esta manera de comercialización, debido entre otras razones a los cambios estratégicos de los anunciantes en publicitarse en Internet y además por quitar cuota de mercado al gigante Google.

Utiliza este sistema cuando tu objetivo sea atraer tráfico hacia tu web, con el fin de aumentar el valor generado, ya sea mediante la acción o compra por parte del usuario o la obtención de ingresos por publicidad, en el caso de que hayas colocado publicidad en tu página. Para incrementar el éxito de este tipo de campañas es aconsejable ofrecer algún incentivo al usuario: descarga de archivos, información relevante, ofertas especiales.

En este nivel, el número de usuarios suele ser inferior al modelo CPM, sin embargo, el beneficio aportado por cada uno es mayor.

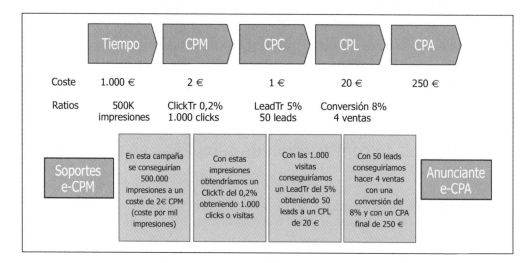

CPL (*Cost Per Lead*). Coste Por Dirigir o Captar clientes

En este modelo, pagas únicamente cuando un usuario hace click en el anuncio y además realiza algún tipo de acción como el registro de datos mediante formularios, la suscripción a tu boletín electrónico (newsletter) o cualquier otra acción que estimes.

Utiliza este sistema cuando pretendas recabar información acerca de tus usuarios, con el fin de convertirlos en futuros clientes. La solicitud de un email o número de móvil suele ser fundamental ya que posteriormente podrás utilizar estos datos para enviar información u ofertas que se ajusten a las necesidades de cada usuario, habiendo contado previamente con su permiso.

El precio de este tipo de campañas suele ser muy superior a los modelos anteriores, debido al proceso que requiere, desde que el usuario accede a una página hasta que termina en la tuya cumplimentado un formulario.

A este nivel, el número de usuarios desciende considerablemente respecto al modelo anterior, sin embargo, el beneficio aportado por cada uno de ellos es muy superior.

CPA (*Cost Per Acquisition*). Coste por Adquisición o Compra

En este modelo pagas cuando el usuario realiza una compra en tu web, lo que normalmente implica que el usuario ha hecho el recorrido completo:

Visualizar y hacer click en el anuncio, rellenar un formulario con sus datos y por último realizar la compra del producto.

Este modelo es muy utilizado por tiendas online ya que el objetivo principal es aumentar la venta de productos mediante la compra por impulso.

El precio de las campañas CPA suele ser el más alto de todos debido a la complejidad de todo el proceso. Además, dependiendo de las condiciones, el sistema de pago al medio suele variar desde un pago fijo por cada venta hasta un porcentaje del valor del producto vendido. A este nivel, son muy pocos los usuarios que llegan y por tanto el valor de éstos es el más alto.

Pago fijo mensual

Este es un modelo adicional, conocido también por patrocinio online, muy diferente a los anteriores en cuanto a su funcionamiento ya que no influyen directamente variables como el número de impresiones, clicks o ventas para fijar su precio.

En este caso, pagas una cantidad fija para que tu anuncio aparezca durante un determinado periodo de tiempo en una o varias páginas del sitio web seleccionado. El precio se establecerá en función de las estadísticas y el perfil del sitio web: temática del sitio, nivel de especialización, visitas únicas diarias, número de páginas vistas, etc.

Este tipo de campañas son un complemento ideal al resto de modelos ya que permiten planificar con más fiabilidad al poder comparar entre los distintos modelos y analizar cuál es más eficaz.

Ventajas e inconvenientes para anunciantes y medios

La selección del modelo idóneo para maximizar la eficacia de una campaña no es tarea fácil ya que intervienen un gran número de factores, entre ellos: el tipo de negocio, las necesidades de comunicación, el público objetivo, el presupuesto disponible,… sólo analizando todos estos datos podrás seleccionar la estrategia más adecuada, pues ninguno de los sistemas anteriores garantiza el éxito por si solo.

Para una campaña cuyo objetivo es aumentar las ventas, además de conseguir notoriedad de marca, deberías inclinarte por un esquema del tipo CPL o CPA ya que con éstos vas a asegurar un mayor cumplimiento de tus objetivos. Sin embargo, para el medio va a suponer un riesgo elevado ya que va a poner a tu disposición su espacio publicitario y sólo va a percibir beneficios cuando los usuarios se registren o compren en tu página.

Por otro lado, el medio siempre va a intentar posicionarse en realizar campañas de CPM, CPC o patrocinio ya que, con éstas, sus posibilidades de obtener beneficios son mayores, poniendo así el riesgo de la campaña en tu campo de juego.

Ante esta situación, anunciante y medio deberéis negociar y llegar a un acuerdo que sea lo más beneficioso para ambos, no obstante dependerá también del medio, pues los grandes portales (medios de comunicación, portales de entretenimiento,…), suelen ser menos flexibles que otros sitios web más pequeños, que suelen estar abiertos a diferentes propuestas.

Digital Ad Spending Worldwide, by Region and Country, 2010-2016
billions

	2010	2011	2012	2013	2014	2015	2016
North America	$28.29	$34.70	$42.61	$50.02	$56.68	$61.76	$66.55
—US	$26.04	$32.03	$39.50	$46.50	$52.80	$57.50	$62.00
—Canada	$2.25	$2.67	$3.11	$3.52	$3.88	$4.26	$4.55
Western Europe	$22.04	$24.83	$27.96	$31.17	$34.88	$38.12	$41.05
—UK	$6.61	$7.72	$8.64	$9.51	$10.55	$11.40	$12.19
—Germany	$5.04	$5.85	$6.75	$7.57	$8.32	$8.82	$9.29
—France	$2.62	$2.85	$3.19	$3.45	$3.76	$4.02	$4.26
—Italy	$1.39	$1.63	$1.89	$2.16	$2.44	$2.73	$3.03
—Spain	$1.13	$1.29	$1.49	$1.66	$1.86	$2.04	$2.21
—Other	$5.25	$5.49	$5.99	$6.84	$7.94	$9.11	$10.06
Asia-Pacific	$18.05	$22.11	$27.63	$33.57	$39.79	$46.23	$53.16
—Japan	$7.90	$8.53	$9.60	$10.46	$11.25	$11.92	$12.55
—China*	$3.70	$5.30	$7.36	$9.43	$11.78	$14.02	$16.48
—Australia	$2.33	$2.66	$3.04	$3.45	$3.83	$4.18	$4.50
—South Korea	$2.06	$2.28	$2.50	$2.70	$2.90	$3.08	$3.25
—Indonesia	$0.12	$0.33	$0.80	$1.32	$2.07	$2.96	$4.02
—India	$0.25	$0.35	$0.48	$0.67	$0.93	$1.24	$1.65
—Other	$1.69	$2.65	$3.85	$5.54	$7.02	$8.83	$10.72
Eastern Europe	$2.25	$3.60	$4.68	$5.73	$6.62	$7.48	$8.15
—Russia	$0.95	$1.56	$2.08	$2.58	$3.09	$3.56	$3.96
—Other	$1.29	$2.04	$2.59	$3.14	$3.53	$3.91	$4.19
Latin America	$2.03	$2.67	$3.62	$4.43	$5.67	$6.69	$7.68
—Brazil	$1.12	$1.46	$2.05	$2.45	$3.14	$3.61	$4.13
—Argentina	$0.22	$0.34	$0.47	$0.59	$0.77	$0.94	$1.11
—Mexico	$0.27	$0.36	$0.46	$0.54	$0.63	$0.72	$0.82
—Other	$0.42	$0.51	$0.65	$0.84	$1.12	$1.41	$1.63
Middle East & Africa	$0.38	$0.57	$0.84	$1.24	$1.71	$2.22	$2.81
Worldwide	$73.04	$88.47	$107.33	$126.16	$145.34	$162.49	$179.41

*Note: includes advertising that appears on desktop and laptop computers as well as mobile phones and tablets, and includes all the various formats of advertising on those platforms; excludes SMS, MMS and P2P messaging-based advertising; numbers may not add up to total due to rounding; *excludes Hong Kong*
Source: eMarketer, July 2012

141912   www.eMarketer.com

Por lo general, la mejor opción y la más extendida es el sistema CPC ya que se equilibra el riesgo y ambos obtendríais beneficios sólo cuando el usuario hace click. No obstante, recomiendo llevar a cabo campañas mixtas, combinando diferentes tipos de sistemas, lo que les permitirá analizar con mayor profundidad qué esquemas funcionan mejor con determinado formato o mensaje publicitario, ubicación en el sitio web.

A través de estos ensayos podrán definir también con mayor precisión los hábitos de su público objetivo, con el fin de detectar el tráfico de calidad, es decir, aquellos usuarios afines a su marca y al contenido de su sitio web que, con una mínima motivación, estarán predispuestos a hacer click en los anuncios.

Durante el desarrollo de la campaña podemos medir su éxito mediante el Click Through Rate (CTR), que mide el número de clicks que se hace en un anuncio en relación con el número de impresiones del mismo. El resultado se expresa mediante porcentajes, y lógicamente, cuanto más elevado sea, mayor éxito habrá tenido la campaña.

$$\textbf{CTR = N.º Clicks / N.º Impresiones} \times \textbf{100}$$

Posteriormente este dato tendremos que compararlo con los beneficios obtenidos al final de la campaña para estimar su eficacia, pues un elevado número de clicks no implica que todos los usuarios hayan terminado realizando algún tipo de acción en tu página.

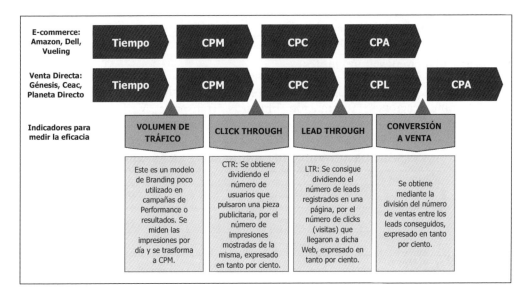

Tarifas y Formatos

Cada medio establecerá sus propias tarifas en función del tráfico, especialización, etc. Si el medio facilita las estadísticas de su sitio web se podrán realizar algunas estimaciones sobre el coste de los impactos, por ejemplo, en una campaña de patrocinio mensual sólo tienes que dividir el precio entre el número de visitas mensuales, partiendo de las estadísticas de meses anteriores; en el caso de una campaña CPM, divide el precio entre el número de impresiones contratadas.

A continuación se detallan los principales aspectos que inciden en el precio de los anuncios:

- **Formato.** El equivalente a los anuncios en prensa, cuanto más grande sea el tamaño del anuncio, mayor será el precio.

- **Ubicación.** Los espacios inferiores son más económicos debido a la dificultad para ser visualizados, mientras que los espacios superiores son más caros ya que son las zonas donde el usuario fija más la vista.

- **Peso.** Si en televisión son los segundos, en Internet influyen mayor será su precio. Esto explica que los formatos dinámicos con vídeo y contenido enriquecido sean más caros que los formatos estáticos.

- **Modelo de contratación.** Como comenté anteriormente, cada modelo tiene un precio diferente, mientras que el CPM y el pago fijo pueden ser los más económicos, el CPL y CPA son los más caros. El CPC suele estar en un punto intermedio.

- **Gestión de la campaña.** Si contratas los servicios de una empresa externa que diseñe y/o gestione la campaña, el precio aumentará ya que habrá que agregar los honorarios de ésta.

1.4. Volumen de negocio y sectores afines

Sectores y principales anunciantes

Los sectores de actividad de mayor inversión en marketing en medios interactivos son Telecomunicaciones, Automoción, Finanzas, Transporte, Medios de comunicación.

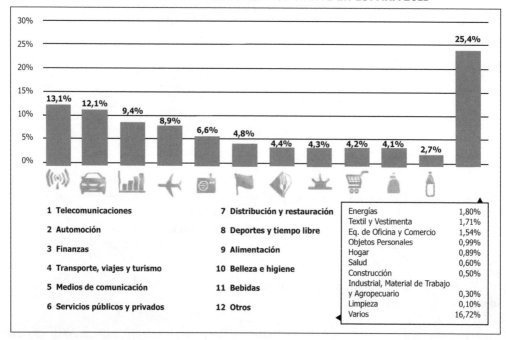

INGRESOS POR ACTIVIDAD DEL ANUNCIANTE EN ESPAÑA 2011

1 Telecomunicaciones	7 Distribución y restauración
2 Automoción	8 Deportes y tiempo libre
3 Finanzas	9 Alimentación
4 Transporte, viajes y turismo	10 Belleza e higiene
5 Medios de comunicación	11 Bebidas
6 Servicios públicos y privados	12 Otros

Energías	1,80%
Textil y Vestimenta	1,71%
Eq. de Oficina y Comercio	1,54%
Objetos Personales	0,99%
Hogar	0,89%
Salud	0,60%
Construcción	0,50%
Industrial, Material de Trabajo y Agropecuario	0,30%
Limpieza	0,10%
Varios	16,72%

Fuente: IAB 2011.

Los principales anunciantes en formatos gráficos de Internet correspondientes a los sectores de mayor inversión fueron Telefónica, Vodafone, El Corte Inglés o P&G.

Modelo de pricing y formatos

En relación con el modelo de pricing utilizado en la contratación publicitaria, el 62,7% del presupuesto se comercializó bajo el modelo de Resultados, frente al 31,1% que se negoció a Coste Por Mil impresiones (CPM). Otros modelos (tiempo, posiciones fijas…) aglutinaron el 6,2% de la inversión.

Con respecto a los formatos publicitarios utilizados (sin contar con los enlaces patrocinados y buscadores), Banners, botones, sellos y rascacielos acapararon el 22,67% de la inversión, mientras que el Email marketing alcanzó el 4,04% y los Patrocinios o secciones fijas el 3,7%.

En este gráfico podemos ver la distribución de la inversión por modelo de pricing y formatos. Es un dato relevante como la inversión online ha evolucionado tan rápido, abandonando estrategias bajo de modelos de branding hacia modelos de resultados.

MODELO DE PRICING EN ESPAÑA

Fuente: IAB 2011.

En la siguiente tabla recogemos la evolución de los ingresos por tipo de formato en Internet durante el 2010 y 2011.

TIPOS DE FORMATOS EN ESPAÑA

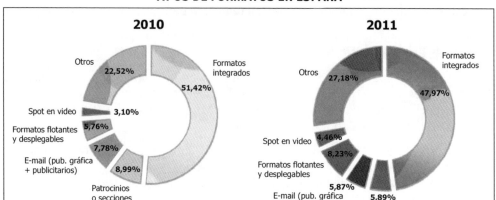

Fuente: IAB 2011.

1.5. Formatos de publicidad online. Nuevos formatos interactivos

Entre las opciones publicitarias que nos podamos encontrar vamos a destacar aquellas que aparecen en cualquier portal de Internet y aquellos cuya ubicación se encuentra en buscadores. Nos vamos a encontrar multitud de formatos publicitarios online, por ello existe la necesidad de estandarización. Es una de las funciones específicas de la IAB, la cual ha estandarizado los formatos creativos gracias al consenso de todo el sector interactivo español.

Así como la publicidad tradicional se encuentra en una etapa de agotamiento y en mutación hacia prácticas nuevas, los consumidores tradicionales también se encuentran en proceso de cambio. La variedad y complejidad de medios electrónicos ha crecido exponencialmente en los últimos tiempos y los anunciantes comienzan a apoyar el crecimiento con pautas publicitarias cada día más complejas buscando llamar la atención de los compradores.

La remisión de los avisos televisivos y de gráfica hacia un sitio web creado por una marca con diversos contenidos y desde el cual el usuario puede interactuar, se vuelven cada día más populares y efectivos. Las audiencias fueron perdiendo interés en la publicidad por lo que fue perdiendo efectividad a medida que se transformaba en un elemento más del paisaje cotidiano. El ganar espacios publicitarios no invasivos y que mejoren la performance en términos de efectividad se ha convertido en el nuevo paradigma de los creativos y planners.

Con el impulso que ha tenido la Internet 2.0, el usuario de Internet ha pasado de ser un mero receptor y se ha convertido en generador de mensajes lo que provocó una reformulación del esquema de publicidad tradicional. Los consumidores digitales están lejos de aquellos espectadores cuyo único poder de decisión estaba en el control remoto, ahora tienen una oferta mucho mayor y son mucho más selectivos con el mensaje que quieren absorber.

Los nuevos medios han cambiado el status de los consumidores. Ahora son lo que se llama **Prosumidores**, productores y consumidores al mismo tiempo. A la hora de pautar, las marcas deben generar acciones que contribuyan a que el usuario sienta que participa de la campaña. La base de la interactividad es que haya alguien que hable y otro que responda. La incorporación de los consumidores en la producción es una forma de captar la atención y de acercarlos a la marca.

Prácticamente cualquier manifestación que se haga en Internet es pasible de asumir publicidad. No hay límites en la estrategia de mercado en la red. Pero la superabundancia de mensajes y la diversidad de canales por donde se transmiten han creado una suerte de embotamiento en los espectadores. Los diversos programas filtro, como los antispam o los bloqueos de ventanas emergentes se convirtieron en escollos a salvar para los creativos y evitando el uso y abuso de que pecaron los primeros desarrollos de publicidad interactiva.

La contratación de la publicidad sigue regida por los click, es decir se estipulan contratos dependiendo de si el usuario pincha o no en el anuncio. Esta metodología sigue acaparando la mitad de la inversión y llega hasta el 50,45% de los casos. En cuanto a los ingresos por formatos, los banners, botones, sellos, enlaces patrocinados, y rascacielos suponen una inversión del 70%.

Aunque Internet ya es un medio imprescindible en las estrategias de marketing y comunicación de los anunciantes, la excesiva presencia de la publicidad en la red es el principal problema que acusa el 61,8% de los internautas, el 76,1% utiliza algún filtro para eliminar el antispam o correo no solicitado, y el 75,1% tiene activado algún programa o sistema para evitar los pop-ups ya que tanto éstos como los pop-unders resultan muy irritantes para los internautas. Este tipo de formatos, por tanto, sirve de poco, pues, incluso un banner colocado de forma intrusiva puede llevar a un cliente potencial directamente a la competencia. Sin embargo, y ante tales evidencias, a muchos anunciantes les cuesta reconocer que los consumidores tienen muchas alternativas para conseguir información comercial por ellos mismos, saben dónde y cómo buscarla, y no acaban de convencerse de que no pueden seguir planificando la publicidad online igual que en el resto de los medios como lo vienen haciendo, hasta el momento, de forma convencional.

No obstante, el 42,5% de los internautas españoles valoran positivamente la información comercial que les llega a través de la red. Y otro dato interesante a destacar es que para el 73% de los mismos, la decisión final de compra de algún producto o contratación de algún servicio ha sido tomada en base a la información obtenida a través de la Web, frente al 26% que esgrime otros factores más persuasivos o fuentes más influyentes que Internet.

En este sentido, el estudio Fluid Lives de Yahoo! e Isobar sobre el impacto de las nuevas tecnologías apunta que las campañas publicitarias online deben planificarse para cubrir las expectativas de los consumidores. A su vez, los usuarios de banda ancha sugieren que los anuncios interactivos deben ser más creativos y relevantes respecto al contexto en el que aparecen, lo cual no implica que éstos tengan que ser parecidos a los emitidos por televisión. En Internet, la duración de los spots debe reducirse a 10 o 15 segundos frente a los 30 que, por lo general, se programan en el «medio rey». Dicha reducción, se adapta al comportamiento del internauta, ya que el tiempo de atención dedicado a los contenidos audiovisuales es más breve que en otros medios donde se emiten mensajes de similares características.

La percepción que otros países más cercanos a nuestro entorno geográfico tienen de la publicidad es muy similar a la que acabamos de describir, los jóvenes internautas europeos entre 15 y 24 años tienen, por lo general, una percepción de la publicidad online peor que la que tienen los internautas mayores de 25, salvo en el Reino Unido donde ésta es particularmente creativa y no sólo en Internet, sino en otros medios, como se viene demostrando en la cita anual de Cannes, el principal festival publicitario de ámbito internacional. Por países, los españoles e italianos entre 15 y 24 años son los que proyectan una mejor percepción de la publicidad interactiva que Francia, Alemania y Reino Unido.

Con el progreso de la tecnología, las maneras de hacer publicidad online han cambiado los patrones. Al principio tomaron los formatos de la publicidad gráfica con cartelería en web sites muy visitados y la llamada advertorial publicidad con formato de noticia y estilo periodístico que emulaba los publicity de la prensa escrita. Con la popularización del correo electrónico, se desarrolló el mailing o spam, publicidad invasiva que llegaba a las casillas de los usuarios.

En una segunda etapa, y con la expansión de los web sites, las estrategias publicitarias se fueron perfeccionando hasta llegar a los banners linkeados hacia las páginas web de las empresas. También aparecieron los pop up y pop under, otro tipo de publicidad invasiva y que son pequeñas ventanas que se abren al momento de ingresar a una página web (pop up) o al salir de ella (pop under) y que sirven para colocar anuncios.

La tercera etapa fue la explotación del efecto RED o reproducción viral, es decir la interacción de todos los usuarios a través de mensajería instantánea como MSN Messenger, y redes sociales como Facebook o Twitter. Aquí se comenzó a usar el humor y la creatividad para generar un «boca a boca» virtual que lograba el crecimiento exponencial en la expansión de una marca usando al propio público como soporte de difusión.

1.6. Principales actores del mercado publicitario online

En cuanto a la estructura del mercado, podemos decir que la publicidad es un sistema de comunicación que ha desarrollado una actividad empresarial reconocida como un sector de la economía. Para comprender su estructura partimos del modelo básico que representa esquemáticamente la estructura de cualquier proceso comunicativo: un emisor que quiere hacer llegar un mensaje a un receptor o, lo que es lo mismo, un anunciante que quiere que su anuncio llegue a un público. En este proceso también están presentes, además del emisor, el receptor y el mensaje, los demás elementos de la comunicación (código, canal, contexto, referente) y en él se producen igualmente los procesos de codificación, en función de los objetivos, e interpretación del mensaje.

Dos hechos desencadenan la complejidad de este sencillo plan: que el público al que se quiere llegar es muy numeroso y que la intención es actuar sobre sus creencias y sobre su comportamiento. Básicamente la consecuencia es que en el llamado mercado publicitario se incorporan intermediarios especializados que permiten que la comunicación sea eficaz y que se lleve a cabo de acuerdo con los intereses del emisor, que es quien realiza la inversión. El resultado es éste: un anunciante, que puede trabajar, si así lo decide, con una agencia, crea un mensaje sobre su producto, servicio, organización o idea; lo emite a través de los medios de comunicación masivos, que puede contratar también a través de su agencia de publicidad o su central de medios, para llegar a un público objetivo a fin de producir en él un efecto determinado. El grado en que ha sido alcanzado tal efecto debe ser investigado (retroalimentación), ya que esta información será útil para la próxima campaña.

El anunciante es el emisor de la comunicación publicitaria, el mensaje habla en su nombre y el público puede reconocerle a través de aquello que se publicita. Él determina el objetivo de la campaña, es responsable de los efectos que produzca y se ocupa de los gastos que genera su elaboración y difusión.

Entre los principales anunciantes de Internet nos encontramos con los siguientes: **Telefónica, Vodafone, Procter & Gamble, Loreal, El Corte Inglés, Volkswagen, Renault, ING direct, Orange, SCH, BBVA.**

La agencia de publicidad es una empresa especializada en esta forma de comunicación. Da servicio a los anunciantes que quieren encargarle sus planes publicitarios, ellos son sus clientes. Puede prestar un servicio global, haciéndose cargo de la planificación y ejecución de la campaña, o bien ocuparse de una parte del proceso.

La central o agencia de medios es una empresa también dedicada a la publicidad pero no da servicio global, su cometido está únicamente centrado en la difusión del mensaje a través de los medios. Sus clientes finales son también los anunciantes, aunque pueden acudir también las agencias de publicidad que tengan encargada esta parte de la campaña.

Entre las principales agencias y centrales de medio, tenemos el Grupo Havas, Grupo Vivaki (Interactive Zenith Optimedia), Netthink, OMD, Universal Mccann y Grupo M.

El mensaje publicitario adopta diferentes nombres (spot, banner...). Es el resultado de un trabajo creativo, responde a la necesidad de adaptarse a un público concreto y siempre tiene una intención persuasiva.

El medio hace posible la transmisión del mensaje publicitario al proporcionar, regularmente mediante la venta de espacio en medios online, en los que aparecerá insertado. La audiencia que entra en contacto con el medio puede así conocer lo que quiere decirle el anunciante. Nos encontramos con medios para buscadores, medios cuyos portales son generalistas y medios con portales verticales o temáticos.

Entre los principales medios tenemos: Google, MSN, Yahoo, Unidad Editorial, Grupo Box, Grupo Vocento, Grupo Zeta, Terra, Altavista, Grupo Planeta, RTVE, Telecinco, Mediapro…

El público objetivo es la parte de la población a la que se dirige la campaña publicitaria. Representa una parte de una comunidad a la que se debe investigar para conocer sus necesidades, deseos, gustos, hábitos, etc. Al ser el receptor o destinatario del mensaje, es preciso saber cuál es su comportamiento como audiencia.

Conseguir que un anuncio llegue al público elegido y que además éste lo recuerde y responda a lo que se le propone no es tarea fácil. Distintas empresas y profesionales colaboran para llegar a lograrlo.

Los responsables de comunicación y de publicidad necesitan conocer el entorno en el que trabaja su empresa o su organización. No es sólo una necesidad, sino la verdadera oportunidad para elaborar campañas adaptadas a cada situación concreta. Los consumidores, clientes o ciudadanos no son los únicos elementos que hay que conocer para entender más a fondo el negocio publicitario. Lo que se les ofrece es siempre una consecuencia de las circunstancias.

En términos amplios, el entorno está compuesto por multitud de factores que vamos a dividir en dos grupos:

Factores externos: Son elementos no controlables por la organización que, no obstante, ésta debe entender a fin de poder realizar previsiones útiles. Forman los llamados macro y microambiente.

1. El macroambiente está definido por aspectos como la demografía, la economía, los factores sociales y culturales, los políticos y legales y la tecnología. A ellos se ha sumado en los últimos años el medioambiente, gracias a la presión de quienes defienden su preeminencia a la hora de gestionar cualquier proyecto empresarial, social o político.

2. El microambiente empresarial está definido por los competidores, los proveedores, los intermediarios (mayoristas, minoristas y empresas de servicios) y los consumidores o destinatarios finales de su oferta. En este ámbito los grandes grupos pueden detentar cierta posibilidad de influencia.

La pirámide de población o la evolución tecnológica de un país pueden ser aspectos aparentemente demasiado lejanos para la publicidad, sin embargo, influyen en el resto de factores y provocan, por ejemplo, cambios en la distribución de los productos, en las formas de recibir los mensajes, en el sistema de valores de la gente, los estilos de vida, etc. Sin duda la situación económica ejerce una influencia permanente en el presupuesto que los anunciantes destinan cada año a publicidad y, por citar sólo un ejemplo más, la progresiva normativización de la actividad publicitaria a través de disposiciones de distinto rango legal condiciona las opciones creativas y mediáticas. En resumen: como en otras actividades, también en publicidad resulta un error ignorar la realidad del entorno.

Factores internos: Son elementos controlables por la organización, puesto que son precisamente sus propios recursos utilizados para crear la oferta o atender la demanda. Se trata de las funciones que suelen aparecer reflejadas en el organigrama de la mayoría de las empresas.

1. Factores del marketing: de acuerdo con el planteamiento clásico son producto, precio, distribución y comunicación comercial, a los que se incorporan hoy todas las variables que optimicen al máximo la satisfacción del cliente en cualquiera de estos cuatro aspectos.

2. Factores ajenos al marketing: aquéllos que se estiman imprescindibles para el funcionamiento eficiente de la organización y que requieren ser gestionados. Básicamente son los de dirección (gestión administrativa), producción (gestión técnica), finanzas (gestión financiera), personal (gestión de recursos humanos), adaptación (gestión de investigación y desarrollo, I+D), control y mejora de procesos (gestión de calidad) e imagen corporativa (gestión de comunicación).

A muchas personas les sorprende que el primer paso para elaborar una campaña de publicidad sea investigar. Para los que son ajenos a esta profesión puede resultar extraño que el publicitario pida datos sobre la empresa, el mercado o la competencia antes de ponerse a pensar en quién será el protagonista del anuncio o en el eslogan. Sin embargo, las buenas agencias saben que las mejores estrategias surgen de un conocimiento óptimo del entorno de la organización que le encarga esa campaña.

El anunciante es el emisor, inversor, ordenante y responsable de la publicidad. Como tal, tiene unos derechos y unos deberes. Desde el punto de vista legal «es la persona natural o jurídica en cuyo interés se realiza la publicidad» (art. 10 de, Ley General de Publicidad). Puede ser anunciante una empresa, una organización sin ánimo de lucro, la Administración pública, cuyo presupuesto le convierte en uno de los principales anunciantes. Incluso un individuo que, de manera particular, contrata un espacio en un medio para difundir su mensaje. El hecho de que realice por su cuenta la campaña o de que la encargue a una agencia no modifica su condición de anunciante, por tanto, nunca puede delegar la responsabilidad económica y jurídica que conlleva ser el ordenante final de esta actividad y del mensaje que se emite. Por último, no importa el tiempo que dure la campaña o el número de anuncios que aparezcan en los medios ni tampoco la calidad creativa; se es anunciante en el momento en que se entra en el mercado publicitario para poder realizar una campaña que busque producir un efecto en el público insertando un mensaje en el espacio que los medios destinan a publicidad.

Para llevar a cabo la campaña los anunciantes necesitan contar con profesionales que sepan de publicidad. En ocasiones los encargados de esta función no se dedican a ella en exclusiva, pero si el volumen de publicidad que realiza es importante, puede crear incluso un departamento propio. En cualquier caso, debe llevar a cabo una labor de planificación y dedicar una partida presupuestaria a publicidad.

Los anunciantes han evolucionado mucho en las últimas décadas, especialmente las empresas, ya que su actividad se realiza en un contexto de máxima competencia. España es un buen ejemplo en este aspecto. Puede decirse que hoy se cree más en las posibilidades de la publicidad, siempre que se realice dentro de los parámetros de exigencia profesional y que se busque la eficacia en todos los pasos del proceso de creación. Esto explica la sofisticación de las técnicas que se utilizan y la continua labor de investigación que realizan para conocer al consumidor, sus hábitos, su comportamiento ante los medios de comunicación, etc.

Ahora que conoces un poco más el mercado publicitario, puedes darte cuenta de que para conseguir hacer una campaña eficaz el anunciante tiene que superar muchas dificultades. El mercado no para de evolucionar debido a los permanentes cambios del entorno, los consumidores tienen a su disposición multitud de productos a menudo demasiado parecidos, hace falta incorporar profesionales bien formados o/y contar con el asesoramiento y los servicios de otros intermediarios (agencias, medios, empresas de producción...) que a su vez también deben ir adaptándose lo más rápidamente posible a los cambios, debe disponer de un presupuesto importante para poder pagar los servicios y comprar espacio en los medios y, para colmo, éstos están cada vez más saturados de publicidad.

Hay distintas fórmulas para resolver la función de publicidad en función del anunciante. La dimensión de la organización y el volumen de publicidad anual que realiza suelen determinar cuál es la mejor solución.

Las posibilidades de cualquier empresa para resolver la gestión de su publicidad pasan por:

- Realizar internamente la publicidad y contratar desde el anunciante lo imprescindible, que suele ser la producción gráfica o audiovisual. En este caso es el propio anunciante quien entra en contacto con los medios para la comprar el espacio de difusión.

- Encargar todo lo referido a la publicidad a empresas externas: creación, producción y medios. Será una agencia publicitaria quien se ocupe de ello aunque la contratación de medios puede dejarse en manos de una central o agencia de medios.

Entre ambos extremos caben otras alternativas:

- Anunciantes que realizan por su cuenta algunas campañas, ya que tienen estructura suficiente para ocuparse de ellas, incluso defienden que lo hacen con más agilidad que si lo encargaran, pero encargan a agencias o profesionales externos trabajos que no pueden asumir.
- Anunciantes que crean una agencia interna (in house agency), de capital propio y actividad independiente, a la que encargan su publicidad. Este nuevo negocio del anunciante a menudo se transforma para poder trabajar también para otros anunciantes, siempre que no sea competencia directa de la empresa propietaria. De no ser así, su rentabilidad suele ser muy baja, en caso extremo tiende a cerrar sus puertas.

El Corte Inglés es un ejemplo de anunciante que compagina la realización interna de campañas, o partes de ellas, con la contratación de agencias. Su volumen de publicidad y la permanente aparición en todo tipo de soportes requiere mantener una plantilla propia de profesionales y contratar, además, la colaboración externa.

Grandes o pequeñas, la mayoría de las empresas hacen depender el departamento de publicidad, y a su responsable, del departamento de marketing o del departamento comercial o de ventas. Puede haber diferentes situaciones de dependencia justificadas por distintas razones, pero el mejor criterio para decidir el lugar que ocupa el departamento de publicidad en el organigrama es que cuanto más cerca esté de los que toman las decisiones sobre el producto, servicio o idea que se ha de difundir, más posibilidades habrá de que gestione eficazmente la publicidad. La implicación real de los directores de publicidad en la política de comunicación de la compañía suele verse reflejada en la eficacia de las campañas.

Una de las empresas más importantes del mercado publicitario es la central o agencia de medios, que también puedes ver nombrada como central de compras. Es una agencia especializada en la difusión de campañas y, por tanto, en ejecutar el plan de medios. En realidad se trata de un intermediario que surge para ofrecer sus servicios a anunciantes y agencias y cuyo interlocutor fijo son los medios de comunicación, imprescindibles para hacer llegar el mensaje a un público numeroso.

Estas empresas surgen por razones profesionales y económicas. Los anunciantes quieren conseguir una publicidad no sólo efectiva por su creatividad, sino también eficiente; eso pasa necesariamente por invertir la partida de medios en las mejores condiciones que sea posible conseguir.

Puede hablarse de tres tipos de centrales:

- Las que sólo compran espacio en los medios.
- Las que también realizan la planificación.
- Las que, además de comprar y planificar, prestan servicio de investigación.

Al principio la mayoría estaba en el primer grupo, de ahí su denominación de «centrales de compra». Muchas han ido incorporando la planificación y, poco a poco, la investigación se ha ido considerando imprescindible.

No debemos confundir las agencias de medios con los exclusivistas, empresas que llegan a un acuerdo de exclusividad con determinados medios para ocuparse de la venta de su espacio publicitario. Cualquier anunciante, agencia de publicidad o agencia de medios que quiera colocar anuncios en esos medios deberá dirigirse al exclusivista.

Ningún anunciante, agencia o empresa de comunicación puede realizar internamente todos los pasos y todos los trabajos que son necesarios para llevar a cabo las diferentes acciones de contacto con el público. Por eso en el mercado trabajan también otros profesionales que dan servicio principalmente de diseño, producción e investigación. Son estudios de diseño (diseñadores, fotógrafos, ilustradores...), el gremio de artes gráficas (imprentas, fotomecánicas, empresas de manipulados, distribuidoras...), estudios de producción en audio y audiovisual (preproducción y postproducción), institutos de investigación, consultores...

Establecer una relación de máximo conocimiento y colaboración es fundamental para el buen resultado de la campaña.

ESQUEMA RESUMEN

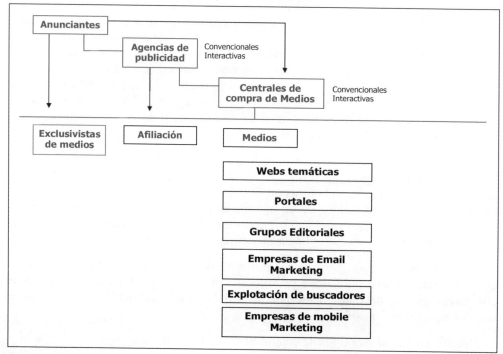

1.7. Plan de medios online

Un plan de medios es el documento maestro, normalmente una hoja de calculo que recoge todas aquellas variables que son susceptibles de ser medidas y controladas para el buen fin de la optimización de presupuesto en una campaña on line.

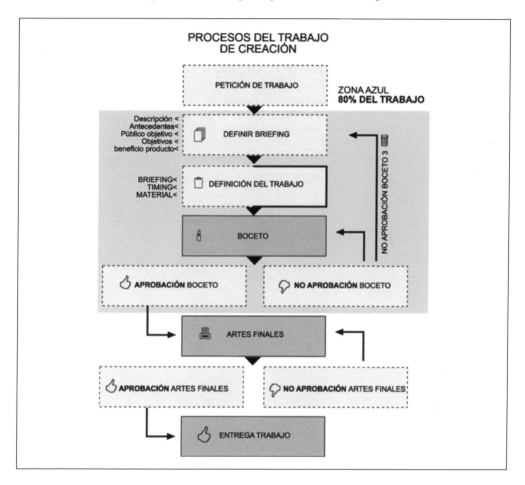

Recoge y mide las siguientes variables:

- Que soportes se han seleccionado.
- En que parte del soporte aparecerá los formatos seleccionados.
- Fechas de inserción de los formatos.
- Formatos seleccionados.
- Impresiones estimadas o contratadas.
- Segmentación de las piezas elegidas.
- Precios en CPM u otros.

- Total del presupuesto.
- Descuentos que nos aplica el soporte.
- Resultados estimados según el presupuesto[5].

Como ejemplo:

ONLINE: MONTHLY PLAN

Proveedor	Site	Sección	Segmentacion	Formato	Fechas	Impresiones Planificadas	Clicks	Leads	CPM	CPC	CPL	Inv. bruta	% Neg.	Inversión	CPM Neto/Efectivo
Google Content	Ros	Portales de Salud	IP ES	Varios	Mes tipo	3.888.889	3.889		0,90 €			3.500 €		3.500,0 €	0,90 €
BBDD	Varios	Salud	IP ES	Email Mrkt	Mes tipo			143			15-20€	2.500 €		2.500,0 €	
HiMedia	EnBuenasManos	Home + Profundidad	IP Es	Botón	Mes tipo	2.200.000			18,00 €			20.000 €		20.000,0 €	9,09 €
El Mundo	Portada Salud	Ros	IP Es - Fr3	Roba 300x300	Mes tipo	250.000			61,00 €			10.000 €		10.000,0 €	40,00 €
MSNDR	Ros	Ros	IP ES	Varios	Mes tipo	4.444.444	4.444		0,45 €			2.000 €		10.000,0 €	2,25 €
MEXAD	Ros	Ros	IP Es	Varios	Mes tipo	14.500.000	14.500		0,40 €			2.500 €		5.800,0 €	0,40 €
Total						25.283.333						40.500,0 €		51.800,0 €	2,05 €

Impresiones	2.450.000	0,030 €	73,5 €
Clicks	18.944	0,005 €	94,7 €
Fee	2%		1.036,0 €
Total			53.004,2 €

---

[5] Más información en: http://bit.ly/Blog-Marketing-Interactivo.

Capítulo 2

Fundamentos legales en la publicidad online

2.1. Introducción a los fundamentos legales

Antes de abordar en sí el contenido del presente capítulo no se puede por menos que hacer una pequeña aclaración respecto de en qué se pretende que consista el mismo. Así, a efectos de la normativa que habrá de tenerse en cuenta a la hora de llevar a cabo acciones de publicidad digital o marketing online, cabe dejar constancia de que las normas que gobiernan dicha actividad en poco o en nada difieren de las que regulan la publicidad como tal.

Así pues, los apellidos «digital» u «online» no hacen sino distinguir el entorno en que se materializan las acciones publicitarias o de marketing, sin que ello suponga que las mismas queden al margen de las generalidades que cada ley, reglamento o código de autorregulación establezcan para la publicidad. Ello, es cierto, sin olvidar las particularidades del medio digital y de las herramientas que pone a disposición de la publicidad, y que han obligado a singularizar determinados aspectos jurídicos mediante la adaptación de la normativa correspondiente.

En definitiva, no corresponde a este capítulo valorar las bondades de la publicidad digital, ni cuáles puedan resultar las técnicas más adecuadas para hacer un uso lo más efectivo posible de la misma, sino reunir –en la medida de lo posible– los aspectos jurídicos más relevantes con la intención de ilustrar el modo de llevar a cabo las prácticas publicitarias en el entorno digital de una manera responsable y libre de riesgos de carácter jurídico.

Como se verá, la delimitación de un área del Derecho dedicada en exclusiva a regular el fenómeno de la publicidad digital –siquiera de la publicidad en general– no es posible, como no lo es pretender que la publicidad se vea únicamente afectada por un conjunto de normas expresamente dedicadas a tal actividad. Al contrario, y debido a la enorme trascendencia social del fenómeno de la comunicación comercial (en conjunción con el vertiginoso ritmo de crecimiento y desarrollo de los medios digitales y de la atención que captan de los destinatarios), habremos de atender a un buen número de normas que regulan aspectos tan variados como la protección de datos de carácter personal o la protección de los consumidores y usuarios.

2.2. La publicidad y el derecho

Así pues, nuestro objetivo no es otro que averiguar de qué modo puede delimitarse, dentro del Derecho como un todo, un sector con la suficiente homogeneidad como para poder denominarlo y entenderlo unitariamente como *Derecho de la publicidad*. Lo que realmente se persigue con el contenido del presente Capítulo es precisar en qué sentido y, sobre todo, con qué alcance el Derecho tiene en cuenta el mercado de la publicidad.

La publicidad es un fenómeno totalmente dinámico que requiere respuestas jurídicas eficaces ante la gran cantidad de supuestos problemáticos que surgen en el mercado publicitario. Por ello, es necesario distinguir los diferentes sentidos en que el fenómeno publicitario reclama la atención por parte del Derecho.

El concepto de publicidad en sentido amplio, y según establece, por ejemplo, el Diccionario de la Real Academia, consiste en la mera «*cualidad o estado de público*». Podríamos, por tanto, asemejar éste concepto general con la llamada «publicidad formal», siendo, por ejemplo, utilizada por las diferentes Administraciones Públicas a la hora de dar a conocer, entre otros documentos, los textos normativos (un ejemplo paradigmático lo constituye el Boletín Oficial del Estado). Sin embargo, lo que aquí realmente interesa es ofrecer una perspectiva jurídica de la publicidad en sentido estricto: la publicidad como comunicación comercial.

La comunicación colectiva que ofrece la publicidad necesita de una regulación que se adecúe a su relevancia y naturaleza. Precisamente, el Derecho no puede permanecer ajeno a la incidencia que la actividad publicitaria inevitablemente tiene en diversos ámbitos tanto mercantiles como sociales. La publicidad comercial tiene una enorme importancia por razón de la función específica que cumple, que no es otra que la de regular un mercado tan importante para el conjunto de la sociedad como es el de bienes y servicios, donde, además de protegerse debidamente a consumidores y usuarios, la protección de la libre y leal competencia pasa por un control sobre la procedencia y licitud de la actividad publicitaria.

Es evidente que la comunicación comercial supone la existencia de una relación entre el emisor y el destinatario del contenido publicitario. Se produce, por ende, un resultado claro: la introducción por parte del emisor de una información en el mercado, a través de un mensaje publicitario o comercial, que en mayor o menor medida afectará tanto a sus competidores como a consumidores y usuarios.

Por ello, es necesario analizar de forma independiente los intereses legítimos que concurren en el marco de una comunicación comercial para encontrar soluciones equitativas a los problemas que pudieran surgir.

De una manera global, el Derecho pretende que las comunicaciones comerciales no lleguen a impedir o falsear el buen funcionamiento del mercado ni, de una forma más concreta, engañar u obstaculizar el juicio individual de cada consumidor. Es aquí donde aparece la figura del Derecho para establecer una serie de reglas o pautas para que dicho conflicto entre las partes no se llegue a producir o, una vez producido, se pueda resolver de manera satisfactoria.

En la práctica, esta intervención del Derecho en el mundo publicitario comienza por la mera definición del concepto de publicidad. Así, el mismo será entendido, a efectos jurídicos, conforme lo define la Ley 34/1988, de 11 de noviembre, General de Publicidad (en adelante, LGP) en su artículo 2: «*toda forma de comunicación realizada por una persona física o jurídica, pública o privada, en el ejercicio de una actividad comercial, industrial, artesanal o profesional, con el fin de promover de forma directa o indirecta la contratación de bienes muebles o inmuebles, servicios, derechos y obligaciones*». También, y a los efectos de cuantas menciones se hagan en adelante en el presente Capítulo, el concepto de consumidor se enmarca en los límites que la normativa y la jurisprudencia han venido a delimitar, pues la mera referencia a «consumidor» o «usuario» podría dar lugar a numerosas interpretaciones derivadas de la heterogeneidad que los distingue por las particularidades de cada individuo concreto. Así, ya la Directiva 2005/29/CE del Parlamento Europeo y del Consejo, sobre prácticas comerciales desleales, y numerosa jurisprudencia tanto nacional como comunitaria, han coincidido en establecer que por consumidor se habrá de entender la referencia de un «*consumidor medio, normalmente informado y razonablemente atento y perspicaz*».

2.3. Marco regulador de la publicidad en España

2.3.1. La Ley General de Publicidad

El marco normativo regulador de la publicidad en España gira en torno a la ya mencionada LGP, mediante la que se llevó a efecto la transposición al ordenamiento jurídico nacional de la Directiva 84/450/CEE sobre publicidad engañosa, y que sustituyó al antiguo Estatuto de la Publicidad que databa de 1964.

El texto actualmente vigente, incorpora, entre otras, las modificaciones operadas por la aprobación de la Ley 39/2002, de 18 de octubre, de transposición al ordenamiento jurídico español de diversas directivas comunitarias en materia de protección de los intereses de los consumidores y usuarios, entre las que figura la Directiva 97/55/CE, de 6 de octubre, por la que se modifica la Directiva 84/450/CEE de publicidad engañosa, incluyendo en ella la publicidad comparativa, así como por la aprobación de la Ley 29/2009, de 30 de diciembre, por la que se modifica el régimen legal de la competencia desleal y de la publicidad para la mejora de la protección de los consumidores y usuarios.

Tales modificaciones han limitado el articulado de la LGP a tan solo veintidós preceptos, sin que ello, sin embargo, haya supuesto vaciar de contenido a la misma. Por el contrario, sigue constituyendo un pilar fundamental de la regulación de la actividad publicitaria, toda vez que, a modo de mero ejemplo, facilita la definición de lo que habrá de entenderse por publicidad[1] desde un punto de vista jurídico, así como quiénes se entenderá que son los destinatarios de la misma[2]. Del mismo modo, identi-

---

[1] Artículo 2. Publicidad: Toda forma de comunicación realizada por una persona física o jurídica, pública o privada, en el ejercicio de una actividad comercial, industrial, artesanal o profesional, con el fin de promover de forma directa o indirecta la contratación de bienes muebles o inmuebles, servicios, derechos y obligaciones.

[2] Artículo 2. Destinatarios: Las personas a las que se dirija el mensaje publicitario o a las que este alcance.

fica, en su Título II, los supuestos de lo que se considera publicidad ilícita y subliminal y establece las bases sobre las que deberá procederse a desarrollar la normativa específica relativa a la publicidad de determinados productos o servicios especialmente sensibles (productos o materiales sanitarios, productos estupefacientes y medicamentos, bebidas alcohólicas, etc.). Por último, también la LGP sienta las bases de la contratación publicitaria en su Título III, donde se establecen los conceptos de contratos de publicidad, de creación publicitaria, de difusión publicitaria, y de patrocinio.

Las referencias en la LGP a la Ley 3/1991, de 10 de enero, de Competencia Desleal (en adelante, LCD) son constantes, pues constituye ésta otro de los pilares fundamentales del marco normativo regulador de esta actividad –tal y como se detallará más adelante en el presente capítulo– pudiendo por tanto decirse que conjuntamente conforman el núcleo de la regulación publicitaria en nuestro país.

El Título II de la LGP relaciona una serie de conductas prohibidas en el ámbito de la publicidad, recogiendo su artículo 3 los comportamientos considerados ilícitos en este ámbito. Así, se reputa ilícita toda publicidad que atente contra la dignidad de la persona, o que vulnere los valores y derechos reconocidos en la Constitución. Se hace mención expresa a los anuncios con contenido vejatorio o discriminatorio para la mujer, entendiendo en particular que dicho contenido tendrá tal calificación cuando se utilice particular y directamente su cuerpo o partes del mismo de manera desvinculada del producto objeto de promoción, así como en aquellos casos en que su imagen se asocie a comportamientos estereotipados.

También es ilícita, conforme a este precepto, la publicidad dirigida a menores que trate de explotar su credulidad o inexperiencia, la publicidad subliminal conforme a la definición de la misma que se recoge en la LCD y que se detallará más adelante. Otros actos desleales, mencionados de manera genérica se prohíben mediante referencias directas al contenido de tal Ley, como la publicidad engañosa, la desleal, la agresiva, etcétera.

El ya clásico ejemplo de publicidad subliminal se recoge expresamente en el artículo 4 de la LGP, donde se detalla su definición genérica: aquella publicidad que haga uso de técnicas encaminadas a la producción de «*estímulos de intensidades fronterizas con los umbrales de los sentidos o análogas*» y que pueda tener un efecto sobre los destinatarios de la misma sin qué estos la perciban conscientemente.

Por último, la LGP se detiene, aunque de manera general, en el establecimiento de límites a la publicidad sobre determinados bienes o servicios cuya exposición sin las limitaciones adecuadas podría suponer un riesgo para los consumidores o usuarios, esto es, la publicidad relativa a productos sanitarios, relacionados con la salud o la seguridad o que pudieran generar riesgos para las mismas, aquellos que pudieran generar un riesgo para el patrimonio de los destinatarios de la comunicación comercial o de terceros. La publicidad sobre éste tipo de productos y servicios no se prohíbe de manera tajante, sino que se somete a la regulación de desarrollo específica de cada tipo de producto o servicio, y que será la que establezca los límites o condiciones concretas.

2.3.2. La publicidad en el marco de la Competencia Desleal

Tal y como ya se ha apuntado, la LCD y sus sucesivas modificaciones sustentan junto con la LGP el régimen normativo de la publicidad, otorgando, además, una especial protección a los consumidores como destinatarios de las campañas de marketing. Y ello, sin olvidar el efecto que la publicidad tiene en el mercado, abogando por una defensa de la competencia por vía de la identificación y expresa prohibición de determinadas conductas que se consideran contrarias a los principios de comportamiento competitivo que deben regir los mercados.

Así, la LCD ofrece una caracterización de las conductas reputadas como actos de engaño, actos de confusión, omisiones engañosas, prácticas agresivas, actos de denigración, actos de comparación, actos de imitación, explotación de la reputación ajena, violación de secretos, inducción a la infracción contractual, violación de normas, discriminación y dependencia económica, venta a pérdida y, finalmente, publicidad ilícita propiamente dicha.

Algunos de tales actos de competencia desleal, expresamente prohibidos por la referida normativa, presentan una relación directa con el mundo de la publicidad –la mera denominación de «publicidad ilícita» da ya de por sí una clara idea de que las actuaciones que puedan subsumirse sobre tales conceptos serán relativas a la actividad publicitaria–, mientras que otras pueden entenderse en ocasiones referidas a actividades de marketing o, en algunos casos limitarse a actos de competencia desleal que nada tienen que ver con la publicidad (tales como la venta a pérdida, por ejemplo).

Con anterioridad al examen de las distintas conductas reputadas desleales en el ámbito de la publicidad, procede estudiar brevemente la cláusula general de deslealtad que se recoge en el artículo 4 de la LCD, cuya literalidad expresa, en su apartado primero que «*se reputará desleal todo comportamiento que resulte objetivamente contrario a las exigencias de la buena fe*». Tal y como se desprende de la letra del precepto recogido, la deslealtad en el contexto de las actuaciones de los operadores de cualquier mercado, viene determinada por comportamientos evaluables, en cierto modo, conforme a criterios difíciles de sopesar objetivamente –nótese la referencia a las exigencias de la buena fe–. El siguiente párrafo del mismo artículo viene a delimitar lo que se entiende precisamente por comportamiento contrario a la buena fe en el marco de las relaciones con consumidores y usuarios, y se hace de la siguiente manera: «*el comportamiento de un empresario o profesional contrario a la diligencia profesional, entendida ésta como el nivel de competencia y cuidados especiales que cabe esperar de un empresario conforme a las prácticas honestas del mercado, que distorsione o pueda distorsionar de manera significativa el comportamiento económico del consumidor medio del grupo destinatario de la práctica, si se trata de una práctica comercial dirigida a un grupo concreto de consumidores*».

Así pues, el carácter general de la citada cláusula no pretende otra cosa más que permitir que queden encuadradas en la misma aquellas conductas concretas que no tengan cabida en ninguna de las expresamente descritas en la propia legislación y que ya han sido citadas aquí con anterioridad. La necesidad de establecer esta especie de *cajón de sastre* surge de la imposibilidad de relacionar de manera completa y exhaustiva todos y cada uno de los comportamientos publicitarios que pudieran suponer una amenaza para el mercado y los consumidores. La creatividad del mundo publicitario en general y la disposición de medios en el entorno digital cada vez más desarrollados permiten la aparición de actividades y comportamientos nuevos de manera constante, siendo imposible para el legislador determinar en una lista cerrada cuáles de ellos deberán prohibirse por ser contrarios a los principios del libre mercado, a la diligencia profesional, a la buena fe o a los derechos de los consumidores. De esta manera, son los juzgados y tribunales los que determinan la ilicitud de determinados comportamientos en el ámbito de la publicidad que quedan subsumidos bajo el paraguas de la cláusula de deslealtad a la que nos venimos refiriendo.

2.3.3. Actos de Competencia Desleal mediante la publicidad

Como se avanzaba en el apartado inmediatamente anterior, la LCD prevé una serie de comportamientos de los comerciantes que pueden reputarse como desleales y varios de los cuales pueden guardar relación con la publicidad de productos o servicios. De entre tales actos desleales, por tanto, se analizarán a continuación aquellos que, por sus características puedan resultar de aplicación a la actividad publicitaria, omitiendo las referencias a aquellas conductas que, a pesar de que la propia LCD entiende igualmente como desleales, no resultan de interés a los efectos que se vienen tratando en la presente obra (tales como las ya referidas ventas a pérdida o la inducción a la infracción contractual).

El articulado de la LCD distingue de manera general entre Actos de Competencia Desleal (en su Capítulo II) y Prácticas Comerciales con los Consumidores o Usuarios (en su Capítulo III). Si bien los primeros se abordan en el contexto de la actuación de los operadores económicos en el mercado y las segundas en el ámbito de la relación de éstos con los destinatarios finales de sus productos o servicios, el contenido de ambos Capítulos está inevitablemente interrelacionado. Por lo general, la conducta de los empresarios en el mercado tiene consecuencias sobre el comportamiento de los consumidores y usuarios, del mismo modo que las acciones de aquellos que tienen a éstos por destinatarios, tienen a su vez un efecto sobre el mercado y los competidores. La deslealtad de las prácticas, como pasamos a analizar, puede surgir en las campañas publicitarias, ya sea por cuanto atañe a la parte del mensaje publicitario que estrictamente afecta al consumidor o usuario, ya sea por el efecto que la misma y su forma de llevarla a cabo pueda tener sobre el mercado en general o sobre todos o algunos de los competidores en particular.

Así pues, procede comenzar el estudio de los actos de competencia desleal por aquellas acciones publicitarias que puedan implicar la utilización de lo que el artículo 5 de la LCD denomina «actos de engaño». El legislador ha venido a considerar desleal por engañosa toda conducta que, según la literalidad del precepto, «contenga información falsa o información que, aun siendo veraz, por su contenido o presentación induzca o pueda inducir a error a los destinatarios, siendo susceptible de alterar su comportamiento económico», y ello siempre que tal información incida sobre alguno de los principales aspectos del producto o servicio publicitado. Esto es, sobre su propia naturaleza –incluso, dice la LCD, sobre su existencia–, sobre sus características principales, su precio, las características del empresario o profesional que lo comercialice, etcétera.

Por lo tanto, debe entenderse que de lo anterior se desprende la prohibición, no sólo de acciones publicitarias que contengan información falsa, sino también de aquellas otras que, pese a ofrecer datos verídicos, los presenten de manera que pudieran inducir a error a los consumidores. El alcance de este precepto, en consecuencia, es considerablemente amplio. Así, por ejemplo, podría incluso reputarse como acto de engaño la omisión de indicaciones verdaderas cuya difusión o utilización fuera necesaria para crear una imagen real del producto o servicio en el consumidor o usuario, o de la naturaleza, calidad, cantidad y precio del mismo.

Íntimamente relacionado con el concepto de actos de engaño, encontramos –en el artículo 7 de la LCD– las denominadas «omisiones engañosas». Tales prácticas consisten fundamentalmente en la ocultación de toda información que fuera necesaria para que el consumidor pudiera adoptar de manera libre e informada cualquier decisión al respecto del producto o servicio. Del mismo modo, se considerará que es desleal por constituir una práctica equivalente a una omisión engañosa el hecho de que la información constara de manera poco clara, ininteligible, ambigua o se ofreciera en un momento que no fuera el indicado para conseguir el referido resultado de correcta información para el consumidor.

A este respecto, el propio artículo 7 de la LCD reconoce que el medio en que se llevara a efecto la acción publicitaria podría limitar la capacidad del empresario o profesional de hacer constar con claridad toda la información requerida. Por ello, en caso de que el medio de comunicación empleado en la campaña inevitablemente imponga limitaciones espaciales o temporales se valorarán dos aspectos para la determinación de la existencia de una posible conducta desleal por omisiones engañosas: a saber, las citadas limitaciones que imponga el medio de comunicación en cuestión, y también las medidas adoptadas y esfuerzos realizados por el emisor del mensaje publicitario para transmitir toda la información necesaria al destinatario, tanto a través de los medios en cuestión como de cualquier otro que tuviera a su disposición para ello.

Las conductas hasta aquí vistas se enmarcan entre las que un agente del mercado puede llevar a cabo en relación con sus propios productos o servicios, y relacionan las conductas reputadas como desleales respecto de los mismos, pudiéndose, como ya se ha dicho, entender que las mismas se den en el ámbito de acciones publicitarias o comerciales. Sin embargo, la LCD se ocupa también de otro género de comportamientos que no se limitan a los productos o servicios propios sino que devienen en acciones de carácter desleal en la relación que se constituye con productos o servicios de competidores o terceros en general.

En este contexto, la LCD no prohíbe de manera genérica cualquier acto del empresario o profesional –entendiéndose entre ellos incluida la publicidad, como se ha venido diciendo– mediante el que haga uso del nombre o características de los productos y servicios ofertados por competidores o terceros. En tal sentido, son determinadas prácticas con tales características las que vienen a prohibirse por entender el legislador que, como consecuencia del modo en que se llevan a cabo, suponen una deslealtad para con los citados competidores o terceros.

Entre las prácticas de este tipo que relaciona la LCD y que tipifica como desleales y por tanto prohibidas, encontramos en el artículo 6 los denominados «actos de confusión», entendiendo por tales, en el contexto de las actividades comerciales que se están abordando aquí, aquellos comportamientos idóneos para provocar equivocación en relación con actividades, prestaciones o establecimientos que fueran ajenos a los del propio emisor del mensaje publicitario. A estos efectos, nuevamente conviene traer a colación el matiz de que la reputación de desleal de estos actos no deviene de la efectiva causación de una confusión en el destinatario de la publicidad, sino que el mero riesgo de asociación por parte de los consumidores respecto de la procedencia de la prestación resulta suficiente para proceder a la fundamentación de la práctica en cuestión como desleal y, por ende, prohibida y sancionable.

Al respecto de lo expresado con anterioridad en relación con las manifestaciones relativas a la actividad, productos o servicios de terceros en las acciones de publicidad, y de la inexistencia de una prohibición de carácter genérico sobre estas prácticas, cabe hacer referencia a los supuestos que la LCD identifica como desleales. La LCD dedica su artículo 10 a los «actos de comparación», y en el mismo se refieren (con mención expresa a *la publicidad comparativa*») los supuestos en que tales prácticas estarían permitidas y los requisitos a cumplir para su realización en cumplimiento con la normativa.

En concreto, la publicidad comparativa se entiende permitida siempre que se lleve a cabo de una manera que podría calificarse, en términos no jurídicos, como *honesta*, entendiéndose por tal la comparación entre productos o servicios que tengan la misma finalidad y satisfagan necesidades iguales y comparándolos de acuerdo con criterios objetivos, teniendo en cuenta que podrá procederse a la comparación de características que sean esenciales, pertinentes, verificables y representativas de los productos o servicios comparados. En particular, el artículo 10 de la LCD hace referencia expresa a la posibilidad de establecer una comparativa de precios, siempre conforme a los criterios de objetividad expresados. Sin embargo, prohíbe de manera específica la publicidad comparativa en que se presenten productos o servicios como imitaciones o réplicas de otros cuya marca o nombre comercial –protegidos– sean citados como referencia.

Además, la publicidad comparativa entre productos con denominación de origen, indicación geográfica o denominaciones similares se permite siempre y cuando los productos comparados pertenezcan a la misma denominación.

En todo caso, la publicidad comparativa deberá cumplir rigurosamente no sólo con las indicaciones específicas del artículo 10 de la LCD, sino también con los preceptos del mismo texto legal que hacen referencia a los ya vistos actos de engaño, así como a los que tratan los comportamientos desleales consistentes en la denigración y la explotación de la reputación ajena, que serán tratados a continuación.

De los inmediatamente citados, los «actos de denigración» recogidos en el artículo 9 de la LCD son considerados desleales en tanto en cuanto se entiende que consisten en la inclusión en las campañas publicitarias de manifestaciones que pudieran suponer un menoscabo del crédito de un tercero en el mercado. Y ello, cuando tales manifestaciones sean relativas a la actividad, al establecimiento o a las relaciones mercantiles de un tercero, pudieran afectar, como se ha dicho, a su prestigio, y siempre y cuando no fueran manifestaciones exactas, verdaderas y pertinentes. A este respecto, el legislador entiende que en ningún caso serán pertinentes las manifestaciones vertidas en una campaña publicitaria relativas a circunstancias estrictamente personales de un tercero tales como la nacionalidad, las creencias, la ideología, la vida privada u otras similares.

Se ha hecho referencia también a los comportamientos que den lugar a la «explotación de la reputación ajena». Pues bien, los mismos aparecen detallados en el artículo 11 de la LCD, quedando establecido, como en supuestos anteriores, que el aprovechamiento en beneficio propio de la reputación de un tercero no es necesariamente desleal, sino que tendrá tal caracterización cuando dicha explotación sea considerada indebida. Es indudable que la actividad de los operadores del mercado sitúa la percepción de los consumidores y usuarios respecto de aquellos en distintos niveles, de modo que en ocasiones pueda resultar beneficioso para algunos de ellos valerse de mecanismos publicitarios encaminados a utilizar dicha percepción de los destinatarios de la campaña en beneficio propio. De ahí, que el legislador haya llegado incluso a particularizar de manera expresa ciertos ejemplos de conductas no permitidas, en concreto, la utilización de signos distintivos ajenos (sin perjuicio de las consecuencias de tipo jurídico que de ello se puedan derivar conforme a la normativa de propiedad industrial que resultara en cada caso de aplicación), la arrogación a productos o servicios de una determinada denominación de origen o indicación de procedencia de un producto en cuestión o la utilización de expresiones tales como «modelo…», «sistema…», «tipo…», «clase…», o cualesquiera otros similares mediante los que se pretenda aprovechar en beneficio propio la reputación de un modelo, sistema, tipo o clase de producto ajeno.

Por último, y en relación con este tipo de actos caracterizados como desleales por la LCD, cabe hacer mención a los «actos de imitación» recogidos en su artículo 11. A este respecto, no existe problema para la legal imitación de prestaciones e iniciativas empresariales o profesionales toda vez que las mismas no estuvieran amparadas por específicos derechos de exclusiva legalmente reconocidos.

No obstante, tal forma de proceder en una campaña publicitaria se reputa como desleal en aquellos supuestos en que la imitación de prestaciones sea idónea para provocar en los consumidores una asociación respecto de la prestación a la vez que la misma infrinja cualesquiera otros de los preceptos aquí analizados con anterioridad, esto es, por ejemplo, que comporte un aprovechamiento de la reputación ajena. Lo anterior, teniendo en cuenta el matiz de aquellos supuestos en que el riesgo de asociación respecto de las prestaciones o el aprovechamiento de la reputación ajena devengan inevitables.

Sin embargo, en aquellos casos en que la imitación de prestaciones e iniciativas empresariales, y como consecuencia toda campaña de publicidad asociada a las mismas, se lleve a cabo de manera sistemática con la intención de impedir u obstaculizar su afirmación en el mercado y su utilización exceda de lo que podría considerarse una respuesta natural del mercado, tal conducta resultará igualmente prohibida por desleal.

2.3.4. Las prácticas comerciales con los consumidores y usuarios

De otro lado, y nuevamente en el contexto de la LCD, podemos encontrar limitaciones al contenido de las campañas de publicidad por cuanto las mismas puedan resultar directamente dañosas para los consumidores y usuarios (conforme a lo recogido en el ya mencionado Capítulo III de la LCD). Esto no significa que las hasta aquí expuestas no pudieran igualmente resultarlo, más bien al contrario; sin embargo, este Capítulo en particular de la LCD dedica especial relevancia a esa relación bilateral establecida entre el emisor de la publicidad y su destinatario último, dejando de lado los efectos que pudiera tener la publicidad desleal en el mercado.

La LCD, por tanto, recoge una serie de supuestos específicos y en ningún caso excluyentes de cualesquiera otros no mencionados expresamente pero que pudieran ser susceptibles de causar los mismos efectos en los destinatarios de los mensajes publicitarios. Asimismo, las prácticas comerciales que conforme a la LCD se reputan desleales para con los consumidores y usuarios, no sólo de acuerdo con el contenido del capítulo que aquí se analiza, sino que en la mayoría de los casos contemplados, podrían resultar también contrarios al contenido de los artículos correspondientes al Capítulo II ya analizado.

Así, procede adelantar una referencia a lo que más adelante en el presente capítulo se estudiará en relación con la autorregulación en materia de publicidad, y en concreto, a las «prácticas engañosas sobre códigos de conducta u otros distintivos de calidad», recogidas en el artículo 21 de la LCD. En este sentido, cualquier afirmación relativa a la pertenencia, adhesión, etcétera, a este tipo de códigos y distintivos que no fuera cierta, queda subsumida bajo el concepto de desleal, deviniendo por consiguiente prohibida.

Resulta, además, obvio que aquellas prácticas publicitarias que pudieran considerarse engañosas respecto de la naturaleza y propiedades de los bienes o servicios –así como de su disponibilidad e incluso de los denominados servicios posventa– serán reputadas desleales por engañosas, y así, pese a su posible encuadramiento bajo algún que otro precepto del mismo texto normativo, lo expresa el artículo 23 de la LCD.

Objeto de especial atención deben ser las denominadas «prácticas señuelo y prácticas promocionales engañosas», tal y como las recoge el artículo 22 de la LCD. Describe este precepto una serie de comportamientos publicitarios igualmente reputados desleales por engañosos por tener como objetivo atraer mediante tretas más o menos creativas la atención de los consumidores o usuarios sobre los productos o servicios ofrecidos por los emisores de la publicidad. Se detallan a continuación, algunos ejemplos recogidos de manera expresa por la LCD sin que, una vez más, cualesquiera otros que mediante subterfugios de engaño de carácter similar, persiguieran objetivos equivalentes pudieran también resultar prohibidos. La práctica viene demostrando que los que se detallan a continuación y que recoge la legislación son sólo los más frecuentes de numerosos comportamientos no permitidos y sin embargo considerablemente habituales en el mercado.

En primer lugar, queda expresamente prohibida toda actividad comercial de productos o servicios en que en la expresión de un precio de venta determinado, el empresario o profesional omitiera cualquier motivo razonable que estuviera en su conocimiento y que hiciera pensar que tales productos o servicios pudieran no estar disponibles para los consumidores o usuarios al precio ofertado en cantidades razonables y por un período razonable de tiempo. A estos efectos, y para considerar en su justa medida estas últimas variables (lo razonable del período de tiempo de disponibilidad y de las cantidades de producto o servicio), se tendrán en cuenta circunstancias tales como el precio que constara en la oferta, el tipo de bien o servicio ofertado e incluso el alcance de la publicidad que se hubiera llevado a cabo. La protección de los consumidores y usuarios que persiguió la reforma de la LCD operada en 2009 se traduce en este precepto en concreto en la necesidad de que los destinatarios del mensaje publicitario tengan a su disposición los productos o servicios objeto del mismo en condiciones adecuadas y suficientes. Y ello, sin olvidar el componente del conocimiento efectivo por parte del emisor de la publicidad, de razones suficientes que hicieran razonable esperar que no pudiera mantenerse la oferta en las condiciones indicadas.

Se prohíben igualmente, las prácticas encaminadas a ofrecer un producto o servicio determinado con la intención de no suministrarlo o negarse mostrarlo, negarse a aceptar solicitudes, desprestigiarlo o poner a disposición de los consumidores o usuarios muestras defectuosas y todo ello con la intención de atraer la atención de los destinatarios de la publicidad al efecto de promocionar un bien o servicio distinto de aquel inicialmente ofertado.

El citado artículo 22 de la LCD considera también desleales por engañosas las prácticas comerciales mediante las que se lleve a cabo la oferta, de forma automática o mediante sorteo o concurso, de un premio, sin que finalmente se conceda bien éste o bien otro de calidad y valor equivalentes.

Las campañas publicitarias mediante las que se promocionen bienes o servicios gratuitos (entendiendo en estos supuestos incluida cualquier referencia a términos tales como «sin gastos», «regalo», o cualquier otra que pudiera considerarse equivalente) se reputarán engañosas si el consumidor o usuario se viera obligado a realizar cualquier desembolso por ellos. Con respecto a tales desembolsos, es fundamental exceptuar aquellos que debieran producirse en concepto de recogida o entrega del producto o los relacionados con la mera respuesta a la práctica comercial de la que se tratare.

Adicionalmente, se reputan desleales y por ende se prohíben de manera expresa las campañas que crearan la falsa impresión de que el destinatario de las mismas hubiera conseguido un premio (o ventaja equivalente) o fuera a conseguirlo por la mera realización de un acto determinado, toda vez que tal premio o ventaja no existiera realmente o el consumidor o usuario se viera en la obligación de efectuar un pago o incurrir en un gasto para obtenerlo.

También las denominadas «prácticas comerciales encubiertas» se reputan desleales por engañosas. La definición de tales acciones que ofrece el artículo 26 de la LCD las describe como aquellas que se incluyen como información en los medios de comunicación –pagando el empresario o profesional por la emisión de la promoción en cuestión–, sin que de manera clara para el consumidor –pudiendo utilizarse para ello imágenes, sonidos, etcétera– se especifique que se trata de contenido de carácter publicitario.

No menos relevante, por lo sensible de su contenido y por el carácter de indefensión especial que caracteriza a sus destinatarios, es la prohibición de prácticas agresivas en relación con los menores. En particular, recibe tal calificación la exhortación directa a los niños para que adquieran bienes o utilicen servicios. Es decir, la publicidad que de manera clara para los menores les invite a comprar no está permitida. Es más, esta prohibición va aún más allá, prohibiéndose expresamente también, en el artículo 29 de la LCD, la emisión de campañas publicitarias que inviten a los menores a convencer a sus padres o a cualesquiera otros adultos para que éstos adquieran o contraten los productos o servicios anunciados.

2.4. La regulación de la publicidad en la sociedad de la información

Como se ha repetido en numerosas ocasiones ya, el régimen jurídico de la publicidad no varía en lo sustancial por el hecho de que la misma se emita mediante uno u otro medio; sin embargo, la aparición y el desarrollo del entorno digital han hecho necesaria la especificación de una serie de aspectos aplicables particularmente a la publicidad llevada a cabo mediante medios digitales. A continuación se ofrece una primera aproximación a tal regulación específica.

En este contexto, y tal y como establece la Ley 34/2002, de 11 de julio, de Servicios de la Sociedad de la Información y del Comercio Electrónico (en adelante, LSSI) Las comunicaciones comerciales y las ofertas promocionales se regirán, además de por la citada Ley, por su normativa propia y la vigente en materia comercial y de publicidad. De forma paralela, será de aplicación la Ley Orgánica 15/1999, de 13 de diciembre, de Protección de Datos de Carácter Personal y su normativa de desarrollo en lo relativo a la obtención de información o datos de carácter personal para la creación y mantenimiento de ficheros de datos. Tales remisiones a la normativa de protección de datos resulta relevante a los efectos que aquí nos interesan por cuanto es cada vez más frecuente el empleo de campañas publicitarias y de marketing en el entorno digital que llevan aparejados mecanismos de recogida de datos que deberán cumplir escrupulosamente con su normativa específica. Por ello, entendemos fundamental lanzar una invitación a un estudio en profundidad de los detalles de tal regulación con el objeto de lograr un escrupuloso cumplimiento de la misma y evitar así las elevadas sanciones que la misma contempla y que pudieran ser objeto de imposición.

Además, según establece el artículo 20 de la LSSI, las comunicaciones comerciales o publicitarias realizadas por vía electrónica deberán ser, como ya se ha dicho en relación con otros medios de emisión de la publicidad, claramente identificables y deberán indicar la persona física o jurídica en nombre de la cual se realizan. Si las acciones publicitarias se realizan por vía electrónica, se deberá incluir al comienzo del mensaje la palabra «publicidad», su abreviatura «publi» o cualquier otra identificación equivalente que permita al destinatario ser consciente de que se encuentra ante una acción de marketing.

Práctica habitual es también el denominado «spam», prohibido expresamente en la LSSI por consistir en un envío por vía electrónica de comunicaciones comerciales inconsentidas. A este respecto, tales envíos publicitarios o promocionales deberán en todo caso haber sido solicitadas o expresamente autorizadas por los destinatarios de las mismas. Es el conocido como consentimiento por parte del interesado, que deberá exigir en todo caso una acción por su parte, no siendo posible tratar de justificar el envío en una falta de rechazo expreso, sino, por el contrario, quedando exclusivamente amparadas mediante la autorización manifiesta de aquél mediante mecanismos que exigieran una acción por su parte –paradigmático es el ejemplo del marcado de una casilla de aceptación dispuesta junto al formulario de recogida de datos personales y cuya marcación previa en ningún caso puede entenderse permitida a estos efectos–.

2.5. La publicidad en los medios audiovisuales

Sin que suponga una excepción a lo establecido con carácter general a la publicidad en sí misma, la Ley 7/2010, de 31 de marzo, General de la Comunicación Audiovisual, conforme a los criterios establecidos por la Directiva Comunitaria 2007/65/CE de Servicios de Comunicación Audiovisual del Parlamento Europeo y del Consejo, de 11 de diciembre del 2007, dedica una parte importante de dicho texto normativo a la regulación de la publicidad emitida a través de medios audiovisuales.

Y lo anterior, como resultado de la concepción de dicha norma como instrumento de protección del consumidor frente a la emisión de mensajes publicitarios con el objetivo de impedir abusos que puedan ser perjudiciales para sus destinatarios.

Adicionalmente a la definición de publicidad analizada con anterioridad en el contexto de la LGP, la LGCA define el mensaje publicitario como «*toda forma de mensaje de una empresa pública o privada o de una persona física en relación con su actividad comercial, industrial, artesanal o profesional, con objeto de promocionar el suministro de bienes o prestación de servicios, incluidos bienes inmuebles, derechos y obligaciones*». En definitiva, el sentido del concepto apenas varía del genérico ofrecido en la LGP, suponiendo una definición alternativa adaptada al contexto del medio particular de emisión tratado en la LGCA.

La LGCA establece, con referencia expresa a la Ley Orgánica 1/1982, de 5 de mayo, de Protección Civil del Derecho al Honor, a la Intimidad Personal y Familiar y a la Propia Imagen, que toda comunicación audiovisual deberá respetar tales derechos y garantizar los derechos de rectificación y réplica.

Adicionalmente, la LGCA otorga derecho a crear canales de comunicación para los prestadores privados de los servicios de comunicación audiovisual. Los citados mensajes estarán sometidos a lo propuesto en esta Ley y a la normativa específica sobre la publicidad que ya ha sido analizada. Añade, lo cual es relevante, que la publicidad televisiva y la televenta deberán ser fácilmente identificables, de manera que una acción publicitaria indebidamente anunciada como tal constituirá una infracción no sólo de la normativa específica de comunicación audiovisual sino también de la general de publicidad y de la reguladora de la competencia desleal antes vistas. Y ello, sin perjuicio de que los mensajes publicitarios en televisión deban respetar la integridad del programa en el que se inserten y de las unidades que lo conforman.

Además de lo dispuesto en la LGP y en la LCD en relación con la publicidad ilícita, en relación con los derechos inherentes a los individuos, encontramos en la LGCA una referencia a la prohibición expresa de toda comunicación comercial que vulnere la dignidad humana o fomente la discriminación por razón de sexo, raza, origen étnico, o que utilice la imagen de la mujer con carácter vejatorio.

Por último, y también conforme al texto de la LGCA, queda totalmente prohibida toda comunicación comercial:

- Encubierta o que fomente comportamientos nocivos para la salud.
- De cigarrillos, productos de tabaco, bebidas alcohólicas.
- Que fomente comportamientos nocivos para el medio ambiente o seguridad de las personas.
- Prohibidas en el resto de la normativa relativa a la publicidad.

2.6. La publicidad y el código penal

La Ley Orgánica 10/1995, de 23 de noviembre, del Código Penal, modificada por la Ley Orgánica 15/2003, de 25 de noviembre (en adelante, el Código Penal), describe una serie de comportamientos que, también en los casos en que fueran llevados a cabo en el marco de la publicidad o valiéndose de ella, podrían suponer una infracción de las tipificadas en nuestro Código Penal.

En particular, el artículo 206 establece que las calumnias, si se propagaran por medio de la publicidad, serán castigadas con penas de prisión de seis meses a dos años o multa de seis a veinticuatro meses. A su vez, el artículo 209 establece que las injurias graves realizadas por medio de la publicidad se castigarán con la pena de multa de seis a catorce meses, siendo ésta una pena superior a las asociadas a las injurias vertidas por cualquier otro medio, que se castigan con pena de multa de tres a siete meses.

También es aplicable a la materia publicitaria el artículo 248, cuya redacción establece que se entiende que cometerán estafa los que, con ánimo de lucro, utilizaren engaño bastante para producir error en un tercero, induciéndole a realizar un acto en perjuicio tanto propio como ajeno. También constituye un acto de estafa el realizado por quien, valiéndose de alguna manipulación informática o artificio semejante, consiga la transferencia no consentida de cualquier activo patrimonial en perjuicio de tercero. La aplicación de tal precepto a la publicidad realizada en el ámbito digital es indudablemente posible en caso de que se reunieran los requisitos penales adecuados.

Por último, el propio Código Penal en su artículo 282 establece que serán castigados con la pena de prisión de seis meses a un año o multa de seis a dieciocho meses los fabricantes o comerciantes que, en sus ofertas o publicidad de productos o servicios, hagan alegaciones falsas o manifiesten características inciertas sobre los mismos de modo que puedan causar un perjuicio grave y manifiesto a los consumidores, sin perjuicio de la pena que corresponda aplicar por la comisión de otros delitos. Tales actividades coinciden en su objeto con otras ya analizadas y que expresamente prohíbe la LDC, siendo el matiz de la gravedad del perjuicio causado, el determinante para poder adicionalmente subsumir tales conductas bajo este precepto del Código Penal.

2.7. La conexión de la publicidad con otras áreas del derecho

2.7.1. Propiedad Industrial & Propiedad Intelectual (Ley de Propiedad Intelectual)

La relación de la publicidad con estas otras áreas del Derecho se articula como consecuencia del hecho de que los elementos más originales, creativos o que más puedan llamar la atención al consumidor sean copiados o imitados por agentes que no fueran titulares de la exclusividad de los mismos.

Por ello, a la hora de elaborar una campaña publicitaria pueden entrar en juego numerosos elementos ligados a la propiedad intelectual e industrial:

- El contenido creativo (fotografías, ilustraciones, gráficos, música, videos, etcétera) puede estar protegido por derechos de autor.
- Los lemas y sonidos pueden estar protegidos por derechos de autor y de marcas.
- Los nombres comerciales, logos, nombres de productos, nombres de dominio y otros signos de carácter similar, con frecuencia estarán protegidos por derechos de propiedad industrial.
- Los símbolos gráficos, las visualizaciones de pantalla, los interfaces gráficos de usuario e incluso las páginas Web pueden estar protegidas por la legislación correspondiente al diseño industrial.
- El diseño de un sitio Web puede estar protegido por derechos de autor.
- Algunas técnicas publicitarias o métodos comerciales pueden estar protegidos por patentes o por modelos de utilidad.

En definitiva, la elaboración de una campaña publicitaria en el entorno digital deberá ser respetuosa no sólo de los aspectos genéricos aplicables a la publicidad, sino también a la normativa específica que atañe al medio particular en que se desarrolla aquélla, por lo que un análisis de los posibles incumplimientos en los que se pueda incurrir es siempre recomendable.

2.7.2. La Protección Civil del Derecho al Honor, a la Intimidad Personal y Familiar y a la Propia Imagen

Quedan salvaguardados en dicha ley el Derecho Fundamental al Honor, a la Intimidad Personal y Familiar y a la Propia Imagen, garantizado en el artículo 18 de la Constitución, además siendo civilmente protegible frente a todo género de intromisiones ilegítimas, de acuerdo con lo establecido en la Ley Orgánica 1/1982, de 5 de mayo, de Protección civil del Derecho al Honor, a la Intimidad Personal y Familiar y a la Propia Imagen.

A su vez, tendrán la consideración de intromisión ilegítima:

- La revelación, publicación o divulgación de hechos relativos a la vida privada de una persona que pueda afectar a su reputación o buen nombre.

- La utilización del nombre, de la voz o de la imagen de una persona para fines publicitarios, comerciales o de naturaleza análoga, sin su expreso consentimiento.

Sin embargo, no se considerará intromisión ilegítima la captación, reproducción o publicación cuando se trate de personas que ejerzan un cargo público, cuando se haga mediante una caricatura de la misma, o cuando la imagen sea accesoria a un acontecimiento. Ello, ha de quedar claro, no implica necesariamente que su utilización, pese a tratarse de las excepciones referidas en este párrafo, no suponga una infracción de cualquier de los preceptos citados en este capítulo con anterioridad.

2.7.3. Proyecto de Ley de Regulación del Juego

El Proyecto de Ley de Regulación del Juego que en la actualidad se encuentra pendiente de una aprobación que no tardará en llegar, tiene como fin adaptar la legislación estatal al nuevo escenario configurado por la irrupción de las múltiples y diversas actividades del juego electrónico aparecidas en los últimos años, las cuales se han venido desarrollando en circunstancias de incumplimiento de los deseables principios de seguridad, transparencia, fiabilidad e integridad que deben regir las actividades que tiene por objeto la explotación de estos servicios.

Los objetivos están perfectamente definidos a la hora de elaborar esta Ley, y a falta de su aprobación definitiva, el Proyecto de Ley del Juego pone bajo control toda actividad de organización, explotación y desarrollo de juegos de azar de ámbito estatal realizada a través de medios electrónicos, informáticos, telemáticos e interactivos, así como las acciones publicitarias vinculadas a dicha actividad.

La norma define las distintas modalidades de juego, establece los requisitos que deberá cumplir cada una de ellas y fija las prohibiciones, tanto subjetivas como objetivas, que pesarán sobre las actividades objeto de regulación.

En materia de publicidad, dicho Proyecto de Regulación del Juego establece que, de conformidad con la LGP, queda prohibida la publicidad, el patrocinio o la promoción bajo cualquier forma, de los juegos de suerte, envite o azar y la publicidad o promoción de los operadores de juegos cuando carezcan del título habilitante correspondiente para la prestación de tales servicios (una autorización previa emitida por la Comisión Nacional del Juego).

2.8. Buenas prácticas en comunicaciones comerciales electrónicas

Conforme a la LOPD, se impone la obligación de obtener el consentimiento inequívoco del afectado para que se proceda al tratamiento de sus datos personales.

Asimismo, para que el tratamiento de los datos de carácter personal con fines promocionales o de publicidad a través de Internet u otros medios electrónicos equivalentes sea lícito, se deberán observar las mismas obligaciones que en el ámbito offline (a saber, información al afectado acerca de los fines determinados, explícitos y legítimos de tratamiento; de la existencia de un fichero; de la identidad del responsable del mismo; de la posibilidad de ejercitar los derechos de acceso, rectificación, cancelación y oposición, etc.).

Por ese motivo, el Spam constituye una actividad ilícita y supone para el afectado una violación de su intimidad y su derecho a la protección de datos, en la medida en que tiene lugar un tratamiento de datos no consentido, así como la recepción de mensajes publicitarios no deseados.

En este sentido, conviene destacar que la LSSI ha introducido una nueva regulación sobre el envío de comunicaciones por vía electrónica, que no exonera del cumplimiento de la LOPD, sino que simplemente viene a añadir nuevas obligaciones al Responsable del Fichero.

El artículo 21 de la LSSI prohíbe el envío de comunicaciones publicitarias o promocionales por correo electrónico u otro medio de comunicación electrónica equivalente que previamente no hubieran sido solicitadas o expresamente autorizadas por los destinatarios de las mismas. Indicar a este respecto que, a diferencia del régimen previsto en la LOPD, la LSSI también resulta aplicable a personas jurídicas, motivo por el cual es irrelevante si el correo electrónico va dirigido a una dirección general de la compañía sin identificar a ninguno de sus empleados.

Como excepción a lo anterior, no será necesario recabar el consentimiento de forma expresa cuando cumulativamente se cumplan estos tres requisitos:

• Que entre el destinatario de la comunicación y el prestador del servicio de comunicaciones electrónicas hubiera existido una relación contractual previa;

• Que los datos se hubieran obtenido de forma lícita, entendiéndose por «lícita» de conformidad con cualquier normativa aplicable relativa a la obtención de datos; y

• Que se empleen para el envío de comunicaciones comerciales referentes a productos de su propia empresa que sean similares a los que inicialmente fueron objeto de contratación con el cliente.

Por otro lado, el artículo 22 de la LSSI establece la obligación del prestador de tener que habilitar, con carácter general, procedimientos sencillos y gratuitos para revocar el consentimiento prestado y facilitar, por medios electrónicos, información sobre dichos procedimientos. Una forma de cumplir con esta obligación sería habilitando un formulario en la página Web.

Por último, no debe olvidarse que en cada comunicación comercial que se realice por medios electrónicos, además de ofrecerse la posibilidad de oponerse a la recepción de futuras comunicaciones comerciales (por ejemplo, mediante un enlace al pie de cada comunicación comercial que se dirija al formulario citado en el párrafo anterior), debe indicarse la entidad en nombre de la cual se realizan e identificarse como tales mediante la inclusión al comienzo del mensaje de la palabra «Publicidad», según exigencias del artículo 20 de la LSSI.

No obstante, en este punto hemos de señalar que la LISI flexibiliza la mencionada exigencia de información en la nueva redacción del citado precepto (redacción según LISI), de modo que en vez de la inserción del término «Publicidad» al inicio del mensaje pueda incluirse la abreviatura «Publi». Se trata de una medida que ha sido solicitada en diversas ocasiones por agentes que desarrollan actividades relacionadas con la publicidad a través de telefonía móvil y, por otra parte, no supone menoscabo de la protección de los derechos de los usuarios, ya que el término «Publi» es fácilmente reconocible como indicativo de «Publicidad».

Respecto a la forma en que, en su caso, podría recabarse el «consentimiento expreso» del destinatario para la recepción de comunicaciones comerciales por correo electrónico, debe tenerse en cuenta que, en particular, el mismo se obtendría de las siguientes maneras:

- En el marco de un procedimiento de contratación de algún producto o servicio que tenga lugar a través de una página Web y en el que el destinatario deba facilitar su dirección de correo electrónico, incluyendo en las condiciones generales de contratación una cláusula sobre el consentimiento del destinatario a la recepción de comunicaciones comerciales y solicitando su aceptación junto con el contrato,
- o bien formulando una pregunta concreta al usuario sobre si acepta el envío de comunicaciones comerciales.

Finalmente y, a título meramente ilustrativo de la realidad existente fuera de nuestras fronteras, hemos de señalar que, por su parte, los poderes públicos de los EE.UU. se han pronunciado al respecto de esta clase de prácticas. Así, por ejemplo, las leyes del Estado de California definen los únicos tres tipos de usos aceptables del e-mail:

- En el caso de que los targets o clientes hayan otorgado su consentimiento para realizar envíos comerciales a su dirección de e-mail.
- En el supuesto de que se trate de individuos con los que ya se tenía una relación comercial.
- Tratándose de individuos distintos a los anteriores a los que se dirige un mensaje identificado como publicidad. En este sentido, en la línea «Asunto» se exige que aparezca la palabra «Publicidad».

2.9. Autorregulación

Tanto empresas como consumidores hacen hoy en día un amplio uso de lo que se ha dado a conocer como «nuevas tecnologías», lo cual plantea muchos interrogantes ante los problemas de aplicabilidad de la regulación legal existente. Nos enfrentamos a un sector extremadamente dinámico y en permanente evolución, donde las posibilidades de obsolescencia normativa son mayores que en cualquier otro.

Es evidente, que la publicidad que se difunde a través de Internet y otros medios electrónicos de comunicación a distancia queda sometida a las normas generales que regulan la actividad publicitaria. Pues bien, las características propias de estos medios pueden hacer necesaria una adaptación de las normas generales en la materia, así como normas específicas que contemplen y regulen supuesto que no se plantean en otros medios de comunicación.

Las tendencias actuales van dirigidas hacia la senda de la autorregulación. Tanto las instancias comunitarias como los legisladores nacionales han reconocido el valor y la eficacia de los mecanismos de autorregulación, ya que sirven como complemento de los sistemas legales y jurisdiccionales de los diferentes países. Tanto las diversas Directivas europeas como las normas nacionales han seguido apostando por la autorregulación tanto para otorgar un alto grado de protección a los consumidores como para dotar de eficacia a los objetivos generales de las normas.

Los sistemas de autorregulación presentan una serie de ventajas tales como la rapidez de actuación y la flexibilidad, así como su vocación de integración y coordinación, etc.

Mediante el Código Ético de Confianza Online, numerosas entidades manifestaron su deseo y compromiso de crear un sistema integral de autorregulación relativo a la publicidad y a las transacciones comerciales con los consumidores en los medios electrónicos de comunicación a distancia. Para dotarlo de una mayor seguridad y confianza por parte de los consumidores es necesario que este sistema estuviera constituido por dos elementos básicos: un código de conducta y un mecanismo de control.

Respecto a los códigos de conducta, la LCD en su Capítulo V fomenta de manera expresa la utilización de dichos mecanismos y establece que «*las corporaciones, asociaciones u organizaciones comerciales, profesionales y de consumidores podrán elaborar, para que sean asumidos voluntariamente por los empresarios o profesionales, códigos de conducta relativos a las prácticas comerciales con los consumidores, con el fin de elevar el nivel de protección de los consumidores y garantizando en su elaboración la participación de las organizaciones de consumidores*».

Por razón de la evolución normativa experimentada en los últimos años, el código de conducta se ha adaptado a las modificaciones que han llevado a cabo en diferentes normas como la ya citada LSSI, la Ley de Medidas de Impulso de la Sociedad de la información, la Ley General para la Defensa de los Consumidores y Usuarios, la Ley Orgánica de Protección de Datos, etcétera.

Desde su nacimiento, el sistema de Confianza Online ha mantenido sus tres elementos básicos. A saber:

- Un conjunto de normas deontológicas plasmadas en un Código Etico. Está dividido en dos grandes áreas: comunicación comercial y comercio electrónico.

- Un sistema de aplicación de esas reglas que resuelva, bajo los principios de independencia, transparencia, contradicción de las partes, eficacia, legalidad, libertad y representación, las controversias y reclamaciones que se puedan llevar a cabo.

- Un sello de confianza que permita identificar las entidades y compañías adheridas a este sistema de autorregulación, que será gestionado por la Secretaría del sistema.

Capítulo 3
Estrategia publicitaria online

3.1. Proceso de planificación

Antes de negociar una campaña debemos tener en cuenta hacia donde queremos ir. Para ello trazamos una estrategia basada en los siguientes factores:

- Posicionamiento: se llama posicionamiento a la referencia del lugar que en la percepción mental sobre una seria de factores que segmento ó un cliente ó un consumidor tiene de una marca respecto a la competencia, lo que constituye la principal diferencia que existe entre esta y su competencia.

- Target o público objetivo ó mercado meta. Este término se utiliza habitualmente en publicidad para designar al destinatario ideal de una determinada campaña, producto o servicio. Tiene directa relación con el Marketing.

- Determinación de Objetivos: Hemos de poder identificar de qué campaña, de qué pieza creativa, de qué medio, proviene cada click, cada solicitud de información, cada venta. Por eso es tan importante que en las acciones de marketing online, se trabaje en primera instancia, bajo los mismos preceptos con los que se trabaja en el marketing offline. El primer paso, siempre, exige que fijemos objetivos. Si no fijamos objetivos, nunca sabremos si los resultados obtenidos fueron buenos o malos, y estos pueden ser:

  - Aumentar el reconocimiento de una marca (branding): Aumentar el reconocimiento de una marca (branding). Cada vez que un usuario ve nuestro anuncio existe una interacción con la marca, y ese impacto puede ser positivo o negativo.

  - Generar nuevas posibilidades de negocios o visitas: A partir de publicidad online tradicional, podemos dirigir a un usuario a una página con formulario incluido. El usuario interesado en el servicio completa el formulario con sus datos. Luego podrá ser contactado desde un call center, que puede ser el encargado de generar la venta.

  - Conseguir respuestas directas (ventas): Es un medio que aún esta madurando, aunque creciendo exponencialmente[1].

---

[1] Más información en: @markinteractivo.

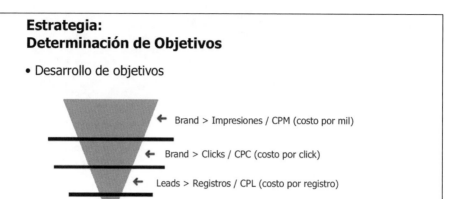

Entre las variables a tener en cuenta a la hora de negociar campañas, podemos encontrarnos con las siguientes:

1. Precio según el modelo de contratación en publicidad digital:
   - Coste de Tarifa CPM, CPC...
   - Descuento Comercial.
   - Ingreso bruto.
   - Descuento de agencia. Normalmente en Internet el 10% de descuento.
   - Ingreso o facturación neta.
2. Cantidad
   - Negociación vía inserciones adicionales.
3. Estacionalidad
   - Atención a la planificación en fechas especiales como verano, Navidad y Semana Santa.
4. Disponibilidad
   - Número total de impresiones disponibles, Recursos disponibles dentro de la web.

Nota: Esto es importante saberlo para calcular el S.O.V. (share of voice).

3.2. Fases de la estrategia publicitaria online

Los 8 pasos de la estrategia de publicidad online y que son los siguientes: está representado en la siguiente imagen:

PROCESO INTEGRAL

3.2.1. Briefing

Documento de trabajo entre el anunciante y el medio/soporte donde se explican las claves y objetivos de la campaña: verificar la adecuación de tu producto al entorno Internet. Para ello habrá que estudiar diferentes parámetros internos y externos a tu empresa, como: el sector del producto, si es un producto genérico o especializado, grado de globalidad/localidad del producto, reconocimiento de marca, volumen de ventas, etc.

3.2.2. Estudio del target

El siguiente paso consiste en estudiar el público objetivo para los productos que tu empresa quiere anunciar en Internet. Será importante conocer los aspectos demográficos y psicográficos de éste, para determinar el grado de idoneidad existente entre el medio y el público. Si tu público objetivo no consume este medio, no tiene sentido llevar a cabo la acción.

3.2.3. Determinación de los objetivos de medios

A continuación se deben fijar los objetivos que pretendes cumplir con la realización de la campaña. Como apunté en el segundo apartado de este capítulo, los más habituales suelen ser: generar reconocimiento de marca, captación o fidelización de nuevos clientes, aumentar las ventas del producto, etc.

3.2.4. Selección de medios

Una vez recabada toda la información sobre la empresa, el producto, el público y los objetivos, debes analizar en profundidad toda esta información para determinar la estrategia más adecuada y eficaz que permita fijar a su vez, el presupuesto necesario para llevar a cabo la acción.

En el plan de medios se refleja, normalmente en una hoja de cálculo, la selección de soportes, modelos de contratación por soporte, piezas creativas, tecnologías, frecuencia, precios por modelo, descuentos de agencia y todas aquellas variables que ayudan a determinar un presupuesto, incluidos resultados previstos.

Dónde puedes anunciarte:

• Grandes medios. Lo componen la prensa electrónica (El País, El Mundo, Marca, etc.), los portales, buscadores, servicios de información temática y las redes publicitarias2 (DoubleClick, addoor, Antevenio, Trade Doubler, etc.).

La principal ventaja de estos medios es el enorme volumen de visitas que tienen mensualmente, sin embargo en algunos casos carecen de una segmentación especializada, excepto en el caso de las redes publicitarias, cuya desventaja es el limitado número de sitios web que ofrecen para emplazar la publicidad.

Otro inconveniente son las altas tarifas que fijan, que sólo son accesibles para grandes empresas, y por tanto no hay tanta posibilidad de diversificar el riesgo.

Para obtener una idea del presupuesto necesario para llevar cabo una acción en grandes medios, puedes consultar la sección de «publicidad» de los diferentes periódicos, portales, etc. dónde se reflejan los diferentes formatos disponibles y sus respectivas tarifas.

TARIFAS PORTADAS

Site	Formato	Cobertura (u.u.)	Páginas Vistas Diarias	Impresiones estimadas	Duración	Precion Total Bruto
ELPAÍS.com	Brand Day Premium	1.000.000	2.508.226	8.524.677	1 dia	66.000 €
	Brand Day Advance	1.000.000	2.508.226	6.016.452	1 dia	46.200 €
	Brand Day	1.000.000	2.508.226	5.016.452	1 dia	33.000 €
AS.com	Brand Day Premium	1.400.000	3.967.742	13.303.226	1 dia	66.000 €
	Brand Day Advance	1.400.000	3.967.742	9.335.484	1 dia	46.200 €
	Brand Day	1.400.000	3.967.742	7.935.484	1 dia	33.000 €
los40.com	Brand Day Premium	400.000	118.216	2.882.539	1 semana	48.400 €
	Brand Day Advance	400.000	118.216	2.055.026	1 semana	31.900 €
	Brand Day	400.000	118.216	1.655.026	1 semana	22.000 €
CincoDías.com	Brand Day Premium	200.000	167.311	3.713.532	1 semana	41.800 €
	Brand Day Advance	200.000	167.311	2.542.355	1 semana	22.000 €
	Brand Day	200.000	167.311	2.342.355	1 semana	16.500 €
Maxima.fm	Brand Day Premium	140.000	27.735	722.443	1 semana	13.750 €
	Brand Day Advance	140.000	27.735	528.295	1 semana	8.800 €
	Brand Day	140.000	27.735	388.295	1 semana	6.600 €
CadenaDial	Brand Day Premium	65.000	17.828	439.392	1 semana	13.750 €
	Brand Day Advance	65.000	17.828	314.595	1 semana	8.800 €
	Brand Day	65.000	17.828	249.595	1 semana	6.600 €
CadenaSer.com	Brand Day Premium	350.000	325.776	7.191.301	1 semana	52.800 €
	Brand Day Advance	350.000	325.776	4.910.867	1 semana	30.800 €
	Brand Day	350.000	325.776	4.560.867	1 semana	23.100 €
Cinemania y Rolling	Brand Day Premium	28.000	107.000	349.000	1 semana	6.000 €
	Brand Day Advance	28.000	107.000	242.000	1 semana	4.000 €
	Brand Day	28.000	107.000	214.000	1 semana	3.600 €
Meristation	Brand Day Premium	400.000	925.000	3.175.000	1 semana	50.000 €
	Brand Day Advance	400.000	925.000	2.250.000	1 semana	32.000 €
	Brand Day	400.000	925.000	1.850.000	1 semana	24.000 €

Ejemplo: Sección de publicidad del diario elpais.com (http://www.elpais.com/publicidad).

- Pequeños medios. Lo componen principalmente blogs, foros, determinadas redes sociales,… A diferencia de los grandes medios, estos sitios tienen un volumen de tráfico inferior (hay excepciones), sin embargo están mucho más segmentados en cuanto a temática, localización, idioma, etc. Estos medios suelen tener tarifas más accesibles, por lo que te permitirán con el mismo presupuesto que destinarías a un gran medio, llegar a muchos más usuarios diversificando la inversión entre varios medios pequeños. Al igual que en los grandes medios, muchos sitios pequeños incluyen también una sección de «publicidad».

Opción 1

Minibanner 125×125 pixels

Precio: 30 €/mes + IVA

Opción 2

Maxibanner 300×250 pixels

Precio: 50 €/mes + IVA

Opción 3

Megabanner 728×90 pixels

Precio: 90 €/mes + IVA

Ejemplo: Sección de publicidad del blog theorangemarket.com (http://theorange-market.com/index.php/publicidad).

Es fundamental que previamente conozca la mayor información posible acerca de los sitios web en los que le interesa colocar la publicidad: número de visitas, páginas vistas, perfil de los usuarios, de que página provienen, tiempo de permanencia, etc.

Para incrementar las posibilidades de éxito es primordial un público segmentado, ya que habrá una mayor atención por parte de éste en lo que se anuncia. Este proceso se puede automatizar a través de sistemas como Adsense de Google, redes de afiliados o puede hacerse manualmente, segmentando las campañas.

Los medios pueden ser:

- **Buscadores/Directorios:** Tienen alto tráfico y brindan la posibilidad de segmentar la audiencia según un amplio espectro de temas.

Google YAHOO!

- **Portales horizontales:** Brindan contenido sobre temas diversos, servicios de email y, en la mayoría de los casos son los principales proveedores de servicios de Internet. Ofrecen gran cantidad de servicios a sus visitantes con el objeto de fidelizarlos. Son la puerta de acceso a Internet, por lo que tienen una gran cobertura y tienen una tendencia a la verticalización.

- **Portales verticales:** Brindan contenido diverso sobre un tema o una gama de temas específicos. Surgen fruto de la verticalización de Internet, ofrecen contenidos especializados y de gran calidad y han incrementado el número de servicios de valor añadido que ofrecen para fidelizar a sus usuarios (estrategia horizontal).

- **E-commerce:** Sitios de compra-venta online. Una suerte de Shopping virtuales.
- **Diarios online:** Es la versión online de los diarios de papel. Ofrecen actualización constante de noticias y reciben en general una alta cantidad de visitas diarias.
- **News-letter/e-mail marketing:** Envío de información digital a una base de usuarios preestablecida. Es el recurso más empleado por los usuarios de Internet, y hay que asegurarse de evitar el spamming (pedir autorización previa del usuario).

- **Comunidades virtuales y redes sociales:** (Weblogs/Fotologs/Redes sociales/Sitios de Comunidades/Foros) Favorecen la comunicación entre los consumidores, de la marca al consumidor y del consumidor a la marca. Este modelo es una de las máximas expresiones para el desarrollo del marketing Relacional. Permiten gran conocimiento del consumidor, de sus aficiones, de sus necesidades, de su comportamiento, y gracias a las comunidades virtuales disponemos de una nueva herramienta generadora de bases de datos.

- **Prensa digital**: son los medios de información on line. Muchas veces son ediciones digitales de medios off-line (El Mundo, El País), pero existe prensa 100% digital (libertaddigital.com). Las características de Internet han hecho que se desarrolle la prensa digital, ya que permite mantener informado casi a tiempo real. Se lee más entre semana que los fines de semana, y se consulta a primera hora, al mediodía y a las 18:00 aprox. Los internautas aún siendo fieles, comparan los distintos soportes de prensa digital.

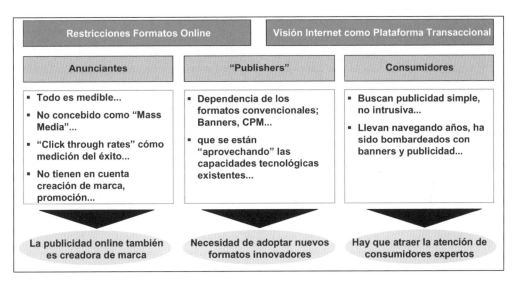

3.2.5. Planificación táctica

Hemos de elegir los formatos de nuestras acciones publicitarias de acuerdo a los objetivos marcados:

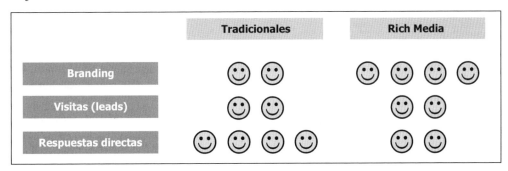

También hemos de elegir la ubicación y la forma de exposición de los anuncios en los soportes. Pueden ser:

- **CHP (costo por hora):** Gran afluencia de contactos e impresiones de audiencia. Imitan la política de tarificación de cualquier diario escrito de información general lo ofrecen los diarios de información general en su edición online.

- **Rotación General (Run on site):** Rota por todas las páginas del portal y en todos los horarios. Podemos contratar tramos de horas, por ejemplo entre las 15.00h-20.00h y entre las 22.00-24.00h de jueves a domingos porque consideramos que esas son las horas en las que se conecta nuestro público objetivo.

- **Criterios de Segmentación** (Sección, IP, Frecuencia,): Podemos segmentar por la ubicación, por ejemplo en un site en la sección de Música o Deportes, o Suplementos. También puede ser por IP que queramos. Por dominio, ej «.es», «.mx si estamos anunciando en España o México. Por frecuencia, si un internauta ve el banner 5 veces y no hace click, podemos dar por sentado que no le interesa y por tanto lo podemos quitar.

Cada medio establecerá sus propias tarifas en función del tráfico, especialización, etc. Si el medio facilita las estadísticas de su sitio web se podrán realizar algunas estimaciones sobre el coste de los impactos, por ejemplo, en una campaña de patrocinio mensual sólo tienes que dividir el precio entre el número de visitas mensuales, partiendo de las estadísticas de meses anteriores; en el caso de una campaña CPM, divide el precio entre el número de impresiones contratadas. A continuación se detallan los principales aspectos que inciden en el precio de los anuncios:

- **Formato.** El equivalente a los anuncios en prensa, cuanto más grande sea el tamaño del anuncio, mayor será el precio.

- **Ubicación.** Los espacios inferiores son más económicos debido a la dificultad para ser visualizados, mientras que los espacios superiores son más caros ya que son las zonas donde el usuario fija más la vista.

- **Peso.** Si en televisión son los segundos, en Internet influyen los bytes4. Cuanto mayor número de bytes consuma tu anuncio, mayor será su precio. Esto explica que los formatos dinámicos con vídeo y contenido enriquecido sean más caros que los formatos estáticos.

- **Modelo de contratación.** Como comenté anteriormente, cada modelo tiene un precio diferente, mientras que el CPM y el pago fijo pueden ser los más económicos, el CPL y CPA son los más caros. El CPC suele estar en un punto intermedio.

- **Gestión de la campaña.** Si contratas los servicios de una empresa externa que diseñe y/o gestione la campaña, el precio aumentará ya que habrá que agregar los honorarios de ésta.

Ejemplo de un plan de medios digital:

Cliente						
Producto						
Propuesta Nro						
Período de campaña:						

SOPORTE	FORMATO	IMPRESIONES ESTIMADAS	DOLARES USD	C.P.M	C.P.C.	CONTRIBUCION
CLARIN						
Ultimo momento	Take over/Ad motion	50,000	USD 4,140.00	USD 82.80	-	53.01%
Espectaculos	Desplegable	55,000	USD 1,270.00	USD 23.09	-	16.26%
EL UNIVERSAL						
Juegos	Layer	100,000	USD 1,200.00	USD 12.00	-	15.36%
Chat	Layer	100,000	USD 1,200.00	USD 12.00	-	15.36%
TOTAL		305,000	USD 7,810.00	USD 129.89	USD 0.00	100.00%

Qty.	305,000	◄——— **Impresiones**
CTR Estimado (%)	0.5%	
Clicks estimados	1,525	◄——— **Clicks estimados**
Gross Media Budget	USD 7,810.00	
Agency % (15%)	USD 1,171.50	◄——— **Comisión de agencia**
Net Media Budget	USD 8,981.50	
		——— **Costo total de la Pauta**

3.2.6. Negociación y compra

Con el plan de medios comenzamos la negociación con soportes para cerrar el presupuesto y el calendario (óptico) de la campaña. Durante el proceso de negociación de campañas online, debemos tener en cuenta que tipos de negociación y condiciones comerciales podemos pactar a la hora de la contratación de espacios publicitarios en soportes digitales. Veamos los tipos de negociación podemos llegar en publicidad online:

a) *Acuerdos anuales*

Se da por lo general con grandes anunciantes, o centrales de medios que disponen de un fuerte volumen de inversión y que van a dosificar sus acciones en forma de campañas distribuidas a lo largo del año.

La posición o presencia del soporte puede ser distinta en cada campaña online, pero lo que pretendemos con esta negociación es asumir unos compromisos por parte del anunciante/agencia que hagan que nuestra situación al final del período sea ventajosa.

Esta negociación se realiza por lo general directamente con el anunciante, y por ello es muy importante conocer cuáles son sus necesidades, proyectos, intereses y situación. Es necesario prepararse bien antes, conocer nuestros datos y la situación de nuestra competencia.

Una vez alcanzado el acuerdo, es especialmente importante un adecuado seguimiento del mismo a lo largo del tiempo para evitar alteraciones o cambios de planes.

El VOLUMEN de inversión es un aspecto muy importante. La SITUACION del soporte o su POSICIÓN RELATIVA es CLAVE.

b) *Acuerdos tácticos*

Es el verdadero día a día de un equipo comercial en prensa digital. Se da fundamentalmente con los equipos de compra de agencias y centrales de medios. Tiene una importante influencia sobre la consecución del presupuesto u objetivo del soporte.

Se negocia por campaña e incluso por inserción, y con ella se pretende conseguir de forma inmediata una posición ventajosa para nuestro soporte. Además de la inversión se persigue obtener beneficios de cuota, tarificación, emplazamientos, etc.

Las condiciones que se ofrecen, en teoría, deben estar basadas en un momento y circunstancias concretas. Si estas circunstancias varían o no vuelven a darse, las condiciones no tienen por qué mantenerse en el tiempo. Es una negociación a corto plazo donde la cuota o share es muy importante y «Aquí se encuentra la verdadera batalla comercial» La intervención del equipo comercial es clave.

c) *Negociación Estratégica*

Se da en sectores o anunciantes en los que el soporte tiene un interés especial por algún motivo (estratégico). Son negociaciones muy singulares, que se salen de lo común y donde se ceden o se exigen cosas que en situaciones normales no se harían, pero que ambas partes asumen porque consideran imprescindibles e importantes para sí, o «todo lo contrario».

Los tipos de acuerdos que se suelen llegar son:

- **CPM (coste por mil impresiones):** El anunciante paga un precio por una cantidad determinada de impresiones. Se entiende impresión o impacto, la petición de un archivo o banner por parte del usuario, como resultado directo de la acción del visitante de la web. La impresión se considera realizada cuando ha bajado la totalidad de la página solicitada. La única responsabilidad del medio consiste en servir la cantidad de impresiones compradas. Independientemente de los click y posteriores análisis.

- **CPC (coste por click):** El anunciante paga un precio pre-negociado por cada click que recibe el banner. El click se consolida cuando el usuario deja la página del medio, solicitando una nueva preestablecida en el LINK del banner servido.

- **CPL (costo por registro):** El anunciante paga solamente por los usuarios que realizan una acción específica preestablecida. Es el costo de generar contactos cualificados, una persona interesada en comprar el producto. El anunciante solo paga por usuarios registrados. El costo es más caro que el costo por impresión o clic.

- **CPA (costo por adquisición):** Anunciante y propietario de web establecen un acuerdo, donde este paga sólo por las ventas derivadas de la colocación de un banner (no por lo impactos o por los clicks que genera un espacio publicitario). Es un sistema muy innovador, puede resultar beneficioso para el anunciante, pero muy arriesgado para el propietario del site. La presencia de un banner poco atractivo puede suponer un desperdicio de impresiones, por eso, es interesante realizar un test con diferentes banners y comprobar la efectividad de cada uno.

A la hora de negociar con un soporte debemos realizar las siguientes preguntas:

- ¿Cuál es el tráfico promedio por mes?
- ¿Cuántos usuarios únicos tienen por mes?
- ¿Cuántas PageViews tiene por mes? ¿Aceptan adserving?
- ¿Están auditados?
- ¿Pueden garantizarme la cantidad de banners que necesito?
- ¿Dónde van a estar ubicados mis banners?
- ¿Podré cambiar fácilmente la creatividad de mi campaña cuando quiera?
- ¿Puedo tener un acuerdo de bloqueo de mi competencia mientras dure mi campaña?

Otros aspectos relativos a las condiciones comerciales y negociables en los Medios Online son: Extratipos, Rappel, Inversión/escalado, Descuento y Cuota.

Negociaremos también los emplazamientos de las piezas creativas: Home, Secciones, Rotación General y/o Premium.

Tendremos en cuenta las fechas de Campaña y la forma de retribución de las centrales: Honorarios, Diferencias entre Compra y Venta, Sobreprimas y Optimizaciones[2].

El descuento es HERRAMIENTA DE NEGOCIACIÓN, si cuando incrementamos o reducimos el descuento conseguimos:

- Más inversión.
- Más cuota.
- Entrar en campaña.
- Una inversión no prevista.

---

2 Más información en: http://bit.ly/Marketing-Interativo.

En este caso las limitaciones son las que impone «la lógica comercial» ó la política comercial concreta de cada soporte.

El descuento es OBJETO DE NEGOCIACIÓN, cuando no se cumple alguno de los puntos anteriores:

- El % de descuento sirve de <u>referencia al sector.</u>
- La situación del soporte ha mejorado notablemente.
- Se trata de un cliente de «<u>evolución</u>».
- Los acuerdos que hicieron del descuento una herramienta no se han cumplido.
- En cualquiera de los casos es IMPRESCINDIBLE.

Necesidad de saber de qué estamos hablando. En este caso sería convertir el % de descuento en ¡¡¡¡DINERO!!!!!

Planteamientos de negociación y Condiciones Comerciales. Los más frecuentes son:

- Negociación por INVERSIÓN.
- Negociación por CUOTA.
- Negociación por CPM Y CPE.
- Negociación por EXCLUSIVIDAD.
- Negociación por ACCIONES ESPECIALES.
- Negociación por SEGMENTOS HOMOGENEOS.

3.2.7. Análisis de la campaña

A la hora de llevar a cabo la creatividad de la campaña es necesario que tengas en cuenta una serie de recomendaciones específicas de la red:

- Contenido del anuncio. Hoy día el usuario es cada vez más experimentado en el uso de Internet (programas de bloqueo de publicidad, ceguera psicológica frente a la publicidad, etc.), por lo que es importante que decidas muy bien cual será el mensaje del anuncio, evitando mensajes engañosos o sensacionalistas.
- La creatividad del anuncio. Ante la saturación publicitaria que padece la red, cada día más, has de intentar diferenciarte y llevar a cabo una creatividad efectiva, que llame la atención de tu público objetivo. Un anuncio dinámico que interactúe (no intrusivo) con el usuario será mucho más efectivo que un anuncio estático. Además, debes tener en cuenta aspectos como: textos, imágenes, audio, vídeo, etc.

En el caso de estar interesado en realizar una campaña utilizando formatos dinámicos o con contenido enriquecido, te recomiendo encargarlos a una agencia especializada debido a la complejidad en el desarrollo de estos anuncios.

Por último, a diferencia del resto de medios, Internet permite llevar a cabo un seguimiento en tiempo real de la campaña, a través de las estadísticas que se generan automáticamente con las visitas de los usuarios.

Cada soporte utilizará un adserving propio y seguramente diferente al que utilice la agencia de medios. Lo más importante es que la campaña esté correctamente etiquetada por pieza y soporte para que en el caso que haya diferencias significativas se puedan corregir o renegociar.

Análisis de efectividad de **campaña**:

| Campaña | CLIENTE DEMO | | | | | | | Costo per | Costo per | % |
Media	Channel	Imp Estim	Free Imp	Clicks	CTR	Investment	Impresión	Click	Inversion
Terra									
Home	Layer 300x300	60,000	65,924	1,295	1.96%	$ 1,740.00	$ 0.03	$ 1.34	35%
Canales	Layer 300x300	110,000	111,951	1,159	1.04%	$ 3,190.00	$ 0.03	$ 2.75	65%
bonificado	728x90	Bonificado	41,395	411	0.99%	$ -	$ -	$ -	0%
	Total	170,000	219,270	2,865	1.31%	$ 4,930.00	$ 0.02	$ 1.72	24%
Yahoo									
Entretenimiento	300x250	240,000	276,906	1,660	0.60%	$ 2,640.00	$ 0.01	$ 1.59	28%
Correo	LREC Expandible	150,000	154,994	2,565	1.65%	$ 3,150.00	$ 0.02	$ 1.23	34%
Home page	Módulo 350x100	460,000	418,942	1,181	0.28%	$ 3,496.00	$ 0.01	$ 2.96	38%
	Total	850,000	850,842	5,406	0.64%	$ 9,286.00	$ 0.01	$ 1.72	45%
Msn									
Messenger	Half Banner	230,000	234,612	727	0.31%	$ 3,036.00	$ 0.01	$ 4.18	49%
Hotmail	Showcase	240,000	244,813	1,452	0.59%	$ 3,168.00	$ 0.01	$ 2.18	51%
	Total	470,000	479,425	2,179	0.45%	$ 6,204.00	$ 0.01	$ 2.85	30%
Total		1,490,000	1,549,537	10,450	0.67%	$ 20,420.00	$ 0.01	$ 1.95	
Media	**Channel**								
Keywords	Google + Yahoo		4,149,848	5,629	0.14%	$ 2,839.00	$ -	$ 0.50	
	Total	-	4,149,848	5,629	0.14%	$ 2,839.00	$ -	$ 0.50	
Total		-	4,149,848	5,629	0.14%	$ 2,839.00	$ -	$ 0.50	

Una vez lanzada la campaña y vamos analizando los primeros resultados podemos ir optimizándola y gracias a los informes y análisis de la campaña, es posible saber qué creatividad es la más vista por los usuarios, qué medio es el que aporta el mayor número de visitantes o cuál es el formato de banner que impacta mejor en la audiencia; y así realizar las modificaciones necesarias para lograr un mejor resultado final[3].

Estas son algunas de las alternativas que permiten fijar el rumbo de la campaña hacia un destino final de éxito:

• Utilizar diferentes formatos.
• Reajustar las creatividades.
• Distribución secuencial de objetivos.
• Actualización de canales.
• Reorganizar la distribución de impresiones.

---

3 Más información: http://bit.ly/Marketing-Digital .

Seguimiento de lo acordado

- El seguimiento periódico para que se cumplan los aspectos acordados en la negociación es clave.
- Es necesario recoger en algún documento (contrato, convenio, acuerdos, e-mail) los acuerdos alcanzados y todos.
- Los aspectos relevantes, o compromisos asumidos, así como las medidas a tomar o las posibles consecuencias de un incumplimiento.
- El mayor o menor grado de cumplimiento se convertirá en el punto de partida de la próxima negociación.

3.3. La regla PIFEN en la promoción interactiva

Para promocionar un determinado producto a través no se utiliza un solo instrumento, sino la combinación de todos o algunos de los que hemos visto. Para establecer la combinación o Mix de promoción a emplear se deben de tener en cuenta los aspectos siguientes:

- Recursos disponibles (vendedores o publicidad).
- Tipo de producto vendido (industrial o de gran público).
- Características del mercado (amplio: publicidad; limitado: venta personal).
- Tipo de estrategia (Push o Pull).
- Etapa del proceso de compra (ayuda en la decisión de compra: publicidad; ayuda en la transacción: venta personal).
- Etapa del ciclo de vida del producto (primeras fases: promoción; maduración: venta personal).

En general los productos industriales son más propensos a acciones del tipo push (empujar al canal de distribución) como la venta personal y los de gran consumo a acciones del tipo pull (tirar del consumidor) como la publicidad.

Ahora bien, como podemos promocionar un producto en comercio electrónico. Bien, aplico la regla PIFEN. ¿Y qué es la regla PIFEN? Es sencillo de explicar, pero en ocasiones resulta complejo en aplicarlo a proyectos interactivos, sobretodo si ya están desarrollados y en marcha. PIFEN son las iniciales de Permanencia, Interés, Fidelidad, Éxito y Notoriedad:

1. Permanencia

Para que una vez visitada la tienda virtual, el cliente potencial no abandone la navegación hay que conseguir una página web que sea «pegajosa» o «magnética». Que invite a la continuación de la visita. Para ello será necesario, entre otras cosas:

- Descarga rápida.
- Diseño atractivo.

- Navegación fácil.
- Información completa.

2. Interés

Además de ser conocido, el vendedor en Internet debe conseguir ser uno de los Webs elegidos para visitar:

- ¿Cuántas marcas puede retener en la mente un comprador?
- Concepto de «mindsharing».
- Para conseguirlo es necesario:
- Proporcionar una imagen de novedad o calidad.
- Persistencia en la publicidad.
- Escribir artículos/post en medios adecuados, impartir conferencias en seminarios, congresos o ferias.
- Lograr referencias positivas de los «prescriptores».

3. Fidelidad

- Conseguir que el cliente compre de manera habitual:
- Satisfacción de expectativas de calidad y entrega.
- Corrección de errores. «Un cliente con problemas bien resueltos es un cliente fiel».
- Programa de fidelización con premios, bonos, puntos, etc., que fuercen una compra posterior y repetitiva.
- Seguimiento de los clientes con ofertas especiales.

4. Éxito

- Queda como último paso convertir la visita en pedido. Para ello es necesario:
- Que la transacción sea sencilla y cómoda.
- Que los productos sean atractivos.
- Que los precios sean buenos.
- Que se satisfagan las necesidades del cliente:
  - Relación calidad/precio.
  - Entrega rápida y/o barata.
  - Sensación de seguridad y de confianza en el tratamiento de datos.

Se llama conversion rate al porcentaje de pedidos sobre el total de visitas obtenidas.

5. Notoriedad

Para conseguir que los clientes potenciales conozcan una tienda virtual, será necesario realizar todo tipo de acciones publicitarias y de promoción como:

- Publicidad off line.
- Publicidad on line.
- Marketing directo.
- Notas de prensa.
- Presentaciones a los medios.
- Participación en Seminarios, Jornadas, etc.

Capítulo 4
Herramientas de publicidad digital

4.1. Formatos publicitarios display on line

La visualización de un anuncio online en una página web suele ser como una >:

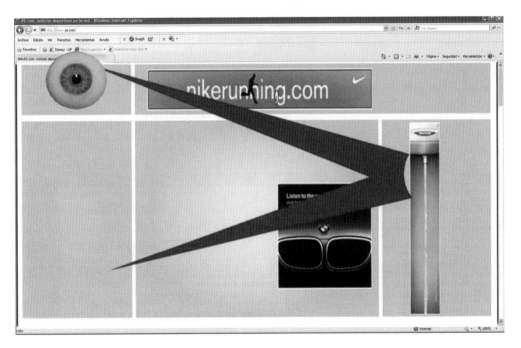

4.1.1. Formatos integrados

4.1.1.1. Banner o leaderboard

Pancarta publicitaria de dimensión horizontal. Un banner, también conocido como anuncio banner, es un anuncio normalmente rectangular colocado arriba, abajo o en los lados del contenido principal de un sitio web y que enlaza con el sitio web del anunciante. Al principio los banners eran anuncios con imágenes de texto y gráficos.

Hoy, con tecnologías tales como flash, se consiguen banners mucho más complejos y pueden ser anuncios con texto, gráficos animados y sonido. La mayoría de los sitios web comerciales utiliza anuncios tipo banner. Normalmente las dimensiones suelen ser de **234×60** (medio banner), **468×60, 728×90 píxeles ó 798×90** (Big banner), las creatividades suelen servirse en formato gif, flash o jpeg y pesos máximos de 30 Kb[1].

4.1.1.2. Rascacielos (Skyscraper)

Formato publicitario de dimensión vertical. Normalmente las dimensiones suelen ser de **100×600, 120×600 ó 160×600 píxeles.** Puede usar tecnología gif, flash, jpeg y un peso máximo de 30 Kb.

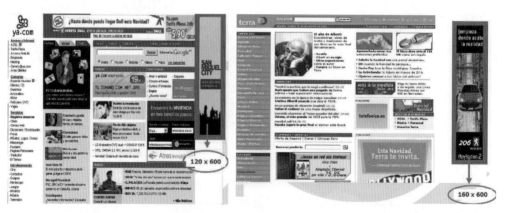

4.1.1.3. Robapáginas o MPU

Son banners cuadrados ubicados en la parte central de la página, junto al contenido de la misma. El tamaño más usado es el de **300×250, 300×300 ó 200×200 píxeles**. Puede usar tecnología gif, flash, jpeg y un peso máximo de 30 Kb.

---

[1] Más información: http://bit.ly/Blog-marketing-digital.

4.1.1.4. Botón

Recuadros que conducen a la web del anunciante. Unidad de publicidad gráfica más pequeña que un banner. Los botones publicitarios vienen en tamaños estándares como **234×90, 234×30, 120×90, 120×60, 125×125, 150×60, 150×150, 180×150 y 88×31** (microbotón). Puede usar tecnología gif, flash, jpeg y un peso máximo de 30 Kb.

4.1.1.5. Cintillo

Recuadros que conducen a la web del anunciante. Unidad de publicidad gráfica más estrecha que un banner. Los tamaños suelen ser de **670×30 píxeles**. Puede usar tecnología gif, flash, jpeg.

4.1.1.6. Enlace de texto

Texto con enlaces a otras secciones, páginas, etc.

4.1.1.7. Mobile banner

Formato que aparecen en dispositivos móviles.

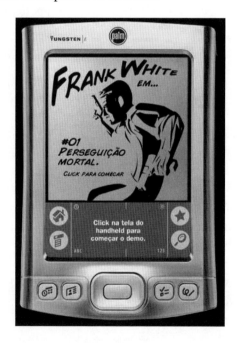

4.1.1.8. Formatos video

Video insertado en algunos de los formatos anteriores, normalmente en robapáginas.

4.1.1.9. Formatos combinados

Uso de varios formatos en una única pagina web para maximizar el impacto y atracción sobre un anuncio online. Normalmente se suele combina big banner + roba-páginas, o big banner y rascacielos.

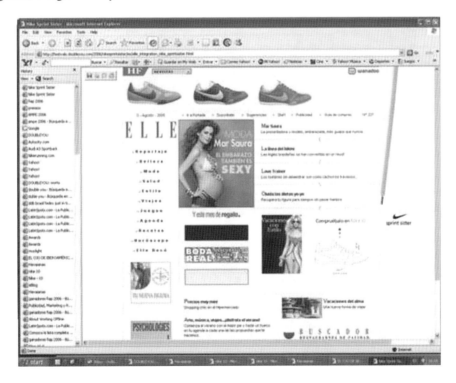

4.1.2. Formatos flotantes

4.1.2.1. Pop Up

Ventanas que se abren automáticamente. Formato que aparece sobre los contenidos o páginas web. Tiene un tamaño de **300×250, 200×200 ó 250×250 píxeles**. Pueden ser; gif, animado, flash y un peso máximo de 20K. Cada vez menos utilizado.

4.1.2.2. Pop Under

Formato que aparece debajo del navegador (debajo de la página web que se está visitando). Tiene un tamaño 300×250, 200×200 ó 250×250, puede ser gif animado, flash, etc y un peso máximo de 25K.

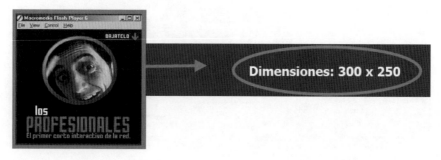

4.1.2.3. Layer

Formato que recurre a distintas tecnologías, permitiendo la movilidad del anuncio por la pantalla, pudiendo o no partir de un formato integrado (se incluye dentro de esta categoría los banners desplegables). De un tamaño **400×400 píxeles** y un peso de 30K.

Características generales:

- Formato publicitario que se despliega y se mueve por toda la pantalla gracias a su tecnología, superponiéndose al contenido de la página. Puede partir o no de un formato integrado.
- Ubicación: En cualquier web.
- Disponible: Prácticamente en todos los sites.
- Targeting: ip, freq, igual que el banner.
- Formato: Texto e imagen.
- Peso: Entre 5 y 30 kb.
- Archivo: Text (código) e Imagen.
- Nota: Margen de 5 días para puesta en marcha.
- Eficiencia: Muy alta por su carácter dinámico y exclusividad.

4.1.2.4. Cortinillas o intersticial

Formato que se muestra con una ventana completa para presentar su mensaje y que tiene una duración breve para que el usuario llegue al destino que desea en unos segundos. Conocida como publicidad de tránsito. **800×600 píxeles** y un peso de 30K.

Características generales:

- Anuncio que aparece en una ventana independiente mientras el internauta espera a que se cargue otra página, a que un contenido baje.
- Formato que se muestra como una ventana completa para presentar su mensaje. Al ser anuncios de corta duración para que el usuario llegue al destino que desea en unos segundos, resultan muy eficaces para llamar su atención.
- Se le conoce como publicidad de tránsito ya que aparece justo antes de acceder al sitio web o entre dos páginas de contenido.
- Peso máximo recomendable: 30 Kb.
- En algunos soportes se puede acompañar con algún formato tras su ejecución.
- Es perfecto para campañas de imagen que buscan notoriedad.
- No permite grandes alardes creativos, es más una cuestión de arte.
- Se puede utilizar en casi todos los soportes.
- El coste tarifa medio es mayor que otros formatos.

4.1.2.5. Supersticial

- Publicidad que consiste en un spot en formato video.
- Si un usuario pincha sobre el banner de publicidad de la página se activa el video a pantalla completa.
- A diferencia del spot, el superstitial se lanza una vez se ha cargado en su totalidad en el ordenador del usuario: cuando un usuario entra en una página en la que está planificado, le comienza internamente a descargar. El usuario puede continuar navegando por otras páginas, y cuando esté totalmente cargado, le aparecerá.
- Formato óptimo para hacer creatividad vistosa y/o estética debido a que acepta bastante peso.

- El coste tarifa medio para este formato es de 120 € CPM.
- Hay diferentes proveedores pero la tecnología es la misma: video streaming.
- Básicamente se basa en ir reproduciendo a la vez que el spot se va descargando. Se detecta el tipo de conexión del usuario para enviarle una calidad u otra.
- Es posible utilizarlo en la mayor parte de soportes pero requiere de gran inversión y al menos entre 7 y 10 días de antelación para el envío de material.
- El material que hay que facilitar es el spot en cualquier formato (digital a ser posible).
- La tarifa media ronda los 120 € CPM (en algún soporte requiere inversión mínima).

4.1.2.6. Check M8

- Es una tecnología para servir anuncios que básicamente consiste en una animación + un formato convencional.
- Hay diversas maneras de ejecutarlo, aunque hay formatos estándar dentro de esta tecnología, lo que manda aquí es la creatividad.
- Se puede utilizar prácticamente en todos los grandes portales y en algún periódico; si bien cada soporte tiene sus restricciones/especificaciones, en algún caso bastante estrictas y severas.
- El coste tarifa medio es también superior a otros formatos.

Al pasar el ratón sobre la parte superior, se despliega a página completa una imagen.

4.1.3. Formatos expansibles

Es un formato y tecnología que permite la ampliación de los formatos integrados. Los formatos que normalmente se pueden expandir son el banner 468×60, el medio banner 234×60 y megabanner 728×90, y normalmente se expanden hasta un máximo de altura de 360 píxeles.

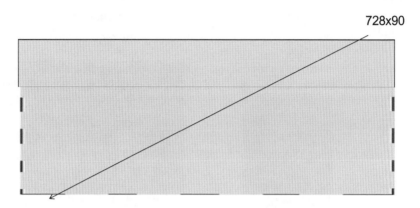

O los rascacielos de 100×600 y 120×600 que se expanden hasta una anchura máxima de 800 píxeles.

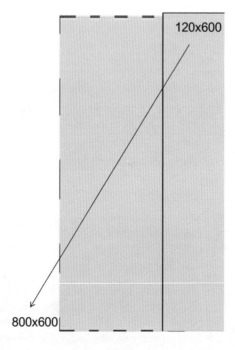

4.1.4. Rich media

En publicidad interactiva, el concepto de rich media, que se le asigna a un website que *utilice tecnología avanzada,* como el video por demanda, descarga de programas que interactúan con el usuario, y publicidad que cambia cuando se pasa por encima con el cursor.

Ejemplos más habituales:

- Una publicidad para una película de Hollywood que incluye un corto de la película en streaming video.

- Un cursor que se cambia a una imagen en un sitio Web particular si el usuario lo pide (por ejemplo, un cursor que se cambia a un signo de interrogación en un sitio de diccionarios).

- Un banner de tamaño estándar que incluye un formulario para que el usuario facilite sus datos para la instalación de un servicio, y diciéndole al usuario que será atendido por un representante de la compañía.

Cualquier publicidad online que requiera una animación o interactividad superior a formatos JPG o GIF o una animación simple, llevará una programación en con Flash, JAVA o HTML5 y se pueden visualizar en Streaming.

Cada vez se utiliza más este tipo de publicidad, gracias al aumento del ancho de banda que permite la situación de animaciones y vídeos más rápidamente con mayor calidad a los que pueden acceder los visitantes sin esperas ni cortes.

Está comprobado que es más eficaz que la publicidad online tradicional. Es más atractivo y más fácil captar la atención de los visitantes a los anuncios con videos y animaciones que con fotos fijas sin movimiento. Aumentando de esta manera las probabilidades de convertir a los visitantes del sitio Web en clientes.

Son un tipo de creatividades que no se pueden emitir con un adserver tradicional por el peso que tienen, como por ejemplo un spot de video en el banner. Para ello se utilizan tecnologías de Rich Media para poder emitir esas creatividades, que suelen contratar los anunciantes o que contratan los websites y les traspasan ese coste tecnológico.

4.1.5. Spot online

Es un formato y tecnología específica que usa cada soporte para poder mostrar spots en Internet desde su sitio web. Todos los formatos estandarizados por IAB Spain son susceptibles de llevar un Spot. Las diferentes tecnologías pueden ser Superstitial (Unicast), AdMotion, Eye-Blaster, Ad Booster, Flash Talking, Tangocebra y Richmedia.

4.1.6. Acciones especiales

Se trata de patrocinios e integraciones totalmente a medida del anunciante. Puede consistir básicamente en patrocinar una sección de cualquier portal, como por ejemplo una de deportes a nutrir de contenidos cualquier sección por parte del anunciante.

1. Patrocinios

- Exitosa estrategia de marketing que ofrece al anunciante la oportunidad de integrar plenamente su marca en un site cuyos contenidos se adaptan a los gustos y preferencias de su público objetivo.
- Al ser un emplazamiento único y prominente para el anunciante, se genera notoriedad y asociación de marca.

- Para patrocinar el site, se suele emplear formatos estándar como banners y botones.
- A menudo lindan hacia actividades offline, pudiendo actuar como puente entre los contenidos editoriales y comerciales.

2. Integraciones

- La integración es una publicidad o contenidos a medida del anunciante.
- También puede ser reconocida como un publireportaje en formato texto o imagen.
- Su eficiencia es muy alta al incluirse dentro del contenido de la página.

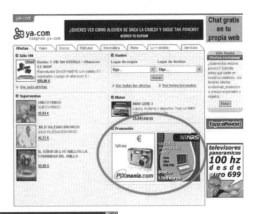

4.1.7. Enlaces patrocinados

Formato publicitario basado en palabras clave relacionadas con la actividad del anunciante que contiene un enlace a su página web. Puede aparecer: En los resultados de buscadores de Internet como respuesta a una consulta, o como publicidad contextual integrada en las páginas en las que el usuario navega.

4.1.7.1. Publicidad en buscadores

En estas páginas de resultados existen dos tipos de enlaces: Algorítmicos: son resultados naturales localizados por el buscador. Patrocinados: son aquellos anuncios que aparecen en las posiciones destacadas de las páginas de resultados al haber coincidencia entre la búsqueda y una de las palabras clave seleccionadas por el anunciante.

El número de internautas que recurre a los buscadores de Internet para poder acceder de manera fácil y directa a información de su interés se incrementó en una media del 30% anual desde el 2002, según revela Nielsen//NetRatings. Este formato se muestra en relación con determinadas palabras clave, seleccionadas por el anunciante, que definen su actividad y negocio.

El enlace patrocinado está compuesto por:

- Título.
- Descripción.
- URL.

En ocasiones puede incluir también el logotipo del anunciante.

Ejemplo: Así, si un anunciante tuviera una pastelería, podría tener el siguiente enlace patrocinado:

- Palabra clave: Pastelería.
- Título: Se hacen pasteles por encargo.
- Descripción: En «Pastelería Tal» encontrará una gran variedad de pasteles. Reparto a toda Bolonia.
- URL: www.pasteleríatal.it/pasteles.html.

Actualmente, los enlaces patrocinados ocupan los lugares más visibles de la página, por lo que son una de las acciones con mayor Retorno de Inversión. Los enlaces patrocinados en buscadores se muestran a aquellos usuarios que buscan, exactamente, lo que los anunciantes ofrecen, incrementando así la efectividad, la segmentación de la audiencia y las posibilidades de concentrar esfuerzos y recursos sólo en potenciales clientes.

4.1.7.2. Publicidad contextual

Publicidad contextual: se basa en la inclusión de enlaces patrocinados en sitios web que tengan una temática afín a la de los productos o servicios publicitados o se adecuen al perfil del internauta. Ejemplo: los enlaces de una cadena de hoteles se integrarían, por ejemplo, en páginas de medios especializados en turismo, en sitios de información turística local, en webs sobre viajes en general o en aquellas páginas que sean propicias para esa publicidad en función del contenido.

Frente a la publicidad tradicional en la que se paga por impresiones, es decir, cada vez que un resultado aparece delante del internauta –lo vea o no–, el modelo de enlaces patrocinados se mide en términos de clicks: el anunciante sólo paga cuando un usuario hace clic en su anuncio. Este sistema asegura no sólo que el usuario ha visto el anuncio, sino que se ha interesado por lo que publicita.

Es un sistema que no necesita de la labor de segmentación para alcanzar a los clientes, sino que es el propio público objetivo quien encuentra al anunciante, bien mediante una búsqueda o bien en función del contenido de las páginas que visita. Es sencillo y de una gran claridad, ya que realiza una descripción concisa y objetiva de la actividad del anunciante utilizando para ello las palabras más relevantes que definen su negocio.

Posibilidad de acceso en todo momento a los resultados en tiempo real y al resto de la información de la campaña. Por ello, ofrece una flexibilidad y una inmediatez inauditas en publicidad que permiten reaccionar y adaptar, rápidamente, las campañas del anunciante. El hecho de poder identificar claramente qué campaña genera visitas, venta, así como los elementos de la misma que tienen una mayor efectividad, facilita una mejora continua de la campaña y, por tanto, una optimización de la inversión.

Ente las nuevas tendencias en publicidad online podemos mencionar algunos ejemplos como:

- **Adverblog**: Un weblog dedicado a la publicidad o que es un aviso publicitario. http://www.adverblog.com/ y http://ad-rag.com/
- **Roadblock o takeover**. Alquiler de todo el espacio publicitario de un sitio web en la página de inicio o principal, de un gran portal. http://www.audiencewatch. com/glossary/roadblck/index.htm
- **The Million dollar website.** Sitio web dedicado a vender los píxeles en la web para alcanzar un millón de dólares. http://www.milliondollarhomepage.com/
- **Viral Films**. Pequeñas películas realizadas para la web por directores de cine contratados por una marca. http://www.bmwusa.com/Standard/Content/Uniquely/TVAndNewMedia/BMWFilms.aspx
- **Websisodes Films.** Series de filmes que buscan atraer clientes hacia determinada marca o producto. http://www.theaxeeffect.com/axefilms.html.

4.1.8. Banners del futuro

A medida que la demanda de espacios para publicitar online va superando la oferta de lugares disponibles, los marketers comienzan a verse obligados a ejercitar su creatividad para aprovechar al máximo cada punto de contacto con los consumidores. Es por eso que, desde diferentes compañías se están viendo opciones interesantes, que sin demasiado desarrollo pero con bastante inteligencia, logran darle una vuelta de tuerca a los creativos tradicionales.

Los creativos del futuro van a tener mucha interacción y sin dudas van a estar muy personalizados, aprovechando datos de redes sociales y de comportamiento de los usuarios. Hoy tenemos algunos ejemplos que, sin ser un punto de inflexión determinante, sí nos dan algunas pistas de hacia dónde podemos llegar a ir en unos años[2].

4.1.8.1. Tailgate, banners transaccionales

Tailgate, propone al usuario interactuar con el banner, hasta el punto de cerrar la compra sin abandonar la página en la que está navegando. Muy interesante el concepto, cristalizando una idea a la que sin dudas está apuntando Google con su integración entre Checkout y Adwords.

4.1.8.2. Adpinion

Adpinion se concentra en ofrecer mensajes que explícitamente resulten interesantes para quien ve los banners. Uno puedo calificar cada creativo y de esa forma el sistema puede aumentar la relevancia de lo que va mostrando. Me suena haberlo visto antes, pero no por eso deja de ser interesante el concepto.

4.1.8.3. Banners blogueables

Siempre es interesante mostrar algo de innovación que venga del hemisferio sur, en este caso con una tanda de «creativos embebibles». Otra idea sencilla, pero bastante poderosa para que si la blogósfera tiene algo (bueno o malo) para decir sobre el banner, pueda viralizar la pieza fácilmente.

4.1.8.4. Ajustables

Gracias al furor del video sobre conexiones de banda ancha, hay cientos de empresas pensando de qué forma se puede monetizar esta tendencia, sin espantar a los usuarios que están adoptando masivamente el medio.

4.2. Email Marketing

La utilización del email marketing como herramienta de comunicación en el mundo digital es muy habitual. Pero tenemos que diferenciar entre el permission marketing y el spam. Todas las comunicación digitales a través de email deben tener el consentimiento por parte del receptor, todo lo que no sea consentimiento, es spa.

---

[2] Más información: http://bit.ly/Creatividad-Digital.

¿Cómo puedo hacer yo una campaña de email marketing?

Y es una magnífica pregunta, que tiene una respuesta muy sencilla si se siguen los siguientes pasos:

1. Construir una base de datos opt-in: utilizando medios on line y offline. Posibilidad de Outsourcing: SÍ, en algunos casos muy recomendable.

2. Planning y creatividad de Campañas: Segmentación, Planificación y Calendario de las campañas de e-mail MK. Posibilidad de Outsourcing: SÍ, en algunos casos muy recomendable.

3. Ejecución: Ejecución y control de resultados de las campañas (pe: cómo gestionar el cambio de dirección y devoluciones de correos). Posibilidad de Outsourcing: SÍ, en algunos casos muy recomendable.

4. Almacenaje, mantenimiento y limpieza de la Base de datos de clientes: Almacenar, segmentar, archivar y limpiar los datos que el cliente quiere que tengamos de él. Posibilidad de Outsourcing: SÍ, pero en contadas ocasiones.

5. Administrar Políticas de Privacidad: Los códigos de Buen Gobierno y las políticas de privacidad son igual de importantes que el ROI de las campañas. ¡¡Cuidarlas!! Posibilidad de Outsourcing: No, Nunca.

Para realizar una pieza de email marketing lo primero es definir los objetivos: enviar información de productos y servicios, retención y fidelización, venta directa, generación de tráfico a la web, etc.

A continuación pasamos a definir la oferta. La oferta es lo que proponemos al cliente para que llegue a realizar la llamada a la acción. La oferta debe estar clara e intentar que sea única e irresistible. La podemos basar en el producto, el precio, el incentivo, garantías, etc.

Una vez tenemos ambos puntos, es decir, un objetivo claro y una oferta definida, pasamos a montar la pieza de email marketing.

4.2.1. Tipología de email marketing

Cuando hablamos genéricamente de email marketing nos referimos a las comunicaciones electrónicas transmitidas a través de correo electrónico. Pero podemos dividir los correos electrónicos en la siguiente tipología.

1. Newsletter

Es una de las formulas más efectivas para estar en contacto con nuestros leads. Podemos realizar información corporativa, informes, datos del sector o incluso anunciar el lanzamiento de nuevos productos. La periodicidad depende de cada empresa y su capacidad de generar contenido y lo recomendable es vaya en html combinada con texto.

EJEMPLO DE NEWSLETTER

También puede llevar publicidad que aparece en los boletines o newsletters en formato de banner, botón, robapáginas, etc.

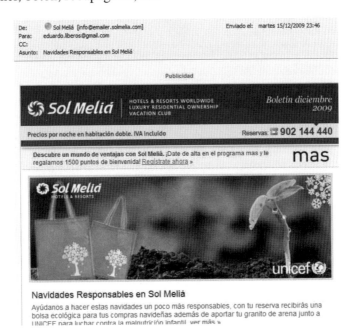

2. Eventos

La invitación a eventos o webminar se está convirtiendo en una de las formulas con mejores resultados. Permite a las empresas dar a conocer sus productos de una forma más directa y normalmente con algun beneficio para el usuario.

Para el lead, la comunicación por email marketing de eventos es menos molesta, siempre y cuando los beneficios para el lead sean claros y el mensaje esté correctamente orientado al publico objetivos.

Normalmente este tipo de emails llevan a una landing page donde el usuario se registra y recibe un email con una entrada al evento, con un código de sesión de acceso al webminar y normalmente permite la descarga de algún tipo de contenido, informe, presentación de producto o estudio de alguna consultora de prestigio.

EJEMPLO DE EVENTO

eMarketer Webinar: Measuring Social Media Success

JOIN WEBINAR

Debra Aho
Williamson
Principal Analyst
eMarketer

Join us on Thursday, January 19, 2012 1:00 PM - 2:00 PM EST

Dear Eduardo,

This message is to remind you that the following Webinar will take place Thursday, January 19, 2012 1:00 PM - 2:00 PM EST.

eMarketer Webinar: Measuring Social Media Success

1. Click here to join:
   https://www1.gotomeeting.com/join/495708697/106696479
   This link **should not be shared** with others: it is unique to you.

2. You will be connected to audio using your computer's microphone and speakers (VoIP). A headset is recommended.

Sponsored by:

 Clickable

3. Descarga de información

Son correos electrónico que permite la descarga de algun fichero sin tener que suscribirse a ningun formulario o similar. Suele ser la segunda parte del punto anterior.

También permite acceder a contenidos multimedia: videos, podcast, juegos, aplicaciones profesionales…

EJEMPLO DE DESCARGA DE INFORMACIÓN

Futuro Digital - Latinoamérica 2012 - Jueves 22 de Marzo

Dear Eduardo,

Estimado Cliente,

Gracias por registrarse al webinar de "Futuro Digital - Latinoamérica 2012." Nos dimos cuenta que no pudo asistir al webinar.

Aunque no haya asistido, sabemos que usted encontrará el contenido del webinar de mucho valor. Si desea ver la repetición o descargar las diapositivas de esta o otras presentaciones de comScore, por favor visite la galería de presentaciones en nuestro sitio web:

www.comscore.com/esl/Futuro_Digital_Latinoamerica_2012_Webinar

Si usted tiene alguna pregunta sobre los datos del webinar, por favor contáctenos a sepamas@comscore.com. Agradecemos mucho su interés!

Cordialmente,

Equipo comscore Latam

4. Promociones

El más habitual, donde recibimos un email marketing y donde se publicita un producto. Normalmente lleva a la página de producto en una tienda online.

Debe ser creativa, atractiva y pensando en el impulso.. pero no convirtamos la pieza creativa en un circo multicolor y multimovimiento, pensemos en el publico objetivo.

EJEMPLO DE PROMOCIONES

5. Notificaciones

Muy habitual en los mensajes que recibimos de las redes sociales: nuevo fan, nuevo mensaje y pueden llegar a ser muy molestas para los usuarios.

EJEMPLO DE NOTIFICACIONES

4.2.2. Los diez beneficios del email marketing

En los dos últimos años he visto algún plan de medios online de grandes anunciantes y he visto como el presupuesto a la realización de campañas de publicidad digital a través del email marketing ha ido perdiendo importancia. Incluso el lector de éste post está notando como recibe muchísimos menos correos publicitarios online... y no me refiero solo al spam.

La potenciación de las comunicaciones con leads y clientes a través de las redes sociales ha motivado la disminución de campañas a través del correo electrónico principalmente por la rapidez de la comunicación social y por las facilidades que actualmente posibilitan este tipo de comunicaciones digitales a través de las redes sociales.

Ahora bien, y hoy por hoy, un plan de medios online que «abandone» la publicidad permitida y aceptada por el lead y/o cliente... está perdiendo muchas posibilidades de ventas y rebranding. Por ello voy a escribir una serie de post intentando demostrar de las bondades de un buen uso del email marketing[3].

Los 10 beneficios del email marketing son:

---

3 Más información en: http://bit.ly/Blog-Email-Marketing.

1. Popularidad del e-Mail

- El 83% de los internautas en España lo utilizan regularmente.
- Sólo el acceso a Internet utilizando www, con un 94% de uso, supera al e-Mail.

2. Campañas fáciles de diseñar e implementar = Ahorro de tiempos

- En 5 horas se puede tener desarrollada y lista para enviar una campaña de e-Mail Marketing.

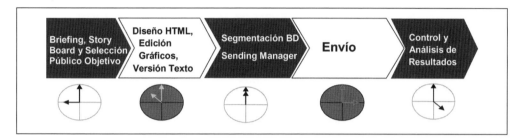

3. Velocidad de Respuesta e Inmediatez

- Más del 80% de las aperturas de una campaña de email marketing se producen en las primeras 48 h.
- Servicio de contestación rápido a quejas, información, pedidos, solicitud de bajas y altas…

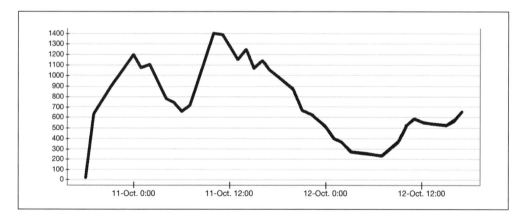

Fases:

- Fase 1. Lanzamiento y despegue. Duración: En las primeras 12 horas.
- Fase 2. Tope máximo. Duración: Entre las 12 y 24 horas del lanzamiento.
- Fase 3. Desaceleración. Duración: Entre las 24 y 56 horas.
- Fase 4. Muerte. Duración: A partir del tercer día.

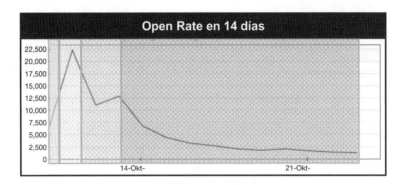

4. Medio de comunicación directo y personalizado

Nuestro email sólo lo recibe la persona que hemos seleccionado (Sin filtros ni retrasos).

La personalización es la herramienta más potente para conseguir efectividad en las campañas de email marketing.

Una personalización coherente y adecuada asegura un sentimiento de comunicación Única por parte de los receptores y ayuda a disminuir los costes.

5. Flexibilidad

- Formatos: News, revista electrónica, ofertas y promociones, encuestas, invitaciones, suscripciones…

- Volumen de la Información: Preocupación mínima por el envío de información en KB (costes de envío disminuyendo).

- Universalidad: Posibilidad de contactar con un cliente en cualquier parte del mundo sin depender de la logística.

6. Interactividad/Participación

Acción «Push»: El mensaje es empujado hacia el receptor y no al contrario como ocurre con un banner o un website.

No es intrusivo si es una comunicación permitida.

7. Medición

Las herramientas de gestión de las campañas de e-Mail Marketing permiten realizar un seguimiento en tiempo real y con total exactitud y confianza en los resultados que aparecen reflejados.

Índices más utilizados:

- Delivery Succes: N.º total de envíos entregado
- Bounces: Soft y Hard.
- Opening Rate: % de los entregados que han sido abiertos o leídos

- Click-Through: Leídos y «enlazados»
- Forwarding: Reenviados
- Conversion Rate: % entregados con Ventas.

See All Email Reports			
Sending Type	Sent Run Date		Status
Original Send	1400 4/27/2011 4:16 PM EDT		Successfully Sent

Email Stats

Sent	Bounces	Spam Reports	Opt-outs	Opens	Clicks	Forwards
1400	17.4% (243)	4	0.5% (7)	20.0% (231)	18.2% (42)	0

8. Segmentación

Modelo R-F-M: Recency (Novedad), Frequency (Frecuencia) y Monetary (Económico).

...además, incluso podemos aplicar «otras» como: Sociodemográficas, Psicográficas, comportamentales y económicas.

9. Ahorro de costes

El ahorro unitario del email Marketing es del 75% respecto al banner y casi un 100% respecto al direct mailing (incluidos intermediarios como manipuladores de Marketing directo, imprentas, creatividad de agencias de publicidad, mensajería y broker de datos).

Pero atención hay algunos costes ocultos muy importantes como la respuesta (personalizada y no) y la limpieza regular de la BD.

10. Efectividad = Mayor ROI

Mínima inversión porque elimina los costes fijos de producción, bajos CPM, presupuestos ajustados y cerrados con el consiguiente control de la inversión total. (aunque también existen estudios que indican lo contrario).

En un 11% acaba en procesos de compra/suscripción. Un 18% de las compras se inician en Email Marketing.

4.2.3. Estrategias de campañas de email marketing

Los 12 pasos en la planificación de campañas de e-Mail MK:

1. Conseguir Relaciones On line: Construir una BB.DD opt-in a través de acuerdos con proveedores externos o través de medios on line (website) y offline

(diario) propietarios. En algunos casos es recomendable realizar acciones de outsourcing.

2. Planning de Campañas: Segmentación, Planificación y Calendario de las campañas de e-mail MK. En contadas ocasiones es recomendable subcontratar este servicio.

3. Personalización y creatividad en las campañas: Desarrollo del copy, la creatividad y la personalización de las campañas de e-mail MK. En contadas ocasiones es recomendable subcontratar este servicio.

4. Ejecución: Ejecución y administración de las campañas (p.e.: cómo gestionar el cambio de dirección y devoluciones). En algunos casos es recomendable realizar acciones de outsourcing

5. Gestión de respuestas: Cómo gestionar la reacción que ha suscitado la campaña y coordinar con otras canales la respuesta adecuada (p.e.: SAC). En contadas ocasiones es recomendable subcontratar este servicio.

6. Integración multicanal: Coordinación de las campañas multicanales para conseguir mayor reach, consistencia, credibilidad y resultados. Nunca hay que subcontratar el outsourcing de este servicio.

7. Gestión de partners: Integrar a partners (p.e.: Portales) en programas de co-marketing (p.e.: esponsorización de newsletters y alertas). Nunca hay que subcontratar el outsourcing de este servicio.

8. Almacenaje de los datos del cliente: Almacenar, segmentar y archivar los datos que el cliente quiere que tengamos de él. En contadas ocasiones es recomendable subcontratar este servicio.

9. Integración Almacenaje: Integrar y estandarizar en un único repositorio de datos, todos aquellos que tengamos de un cliente desde diferentes fuentes internas (p.e.: facturación, SAC...). En contadas ocasiones es recomendable subcontratar este servicio.

10. Mantener y limpiar la base de datos: Realizar una constante labor de mantenimiento y limpieza de la BB.DD. de clientes. Nunca hay que subcontratar el outsourcing de este servicio.

11. Análisis de Campañas: Analizar los resultados de las campañas de e-mail Mk buscando objetivos de Conversion Rates, Rentabilidad de campaña y ROI. En contadas ocasiones es recomendable subcontratar este servicio.

12. Administrar Políticas Privacidad: Los códigos de Buen Gobierno y las políticas de privacidad son igual de importantes que el ROI de las campañas. ¡¡Cuidarlas!! Nunca hay que subcontratar el outsourcing de este servicio.

Para Pymes

Cada vez es más corriente que después de terminar una ponencia o clase sobre email marketing se me acerquen empresarios y gerentes de Pymes (por cierto, más pequeñas que medianas) y me hagan el siguiente comentario. Eduardo, todo lo que explicas está muy bien, pero ¿Cómo puedo hacer yo una campaña de email marketing?

Y es una magnífica pregunta, que tiene una respuesta muy sencilla si se siguen los siguientes pasos:

- Construir una base de datos opt-in: utilizando medios online y offline. Posibilidad de Outsourcing: SÍ, en algunos casos muy recomendable.

- Planning y creatividad de Campañas: Segmentación, Planificación y Calendario de las campañas de e-mail MK. Posibilidad de Outsourcing: SÍ, en algunos casos muy recomendable.

- Ejecución: Ejecución y control de resultados de las campañas (pe: cómo gestionar el cambio de dirección y devoluciones de correos). Posibilidad de Outsourcing: SÍ, en algunos casos muy recomendable.

- Almacenaje, mantenimiento y limpieza de la Base de datos de registros: Almacenar, segmentar, archivar y limpiar los datos que el cliente quiere que tengamos de él. Posibilidad de Outsourcing: SÍ, pero en contadas ocasiones.

- Administrar Políticas de Privacidad: Los códigos de Buen Gobierno y las políticas de privacidad son igual de importantes que el ROI de las campañas. ¡¡Cuidarlas!! Posibilidad de Outsourcing: No, Nunca.

Para Grandes Corporaciones

Pasos deben seguir grandes corporaciones para implantar una estrategia de email marketing adecuada… pues nada, Enrique, espero que te sirvan estas indicaciones:

- Conseguir Relaciones Online: Construir una base de datos opt-in a través de acuerdos con proveedores externos o través de medios online y offline. Posibilidad de Outsourcing: SÍ, en algunos casos muy recomendable.

- Planning de Campañas: Segmentación, Planificación y Calendario de las campañas de e-mail MK. Posibilidad de Outsourcing: SÍ, pero en contadas ocasiones.

- Personalización y creatividad Campañas: Desarrollo del copy, la creatividad y la personalización de las campañas de email Marketing. Posibilidad de Outsourcing: SÍ, pero en contadas ocasiones.

- Ejecución: Ejecución y administración de las campañas (p.e.: cómo gestionar el cambio de dirección y devoluciones de correos). Posibilidad de Outsourcing: SÍ, en algunos casos muy recomendable.

- Gestión de respuestas: Cómo gestionar la reacción que ha suscitado la campaña y coordinar con otros canales la respuesta adecuada (p.e.: Call center). Posibilidad de Outsourcing: SÍ, pero en contadas ocasiones.

- Integración multicanal: Coordinación de las campañas a través de los diferentes canales para conseguir un mayor reach, consistencia, credibilidad y resultados. Posibilidad de Outsourcing: No, Nunca.

- Gestión de partners: Integración con los partners (p.e.: Portales) en programas de co-marketing (p.e.: esponsorización de newsletters y alertas). Posibilidad de Outsourcing: No, Nunca.

- Almacenaje de los datos del cliente: Almacenar, segmentar y archivar los datos que el cliente quiere que tengamos de él. Posibilidad de Outsourcing: SÍ, pero en contadas ocasiones.

- Integración Almacenaje: Integrar y estandarizar en un único repositorio de datos, todos aquellos que tengamos de un cliente desde diferentes fuentes internas (p.e.: facturación, SAC...). Posibilidad de Outsourcing: SÍ, pero en contadas ocasiones.

- Mantener y limpiar BB.DD: Realizar una constante labor de mantenimiento y limpieza de la base de datos de clientes. Posibilidad de Outsourcing: No, Nunca.

- Análisis de Campañas: Analizar los resultados de las campañas de email Marketing buscando objetivos de mayores ratio de apertura, lectura y conversión a ventas, Rentabilidad de campaña y ROI. Posibilidad de Outsourcing: SI, pero en contadas ocasiones.

- Administrar Políticas de Privacidad: Los códigos de Buen Gobierno y las políticas de privacidad son igual de importantes que el ROI de las campañas. ¡¡Cuidarlas!! Posibilidad de Outsourcing: No, Nunca.

4.2.4. ¿Cuándo enviar una campaña de email marketing?

Y es así, para empresas que ya tienen una experiencia y un histórico de envío de campañas de email marketing sería relativamente sencillo mediante un análisis previo de la estrategia de comunicación online de la empresa, de la integración multicanal, creatividades enviadas, limpieza de la base de datos, días y hora de envío, resultados conseguidos… para llegar a tener un patrón más o menos correcto de los mejores días y horas de envío, pero aún así es complicado acertar... pero os propongo el siguiente planteamiento de partida:

Trabajando en el desarrollo y mejora de las acciones de email marketing de una de las más conocidas empresas de contenido para adultos con sede en Barcelona… me encontré con una base de datos bastante limpia con cientos de miles de destinatarios en todo el mundo... ¡¡trece tramos horarios, y una competencia que lanzaba diariamente millones de emails!! ¿Cómo podía adelantarme a la competencia? La solución a la que llegó el equipo es que era necesario preguntárselo a los destinatarios. Y así se hizo, le pasamos la responsabilidad a nuestros clientes mediante un sencillo cuestionario en un email y en el website. El ratio de apertura se disparó en más de un 200%.

Pero ¿qué pasa con aquellas empresas que comienzan su PRIMERA campaña de email marketing?, ¿qué día es el mejor?… pues bien, podemos utilizar la siguiente fórmula:

Hora prevista de entrega = Hora adecuada de recepción + Duración del envío + Cola del envío + ISP

Donde,

- Hora adecuada de recepción: ¿a qué hora nos ha indicado el receptor que quiere recibir nuestra comunicaciones? y si no lo sabemos, pues podemos empezar con los estudios que publican regularmente empresas como Silverpop, Marketo, Mediara, Exacttarget, Lystrak, Rightnow o Lyris, o bien, analizar que hace la competencia para enviar nuestras comunicaciones electrónicas un día u hora diferente.

- Duración del envío: cuando se envían unos miles de emails, dependiendo del software, el servidor que aloja ese software o la conexión a Internet... puede producirse un intervalo entre el primer email enviado y el último de bastantes horas... y dependiendo del tramo horario donde resida nuestro destinatario puede producir consecuencias no deseadas.

- Cola del envío: empieza a ser un problema cada vez más común en empresas que utilizan diariamente el email marketing como su principal herramienta de comunicación con clientes y leads... pongamos un ejemplo: si la empresa «x» realiza varios envíos al día, hay que tener en cuenta que posiblemente el software que se utilice no permita comenzar la segunda campaña hasta que no haya terminado la primera.. imaginad los conflictos que se pueden producir entre departamentos que utilicen el email marketing como herramienta de comunicación (call Center vs. Marketing por ejemplo).

- ISP: verdadero quebradero de cabeza para los responsable de campañas de email marketing. Los ISP tienen que defenderse del spam que circula en el mundo bien porque significan miles de euros de inversión al año en licencias, conectividad y trabajadores sólo para protegerse del spam, o bien porque pueden llegar a perder clientes que hartos del spam deciden darse de baja de su proveedor de Internet o proveedor de correo electrónico. Pues bien, el mundo interno de cada ISP hay que conocerlo (o intuirlo) para no llevarnos sorpresas. Recomiendo que se hagan pruebas de tiempo transcurrido entre que enviamos un email marketing y se recibe en la bandeja de entrada de los clientes con los ISP más comunes: movistar, ono, vodafone, orange, jazztel.. y también con los proveedores de correo gratuito más utilizados: Gmail, Hotmail, Yahoo, Terra...

4.2.5. Estructura del mensaje en email marketing

Un email marketing se compone de:

1. Cabecera

Aquí figura el remitente y el asunto:

- El remitente genera confianza o desconfianza. Identifícate claramente.
- El asunto es la pieza más importante de un e-mail puesto que es lo que decidirá al lector a abrir el mensaje. No debe extenderse más allá de 35 caracteres pues en muchos navegadores se corta por defecto al llegar a 35.

El asunto debe cumplir dos objetivos: que el lector se decida rápidamente a abrirlo y predisponer favorablemente al lector hacia el mensaje que hay dentro.

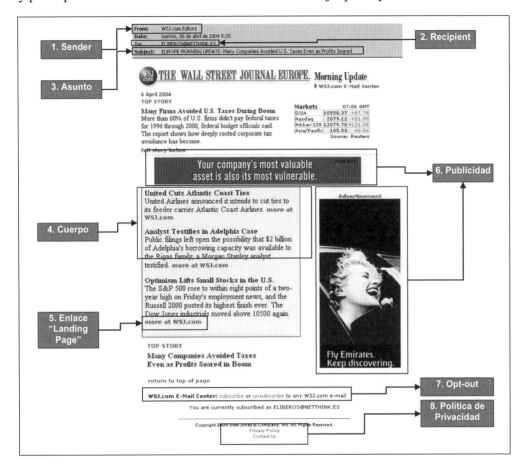

¿Hay alguna fórmula mágica para escribir un «Asunto» sea irresistible y permita mejorar el ratio de apertura (Open Rate)?: No, pero si hay una metodología de trabajo que permite ir mejorando los resultados.

Personalmente, cuando asesoro a alguna empresa en mejorar sus resultados en email marketing, suelo realizar muchas pruebas para ir optimización cada una de ellas. Mailchip publicó un estudio realizado en EE.UU. respecto a los mejores y peores asuntos. MailChimp ha analizado 40 millones de correos electrónicos utilizados por sus clientes y ha presentado los mejores y los peores asuntos.

El resumen de este estudio es el siguiente:

- La presencia del nombre de la compañía es clave para mejorar el OR… ¿no es redundante el «De» y el «Asunto»?

- Aparentemente cuanto más clásico y «aburrido» (parafraseando a mi querida analista de The Publisher, Anne Holland) sea el asunto, mayor probabilidad de apertura tiene.

- Todos aquellos copy's pensados para mejorar la apertura, no siempre son efectivos: Oferta, últimas plazas/productos, especiales…

Best Open Rates (60%-87%)	Worst Open Rates (1%-14%)
1. AcmeBananas Sales & Marketing Newsletter	1. Last Minute Gift - We Have The Answer
2. Eye on the AcmeBananas Update (Oct 31 - Nov 4)	2. Valentines - Shop Early & Save 10%
3. AcmeBananas Staff Shirts & Photos	3. Give a Gift Certificate this Holiday
4. AcmeBananas May 2005 News Bulletin!	4. Valentine's Day Salon and Spa Specials!
5. AcmeBananas Newsletter - February 2006	5. Gift Certificates - Easy & Elegant Giving - Let Them Choose
6. AcmeBananas Newsletter - January 2006 [*|FNAME|* *|LNAME|*]	6. Need More Advertising Value From Your Marketing Partner?
7. MailChimp and AcmeBananas Company Invites You!	7. AcmeBananas Pioneers in Banana Technology
8. Happy Holidays from AcmeBananas	8. AcmeBananas Moves You Home for the Holidays
9. ATTENTION AcmeBananas Staff!	9. Renewal
10. ATTENTION AcmeBananas West Staff!!	10. Technology Company Works with AcmeBananas on Bananas Efforts
11. Invitation from AcmeBananas	11. AcmeBananas Update - A Summary of Security and Emergency Preparedness News
12. AcmeBananas Jan/Feb 2006 Newsletter	12. Now Offering Banana Services!
13. Website news - Issue 3	13. It's still summer in Tahoe!
14. Upcoming Events at AcmeBananas	14. AcmeBananas endorses MailChimp as successor
15. AcmeBananas Councils: Letter of Interest	15. AcmeBananas Holiday Sales Event
16. AcmeBananas Coffee Exchange - Post-Katrina Update	16. The Future of International Trade
17. We're Throwing a Party	17. AcmeBananas for your next dream home.
18. October 2005 Newsletter	18. True automation of your Banana Research
19. AcmeBananas: 02.10.06	19. AcmeBananas Resort - Spring into May Savings
20. AcmeBananas Racing Newsletter	20. You Asked For More…

¿Creéis que pasa algo similar en español?

Como responsables de las campaña de email mk, estaremos interesados en mejores open rates, mayores click throughs, incrementos en la tasa de conversión… pero y ¿nuestros leads?… para ellos ¿qué puede ser interesante y diferente para que abran nuestros emails?

Estamos trasladando todo el peso del éxito de una campaña de email marketing en un solo punto: el «Asunto». Veamos algunos ejemplos de tipos de «asunto» podemos recibir:

! ▯ 🖉 De	Asunto
Viajar.com	Puja y viaja
boletin@espaciopyme.com	Regalos empresariales.
IBERIA PLUS	Consiga puntos Iberia Plus en los restaurantes Bonochef
Sol Meliá	Europa desde 45 euros: sólo 7 días!
IBERIA PLUS	Nuevos partners Iberia Plus para celebrar la Navidad!
Sol Meliá	............estos y muchos puntos MaS le están esperando.
Ofertas Ya.com	4€ año hasta el 31 de Diciembre
Viajar.com	Puente de Diciembre ¡ últimas plazas !
boletin@espaciopyme.com	Coches: Renting vs. Compra.
Viajar.com	Viajes para Fin de Año
boletin@espaciopyme.com	Materiales.
ProgramasAbiertos@ie.edu	INVITACIÓN CONFERENCIA: El diseño como clave de la innovación en la ...
Sol Meliá	En Diciembre váyase de puente al mejor precio!
Ofertas Viajar.com	Ideas para viajar
Sol Meliá	En Diciembre váyase de puente al mejor precio.
Viajar.com	Puente de Diciembre desde 293 euros
boletin@espaciopyme.com	Coaching para empresas.
Ofertas Ya.com	Feliz aniversario .ES ¡Sólo 4 €!
Mark Ottaway	Salesforce.com CRM Extends its Successful Partner Programme
Viajar.com	Cada fin de semana un plan diferente
boletin@espaciopyme.com	Espacio Pyme en SIMO 2006.
salesforce.com	¿Qué solución de CRM necesito? ¡Se lo dirán nuestros clientes! ¡Inscríbas...

¿Cuál creéis que son los mejores y los peores asuntos?... es complicado y muy personal, pero normalmente funciona mejor la INFORMACION EXACTA, es decir, aquella que realmente inicia la A de AIDA y que pinchando en ese correo, nos vamos a encontrar EXACTAMENTE lo que nos viene anunciado.

Del ejemplo anterior los mejores asuntos son:

- Consiga puntos Iberia Plus en los restaurantes Bonochef
- Europa desde 45 euros: ¡sólo 7 días!
- Puente de Diciembre ¡últimas plazas!
- Puente de Diciembre desde 293 euros.

El resto son mejorables, con un minuto de inversión en marketing directo, serían «Asuntos» mejores.

Ahora bien, en bastantes ocasiones archivamos o dejamos para más tarde la lectura de un email que nos ha llamado la atención por el «Asunto»... Sería recomendable escribir «Asuntos» que ayuden a encontrar un mensaje cuando se buscan días después (independientemente de utilizar cualquier desktop results tool del mercado).

Pongamos un ejemplo: Recibimos diariamente correos electrónicos promociónales de una conocida empresa de viajes on line. En el «Asunto» aparece la marca de esta empresa y a continuación un texto ambiguo. Seguramente lo abriremos (como abrimos muchos emails que no hacemos mucho caso), lo leeremos, NO interactuáremos con él (no es el momento o estamos ocupados) pero lo guardamos. Ha habido alguna cosa en ese email que nos ha llamado la atención y decidimos leerlo más atentamente un rato después. Imaginemos que pasa, no un rato, sino unos días.. y durante esos días recibimos de esa empresa más correos promociónales… Y de repente nos acordamos que recibimos hace unos días un email con una información que nos interesaba.. después de utilizar el buscador de la bandeja de entrada o google desktop (o similares), resulta que no encontramos lo que buscamos y entonces… empezamos a leer todos los correos con el consiguiente mosqueo… y al final casi nunca encontramos lo que buscamos… ¿os suena esta situación?

El problema ha sido que el «Asunto» no nos ha ayudado a encontrar lo que buscamos.

Si queremos localizar un email que en cuerpo del mensaje aparezca una imagen con el siguiente copy «Viajes a Mallorca por 25€», ¿Cuál de estos dos «Asuntos» pensáis que nos ayudaran a encontrar el mensaje un rato después?

- «Mallorca desde 25 €».
- «Un viaje fantástico en una isla de ensueño».

La opción 1. será la elegida por la mayoría de los lectores de éste post.

Resumiendo, estas son algunas de las recomendaciones para mejorar los «Asuntos» en situación como la descrita anteriormente:

- Ayudar a categorizar el email. Pe: «Mallorca – Estancias desde 25€».
- Mezclar la información con el misterio para incrementar el interés. P.e.: «Mallorca, un sueño!!, desde 25 €».

Y si en la landing page de cualquier email mk, aparece una zona como con el registro de los anteriores correos electrónicos publicitarios enviados, también ayudaría a localizar la información.

2. Cuerpo del mensaje

Normalmente en html o texto, lo compone:

- Titular del mensaje: debe ser claro y descriptivo y apelar a los intereses del lector. En muchos navegadores tan sólo se ven lo que se denomina «Above de Fol». O las 3 primeras líneas del cuerpo del mensaje. La decisión de seguir leyendo depende del interés que genere esta zona.
- Subtitular: debe «dramatizar» el beneficio fundamental de lo que le ofrecemos.
- Argumentario de venta: identifica el público objetivo, superar las posibles barreras de compra, ficha resumen del producto y ofrecer todas las formas posibles de responder.
- Cierre del mensaje: links a la web, incluir un «recomendar a un amigo».

3. Pie

Debemos indicar claramente como poder darse de baja. También se puede incluir la dirección física, política de privacidad, etc.

Desde el punto de vista de la maquetación:

- Tamaño del email < 25 kb.
- Colgar las imágenes en el servidor.
- Nunca incluir una sola imagen para todo el email.
- Evitar usar imágenes que no sean .jpg o .gif y que no estén optimizadas.

- Utilizar siempre nombres diferentes para todas las imágenes (cuidado con los Proxy caché).

- Evitar usar CSS, Javascript, Frames, cualquier tipo de programación.

- Compatibilidad con todos los gestores de correo.

- Caracteres como ñ, acentos, etc., o son bien interpretados por los lectores de correo en el ASUNTO.

- Muchos signos de interrogación y exclamación pueden ser interpretados como spam.

Resultados en campañas de email marketing

Mailchimp publica regularmente estadísticas por industria. Hemos de tener en cuenta que los resultados están basados en las campañas de email marketing de sus clientes. Los resultados son los siguientes:

Type of Company	Open Rate	Click Rate	Soft Bounce Rate	Hard Bounce Rate	Abuse Complaint Rate	Unsubscribe Rate
Agriculture and Food Services	23.94%	4.85%	0.97%	2.06%	0.10%	0.38%
Arts and Artists	17.53%	3.54%	1.58%	2.54%	0.08%	0.25%
Beauty and Personal Care	14.94%	2.65%	0.71%	1.54%	0.09%	0.28%
Business and Finance	15.47%	2.77%	2.10%	1.57%	0.04%	0.21%
Computers and Electronics	15.51%	2.97%	1.12%	1.71%	0.08%	0.30%
Construction	28.70%	8.01%	4.51%	5.81%	0.11%	0.35%
Consulting	16.32%	3.30%	2.50%	2.39%	0.03%	0.25%
Creative Services/Agency	24.64%	3.08%	1.34%	2.05%	0.06%	0.25%
eCommerce	14.98%	3.36%	0.74%	0.88%	0.08%	0.25%
Education and Training	16.64%	3.41%	1.42%	2.09%	0.06%	0.20%
Entertainment and Events	16.09%	2.98%	0.85%	1.55%	0.08%	0.19%
Government	25.66%	5.37%	0.86%	0.89%	0.04%	0.20%
Health and Fitness	20.96%	5.73%	3.14%	6.30%	0.06%	0.30%
Hobbies	18.45%	4.33%	1.13%	2.08%	0.12%	0.40%
Home and Garden	28.20%	4.38%	2.93%	2.68%	0.02%	0.41%
Insurance	20.91%	3.03%	2.37%	4.15%	0.10%	0.30%
Legal	17.34%	2.49%	0.79%	0.89%	0.02%	0.12%
Marketing and Advertising	18.79%	4.13%	1.39%	2.50%	0.08%	0.23%
Media and Publishing	18.43%	3.39%	0.48%	0.63%	0.03%	0.11%
Medical, Dental, and Healthcare	13.76%	2.59%	2.18%	4.09%	0.06%	0.18%

Type of Company	Open Rate	Click Rate	Soft Bounce Rate	Hard Bounce Rate	Abuse Complaint Rate	Unsubscribe Rate
Music and Musicians	13.95%	2.43%	0.68%	1.07%	0.06%	0.18%
Non-Profit	20.43%	3.54%	1.13%	1.51%	0.05%	0.17%
Other	33.52%	10.90%	0.83%	1.66%	0.09%	0.40%
Photo and Video	28.93%	5.70%	0.99%	1.34%	0.07%	0.26%
Politics	13.72%	2.58%	0.49%	0.78%	0.07%	0.15%
Professional Services	19.77%	3.71%	2.55%	3.57%	0.08%	0.45%
Public Relations	14.81%	1.12%	2.07%	2.28%	0.03%	0.16%
Real Estate	18.48%	3.44%	1.18%	1.67%	0.06%	0.25%
Recruitment and Staffing	15.31%	3.35%	1.37%	1.75%	0.07%	0.31%
Religion	23.04%	3.24%	0.52%	0.68%	0.05%	0.15%
Restaurant	20.07%	2.41%	0.70%	1.11%	0.09%	0.30%
Retail	17.80%	3.54%	0.61%	1.00%	0.08%	0.24%
Social Networks and Online Communities	22.37%	2.85%	6.94%	5.44%	0.11%	0.74%
Software and Web App	15.57%	2.49%	1.88%	3.06%	0.11%	0.39%
Sports	19.54%	4.77%	0.86%	1.53%	0.08%	0.24%
Telecommunications	21.20%	3.22%	1.60%	2.85%	0.10%	0.41%
Travel and Transportation	14.50%	2.71%	0.84%	0.83%	0.05%	0.17%

Cuando hablamos genéricamente de email marketing nos referimos a las comunicaciones electrónicas transmitidas a través de correo electrónico. Pero podemos dividir los correos electrónicos en la siguiente tipología.

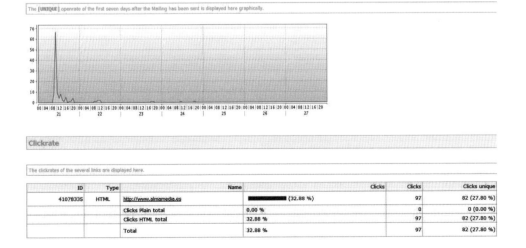

4.2.6. Los cinco errores más comunes en email marketing

Diseño demasiado complicado

Hay que tener en cuenta que diseñar un email, aunque sea en html, no es lo mismo que una web. Hay gente que se empeña en querer añadir flash, javascript, meter video de YouTube, etc., lo que provoca que sea muy complicado que quede bien en los diferentes clientes de correo. Lo mejor es hacer un diseño muy limpio y sencillo, con enlaces visibles que lleven a nuestros suscriptores a la web o webs que queremos.

Introducir una dirección de respuesta equivocada

Mucha gente comete un error introduciendo la dirección de respuesta de la campaña o simplemente introducen una dirección que no existe para evitar que se les llene el buzón con respuestas. Recibir feedback de nuestros suscriptores puede ser una de las mejores fuentes de información para mejorar nuestras campañas o nuestro producto/servicio, por lo que no podéis despreciar las posibles respuestas que vayáis a recibir.

Todo imagen, no texto

No paro de ver campañas de email marketing que solo contienen imágenes. Estas campañas tienen los siguientes inconvenientes:

- Tienen altas posibilidades de ser consideradas como spam por los principales ISP (Yahoo, Hotmail, Gmail).
- La mayoría de clientes de correo no descargan las imágenes automáticamente, por lo que los suscriptores se encuentran con un email que está en blanco. La gran mayoría lo borrará e incluso lo marcará como spam para no recibir más.

Asuntos que parecen spam

Sigue habiendo muchos marketers que no han entendido que utilizar todo mayúsculas, palabras como:

- GANA
- GRATIS
- SUPER

Múltiples exclamaciones ¡¡¡¡!!!! Hará que tus mensajes se queden en las bandejas de spam.

Links erróneos

El último de los errores más comunes que suelo ver es que cuando hago clic en un link de un email, éste me lleva directamente a una página en blanco que dice error 404, la página no existe. Antes de mandar una campaña no puedes olvidar revisar que has introducido correctamente los enlaces.

La situación económica en la que nos encontramos nos hace más que nunca analizar el retorno de inversión de nuestras campañas de marketing. La empresa no se puede permitir perder ventas por cometer errores evitables como los que acabamos de describir.

A continuación, en las imágenes de la siguiente página, mostramos dos ejemplos gráficos de un email comercial o de venta y un boletín de noticias:

4.2.7. Permission Marketing y gestión de bases de datos

Permission Marketing

Las técnicas de «*Permission Marketing*» consisten en ofrecer al destinatario la posibilidad de otorgar su consentimiento para la recepción de comunicaciones comerciales que sean de su interés.

Con el *permission marketing* se pretenden combatir las prácticas promocionales más intrusivas de la intimidad del target o cliente, al tiempo que se logra que éstos presten mayor atención al mensaje de marketing que le dirige la empresa, toda vez que se trata de una información previamente solicitada por el destinatario al resultar de su interés.

Si bien aún han de ser combatidas ciertas prácticas de marketing de dudosa legalidad, entre otras, la compra-venta ilegítima de bases de datos que contengan listados de direcciones, así como, especialmente, la remisión generalizada de comunicaciones comerciales no deseadas.

Adicionalmente, son muchas las empresas que, operando en la Red, han hecho de su presencia en el mundo on-line una clara ventaja competitiva. Para ello, las mencionadas empresas necesitan, para conseguir los mejores resultados posibles, saber por dónde navegan sus clientes actuales y potenciales, con qué frecuencia, en qué franjas horarias, etc. para poder elaborar un perfil de sus gustos y preferencias. Si bien Internet es un medio fundamentalmente anónimo, el valor de la citada información personal hace que la tanto los meros usuarios de las páginas Web como targets o clientes de las citadas empresas sean especialmente celosos de su privacidad y de la protección de sus datos de carácter personal.

Hoy en día, vivimos en una sociedad en la que el tiempo adquiere una importancia suprema. En términos mercadotécnicos, el tiempo es esencial a la hora de promocionar una empresa o un producto nuevo. Por ello, el uso del email como herramienta publicitaria se ha consolidado, al ser una vía rápida y barata de darnos a conocer. No obstante, pese a ser un medio altamente efectivo, si se abusa de él o se usa incorrectamente, puede tener consecuencias negativas para la empresa.

El envío en email marketing puede ser de dos maneras: a personas que no han solicitado recibir emails de determinada empresa (conocido como spam) o a personas que dieron su permiso para ser contactadas vía correo electrónico. No cabe duda que esta segunda manera es la correcta ya que una regla que se debería de cumplir es enviar campañas a esas personas que sí han solicitado recibirlo y te han dado su permiso.

El email marketing de permiso (permission-based email marketing) es decir, la segunda modalidad comentada, se puede usar eficazmente para incrementar el valor de la empresa y, por consiguiente, de las ventas. Comentamos ahora tres términos a tener en cuenta: Doble Opt-in, Opt-in y Opt-out. Doble Opt-in es aquella manera en que el usuario solicita el registro en tu listado y, una vez enviado un email de confirmación de registro, este se registra y pasa a estar en tu lista. Opt-in se produce cuando el usuario solicita su registro pero no tienes que confirmarlo mediante ningún email de confirmación. En el Opt-out lo que sucede es que el usuario no solicita registrarse, es añadido a la lista y, posteriormente, se le envía un email en el que pone cómo darse de baja. De estas tres modalidades, la más correcta es la primera, Doble Opt-in, para obtener así una lista fiable y correcta.

Uno de los factores fundamentales para el éxito en nuestras campañas es la construcción de una lista de contactos cualificados que nos den su permiso, como hemos comentado anteriormente. Esto en siempre un proceso lento y complicado y todavía hay mucha gente que quiere saltárselo y se dedica a comprar listas de emails a terceros o se van a las páginas amarillas a recopilar emails y hacen envíos promocionales sin valor y sin permiso.

Es evidente que hacer esto no es una buena idea por diversas razones:

• Contactos de poca calidad.
• Devalúas el valor de tu marca, empresa y producto.
• Relación poco honesta con el cliente (¿qué dirás en el email?, hola, no me conoces, pero he comprado tu email…).

Comprar una lista de contactos es tomar un atajo que difícilmente nos llevará a algún lado. Alguien que tiene una lista de contactos de calidad lo primero que quiere controlar es que no se satura con muchos envíos promociónales. Por lo tanto, cuando alguien te está vendiendo una lista (recuerda que le vende la misma lista a todo el mundo dispuesto a pagar por ella), hay un 99% de posibilidades de que sea una lista de spam. Esto quiere decir que, o los contactos de esa lista no han dado su permiso para que tu les envíes tus emails, o que ya han recibido millones de emails de todo el que la ha comprado y su efectividad es prácticamente igual a 0.

Por eso, cuando alguien os ofrezca una lista de 1 millón de contactos por 100 €, lo mejor es no hacer ningún caso ya que además de estar perdiendo el dinero podemos dañar seriamente la imagen de nuestra empresa.

Es un hecho constatado que cada vez es más difícil atraer a los consumidores porque reciben al día miles de impactos publicitarios (ya sea por la radio, en la televisión, en el periódico o revistas, en las fachadas de los edificios, en autobuses o en internet), por lo que están cada vez más inmunizados respecto a la publicidad. Para diferenciarse y llamar su atención se ha de generar valor al mensaje que se quiere transmitir. Refiriéndonos al caso que nos concierne, el envío de emailings, si se genera valor y este es transmitido, se puede llegar a crear una lista de suscriptores de calidad. Esto, añadido al tema de que sea un email con permiso, puede llegar a transformar a un potencial cliente en cliente y a un cliente casual en un cliente fiel. Y eso es lo que hay que buscar: la fidelización del cliente.

¿Y cómo crear valor por email? ¿Cómo diferenciarse del resto?

Consejos que demos seguir:

• Establecer las correctas expectativas. Informar al suscriptor qué tipo de contenido recibirá y el valor que éste tiene.

- Tener Personalidad. Dotar de personalidad; establecer a alguien como la cara visible de la edición de ese email; tener un toque más informal para establecer más cercanía.

- Trucos y «Mejores Prácticas». A los usuarios les gusta recibir trucos, mejores prácticas o guías.

- Estadísticas y Benchmarking. Información sobre estadísticas y comparativas que reflejen la situación del mercado y que reflejen cómo está su sector con respecto a los demás.

- FAQ y preguntas a los expertos. Columnas o artículos dedicados a responder preguntas generan interés en los lectores.

- Casos de estudio. Con los casos de éxito de algunos de tus clientes puedes atraer la atención.

- Utilizar los datos de CTR (Click Trough Rate). Analiza qué artículos consiguen mayor número de clicks y utiliza estos datos para redefinir contenidos.

- Utilizar las encuestas. Realizar encuestas periódicamente a los lectores para conocer mejor las preferencias en cuanto a contenidos.

- Partners/Clientes/Expertos. Solicita a partners, clientes o expertos que redacten algún artículo para tu boletín.

Cantidad vs. Calidad: No por tener más clientes y/o suscriptores en la lista esto nos va a generar más beneficio. Claro está que puede que haya más probabilidad pero es mucho más rentable tener una lista de calidad, en la que los que están en ella te van a generar algún tipo de beneficio. ¿Cómo generar una lista de calidad?

1. Obteniendo permiso del cliente.

2. Consiguiendo datos como el nombre, el correo electrónico e intereses.

3. Estableciendo estrategias e incentivos para que se conviertan en usuarios activos.

4. Convenciendo del valor que aporta estar en tu lista.

5. Generando confianza con una clara política de privacidad.

Algunas maneras de hacer crecer la lista:

- Networking: Cuando conocemos gente y nos dan su tarjeta de visita, días después, les podemos llamar para recordarles la conversación y preguntarles si podemos incluirlos en nuestra lista.

- Ferias: Son un lugar óptimo para generar ventas y, también, para conseguir contactos de calidad.

- Seminarios: Organizar seminarios puede fortalecer las relaciones y ofrecer un mayor valor a tus clientes. También es una buena ocasión de conseguir sus emails y preguntarles si les puedes añadir a tu lista.

- Puntos de Venta: En los negocios minoristas se es más cercano al cliente y es más fácil obtener sus datos para tu lista de contactos.

- Eventos: Organizar un evento de cualquier tipo (fiesta, concierto, inauguración, etc.) te puede permitir la posibilidad de ofrecer formularios de suscripción.

- Postales: Si tienes direcciones físicas de clientes pero no sus emails, pueden enviarles una carta con tu dirección web y los beneficios de unirse a tu boletín.

- Catálogos: En tus catálogos puedes promocionar tu boletín electrónico.

- Email transaccional: Tus empleados deberían tener un enlace en su firma para que los clientes con los que contactan puedan suscribirse a tu newsletter.

Bases de datos externas

Las bases de datos pueden ser propias, y por tanto autogestionadas, o bien contratarlas a través de proveedores. Lo que se hace en este caso es contratar un número determinado de envíos a un «broker», pero nunca el anunciante es conocedor ni mucho menos poseedor de esas bases de datos. Es el bróker el que a través de su plataforma realiza el envío, si no fuera así sería una acción que contravendría la LOPD y la LSSI. Además dicho broker debe garantizar que la obtención de sus bases de datos ha sido realizada conforme a la ley establecida.

A continuación veamos un ejemplo de la campaña de un anunciante que contrató envíos con 5 proveedores. Cada uno de ellos trabajaba con una herramienta distinta, sin embargo todas deben proporcionar la información básica de los envíos. En el envío, se obtuvieron los siguientes resultados:

PERMISSION Mk	Nº DE ENVÍOS	E-MAILS ABIERTOS	% E-MAILS ABIERTOS	CLICS	RATIO DE RESPUESTA
correodirect	21.200	9.919	46,8%	906	9,4%
cyberclick	10.000	2.348	23,5%	347	14,8%
wanadooferesMas	25.578	3.408	13,3%	2.171	63,7%
Ya.com	3.384	208	6,1%	40	19,2%
Canal Mail	28.571	11.163	39,1%	1.402	12,6%
	88.733	27.046	30,48%	4.896	18,18%

Como podemos ver, de la información que obtenemos, podemos sacar muchas conclusiones: por ejemplo que el proveedor ya.com proporcionó listas de calidad muy baja, ya que únicamente un 6% abrió los mensajes, lo mismo con wanadoo. Esto puede deberse, y casi siempre es así, a que las bases de datos no eran actualizadas periódicamente. El proveedor de mayor calidad fue correodirect que alcanzó un casi un 47%, esto es porque el sistema de filtrado y calidad de las bases de datos de este proveedor es mucho más eficiente, cada pocos meses extrae los emails de los usuarios que se han registrado y que no han mostrado interés por ningún envió, y tratan de reactivarlos, si no los eliminan de su oferta.

Ese primer dato nos muestra la calidad de las bases de datos, y posteriormente miramos el RCT. En este caso el que mejor función fue Wanadoo un 63%. Si bien pocos usuarios de su base de datos mostraron interés inicial sobre el email, sin embargo, aquellos que si lo hicieron, fueron especialmente activos.

4.2.8. HTML y texto

Siempre es recomendable tener dos versiones de la campaña: una en código HTML y otra con texto simple. La primera es mucho más visual y efectiva pero hay gestores de correo electrónico que no aceptan HTML, por lo que se debe de tener una versión de texto simple para que esos usuarios puedan leerla. No hay estándares a la hora de elegir cómo diseñar un email pero sería recomendable seguir los siguientes puntos.

Respecto al formato:

- Un ancho de email entre 500 y 600 ppp.
- Evitar tablas anidadas.
- Usar colores planos y suaves como fondo.
- No usar estilos o CSS.
- No superar los 100 kb de peso.
- Evitar scripts.
- Utilizar «alt» en todas las imágenes.

Respecto a la estructura:

- Situar el contenido más importante en la parte de arriba a la izquierda.
- Incluir un link visible para darse de baja.
- Incluir un link de «envía este email a un amigo».
- Incluir un link en la parte superior que lleve al usuario a ver una versión del email en tu web.
- Respecto al momento idóneo:
  - Los martes, los miércoles y los jueves son los días que más ratios de apertura de emails presentan.

- Entre las 10 y las 12 de la mañana es el periodo del día que más correos electrónicos se abren.

- No enviar más de una campaña a la semana y, si es posible, mejor una sola vez al mes.

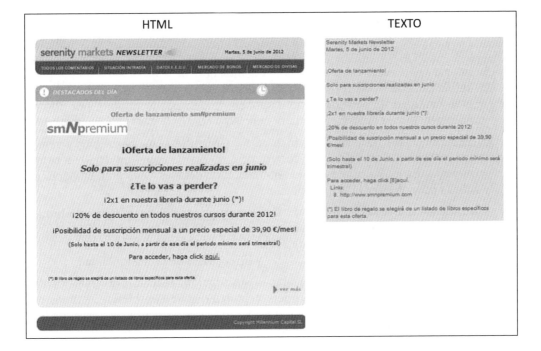

4.2.9. Recomendaciones finales

El cliente es la parte principal ya que se puede decir que es la parte activa del negocio, donde existe una adaptación personalizada de la oferta y una capacidad de segmentación. De esta forma el claro objetivo es lograr la satisfacción del cliente a través del marketing directo, del email marketing.

Para desarrollar esta acción hay que saber identificar al cliente y ofrecerle lo que quiere. Una clara y correcta identificación de nuestro cliente nos proporcionará verdaderas ventajas diferenciales.

Una vez identificado el cliente, hay que hacer que las comunicaciones por correo electrónico sean lo más efectivas, por ello recomendamos las siguientes pautas:

1. Comience con un mensaje impactante. Cuanto más impactante sea la línea «subject» de su mensaje, mayor será la curiosidad y los beneficios sobre sus receptores.

2. Mantenga la línea del «Asunto» con un máximo de 60 caracteres. La mayoría de los programas de correo no despliegan en la línea de «Asunto» un tamaño mayor que este.

3. No utilice la palabra «Gratis» en la línea «Asunto». Aunque las ofertas gratuitas son efectivas, los filtros anti spam buscan esta palabra y la consideran como email promocional, evitando la descarga de mensajes que la incluyan.

4. Introduzca su URL al menos 2 veces. Como mínimo, incluya su URL al final del mensaje, cuando esté demandando una acción en sus receptores. Pero trate de que esta aparezca al comienzo de su mensaje, entre la oferta y sus beneficios. De esta forma, personas que no deseen leer todo el texto pueden decidir hacer click para obtener más información.

5. Intente ser breve. Con el email no podemos utilizar la clásica norma del marketing directo: «cuanto más cuentas, más vendes». Nuestros lectores tendrán gran cantidad de correos, y no disponen de demasiado tiempo, por ello es necesario que el mensaje sea claro, conciso y corto.

6. Entre en detalle después del primer párrafo. Manifieste los beneficios y ventajas en el primer párrafo de su correo, pero no olvide entrar en detalle a continuación. Es muy posible que la ampliación de detalles lleve a un aumento de clicks para obtener más información.

7. Cuide los márgenes del mensaje. Evite las rupturas del texto. Para ello límitese a utilizar entre 55 y 60 caracteres por línea. Si cree que una línea es demasiado larga, realice un salto de línea. Un mensaje con los párrafos y líneas rotos es especialmente difícil de leer y ofrece falta de profesionalidad.

8. Incluya la posibilidad de cancelar la suscripción. Esto le prevendrá contra posibles situaciones de enfado de receptores que se consideren víctimas del spam. Manifieste que su intención es, en todo caso, respetar la privacidad de los datos de sus suscriptores. Para ello muéstreles fácilmente como cancelar su suscripción.

9. Descarte datos innecesarios en un email ya que escribir algo que no aporte información es perder el tiempo, espacio y dinero.

10. Hay que saber perfectamente a quien está dirigida la información ya que dependiendo del perfil del usuario la información es valiosa o no.

11. Utilice plataformas profesionales de email marketing.

12. Nunca compre base de datos, utilice servicios profesionales que sólo alquilan. Es la única manera de evitar spam y un trabajo excesivo de limpieza de base de datos.

13. Según Opt-In news, el último cuatrimestre del año concentra el 67% de las campañas de e-mail MK

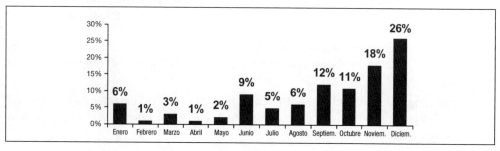

14. Pero… ¿qué día de la semana es mejor?:

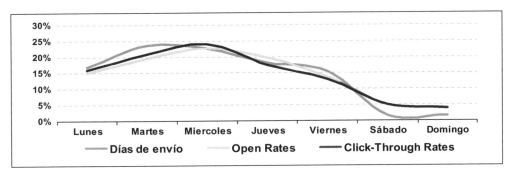

4.3. Marketing de afiliación

4.3.1. Introducción al marketing de afiliación

La afiliación es un acuerdo de patrocinio entre el sitio afiliado, por ejemplo www.**edreams.com**, y los anunciantes, los profesionales del sector, como por ejemplo Atrapalo, Booking, etc., quienes le remunerarán a modo de comisión por cada acción generada a partir del portal o web del afiliado.

Hay varias formas de remuneración entre el afiliado y el cliente:

- Remuneración al click.
- Remuneración por doble click.
- Remuneración por impresión o coste por mil impresiones CPM.
- Formulario.
- CPA (Coste por Adquisición) = CPV (Coste por venta), por la venta de productos.

Según el tipo de remuneración que tenga fijado el anunciante pagará al afiliado a través de la plataforma según la acción de sus internautas (clic, doble clic, lead o venta).

El Marketing de Afiliación es un canal de distribución y/o publicidad, donde las empresas anunciantes ponen a disposición de pequeñas páginas Web (afiliados), campañas publicitarias para la promoción de sus productos. Los anunciantes sólo pagan por los resultados que obtienen (click, lead y/o venta). Esta actividad la denominamos Marketing de Afiliación.

Una Red de Afiliación es una empresa que actúa como intermediario entre los soportes o websites (afiliados) y los anunciantes (programas de afiliación). Esta permite a los afiliados encontrar campañas de publicidad sin tener que realizar una actividad comercial; y a los anunciantes alcanzar a su público, normalmente muy segmentado y difícil de impactar[4].

---

4 Más información: http://bit.ly/Marketing-Afiliacion.

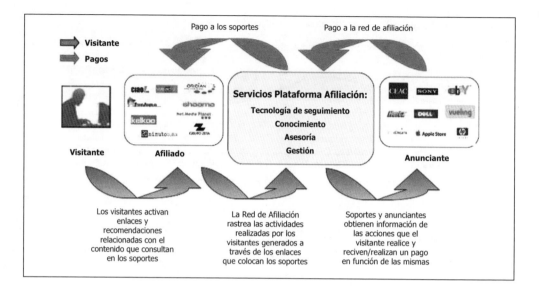

4.3.2. Ejes básicos de un programa de afiliación

Para crear un programa de Afiliación la primera cuestión será definir bien los objetivos, como citamos en la introducción puedes existir muchos objetivos pero básicamente los resumimos en tres:

- Mi objetivo es conseguir visitas a mi site: Pago por click.
- Quiero incrementar registros en mi base de datos: pago por lead.
- No quiero riesgos, solo quiero incrementar mis clientes: pago por venta.

Y le añadimos alguno más a nivel de imagen de marca:

- Incrementar la notoriedad de marca.
- Lanzamiento de nuevos productos.
- Aumentar el tráfico a mi página Web.

Separaremos estos objetivos en dos grupos: estrategias a medio y largo plazo. En la siguiente matriz podéis observar como consideramos programa de afiliación a la estrategia a largo plazo basada en resultados (lead o venta). Mientras que llamaremos campaña en afiliación a la acción a medio plazo con objetivos de branding.

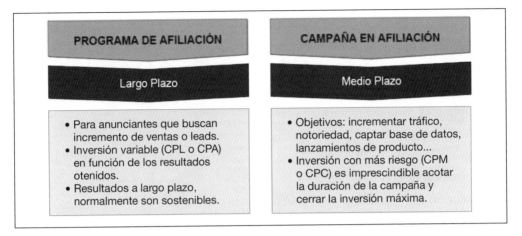

En función de los objetivos diseñaremos la campaña o programa de afiliación.

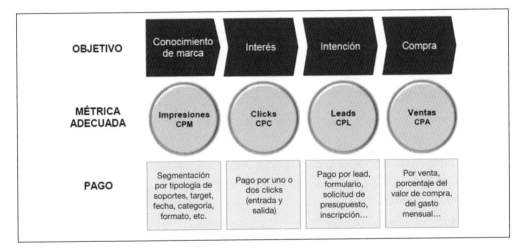

Una vez definido nuestro objetivo deberemos realizar diferentes escenarios de cómo rentabilizar la campaña, en el siguiente punto desarrollamos como optimizar/rentabilizar una campaña.

El siguiente paso es definir el coste publicitario que queremos asignar, os aconsejo que iniciéis la campaña con el escenario de menor riesgo, siempre estamos a tiempo de subir el precio que pagaremos a los afiliados.

Continuaremos analizando las redes existentes, en este momento la clave es escoger la red que tenga mayor potencial de afiliados con sites afines a nuestro producto (Doncurso.com es muy afín al producto de CEAC)

Para finalizar deberemos subir las creatividades y landing page (páginas de aterrizaje) para iniciar la campaña.

Este proceso quedará mucho más claro al finalizar la asignatura, y sobre todo, cuando realicemos la simulación en la red de afiliación Argonas.

En resumen:

- Definir el objetivo.
- Creación de escenarios.
- Parámetros de optimización de la campaña.
- Definir el coste publicitario.
- Análisis de red de afiliación óptima.
- Realización de creatividades.
- Creación de Landing Page.
- Lanzamiento y optimización continua de la campaña.

4.3.3. Ventajas e inconvenientes de un programa de afiliación

1. Para el anunciante

Ventajas:

- Incremento de ventas rentables con un riesgo mínimo, siempre que compremos a CPA o CPL.
- Incremento de notoriedad de marca de forma casi gratuita.
- Aumentar el tráfico en la web.
- Entrar en mercados pequeños y muy segmentados (nichos).
- Presencia en Web 2.0 muy difíciles de rentabilizar (blogs, redes sociales, recomendadores, etc.).
- Mucho potencial de ventas en «long tail».

Inconvenientes:

- Canal muy complejo, necesidad de mucha dedicación en la definición, lanzamiento y seguimiento.
- Mucha necesidad de control.
- Mucho tráfico, pero de poca calidad y con poco interés.
- Duplicidad de ventas con otros canales on y off.
- Intento constante de competir en SEM (traffic broker).
- Dispone de un 30% menos de inversión, comisión red.

2. Para el afiliado

Ventajas:

- Facilidad de rentabilizar el tráfico de tu Web.
- Se complementa perfectamente con AdSense.
- Algunos formatos aportan contenidos o valor al site.
- Disponer de grandes anunciantes que prestigian la Web.
- Facilidad de acceder a anunciantes afines.
- AdServer y Herramientas de optimización gratuitas.

Inconvenientes:

- En algunas ocasiones excesivo trabajo por los ingresos que obtienes a cambio.
- Pago tardío en algunas plataformas.
- Facturación mínima requerida, hasta 100 € mensuales en algún caso.
- Poca valoración del tráfico segmentado.
- Muy pocas campañas a CPM y CPC.

4.3.4. Esquema de negocio de las redes de afiliación online

El cliente entra en una Web afiliada a un programa de afiliación y realiza una acción en esa página (hace click en un formato publicitario, rellena un formulario, compra...). Esa acción deja una marca «tracking» con los datos de la campaña (soporte, espacio, formato, creatividad...) que se arrastra a la página de seguimiento de ventas de la empresa de Afiliación.

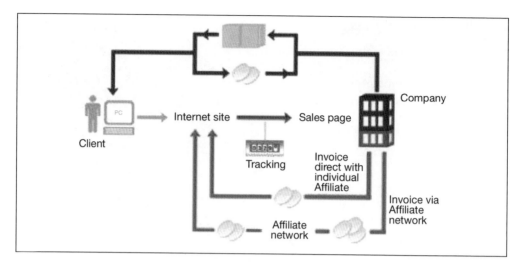

Con esta información se liquida a los afiliados de forma individual o a través de una subred. Algunos programas de afiliación repercuten parte de sus beneficios en el propio cliente para incentivar la revisita.

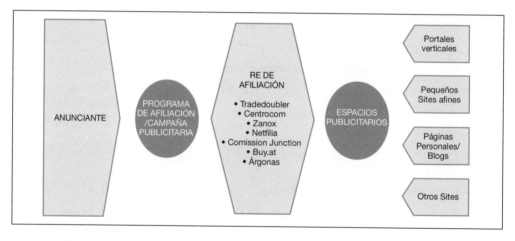

Las Plataforma o Redes de Afiliación permiten al anunciante, mediante un programa de afiliación, estar en contacto y realizar campañas con infinidad de Websites con los que, por falta de recursos o por desconocimiento del medio, jamás tendría una relación.

4.3.5. Fases en el desarrollo de un programa de afiliación online

Definiremos las claves de éxito en cada proceso, ya que como hemos comentado en varias ocasiones conseguir el éxito en un programa de afiliación no es sencillo. Iniciemos por tanto, con las fases de la creación de una campaña o programa de afiliación:

1. Definición de la estrategia

Es imprescindible realizar un buen análisis previo en los siguientes ámbitos:

- Mercado: competidores, tipo de remuneración, estrategias de comunicación, principales sites, modelos (tráfico, lead, venta)…
- Anunciante: Objetivos, prioridades, necesidades técnicas y creativas, estrategias off y on vinculadas, timing…
- Web anunciante: Modelo de conversión, landing page, usabilidad y persuabilidad…

Posteriormente debemos seguir los siguientes pasos:

- Escoger modelo campaña o programa.
- Elegir una o varias plataformas.
- Definir remuneración por tipología de afiliado.

2. Lanzamiento

En la fase de lanzamiento es clave iniciar con volúmenes bajos hasta ajustar la rentabilidad mediante:

- Cuadros de seguimiento de A/B testing, test multivariante…
- Fases optimización landing page.
- Política de comunicación con afiliados.

Otra de las claves es profundizar en el conocimiento de la plataforma escogida y en sus procesos de optimización de la campaña.

Además, deberemos seguir los resultados por creatividad (banners, buscadores, enlaces de texto, formularios, etc.).

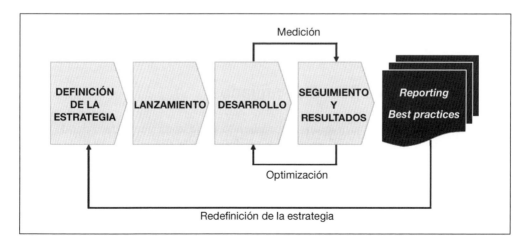

Si hemos iniciado la campaña con una plataforma cuando tengamos la rentabilidad controlada (e-cpm y e-cpa) es el momento de expandir el modelo hacia otras con menor potencial.

3. Desarrollo

Una parte crítica después del lanzamiento es la captación de afiliados clave, normalmente el 20% de los soportes nos harán el 80% del volumen, hay que encontrar los buenos afiliados.

En la fase de desarrollo tendremos que realizar la mayor cantidad de test posibles a nivel de creatividad, landing page, ofertas, promoción al afiliado, etc.

Con los primeros resultados es importante analizar el público objetivo que está llegando y compararlo con el perfil habitual del producto.

La dinámica a seguir durante las primeras semanas deberá ser testar, medir y hacer seguimiento de resultados, analizar y definir optimización para el próximo test, y así sucesivamente.

4. Seguimiento y resultados

Cuando la campaña está en resultados de rentabilidad correcta, es momento para:

• Incentivar a los afiliados.

• Incorporar nuevas redes o soportes.

• Mejorar herramientas y procesos de medición.

Consideraremos que el programa está consolidado cuando los afiliados sean tu red comercial, tus verdaderos vendedores.

Herramientas que podemos utilizar:

• Newsletters para afiliados.

• Asesoramiento en optimización de campaña.

• Contacto y negociaciones personales con el Top afiliados.

4.3.6. Principales Redes de afiliados

Hay muchas Redes de afiliación. Dependiendo de la zona geográfica donde quieras comercializar tus productos, unas redes tendrán mayor fuerza que otras. Las principales Redes de afiliación donde podrás llegar a más países en caso de una campaña internacional se reducen a tres:

• Zanox. Especialmente fuertes en Alemania. Funcionan muy bien en España e Italia.

- Trade Doubler. Especialmente fuertes en Francia.
- Comission Junction. Especialmente fuertes en países anglosajones.
- También está Netfilia. Red que funciona muy bien en el mercado español.

Hay Redes de afiliados que tienen una gran cantidad de anunciantes y afiliados a nivel global, como podría ser Comission Junction. Pero para obtener el máximo rendimiento de la Red de afiliados no debes basarte en lo importante que sea una Red de afiliados a nivel global, si no a nivel local, es decir, debes buscar la Red que funcione mejor en cada país. En menor volumen de tráfico de sus soportes y anunciantes, se pueden encontrar las siguientes.

Redes de afiliación internacionales: AdDrive, Admarketers, AdPaid, Adreporting, Ads4Dough, Adteractive, Affiliate.com, Affiliopolis Affiliate Fuel, Affiliate Window Affiliatebot, AffiliateClick, Casino Paycheck, Casino Rewards, CheckMyStats, Cibleclick Int., Clickagents, ClickBooth, ClickBank, CXDigital, ClixGalore, Commission Shore, CommissionSoup, Copeac, FastClick, FineClicks FloppyBank, FluxAds, Fosinaoffers, GlobalDirectMedia, Healthy Payout, Hydra Network, Income Access, IncentaClick, Intela, Iron Offers, Rocket Profit, Roirocket, Rowise, Search4Clicks, SearchCactus, SellShareware, ShareaSale, ShareBucks, One Network Direct, Panthera Network, Partner Weekly, Partner2Profit, AffiliateFuture UK, Aff-Net, AmpedMedia, AKMG, AsSeenOnTV, Avant Link, AzoogleAds, Aquasis Media, Blue Phoenix, Bridaluxe, BulletAds, CashRing, Casino Coins, CPA Empire, CPX Interactive, CoregMonster, Cunna.com, CutsPM, Cyberbounty, CyberAffiliates, DarkBlue, DirectResponse, DrumCash, Element5, ETology, Extremerevenue, Colombo, Lead Hound, Leader Markets, Lead Rewards, LeadsEffect, Leadsponsors, LinkConnector, LinkProfits.net, LinkShare, LinkSponsor, LynxTrack, Market Health, MaxBounty, Performics, Pepperjam Network, PrimaryAds, Prospectiv, Quinstreet, ReferBack, RegNow, Revenuecpm, Revenue Gateway, Revenue Pilot, Revenue Wire, RevResponse, Rextopia.

4.4. Marketing Viral online
4.4.1. Introducción al marketing viral

«Si tienes un cliente descontento en Internet, el no se lo dirá a sus cinco amigos, se lo dirá a sus 5.000 amigos»

JEZZ BEZOS, Presidente de Amazon.com

El término fue creado en 1997 por Steve Hurveston en un artículo aparecido en Netscape M-Files en el cual hablaba del abrumador éxito de Hotmail.

Marketing viral es una estrategia a través de la cual, los cibernautas transmiten mensajes de marketing a amigos y conocidos, ofreciendo su opinión sobre un producto y/o servicio.

Consiste en una simple divulgación como el «boca a boca» en versión escrita ahora llamado «word-of-mouth». El Marketing Viral es una opción innovadora y útil.

El nivel de efectividad depende de lo innovador e impactante del contenido. Si tiene éxito puede llegar una efectividad muy alta.

El efecto viral se produce cuando los usuarios se lo empiezan a reenviar de forma piramidal entre familiares, compañeros, y amigos.

Una de las claves para el marketing viral, es que la oferta y el mensaje deben ser únicos e interesantes para que el receptor lo envíe a otras personas

Características generales del marketing viral:

1. Los mensajes se propagan de un usuario a otro.

2. Generalmente utilizados para incrementar conocimientos de nuevos servicios, ofertas, promociones...

3. El éxito es impredecible pero se aconseja comunicar un mensaje/producto/servicio que llame la atención, provoque curiosidad. (algunos utilizan el recurso cómico, videos...).

4. El Marketing Viral es la mejor manera de obtener direcciones de correo electrónico válidas para poder conseguir una lista de e-mails relevante. Los mensajes pueden ser:

   • Con contenidos divertidos: chistes, viñetas, vídeos, etc.

   • Con recompensas: recibiendo algo a cambio de dar a conocer el correo.

   • Con la opción de compartirlo: mensajes con la coletilla de «envía el mensaje a un amigo», práctica que se conoce con el nombre de «Member Get Member».

Dos tipos de Marketing Viral:

• Marketing viral sin fricción: El cliente hace conocer el servicio por el simple acto de usarlo. El predominio de Hotmail en el mercado del correo electrónico gratuito es un ejemplo de marketing viral sin fricción. La gente se entera de la existencia del servicio a través de un cliente que ya usa el servicio y envía un email. Muy poco esfuerzo hace falta para propagar la noticia del servicio.

• **Marketing Viral activo o con fricción**: El cliente recluta activamente nuevos clientes. Un ejemplo perfecto es el del ICQ. Los usuarios de ICQ cuentan con sus amigos para charlar y deben, por lo tanto, convencerlos de que carguen el software programa informático.

Ejemplos de incentivos:

• **Sorteo:**
  – Por dejar tus datos entras a participar en un sorteo de un premio.
  – Si recomienda a alguien se te dará un número extra para que tengas más posibilidades de que te toque.

- **Descuentos:**
  - Se le ofrece un descuento a la persona que recibe el mail, si el pasa el mail a otras personas, los que lo reciban pueden beneficiarse del descuento (que puede ser el mismo porcentaje o no).

- **Ficheros adjuntos:**
  - Que muestran vídeos graciosos, juegos, etc. Muchas veces no se abren por miedo a que contengan un virus.

Son varios los beneficios de esta estrategia de Marketing:

- La inversión monetaria para transmitir un mensaje electrónico es prácticamente nula.
- La información se transmite y se propaga fácil y rápidamente.
- La difusión de la información suele tomar la forma de una pirámide, cuando la persona advertida se convierte en informante de varias más. El fenómeno se acelera cuando la información se difunde hacia públicos más numerosos.
- La presencia de comunidades –profesionales o no– tiene también un papel nada despreciable en la propagación de mensajes, sobre todo en los especializados. El desarrollo de comunidades especializadas en defender el punto de vista del consumidor, por ejemplo, aceleran la difusión de defectos en productos o servicios.

4.4.2. Factores que debería tener una campaña de marketing viral

- **Factor de Urgencia**: Si no hay una fecha límite –para llamar a la acción, la necesidad por compartir la información se reduce significativamente.
- **Factor de Entretenimiento**: El mensaje o la oferta que acompaña al componente viral debe ser irresistible, divertida, diferente, impactante.
- **Factor de Ego**: Al menos en parte, habrá un cierto porcentaje de individuos que pasaran el mensaje, para que los demás vean lo que le han ofrecido y que está «a la última».
- **Factor «déjame mostrarte»**: Esto corresponde a usuarios que tienen la necesidad de compartir algo significativo. Quieren ayudar a otros o hacerles el día más agradable.
- **Factor de valor**: Este es uno de los factores más importante en cualquier tipo de comunicación.

El efecto viral es muy potente, pero se debe estar seguro que producirá el efecto que buscamos, de otra manera las consecuencias pueden ser muy nefastas.

- Estrategias definidas difusamente pueden tener resultados imprevisibles.

- Se deberá identificar claramente aquellos elementos que provocan el deseo de transmitir el mensaje.

- Equipar «landing page» con herramientas que permitan a los usuarios, reenviar la información.

Ejemplo de marketing viral: www.pinchalaruedadehamilton.com.

www.pinchalaruedadehamilton.com se creó en siete días, su dominio se registró el pasado día 11 de octubre, pero en poco más de un día ya cuenta con más de 14.000 comentarios y cada hora que pasa muchos más. Se trata de una iniciativa de Tequila Spain (Agencia de Servicios de Marketing del grupo TBWA) que lo ha hecho como experimento viral.

Esta web con ya convertida en 'viral' está entre las más enviadas tanto por los sistemas de mensajería instantánea como por correo electrónico en lo que va de día. Podría denominarse como un efecto secundario de la «alonsomanía». El hecho es que en tiempo récord ha conseguido que las iras en contra de Hamilton se transformen en puercoespín, clavo o chincheta, al gusto del internauta, que los va dejando, acompañados de un mensaje, en el circuito de Brasil para que pinche el piloto británico.

Santiago Martín, director de 'buzz' marketing de Tequila Spain, explica cómo surgió la idea y para qué lo hicieron: «Lo hicimos como una prueba aprovechando la espectación que levanta la carrera del próximo domingo. No hay ninguna marca detrás. Estamos muy sorprendidos y satisfechos por la respuesta de la gente. Mantendremos la web hasta el domingo después de la carrera, y se cambiará según el ganador con una explicación para que quede de manera testimonial».

Página Principal minisite

Página de respuesta

Forward to

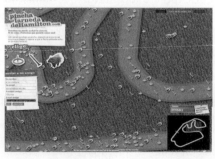

Email

4.5. Search Engine Marketing

4.5.1. ¿Qué es SEM?

SEM = Search Engine Marketing

El Marketing Interactivo se ve benefiado e impulsado desde el desarrollo y evolución que ha tenido el Internet en nuestra cultura y economías. Las nuevas y mejores (más rápidas y robustas) tecnologías han hecho posible que este medio de publicidad tenga cada vez más aceptación en los planes de marketing de las empresas.

En principio se busca el siguiente proceso de compra/venta:

SEARCH ▸ FIND ▸ BUY

BUSCA ▸ ENCUENTRA ▸ COMPRA

El primer paso para lograr que se produzca este proceso de compra pasa por que la empresa logre un buen posicionamiento en los buscadores y motores de búsqueda. Es decir, que aparezca entre los primeros resultados de las búsquedas realizadas por los internautas en buscadores como Google o Yahoo.

Estas búsquedas se basan en Palabras Claves que de una manera, en principio intuitiva, describen o posicionan tu segmento, producto, servicio, etc.[5].

Si comparamos el push marketing y el marketing en buscadores encontramos las siguientes diferencias:

	Push Marketing	Buscadores
Pco. Objetivo	Definir target, crear y gestionar listados	Leads pre segmentados, el target te encuentra
Diseño	Desarrollo creativo gráfico y textual	Desarrollo de palabras clave, títulos y descripciones
Seguimiento	Seguimiento mediante teléfono, mail…	Seguimiento en tiempo real online
Inversión	Comprometida de antemano	Pago cuando el consumidor hace clic-control total

Y tienen las siguientes ventajas:

---

[5] Más información: http://bit.ly/Publicidad-Digital.

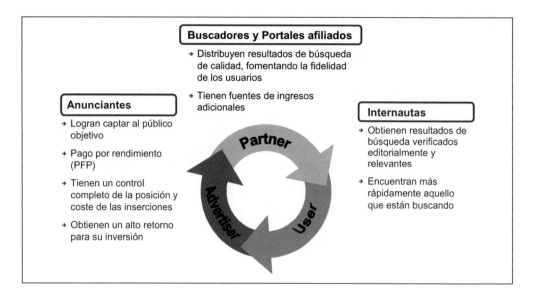

4.5.2. ¿Cómo funciona el SEM?

Muy sencillo. La idea es de alguna manera remunerar este tipo de servicio. En tal sentido aparece el siguiente término:

> **PPC = PPC (Pay per Click).** Abreviación de Pay per Click, «pago por click».

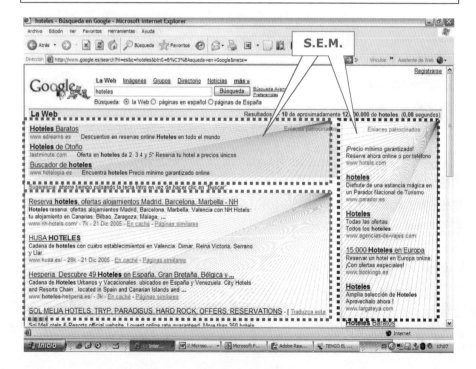

Se trata de un nuevo medio más eficaz y rentable. Los sistemas PPC nacen en 1998 de la mano de Goto.com (Yahoo Search). Consisten en pequeños anuncios que se introducen en los buscadores y que aparecen cuando el usuario busca algo relacionado con dicho anuncio.

Los anuncios permiten llegar a los usuarios en el preciso momento en que estos buscan sus productos y servicios.

Ejemplo. Si introducimos la palabra clave hoteles en el buscador de Google, obtendríamos una página con información muy parecida a esta. Para el ojo poco entrenado, es una página Web como cualquiera. El se diferencian tres zonas importantes que nos indican que se están utilizando estrategias SEM en ellas. Vean la próxima imagen.

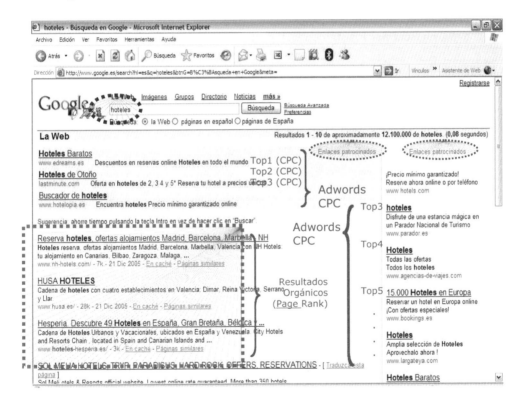

A la hora de buscar términos el 75% de los usuarios ingresan 2 o más keywords o palabras claves, incluso el 44% ingresa más de 3 palabras claves.

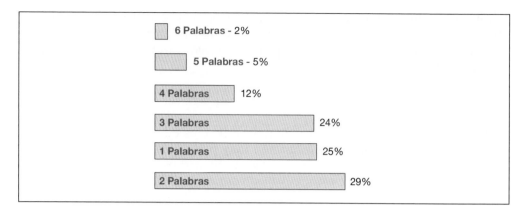

Si por ejemplo, estamos buscando una cámara digital, e incluso sabemos el modelos podemos buscar por los siguientes términos:

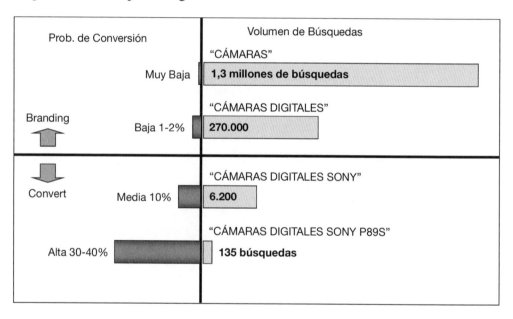

Donde, cuanto más detallada sea la búsqueda, obtendremos menos resultados de búsqueda, pero tendrán más probabilidad de convertir la búsqueda en un lead o una compra. Recomendamos ni ignorar las palabras de bajo volumen ni ignorar las de alto volumen.

4.5.3. Adwords

Como motor de búsqueda, Google reúne y organiza una gran cantidad de información de Internet, que pone a disposición de los usuarios de todo el mundo que realizan búsquedas en línea. Éstos pueden visitar Google.com u otros dominios de Google, introducir una consulta (términos relacionados con la información que desean encontrar) en el campo de búsqueda y hacer clic en Búsqueda en Google.

Google les ofrecerá numerosos resultados, incluidas listas de archivos, artículos, documentos y sitios web, altamente relevantes respecto a la consulta. Si un usuario hace clic en Voy a Tener Suerte, accederá directamente al primer sitio web o documento de los resultados de búsqueda de Google. Los usuarios también pueden buscar resultados en Imágenes, Noticias y otros servicios especializados de Google.

Los resultados de la búsqueda aparecen a la izquierda de la página. Es importante tener en cuenta que Google no acepta pagos a cambio de incluir sitios web o documentos en los resultados de búsqueda. Sin embargo, los anunciantes pueden adquirir anuncios de AdWords de Google, que aparecen a la derecha de la página y, algunas veces, encima de los resultados.

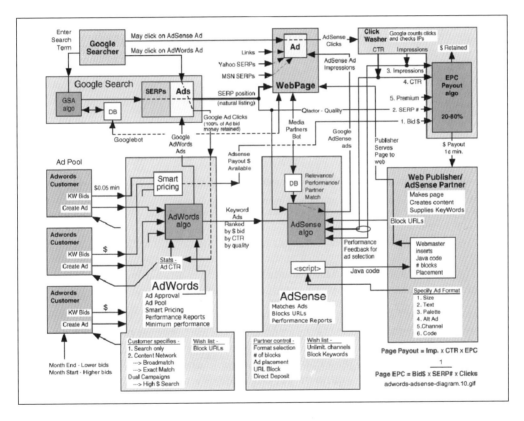

AdWords es el programa publicitario de Google. Permite crear anuncios sencillos y eficaces para mostrarlos a usuarios que buscan en Internet información relacionada con su empresa. ¿Cómo es posible mostrar sus anuncios únicamente al público más relevante? La respuesta es la publicidad basada en palabras clave.

Cuando un usuario visita Google y formula una consulta como, por ejemplo, 'buenas guitarras para principiantes', Google muestra distintos resultados relevantes, como vínculos a artículos que contengan consejos para comprar una guitarra o sitios web para personas que se inician en la música. Asimismo, muestra anuncios de AdWords que enlacen con empresas en línea que vendan guitarras, u ofrezcan clases de música u otros productos y servicios relacionados con la consulta.

Por ejemplo, supongamos que es el dueño de una tienda de música que ofrece una amplia selección de guitarras. Podría abrir una cuenta en AdWords y crear anuncios para las guitarras de gama básica de su inventario. Para cada uno de ellos, podría seleccionar palabras clave (una sola palabra o frases relacionadas con el mensaje de su anuncio) como 'guitarras para principiantes' o 'guitarras de gama básica'. Al activar su cuenta, sus anuncios serían susceptibles de aparecer en las búsquedas de los usuarios. Es decir, el sistema de AdWords buscaría constantemente las consultas de búsqueda relacionadas con las palabras clave seleccionadas y mostraría sus anuncios a un público altamente orientado. En resumen, anunciaría sus productos directamente a un público interesado en ellos.

AdWords de Google ofrece una gran variedad de formatos de anuncio. El formato más habitual son los anuncios de texto, seguidos de los anuncios gráficos y animados. Otros formatos disponibles son los anuncios de vídeo, los anuncios de empresas locales y los anuncios para móviles.

El texto de un anuncio de AdWords suele tener este aspecto:

Anuncio relacionado con **prueba google adwords**   ¿Por qué este anuncio?

AdWords | Google.es
www.google.es/AdWords
Creamos su Primera Campaña Gratis, Llamando Ahora al 900 814 554!
↳ Cupón Gratis - Adwords - Regístrese - Crear Campaña

Los anuncios de texto suelen contener las cuatro líneas siguientes:

- Título (25 caracteres, espacios incluidos): el título atrae a los usuarios susceptibles de estar interesados en sus productos o servicios.

- Descripción (dos líneas de un máximo de 35 caracteres cada una, espacios incluidos): estas dos líneas contienen información sobre su producto o servicio, así como otros datos (por ej., promociones). El contenido de éstas debe ser lo suficientemente claro para comunicar su intención, y lo suficientemente atractivo para convencer al usuario de que haga clic en su anuncio y visite su sitio.

- URL visible (35 caracteres, espacios incluidos): esta línea indica el sitio web que visitará el usuario si hace clic en su anuncio.

- URL de destino (1.024 caracteres como máximo): ésta es la página que los usuarios verán al acceder a su sitio desde su anuncio. La URL no aparecerá en su anuncio. Muchos anunciantes enlazan sus anuncios con páginas de destino concretas de su sitio web, pero utilizan la URL más simple de su página principal como URL visible.

Titular:	**25 Caracteres**	
Línea 1	**35 caracteres**	
Línea 2	**35 caracteres**	Enlaces patrocinados
Url Visible	**35 caracteres**	**Coche** ¿No conoce los nuevos modelos Saab? Solicite ya su prueba de conducción www.saab-spain.com
Url de Destino	**1024 caracteres**	

Títulos

Los mejores títulos están directamente relacionados con las palabras clave de la búsqueda. Hacen que el anuncio parezca especialmente relevante para los intereses del usuario. Por lo tanto, incluya las palabras clave con más éxito en el título. Además, si la palabra clave del texto del anuncio es idéntica a la palabra clave utilizada para la búsqueda, esta aparecerá en negrita en su anuncio.

Para determinar qué palabras clave tienen éxito, revise sus grupos de anuncios y busque palabras clave con el mayor número de clics o de impresiones. Por ejemplo, si la frase de palabras clave publicidad online genera claramente el mayor número de clics y de impresiones de su cuenta, utilice este término en el título de su anuncio.

Uno de los errores más comunes que suelen cometer los anunciantes consiste en incluir el nombre de la empresa o el dominio del sitio web en los títulos. Este hecho no incrementa forzosamente el número de clics a menos que se anuncie una empresa consolidada con una marca distinguida. Considere la posibilidad de utilizar títulos más generales para los anuncios, que atraigan al usuario a hacer clic, lo que tarde o temprano acabará por fortalecer su marca.

Descripciones

La descripción debe incorporar las ventajas de su producto o servicio, así como una frase interactiva. Sea tan breve y simple como sea posible. Para empezar, haga una lista de sus productos o servicios (publicidad online, publicidad en el sitio web, AdWords) y de sus beneficios (gran ROI, publicación inmediata de anuncios). A continuación, únalo todo con una frase interactiva, como Solicítelo ahora o Regístrese ahora.

URL visibles y de destino

No es necesario que la URL o dirección web visible coincida con la URL de destino, que es donde irán los usuarios al hacer clic en su anuncio. Pero debe ser una URL real para su sitio.

Elija una URL de destino que promocione el producto o servicio exacto que los usuarios están buscando, en lugar de su página de inicio usual. Normalmente es más efectivo dirigir a los usuarios a la página de destino en la que están más interesados, de la forma más rápida posible.

Varios anuncios

Hay un tema común en esta lección, que es probar y redefinir. Al igual que con los grupos de anuncios y las palabras clave, debe seguir observando, revisando y rescribiendo sus anuncios para obtener los mejores resultados. AdWords le facilita esta parte. Puede crear varios anuncios por cada grupo de anuncios. Si sus opciones de publicación de anuncios están fijadas para optimizar, que es la configuración por defecto, Google mostrará automáticamente con mayor frecuencia el anuncio que tenga un mejor rendimiento.

Compruebe las estadísticas y reemplace los anuncios con bajo rendimiento con anuncios nuevos.

AdWords ofrece dos formas de orientar anuncios:

- Con palabras clave.
- Con ubicaciones.

La orientación por palabra clave es el modelo publicitario tradicional de Google, que permite a los anunciantes seleccionar palabras clave que activen la publicación de sus anuncios en las páginas de resultados de Google y en la red de contenido de Google. Salvo si se especifica lo contrario, la mayor parte del contenido del Centro de aprendizaje se centra en la publicidad orientada por palabra clave.

La orientación por ubicación permite a los anunciantes elegir los sitios concretos de la red de contenido de Google en los cuales desean publicar sus anuncios. Una ubicación puede ser un sitio web completo o un subconjunto de páginas o unidades de anuncio en un sitio, según haya definido el anunciante del sitio. Por ejemplo, un sitio de noticias puede ofrecerle la oportunidad de mostrar sus anuncios en todo el sitio, solo en la página principal o bien en unidades de anuncio en la mitad superior de sus páginas de deportes.

La orientación por ubicación proporciona a los anunciantes una mayor flexibilidad para controlar exactamente dónde se muestran sus anuncios. Las campañas de AdWords pueden usar palabras clave y ubicaciones. Puede orientar palabras clave exclusivamente, ubicaciones exclusivamente o ambas para llegar al público al que desea dirigir sus anuncios.

Al crear una campaña, se deben seleccionar detenidamente las palabras clave a utilizar. ¿Qué términos exactos emplearía un cliente potencial en Google si buscara nuestro producto?

Las palabras clave más específicas suelen ser combinaciones de términos que describen su producto o servicio. Cuanto más genérica sea una palabra clave, más cara y complicada será su posicionamiento. Estas palabras suelen ser demasiado amplias y pueden dar lugar a clicks de usuarios que no están realmente interesados en nuestro producto o servicio. Por esa razón, los resultados serán mejores utilizando palabras más específicas. Es decir, en lugar de utilizar 'gimnasia', se podría usar 'equipamiento de gimnasia' o 'pesas para gimnasia femenina'.

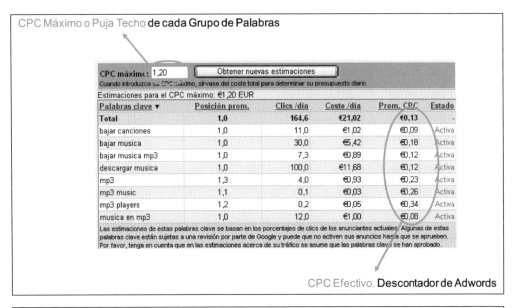

CPC Máximo o Puja Techo **de cada Grupo de Palabras**

CPC Efectivo. **Descontador de Adwords**

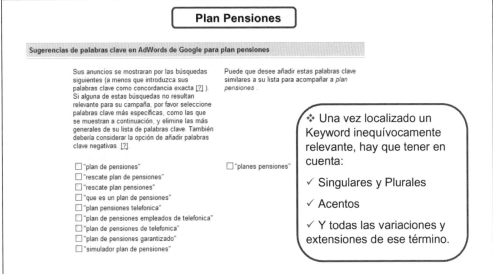

Políticas editoriales clave de Adwords

- **Espaciado:** debe insertar los espacios adecuados entre las palabras así como después de los signos de puntuación. Por ejemplo, «R-o-p-a b-a-r-a-t-a» no se admitiría, del mismo modo que tampoco se aceptaría «Envío gratuito. Compre ahora».

- **Puntuación y símbolos:** la puntuación no se puede usar para atraer la atención del usuario. No se puede emplear de forma innecesaria ni repetirse dos o más veces en una misma línea. El título del anuncio no puede contener signos de exclamación y cada anuncio puede contener únicamente un signo de exclamación. Además, todos los símbolos, números y letras deben restringirse a su verdadero significado, no se pueden utilizar en lugar de palabras. Por ejemplo «¡Ofrecemos estupen2 servicios en línea!» infringe la política gramatical porque «2» sustituye letras de una palabra.

- **Gramática y ortografía:** los anuncios deben cumplir con directrices gramaticales y ortográficas básicas. Para ello, es necesario emplear frases estructuradas de forma lógica y una ortografía correcta, lo que contribuye en gran medida a la claridad y credibilidad de sus anuncios. Las únicas excepciones a la política ortográfica son palabras que habitualmente se escriben de forma incorrecta o variaciones ortográficas que la mayoría de los usuarios pueda reconocer y entender. Si encuentra la palabra en un diccionario en línea, suele aceptarse.

- **Mayúsculas:** una palabra no puede aparecer escrita en mayúsculas para atraer toda la atención sobre ella o la frase en la que se incluye. Por ejemplo, «GRATIS» o «NUEVO» no se admitirían. Sin embargo, sí está permitido escribir en mayúscula la primera letra de cada palabra del anuncio.

- **Repeticiones:** las repeticiones no deben utilizarse de manera engañosa o con el único objetivo de promocionar un producto. Es decir, una palabra no puede repetirse tres o más veces en una misma línea. Por ejemplo, un anuncio con el título «Grandes, grandes, grandes ofertas» no se admitiría. El título del anuncio debería cambiarse por «Aquí encontrará grandes ofertas» para cumplir con las exigencias de esta política.

- **Lenguaje inapropiado**: los anuncios, incluidas las URL visibles, no pueden contener lenguaje considerado inadecuado o que resulte ofensivo para determinados usuarios.

- Esto también incluye errores ortográficos, lenguaje que resulte censurable al anunciante o cualquier otro tipo de lenguaje inadecuado.

- **Frases inaceptables:** determinadas frases interactivas no pueden aparecer en el texto del anuncio si no son descriptivas del producto, del servicio o del sitio web. Por ejemplo, una frase genérica, como «haga clic aquí» no se aceptaría. Un ejemplo de una frase interactiva válida podría ser «Solicite sus contactos en línea hoy mismo» porque es representativa del producto y del contenido del sitio.

Reclamos con términos superlativos: los superlativos son palabras que enfatizan la superioridad. Con objeto de garantizar que los usuarios perciban que se les trata de manera honesta y creíble, el texto de su anuncio no podrá, a menos que lo avale un tercero, contener frases comparativas o subjetivas como «El mejor» o «El n.º 1».

Esta verificación realizada por un tercero debe especificarse de forma clara en su sitio web.

Por ejemplo, si un anuncio afirma ser «El mejor de la web», el sitio deberá mostrar la verificación de un tercero. Una posibilidad sería que la revista Forbes indicara que el sitio en cuestión ha recibido el premio al mejor sitio de la web, en cuyo caso el anuncio cumpliría con esta política.

- **Reclamos competitivos:** los reclamos competitivos afirman que su producto o servicio es mejor que el de la competencia. Estos reclamos deben ir acompañados de la prueba correspondiente en su página de destino. De este modo obtiene la confianza del usuario y garantiza que éste va a encontrar exactamente lo que busca según el texto de su anuncio.

Puede proporcionar la prueba de su reclamo de múltiples maneras, como con un gráfico o una tabla que compare las características de su producto con las de la competencia, o con un análisis competitivo que establezca la razón de la excelencia de su producto.

Por ejemplo, un anuncio con el texto «mejor que SmartFilter» podría considerarse un reclamo competitivo y, por tanto, sería necesario incluir en su sitio la prueba correspondiente. Si la página de destino incluye un análisis competitivo del producto del anunciante y de SmartFilter, este reclamo sería aceptable, por lo que Google aprobaría el anuncio.

No se encuentra la oferta: si el texto de su anuncio especifica algún precio, descuento especial u oferta de artículo gratuito, su sitio web deberá indicarlo de forma clara y precisa únicamente haciendo uno o dos clics en la página de destino del anuncio. Por ejemplo, frases como las siguientes requieren la correspondiente correlación en la página de destino: «50% de descuento en todos los artículos», «Ahórrese 20 € en su primera compra», «Una gorra gratis por cada compra», «DVD a 5 €». Los precios del texto, que deben ser exactos, podrán referirse también a compras masivas. En las ofertas de artículos gratuitos, es aceptable que el usuario deduzca que un producto es gratis, incluso si no aparece este término junto al producto o servicio.

Conceptos básicos y ejemplos

El texto de su anuncio es un factor determinante para atraer a un usuario a su sitio web. Los anuncios que ofrecen buenos resultados son claros, bien escritos, precisos y atractivos. A continuación le ofrecemos algunas sugerencias para escribir anuncios que atraerán a los usuarios a hacer click:

- Incluya una frase interactiva, como compre, solicite o adquiera. Las palabras como encuentre y busque, a pesar de ser precisas, implican un estado de interés y de curiosidad por parte del usuario que no le animarán fácilmente a hacer click.

- Incluya las palabras clave en el título, puesto que eso es lo que los usuarios están buscando.

- Relacione los anuncios con ofertas disponibles en su página de destino, para permitir a los usuarios completar el ciclo de ventas.

- Vaya al grano rápidamente. Incluya la información más relevante sobre su empresa en primer lugar.

- Escriba más de un anuncio por cada grupo de anuncios y compruebe los resultados.

A continuación le ofrecemos dos ejemplos de anuncios que promocionan el programa AdWords: El primero es vago, repetitivo y no ofrece ventaja alguna ni contiene ninguna frase interactiva. El segundo contiene un texto claro, una ventaja específica para el usuario y una frase interactiva.

> Google
> **Publicidad online**
> Programa de publicidad online de Google.
> adwords.google.es

> Publicidad online
> **Mejore el ROI de su sitio web. Regístrese a AdWords. Publique anuncios hoy mismo.**
> adwords.google.es

Estructura de campaña

Una cuenta en adwords se estructura en 4 elementos:

1. Cuenta

   Con los datos de la empresa, presupuesto y dimensión.

2. Campañas

   Con la configuración, segmentación, inversión por campaña y alcance.

3. Grupos

   Agrupación de términos o keywords que posibilitan una mejor gestión y contro de resultados.

4. Keywords

   La selección de keywords y copys que mejoran el alcance y permiten una personalización del CPC y la relevancia a conseguir.

ESTRUCTURA BÁSICA DE CAMPAÑA

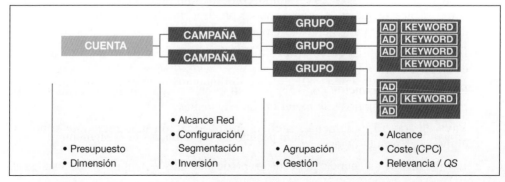

EJEMPLO DE ESTRUCTURA DE CAMPAÑA CON DIFERENTES SOPORTES ONLINE

Seguimiento de la campaña

En el seguimiento de una campaña S.E.M. existen diferentes variables que se han de controlar para medir la efectividad de la misma:

- **CPC Máximo:** se fija para todo un listado de palabras clave o subgrupo de palabras clave.

- **CPC Efectivo:** Es decir, lo que se está pagando por click en cada palabra clave. En ocasiones, tendrá que ajustarse para mantener la posición deseada o para intentar disminuir el CPC Promedio.

- **CPC Efectivo Promedio:** CPC real ponderado promedio de toda la lista de Palabras Claves «Keywords».

- **N.º de impresiones:** indica el número de veces que se realizan búsquedas en las que aparezcan nuestras palabras clave.

- **N.º de clicks:** número de clicks en nuestras palabras clave.

- **CTR o ratio click through promedio:** Se calcula dividiendo el número de clicks entre el número de impresiones del total de palabras clave. Es decir, nos indica el % de veces que los usuarios hacen clic en una de nuestras palabras clave cuando se hace realiza una búsqueda con ellas. Este ratio nos da una idea de lo segmentado que está nuestro público objetivo en Internet.

Rank Score

Los anuncios con un CPC elevado y un buen CTR aparecerán en una mejor posición. Dado que el sistema de ranking utiliza los anuncios relevantes y bien orientados para determinar la posición de su anuncio, éste no quedará excluido de la primera posición únicamente debido a su precio.

La fórmula que utiliza Google para posicionar los anuncios es la siguiente:

$$\textbf{Rank Score} = \textbf{CTR} * \textbf{CPC real}$$

Imaginemos que somos un anunciante de gafas de sol, donde queremos mejorar nuestra posición en adwords. Actualmente estamos pagando 1 € y el CTR es del 5%, significa que tenemos un Rank score de 5 (1 € × 5%), si queremos mejorar y pasar por ejemplo a una posición 4, o bien incrementamos la puja o mejoramos el copy para tener mejor CTR. Imaginemos que subimos a 2 € en CPC y cambiamos el copy que permite que mejor el CTR a un 2%, entonces el Rank Score seria de 4 (2 € × 2%).

Google AdWords			
Rank[4]	Relative Impressions	Relative CTR	Click Potential
1	100.0%	100.0%	100.0%
2	77.2%	77.4%	59.8%
3	71.3%	66.6%	47.5%
4	67.9%	57.4%	39.0%
5	65.8%	52.9%	34.8%
6	62.3%	50.2%	31.3%
7	60.6%	39.7%	24.0%
8	58.3%	34.3%	20.0%
9	58.6%	26.0%	15.3%
10	52.6%	26.3%	13.9%

Quality Score

El Quality Score y las pujas por palabras determinan la posición en los enlaces patrocinados de Google. El Quality Score resulta de:

- CTR de las keywords.
- Relevancia de los anuncios.
- Relevancia de las palabras.
- Contenidos de las landing pages.

El Quality score determina la puja mínima del anunciante.

Quality Score = CTR x Anuncio X Página de destino

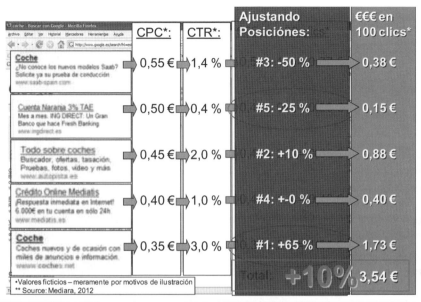

	CPC*:	CTR*:	Ajustando Posiciónes:	€€€ en 100 clics*
Coche ¿No conoce los nuevos modelos Saab? Solicite ya su prueba de conducción www.saab-spain.com	0,55 €	1,4 %	#3: -50 %	0,38 €
Cuenta Naranja 3% TAE Mes a mes. ING DIRECT: Un Gran Banco que hace Fresh Banking www.ingdirect.es	0,50 €	0,4 %	#5: -25 %	0,15 €
Todo sobre coches Buscador, ofertas, tasación. Pruebas, fotos, vídeo y más www.autopista.es	0,45 €	2,0 %	#2: +10 %	0,88 €
Crédito Online Mediatis ¡Respuesta inmediata en Internet! 6.000€ en tu cuenta en sólo 24h www.mediatis.es	0,40 €	1,0 %	#4: +-0 %	0,40 €
Coche Coches nuevos y de ocasión con miles de anuncios e información. www.coches.net	0,35 €	3,0 %	#1: +65 %	1,73 €
•Valores ficticios – meramente por motivos de ilustración ** Source: Mediara, 2012			Total: +10%	3,54 €

Ejemplo

	CPC	CTR	Valor	Posición	CPC efectivo
Anuncio 1	1,00 €	0,5 %	0.5 €	2	0,81
Anuncio 2	0,30 €	2,0 %	0.6 €	1	0,26
Anuncio 3	0,40 €	1,0 %	0.4 €	3	0,05

Descontador de Adwords:

El descontador de Adwords es una herramienta que evita que los anunciantes paguen más de lo necesario por sus anuncios. El descontador de AdWords calcula el CPC real para determinar la cantidad que se necesita pagar para mantener la posición del anuncio respecto a los anuncios de la competencia. Esta cantidad no supera nunca el CPC máximo especificado.

CPC real: tras determinar la posición del anuncio en el ranking, el descontador calcula la cantidad que los anunciantes deben pagar por cada clic que reciban sus anuncios a partir del CPC real. El CPC real que paga cada anunciante es la cantidad mínima necesaria para mantener la posición del anuncio en el ranking por encima del siguiente anuncio. Para determinar el CPC real de un anuncio, se calcula el coste de mantenerlo en la posición inmediatamente inferior y le añaden 0,01 Euros.

Estimador de tráfico:

Esta herramienta proporciona estimaciones del número de clicks diarios, el CPC medio, su coste por día, el posicionamiento medio y el estado de las palabras clave. Todos estos datos se basan en las palabras clave, la orientación y el CPC máximo elegidos.

Estas estimaciones son muy útiles a la hora de seleccionar las palabras clave para la campaña SEM.

A continuación le ofrecemos más información acerca de las categorías que verá:

- *Posición media*: clasificación estimada de su anuncio en la página. Los dominios de Google muestran un máximo de 10 anuncios por página. Si la posición estimada es superior a 8, es posible que el anuncio aparezca en la segunda página donde tiene menos posibilidades de recibir clicks.

- *clicks*: esta columna muestra el número de clicks estimado que el anuncio recibirá cada día. Si la cuenta es nueva, estas estimaciones se basan en los resultados más recientes de palabras clave parecidas de otras cuentas. Si la cuenta ya existe y lo que se crea es una nueva campaña con palabras clave ya utilizadas en otras campañas, la estimación se basa en los últimos resultados de dichas palabras clave.

- *Coste*: coste diario total estimado de la publicación del anuncio, que se basa en el coste por clic (CPC) máximo definido. La fórmula rápida para calcular el coste diario es la siguiente: clicks diarios estimados multiplicados por el CPC medio.

- *CPC medio*: esta columna muestra el coste por clic (CPC) medio esperado.

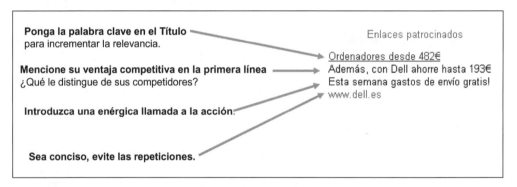

- *Estado*: esta columna ofrece una idea del rendimiento que se espera del anuncio en función del nivel de calidad y el CPC máximo de las palabras clave. De las palabras clave activas se espera que ofrezcan un buen rendimiento y que activen la publicación de los anuncios. Las palabras clave inactivas no presentan un nivel de calidad y un CPC máximo suficientemente elevados para ofrecer buenos resultados.

Para acceder al estimador de tráfico: Una vez en la página de inicio de Adwords (https://adwords.google.com/) donde hay que registrarse (es gratis con cualquier email de google); Versión estándar y continuar; Español, países y territorios y continuar. A continuación aparecerá una pantalla para escribir el anuncio y en la que se puede ver el formato final que tendrá.

Una vez escrito el copy y pulsando «Continuar» se llega al paso de selección de palabras clave. Esta pantalla nos da la opción de introducir una palabra clave y que adwords nos muestre otras posibles palabras clave relacionadas. Todas aquellas palabras que queramos registrar como keywords deberán introducirse en el recuadro de la izquierda.

Pulsando en continuar llegamos a una pantalla donde debemos especificar el presupuesto diario máximo y el CPC máximo. En este punto habrá que utilizar el mismo CPC máximo para todas las palabras clave. Una vez que la campaña esté totalmente registrada existe la opción de editar los CPC's individualmente.

Una vez introducidos estos valores, si lo que se quiere hacer es «Ver el Estimador de tráfico» hay un link en la parte inferior de la pantalla. Si se quiere continuar registrando la campaña, «*Continuar*».

Algunas características a potenciar en adwords

1. Segmentación

Google dispone de un servicio que nos permite segmentar la campaña hasta una cercanía inusual (hoy por hoy) en Internet. Dicho de otra manera, podemos lanzar la campaña SÓLO a los usuarios de Castilla y León (incluso a los usuarios de ciudades o pueblos… ¿te imaginas una campaña solo para Ciudad Rodrigo?). Cierto es que puede que algún lead se escape, por ejemplo, como yo que estoy conectado desde mi router vodafone y por lo tanto Google no tiene la capacidad de saber si estoy en Valladolid o la conchinchina. Pero este servicio nos permite personalizar y segmentar las comunicaciones en ciudades (y próximamente por barrios) sin que el resto de España/mundo tuviese que conocerlo (por ejemplo para hacer pruebas de producto). Estimo que habría una pérdida de entre el 1% y el 5% de usuarios, versus a lanzar una campaña nacional que podría significar un mayor coste.

2. Nuevas formas de anuncios

Es interesante que tuviéramos en cuenta los nuevos tipos de anuncios que nos permite google incorporar en la red de adsense:

- Anuncio gráfico: anuncios gráficos solo aparecerán en páginas de contenido:
- El tamaño de la imagen debe ser uno de los siguientes:
  - Banner de 468×60
  - Skyscraper horizontal de 728×90
  - Cuadrado integrado de 250×250
  - Recuadro pequeño de 200×200
  - Rectángulo integrado grande de 336×280
  - Rectángulo integrado de 300×250
  - Skyscraper de 120×600
  - Skyscraper ancho de 160×600
- Formatos compatibles: .gif, .jpg, .png, .swf

3. Publicidad en Google maps

Los anuncios de empresas locales son anuncios de AdWords asociados a datos empresariales en Google Maps específicos. Se muestran en el programa con un indicador de ubicación mejorado. Estos anuncios también se publican en Google en formato de sólo texto y en otros sitios web de nuestra red de búsqueda.

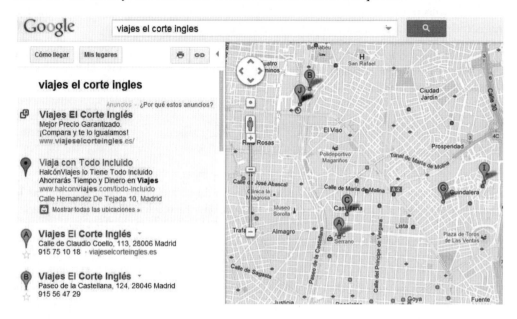

4. Anuncio de texto para móviles

Los anuncios aparecerán cuando una persona use la búsqueda de Google Mobile en un dispositivo móvil y se pueden enlazar para que la gente llame directamente.

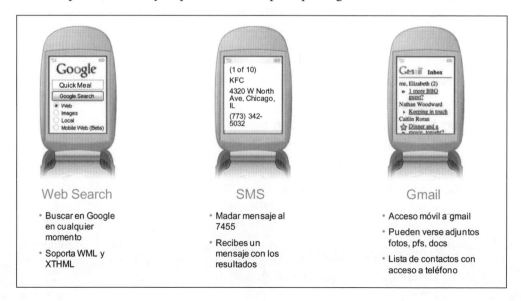

5. Anuncio de video

Los anuncios de vídeo son un formato de anuncio cada vez más utilizado en la Red de contenido de Google. El anuncio de vídeo aparecerá como una imagen estática hasta que el usuario haga clic en él y se reproduzca.

4.5.4. Keyword Targeting vs Site Targeting

Técnicamente denominamos a las campañas realizadas en el buscador de google como «keyword **targeted campaigns**» (Acciones push, el usuario busca una keyword) y las campañas realizadas a través de la red de adsense como «**Site targeted campaigns**» (acciones pull, el usuario navega por pagina de contenidos, y la red de adsense ofrece anuncios relacionados con algunas de las keywords del contenido leído).

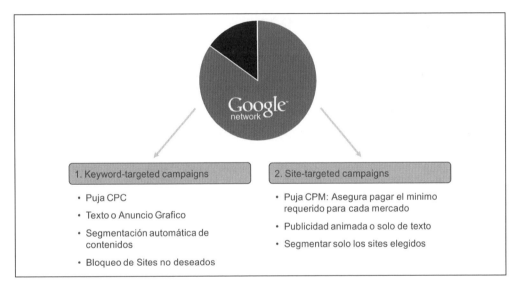

Dado que las campañas publicitarias se lanzan en distintos medios, se componen de varios tipos de medio, tienen distintas creatividades dentro de cada medio y, en el caso del marketing en motores de búsqueda, palabras clave contratadas (PPC); todas y cada una de estas métricas deben de tenerse en cuenta a la hora de analizar la campaña. Se proporciona una serie de informes que permiten hacer un seguimiento de cada una de estas facetas de la campaña.

AdWords de Google permite que sus anuncios aparezcan en la red de Google, formada por miles de sitios y productos de búsqueda (adsense for search) y contenido relacionado (adsense for content), así como en las páginas de resultados de Google.

La red de Google se compone de una red de búsqueda y de una red de contenido. Los anunciantes pueden elegir mostrar sus anuncios en una de las dos redes o en ambas.

	Orientación por Palabra Clave	Orientación por Sites
OBJETIVOS	RESPUESTA DIRECTA E IMAGEN DE MARCA	IMAGEN DE MARCA
SISTEMA DE PRECIOS	CPC	CPM Y CPC
OFERTA MÍNIMA	0,01 €	0,01 € 0,02 €
ORIENTACIÓN CONTEXTUAL	EL ANUNCIANTE ORIENTA SUS ANUNCIOS MEDIANTE LA SELECCIÓN DE **PALABRAS CLAVE**, GOOGLE LOS MUESTRA EN SITES DONDE SU CONTENIDO ESTÉ RELACIONADO CON LAS PALABRAS CONTRATADAS	EL ANUNCIANTE ORIENTA SUS ANUNCIOS MEDIANTE LA SELECCIÓN DE SITIOS, ES EL ANUNCIANTE QUIEN ELIGE LOS SITIOS, NO GOOGLE
FORMATOS DE ANUNCIOS	ANUNCIOS DE TEXTO, GRÁFICOS, VIDEO, GADGET	ANUNCIOS DE TEXTO, GRÁFICOS, VIDEO, GADGET

- **Red de búsqueda de Google**: incluye las páginas y los sitios de búsqueda de Google, así como propiedades que muestran páginas de resultados, como Google Product Search. Los anuncios de AdWords pueden aparecer junto a los resultados de búsqueda o encima de estos, como parte de una página de resultados por la que el usuario navega hacia el directorio de un sitio, o en otras páginas de búsqueda relevantes.

ANUNCIOS EN GOOGLE PRODUCT SEARCH

- **Red de contenido de Google**: incluye páginas de noticias, sitios web sobre temas concretos, blogs y otras propiedades como Gmail o diarios online o blogs. Los anuncios de AdWords pueden aparecer en una página web si están relacionados con el contenido y la URL de dicha página.

ANUNCIOS DE ADWORDS EN GMAIL

ADWORDS EN EL BLOGSALMON.COM

4.5.5. Creación de campañas

Los pasos para crear una campaña son los siguientes:

1. Definir los objetivos

¿Qué queremos conseguir con la campaña? ¿branding? ¿leads? ¿clientes? En esta parte definimos los objetivos a conseguir.

¿Cuál es su Objetivo?	Su ROI será...
✓ Generar notoriedad ✓ Fidelización ✓ Abrir nuevos mercados	• Tráfico segmentado • Visitas cualificadas • Implicación = > Interés en la visita
✓ Generar registros ✓ Identificar contactos cualificados	• Solicitud de ofertas • Descarga de bonos o cupones • Suscripción a newsletters • Creación de bases de datos
✓ Nuevos Clientes ✓ Ventas	• Conversión a ventas • Disminuir el coste/Venta

2. Selección de público objetivo:

Identificaremos el público objetivo al que deseamos llegar. Para ello, indiremos los idiomas y ubicaciones donde se encuentran los clientes (por países y territorios, regiones, ciudades o búsqueda personalizada con usuarios que se encuentran a cierta distancia de nuestro negocio).

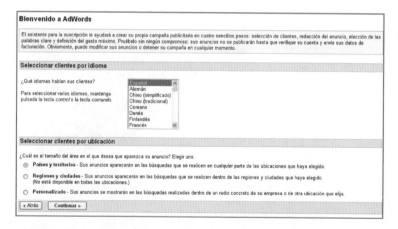

3. Redacción del anuncio

Disponemos de tres líneas de texto, una URL visible y la URL de destino donde queremos se dirija el anuncio.

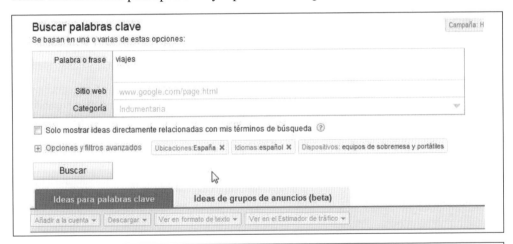

4. Elección de las palabras clave

Las keywords son las palabras que activarán su anuncio. Dichos términos deben están directamente relacionados con su anuncio. Utilizaremos la herramienta de palabras clave (https://adwords.google.com/select/KeywordToolExternal) relacionadas así como las diferentes concordancias para aportar mayor precisión a las palabras clave.

Buscar palabras clave

Se basan en una o varias de estas opciones:

Palabra o frase	viajes
Sitio web	www.google.com/page.html
Categoría	Indumentaria

☐ Solo mostrar ideas directamente relacionadas con mis términos de búsqueda ⑦

⊞ Opciones y filtros avanzados   Ubicaciones:España ✕   Idiomas:español ✕   Dispositivos: equipos de sobremesa y portátiles

Buscar

Ideas para palabras clave | Ideas de grupos de anuncios (beta)

Añadir a la cuenta ▾ | Descargar ▾ | Ver en formato de texto ▾ | Ver en el Estimador de tráfico ▾

Campaña: H

✓ Guardar todo Términos de búsqueda (1)   1 - 1 de 1 ⊡ ‹ ›

Palabra clave	Competencia	Búsquedas globales mensuales ⑦	Búsquedas locales mensuales ⑦	Cuota publicitaria	Red de Búsqueda de Google ⑦	Cuota de búsqueda	CPC aproximado (Búsqueda de Google) ⑦	Tendencias de búsqueda locales	Extraído de página web
☐ viajes ▾	Alta	13.600.000	7.480.000	-	-	-	0,66 €	▮▮▮▯▯▯▯▯▯▯▯▯	-

✓ Guardar todo Ideas para palabras clave (800)   1 - 100 de 800 ⊡ ‹ ›

Palabra clave	Competencia	Búsquedas globales mensuales ⑦	Búsquedas locales mensuales ▾ ⑦	Cuota publicitaria	Red de Búsqueda de Google ⑦	Cuota de búsqueda	CPC aproximado (Búsqueda de Google) ⑦	Tendencias de búsqueda locales	Extraído de página web
☐ viajes viajes ▾	Alta	13.600.000	7.480.000	-	-	-	0,72 €	▮▮▮▯▯▯▯▯▯▯▯▯	-
☐ viajes a ▾	Alta	13.600.000	7.480.000	-	-	-	0,65 €	▮▮▮▯▯▯▯▯▯▯▯▯	-
☐ viajes el ▾	Alta	13.600.000	7.480.000	-	-	-	0,68 €	▮▮▮▯▯▯▯▯▯▯▯▯	-
☐ vuelos ▾	Alta	11.100.000	7.480.000	-	-	-	0,80 €	▮▮▮▯▯▯▯▯▯▯▯▯	-
☐ ofertas ▾	Alta	13.600.000	6.120.000	-	-	-	0,78 €	▮▮▮▮▯▯▯▯▯▯▯▯	-
☐ viajar con ▾	Medio	11.100.000	6.120.000	-	-	-	0,52 €	▮▮▮▯▯▯▯▯▯▯▯▯	-
☐ como viajar ▾	Medio	11.100.000	6.120.000	-	-	-	0,53 €	▮▮▮▯▯▯▯▯▯▯▯▯	-
☐ viajar a ▾	Medio	11.100.000	6.120.000	-	-	-	0,48 €	▮▮▮▯▯▯▯▯▯▯▯▯	-

Para conocer cuáles son las keywords más adecuadas para nuestro producto podremos utilizar el estimador de tráfico que nos permitirá consultar las estimaciones de costes y su CPC medio. Podrá utilizar esta herramienta para obtener los cálculos aproximados de la cantidad de clics y cargos que acumularía por día.

A la hora de seleccionar las keywords tendremos en cuenta:

- Que definan bien el negocio.

- Sean específicas.

- No muy largas.

- Siempre en función de las búsquedas que realizaría nuestro público objetivo.

- Añadiremos plurales, sinónimos y caracteres como diéresis, acentos y vocabulario especifico regional.

También definiremos el tipo de concordancia de las keywords:

- Concordancia amplia: Llega a todo el alcance de los anunicos porque aparecen en las búsquedas que utilizan todos los términos relevantes respecto a la keyword. Ofrece una mayor cobertura sin necesidad de crear una lista de keywords exhaustiva.

  – Ejemplo: piso en Madrid

- Concordancia de frase: permite que el anuncio se muestre si se insertar otros términos de búsqueda antes o después de la keyword buscada. Ofrece una búsqueda más exacta a un público más enfocado por lo que es muy probable que aumente el porcentaje de clicks.

  – Ejemplo: «Piso en Madrid»

- Concordancia de frase: crea búsquedas más orientadas a las keyword seleccionadas. El usuario es el más orientado, aunque disminuye el número de impresiones.

  – [Piso en Madrid]

- Concordancia negativa: Se excluyen keywords determinadas evitando que los anuncios se muestren en búsquedas irrelevantes. Reduce el número de clicks que no se iban a traducir en leads o ventas.

  – Ejemplo: - alquiler

Es necesario tener el cuenta la teoría del «Long Tail» que se apoya en la ley de Paretto y donde el 20% de las keywords produce el 80% de las visitas a un website o landing page. Tambien se aplica al que el 20% de las keywords significan el 80% del presupuesto de la campaña SEM.

Hay una evolución de la teoría del long tail enfocada a las ventas y que dice que el 10% de las keywords producen el 90% de las ventas.

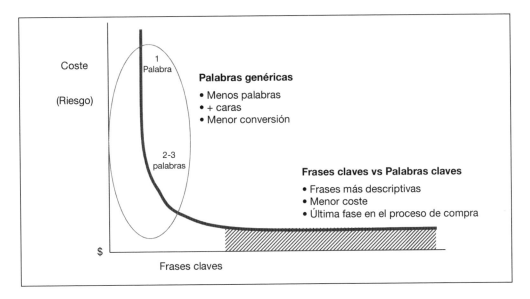

Por lo que el 00% de las palabras no significan ninguna venta pero pueden signifi-car el 30% de la inversión.

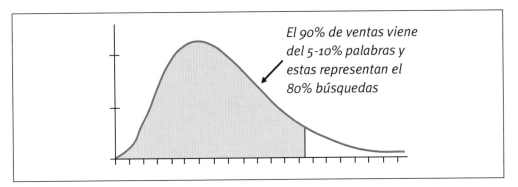

5. Establecer un presupuesto

Donde elegiremos la moneda que utilizaremos para la facturación.

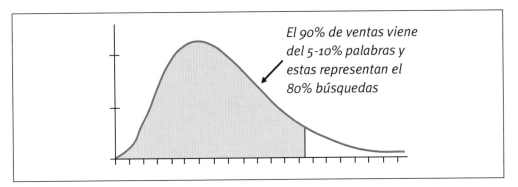

También especificaremos la cantidad que estamos dispuestos a invertir por día en la campaña. Si su presupuesto diario es bajo, distribuiremos la publicación del anuncio durante el día para no superar la cantidad fijada.

Seleccionaremos el coste por clic máximo: La posición del anuncio depende en parte del CPC. El Descontador de AdWords hará un seguimiento de la competencia y reducirá el CPC real a fin de evitar que pague más de lo necesario para mantener la posición del anuncio.

6. Confirmación y configuración de la cuenta

Revise todas las selecciones que ha realizado hasta el momento en los anuncios.

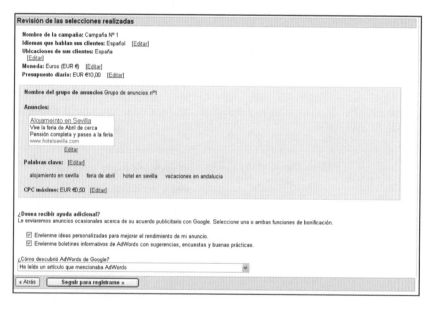

Seleccionaremos un correo electrónico y contraseña asociado a su cuenta. Podemos utilizar una cuenta de Google si ya la disponemos o una información de acceso diferente para nuestra cuenta de AdWords.

Una vez que hayamos finalizado el proceso, recibire,ps un mensaje de correo electrónico para a verificar nuestra cuenta y a introducir los datos de facturación. Los nuevos anuncios de AdWords empezarán a publicarse poco tiempo después.

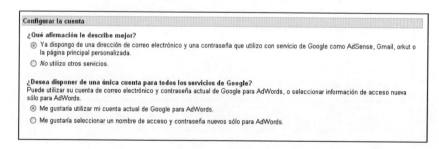

A partir de este momento, introduciendo en la página de inicio nuestros datos de identificación accederemos a todas las campañas que estén dadas de alta bajo la misma cuenta. A continuación tenemos un ejemplo de esta sección. En ella podremos ver las estadísticas tanto globales como por palabra teniendo la opción de modificar el intervalo de tiempo. Los CPC's de las keywords se pueden, en este caso, modificar individualmente. Existe también la opción de realizar informes bien preestablecidos o configurándolos e introduciendo las variables más interesantes en cada caso.

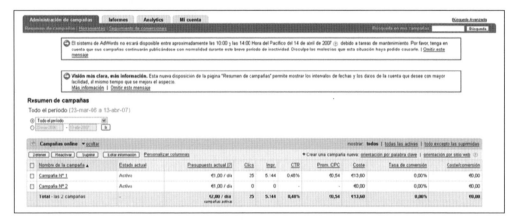

PANEL DE ADMINISTRACIÓN DE ADWORDS

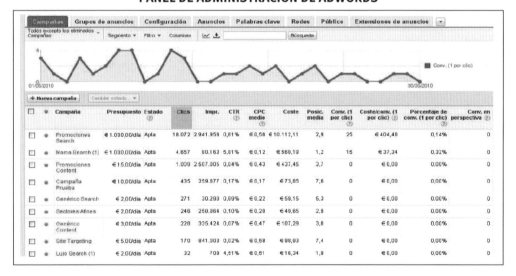

7. Optimización de campañas

Optimizaremos las campañas continuamente para adaptarlas a la evolución del mercado y de los usuarios. Evaluaremos su rendimiento y las modificaremos si es necesario.

Utilizaremos las herramientas de seguimiento del rendimiento disponibles en su cuenta.

- Controlaremos las estadísticas de la cuenta.
- Crearemos informes personalizados.
- Utilizaremos la herramienta de análisis web Google Analytics para analizar el comportamiento de los usuarios que visitan nuestro website o landing page desarrollada.

Modificaremos el texto de los anuncios o la imagen de los anuncios gráficos si detectamos que los usuarios no responden a determinadas acciones. Además definiremos mejor las listas de palabras clave y las opciones de orientación para obtener mejores resultados.

Es recomendable considerar la modificación de la estructura de los grupos de anuncios, ajustando el presupuesto diario para garantizar una visibilidad óptima de los anuncios y adaptando el coste por clic (CPC) para conservar una buena posición de los anuncios.

4.5.6. Otros sistemas de PPC en buscadores

Aunque adwords es el principal player en el pago por click (PPC) en los buscadores, existen otros sistema como Microsoft Advertising que gestiona la publicidad en Bing y Yahoo Search, Yahoo Search Marketing, Premium Audience Network (Cxense), ligatus o Miva entre otros que tienen funciones similares a Google Adwords.

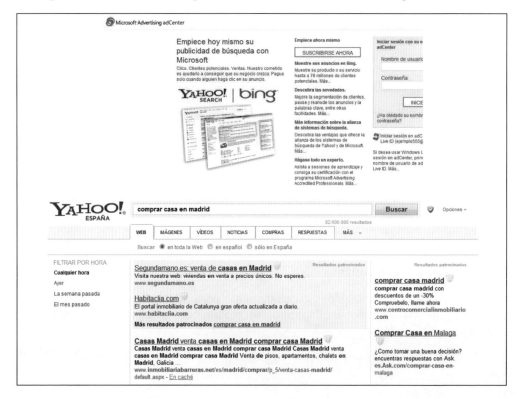

4.5.7. Remarketing

El retargeting o remarketing es una funcionalidad que permite volver a mostrar a un usuario un anuncio relacionado con una keyword cualquier momento posterior a esa búsqueda. Ejemplo:

1. Un usuario visita una óptica online y por ejemplo entra en la sección de gafas de sol, y la pagina de producto de ray ban.

2. Automáticamente se crea la lista «gafas de sol Ray Ban» con la cookie y la IP del usuario.

3. El usuario sigue navegando por internet y cuando entra en algún site dentro de la red de contenido de Google (adsense) se le muestra un anuncio de gafas de sol de Ray Ban.

Es un sistema muy ingenioso, poco intrusivo y que sorprende al usuario, invitándole a seguir interesado en un producto.

4.6. Search Engine Optimization (SEO)

4.6.1 ¿Qué es SEO?

SEO = Search Engine Optimization

El posicionamiento natural consiste en aplicar una serie de criterios y procedimientos sobre la página web (código, contenido y enlaces externos), para lograr que los motores de búsqueda localicen y presenten dicha página web entre los primeros resultados de una búsqueda, ya sea por un término o grupo de éstos objeto de negocio.

Los buscadores combinan dos grupos de criterios para posicionar:

• Criterios internos (OnPage): son criterios intrínsecos a la página web (contenidos, metadatos, tecnológicos, etc.).

• Criterios externos (OffPage): son criterios externos a la página web (número de enlaces que recibe un sitio web, la calidad de los mismos, etc.).

Para que nuestra presencia en Internet sea rentable es necesaria la promoción de nuestro sitio, y una de las herramientas más rentables para dar a conocer nuestro site y generar visitas son los buscadores.

Aparecer en los principales buscadores internacionales, nacionales y en los específicos de nuestro sector es principal, pero no lo es menos aparecer en un lugar destacado según ciertas palabras clave que definan nuestro negocio en la mente de nuestras audiencias. Puesto la mayoría de los internautas se conforman con los primeros resultados proporcionados por su buscador favorito.

Los buscadores se dividen en dos grandes grupos: los Directorios y los motores de búsqueda.

- Los directorios son los buscadores que mantienen una organización de las páginas incluidas en su base de datos por categorías, es decir, tienen un directorio navegable de temas. Dentro de cada directorio podemos encontrar páginas relacionadas con ese tema. Para mantener esta organización, los buscadores tienen unos administradores humanos que se encargan de visitar las páginas y vigilan que todas se encuentren clasificadas en su lugar correcto. Índices típicos son Yahoo, Terra o TodoEnlaces.

   Para que una página quede registrada en un índice debemos mandarles la dirección a los administradores humanos de ese índice, generalmente acompañada de una serie de datos que les ayuden a clasificar la página de una forma correcta, como la descripción, temática, titulo, lenguaje, etc. Además, si queremos que varias páginas de nuestro sitio web estén en el buscador, deberemos registrarlas todas ellas una a una.

- El caso de los motores de búsqueda es bien distinto. Podemos tomar como ejemplo a Google, y veremos que la única información que proporcionamos a un motor es la dirección URL (por ejemplo: www.miempresa.com) y quizá una dirección de correo electrónico. El resto del proceso se realiza de forma automática, ya que nuestra petición de alta en el buscador entrará en la cola de trabajo de un programa de software llamado spider (araña) que visitará la página que hemos dado de alta y a partir de ella todas las que se encuentren enlazadas y así sucesivamente.

Simultáneamente nuestras páginas serán indexadas utilizando complejos algoritmos, para ser devueltas como resultado cuando un internauta utilizando el buscador, introduzca un término que se encuentre en alguna de ellas y haga una petición de extracción de información de su ingente base de datos. Vemos de esta forma que nuestro web puede aparecer en algún motor de búsqueda por la simple razón de que otra página de un tercero que está incluida en el buscador enlaza a ella en Internet.

Realmente cada buscador valora de distinta forma el código de nuestras páginas para ubicarla en una u otra posición de su ranking, así por ejemplo Google valora especialmente cuantas y qué tipo de páginas apuntan hacia las nuestras, aplicando

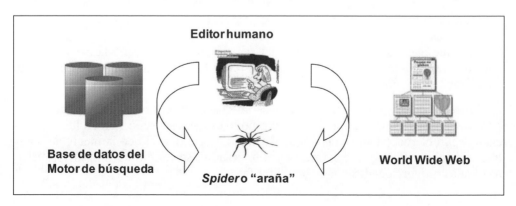

Editor humano

Base de datos del
Motor de búsqueda

Spider o "araña"

World Wide Web

una lógica bastante humana, según la cual si muchos y especialmente importantes hablan de uno, es que uno es importante. Otros motores como AltaVista valoran los Meta Tags (unas líneas de código que informan al motor acerca del contenido de nuestras páginas), etc.

Los buscadores son enormes bases de datos indexados, que se construyen a partir de la información recogida por un agente (spider o crawler), o bien por la inclusión de un sitio web en el directorio, una vez que se ha realizado una revisión manual (editores humanos) para identificar la categoría correspondiente.

4.6.2. La importancia del posicionamiento natural

Diferentes estudios revelan que si los usuarios no encuentran nuestra web, somos completamente invisibles para ellos, baste una simple analogía para entenderlo: nadie colocaría una tienda física en un lugar poco transitado, ya que las ventas serían prácticamente nulas; en Internet es lo mismo: hay que estar, y te tienen que ver.

Recientes estudios llevados a cabo con herramientas como Eyetracking (www. eyetracking.com) nos muestran donde dirigen la mirada los usuarios cuando entran en una página web, y podemos observar que existe un «triángulo mágico» donde los usuarios concentran su mirada cuando entran en una página web.

Google   MSN   Yahoo

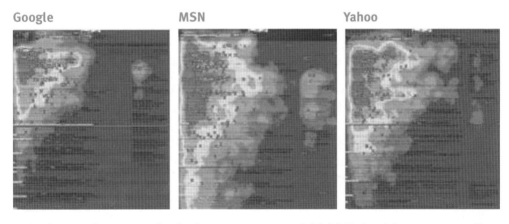

Podemos observar en las imágenes que entre el 80-90% de visitas que se reciben desde los motores de búsqueda proceden de la parte izquierda. Ese es el sitio donde nos debemos colocar con el SEO.

Ademas, el usuario se comporta de la siguiente manera:

- El 62% de los usuarios hace clic en los resultados presentados en la primera página.
- El 90% de los usuarios hace clic en los resultados de las tres primeras páginas.
- Y si la búsqueda no muestra el resultado que el usuario busca... un 82% vuelve a realizar una la búsqueda, usando el mismo motor de búsqueda y buscando un mayor número de palabras clave que le ayuden a redefinir la consulta.

Según un estudio de la Fundación BBVA, cuando los usuarios realizan una búsqueda mediante los motores de búsqueda existentes en la red, el criterio de selección para pinchar sobre un enlace es el siguiente:

- Una dirección al azar: 29,9% (la probabilidad que sea una de las primeras es elevadísima).
- Intenta evaluar cada descripción: 29,7 (de aquí la importancia que tiene la elección del «claim» relacionado con cada palabra de búsqueda).
- Consulta la primera dirección de la lista: 19,8%.
- Solo consulta la dirección de sitios que ya conoce: 16,2% (imagen de marca).

Pero llegar hasta ahí no es tarea fácil, y requiere de un proceso de optimización de la página web en el que los resultados se van a ir obteniendo poco a poco. A la vez que vamos realizando el SEO, podemos ir haciendo campañas de SEM (Search Engine Marketing) o posicionamiento mediante enlaces patrocinados.

Criterios on y off page

Antes de abordar un proyecto SEO debo saber que el Sitio Web deberá pasar por:

- Análisis Técnico: Criterios On Page.
- Análisis semántico: Criterios On Page.
- Análisis de enlaces entrantes: Criterios Off Page.

4.6.3. Claves para obtener el mayor rendimiento de las acciones de SEO

El marketing en buscadores es una potente herramienta de marketing para las empresas, pero es una estrategia de marketing que «dura en el tiempo» y que hay que estar constantemente analizando los resultados para optimizarla. Para ello, tenemos que realizar constantemente tres pasos:

1. Implementación:
   - Desarrollo de keywords: hay que buscar las palabras claves más relevantes para el contenido de la web. Para esto nos podemos basar en el sistema que tiene Google para crear los anuncios Adwords (SEM), pero hay dos cosas muy importantes:
     a) Para crear las palabras clave debemos pensar desde el punto de vista del usuario, ver cuáles pueden ser los motivos por los que nos busca para adecuar las keywords al usuario.
     b) Crear un «focus group» y que escriban las 10 palabras clave por las que buscarían la web en cuestión.

- Creación de títulos y descripciones: es muy importante crear un título para la página acorde al contenido de la misma (quiero hacer notar que estoy hablando de una página del site, no de todo el site); es decir, si una página de un portal de coches habla de «carburadores», debemos adecuar la etiqueta \<title\> del código fuente a ese contenido, reforzando la palabra (en este caso) «carburadores». Los metatags se explicarán en profundidad más adelante.

- Tracking de las URL's (ver también Sitemap de Google): debemos incluir el site la primera vez que se suba a Internet en los siguientes directorios de Internet, ya que las arañas de los diferentes buscadores se basan en estos directorios para rastrear los nuevos sites que se hayan creado:

  a) www.dmoz.org

  b) www.yahoo.es

  c) www.directorioweb.com.es

  d) www.buscadorespanol.com

  e) http://infonegocios.com/

  f) www.todopáginas.com/

  g) www.directorio-empresarial.net/

  h) www.company-list.net

  i) www.xeoweb.net/

  j) www.anthelio.com/

  k) www.spaindustry.com

2. Medición:

   - Rendimiento keywords. Que combinaciones de las mismas afectan positivamente a la evolución en las búsquedas.

   - Motores de búsqueda: en que motores de búsqueda está indexado nuestro site.

   - ROI, CPC, CTR…

3. Optimización:

   - Optimización de los contenidos en base a su rendimiento, teniendo en cuenta el ciclo de compra de los usuarios.

   - Aplicación de estrategias para mejorar los resultados obtenidos.

4.6.4. Normas para la creación de un nuevo site

1. Los nombres de las páginas que forman un site, deberán ser lo más explicativos posible al contenido de la página. Por ejemplo, si una página de la web de titano trata sobre marketing mobile, el nombre que le daremos a la página será: titano-marketing-mobile.

2. Los nombres de las páginas irán separados siempre (cuando lo necesiten, por guiones medios (-).

3. No se pondrán (en la medida de lo posible), imágenes que contengan texto. Los navegadores no interpretan el texto que hay dentro de las imágenes, por lo que perderíamos posicionamiento por esa palabra, es decir, si hemos creado un botón de «contacto» la palabra «contacto» irá escrita en el código en HTML.

4. Las fotos llevarán la etiqueta ALT con la descripción de la foto intentando hacer referencia al contenido de la misma e intentando incluir alguna palabra clave relativa a la página en la que está la foto..

5. Se intentará, que si una página tiene un título, este se maquete de la siguiente forma, ya que las arañas le dan mucha importancia a las etiquetas <h1>, <h2>…:

   <tr>

   <h1><td colspan=»2» **class=»h1_titu»**>Título</td>**</h1>**

   </tr>

6. Los textos explicativos de cada página, deberán ir situados lo más arriba posible de la página. Las frases claves deben ir al principio de la página, antes que los textos explicativos. Y luego reforzar esas frases clave por el resto de la página (volviéndolas a poner).

7. Asegurarse que cada página tiene un tema y unos objetivos muy definidos.

8. Intentar que el site tenga el mayor número de links internos. Y que esos links sean referenciados mediante una palabra clave.

9. Los textos que se incluyan en la página, deberán tener el mayor número de keywords, y, si es posible, esas palabras deberemos ponerlas en negrita.

10. La etiqueta title, description y keywords del código HTML debe tener las palabras adecuadas al contenido de la página.

11. Crear páginas con mucho texto basadas en las keywords que tengamos definidas (aunque haya scroll).

12. NO usar frames para la maquetación de las páginas. Los buscadores no las podrán recorrer.

13. NO usar (o intentarlo) Flash. Las arañas de los diferentes motores de búsqueda no pueden interpretar el código.

14. NO crear páginas que tengan el contenido almacenado en BBDD, ya que las arañas no podrán acceder al contenido referenciado.

4.6.5. Algunas claves para el registro y posicionamiento de nuestro site

1. Título de la página

Debe ser muy descriptivo, ha de incluir las plabras clave que definan nuestro sitio, y no ser un texto muy largo (máximo 50 caracteres).

El título de la página web es el factor más importante para la optimización de una página web que se desea posicionar. Si solamente pudiéramos alterar un factor de nuestra página para mejorar el posicionamiento, sin duda alguna, ese factor sería el título de cada página de nuestra web.

El título es la frase con la cual describimos en pocas palabras de lo que trata una determinada página dentro de todo un sitio web. Esta frase se puede apreciar en la barra azul superior del navegador en el cual nos encontremos. Normalmente aparece esta frase acompañada del nombre del navegador:

Ejemplo: Venta de coches – Internet Explorer

A nivel de código web, el título de una página es el texto que va dentro de las etiquetas <title> y </title> al inicio del código de programación, dentro del grupo de las famosas etiquetas meta.

Cada página de nuestra web debería tener un título único, distinto del de las demás. A mayor número de títulos distintos, mayor abanico de *palabras clave para posicionar*. Por lógica, si cada página web posee información distinta la frase que resume esa información –el título– debería ser diferente también.

Un título redactado pensando en el posicionamiento en buscadores debe contener la palabra clave con la cual deseamos estar posicionados. Se recomienda si es posible utilizar una palabra clave distinta para cada título. Sin embargo, a veces el número de palabras clave exceden el número de páginas que contiene el site y debemos entonces agrupar palabras clave en una sola frase de un título.

Reglas del uso de Palabras Clave en los títulos para lograr un óptimo posicionamiento en buscadores

- **Palabra clave al principio del título:** Mientras más a la izquierda esté nuestra palabra clave en el título, mejor. Los buscadores le dan más importancia a las primeras palabras del título. Por ejemplo, si nuestra palabra clave fuera «Venta de coches en Madrid» una óptima manera de redactar un título podría ser:

  – «Venta de coches en Madrid de menos de 20.000 €».

- **Óptima Densidad de Palabra Clave:** Se recomienda para algunos buscadores repetir la palabra clave más de una vez en toda la frase, pero guardando ciertos límites máximos. Los buscadores no ven con buenos ojos palabras clave repetidas en más de un 50% sobre el total de las palabras del título.

  – Ejemplo: queremos posicionar la palabra «lotería». Una forma correcta de redactar el título podría ser: Lotería: servicio de lotería on-line, jugar la lotería sin salir de casa. (Total palabras en la frase: 11. Total palabras clave repetidas: 3 3/11= 33%).

- **¿Cuánto debe medir un buen título?:** Según algunos autores, un título no puede ser mayor de 120 caracteres. Se recomienda no pasarse de 95 caracteres, ya que a partir del carácter 96 el texto no es visible en la barra azul superior del navegador y es texto que, a pesar de que el buscador lo registra, los visitantes de la página web no lo ven o, peor aún, pueden ver una palabra cortada al final y, en consecuencia, puede dar una mala sensación.

El mínimo, mientras más pequeño el título más espacio estamos dejando de aprovechar para darle pistas a los buscadores de cuáles son nuestras palabras clave. Un promedio entre 50 a 75 caracteres suele ser muy productivo.

- **Redacción de varias palabras clave en un título:** Lo mejor es posicionar una palabra clave por cada página web. En ocasiones se puede posicionar 2 palabras clave en una sola frase cuando una de las palabras clave no es muy difícil de posicionar, ya que no existe mucha competencia en su sector.

  – Por ejemplo, si queremos posicionar la palabra «MBA en España» y nuestra empresa se ubica en Madrid, posiblemente otra palabra clave a posicionar sea «postgrados en Madrid». En este caso trataríamos de posicionar con más fuerza la primera palabra clave porque es más competitiva y luego posicionaríamos la segunda palabra clave. Ejemplo: «MBA en España, los mejores postgrados en Madrid».

- **Binomio Título y Contenido:** Toda palabra clave utilizada en el título debe estar contenida en el texto del contenido de la página web. De nada sirve utilizar una determinada clave si luego no aparece repetida al menos una vez en el contenido del cuerpo de la página web. Por esa razón es necesario en primer lugar ubicar donde colocar las palabras clave para asegurar la concordancia entre título y contenido.

- **Cuando el Branding exagerado daña al posicionamiento en buscadores:** Muchas veces se cae en la tentación de poner el nombre de nuestra empresa en el título de la página. Si al navegar por su web observa que el único texto que aparece en la barra superior de la ventana del navegador es el nombre de su empresa, malo. Quien le busca por su nombre ya le conoce y muy probablemente sabe también el nombre de su dominio.

- **No descuidar la Usabilidad en los títulos:** Hemos hablado de reglas que nos obligan a no pasarse de un máximo, de repetir con cierta frecuencia las palabras clave, de ponerlas a la izquierda, etc. Todas estas normas nos pueden llevar fácilmente a redactar un titular muy eficaz para el posicionamiento en buscadores pero muy desastroso para la *usabilidad web*.

No debemos olvidar que la mayoría de los buscadores listan el título de las páginas web como titular en la página de resultados de búsqueda. Es posible que alguien que se encuentra 1 ó 2 posiciones más abajo que nuestra página sea más atractivo para pinchar en su enlace porque la redacción de su titular es más atractivo que nuestro título. Por esa razón debemos cuidar muy bien la redacción del titular y ofrecer una excelente imagen desde la vitrina del centro comercial.

2. Metaetiquetas

Primeros párrafos: Si nuestra web lo permite, debemos colocar un primer párrafo que sirva de introducción a todo lo que podemos encontrarnos en la página. Debe estar colocado dentro del body, lo más cerca de este, y debe ser legible. Recomendaciones:

- Utilizar los encabezamientos (H*n*) siempre que se pueda.
- Introducir palabras clave en los ALT de las imágenes.
- Utilizar un dominio lo más descriptivo posible.
- La etiqueta META NAME=Description debe ser lo más descriptiva posible. Admite hasta 200 caracteres.
- La etiqueta META NAME=Keywords debe incluir todas las palabras o frases claves, separadas por ",", por las que queramos ser identificados. El tamaño recomendado está entre 200 y 400 caracteres.

3. Cuerpo

La etiqueta BODY es la parte del código dónde se incluye todos los elementos que queremos que se visualicen en la página. Partes Importantes dentro del body:

- Texto de la página.
- Texto alternativo: atributo «Alt» en una imagen.
- Enlaces: <a href=»URL»> y </a>
- Etiquetas cabecera <H1></H1> y negritas <b></b>

Redacción de textos en el body:

- Redactar páginas con más de 250 palabras.
- Los buscadores tratan de discernir entre el texto cuál es la frase clave a la que darle el mayor peso.
- Por eso los objetivos de densidad de nuestras palabras claves debe estar entorno al 3% al 6% para cada palabra clave.
- Cuidado con el «stuffing o spamming» que está penalizado.
- Las páginas deben ser creadas para los usuarios y no para los robots. (crear contenidos que tengan sentido y no suenen mal al leerlos.)
- Actualizar las páginas lo más a menudo posible.
- Optimizar páginas estáticas, dotándolas de densidad de palabras. Ejemplo: http://hoteles.miempresa.com/, se repite la palabra hotel constantemente.
- Google detecta distintos estilos de letra; negrita colores distintos. Lo primero que lee las negritas.

4. Footer

El footer o «Pie de Página» es importante que se cree distintos niveles de pies.

- Pie estático, al final de la página, que puede ser información estática de grupo o temas legales.

- Pie dinámico, se puede hacer tantos como queramos.
  - Pie Promocional.
  - Pie por sección.
  - Pie por categoría.
  - Pie de subcategoría.

5. Otras partes y recomendaciones

- Buscador: ubicar un buscador arriba de la página y otro abajo. Para que la araña siga leyendo hasta abajo.
- Posicionar palabras genéricas: cuando es muy común y hay muchas pujas por ella mejor pujar por palabras compuestas.
  - Ej.: Hoteles.
    - posicionar «ofertas de hoteles»
    - cuando este posicionado
    - posicionar «hoteles»
- Poner texto antes del buscador con referencia a lo que se quiera posicionar:

Hoteles

¡Ofertas de Hoteles a un precio sin competencia!

Reservas de hoteles con tarifas actualizadas y los mejores descuentos. En MuchoViaje.com encontrarás el mejor precio entre más de 170.000 hoteles en todo el mundo para que puedas escoger el que mejor se adapte a tus necesidades: **hoteles para verano, hoteles en la playa o en la ciudad.** Para seleccionar tu hotel, por favor, comprueba la disponibilidad de manera inmediata con nuestro buscador de hoteles.

4.6.6. La importancia de los contenidos en el SEO

Para un eficaz posicionamiento de SEO debemos mejorar continuamente el contenido, que sea original porque los buscadores mejoran el posicionamiento de website con contenido original y penalizan el contenido duplicado. Cada página de un website es una potencial landing page para los usuarios provenientes de los buscadores. Por ello es esencial que cada página esté optimizada para las palabras claves (keywords) más relevantes.

Es fundamental que el contenido sea fácilmente localizable por las arañas (no flash, no imagen..) y que sea de utilidad para el usuario (tiene que haber una relación directa entre lo que busca el usuario y el contenido de la landing page). Está muy penalizado la inserción de contenido solo para mejorar el SEO (tiene que haber una relación entre CTR, número de páginas visitadas y tiempo medio por visita).

Dentro del contenido de un website debemos evitar:

- Elementos de las páginas como texto, gráficos, enlaces.
- Aplicaciones y bases de datos: Este tema es muy relevante.
- Archivos descargables o archivos visibles «on-line».

1. La selección de las keywords

Es la parte central de una estrategia de SEO en un website, para seleccionar las keywords adecuadas debe realizar las siguientes tareas: analizar nuestra analítica web, análisis de nuestro buscador interno (si lo hubiere), análisis de keywords utilizadas en nuestras landing page, comparativa con webs que estén mejor posicionadas que la nuestra y usar herramientas específicas.

Todos los programas de analítica web tiene una sección dedicada al tráfico en buscadores y una sub-sección que nos muestra porqué palabras clave han llegado los usuarios a través de los buscadores.

	Palabra clave	Visitas ↓	Páginas/visita	Duración media de la visita	Porcentaje de visitas nuevas	Porcentaje de rebote
1.	(not provided)	2.274	1,49	00:01:31	85,49%	80,87%
2.	iedge	138	4,23	00:03:53	29,71%	47,83%
3.	mapa de posicionamiento	138	1,44	00:01:00	92,75%	73,19%
4.	administracion	108	1,05	00:00:22	100,00%	95,37%
5.	plan de medios	85	1,88	00:01:44	94,12%	49,41%
6.	balanced scorecard	67	1,64	00:00:52	95,52%	62,69%
7.	segmentacion de clientes	64	1,78	00:02:55	89,06%	71,88%
8.	precios	63	1,03	00:00:09	98,41%	96,83%
9.	segmentacion de mercado	57	1,28	00:00:27	94,74%	75,44%
10.	importancia del presupuesto	54	1,09	00:00:34	98,15%	90,74%

¿Qué principales datos podemos obtener?

- Cuáles son las palabras que actualmente nos traen tráfico.
- Cuáles son las páginas relacionadas con esas palabras clave.
- Duración media de la visita, páginas vistas, porcentaje de visitas nuevas y porcentaje de rebote.

A partir de estos datos:

- Elegimos cuales son las palabras clave por las que se debe apostar por que aportan tráfico.
- Analizamos las páginas que contienen esas palabras clave para «difundir su éxito» a las demás.

Los responsables del proyecto conocen cuáles son los objetivos del mismo y que keywords quieren posicionar en un website para mejorar el SEO. Para ver que potenciales keywords son las más afines al nuestros usuarios, podemos hacer lo siguiente:

a) Selección de keywords mediante el buscador interno

Podemos de un buscador interno para sus usuarios, además la mayoría disponen de esos datos de búsqueda, que son muy valiosos para la selección de palabras clave. Nos revelan qué buscan los usuarios, no por lo que nos gustaría que buscaran.

b) Análisis de los website de la competencia

Es recomendable visitar los Sitios Web de nuestra competencia para perfeccionar la selección de palabras clave que estamos realizando.

Tenemos que analizar tanto su página inicial como la elección de las páginas interiores.

Tenemos que analizar los MetaTags que se encuentran en el código.

```
1  <!DOCTYPE html PUBLIC "-//W3C//DTD XHTML 1.0 Transitional//EN"
   "http://www.w3.org/TR/xhtml1/DTD/xhtml1-transitional.dtd">
2  <html xmlns="http://www.w3.org/1999/xhtml">
3  <head>
4  <meta http-equiv="Content-Type" content="text/html; charset=utf-8" />
5  <title>Outlet de Viajes, Vuelos, Hoteles y Vacaciones - Viajar.com</title>
6  <meta http-equiv="pragma" content="no-cache" />
7  <meta http-equiv="cache-control" content="no-cache" />
8  <meta http-equiv="expires" content="0" />
9  <meta name="keywords"
   content="Viajar,ofertas,viajes,vuelos,hoteles,billetes,coches,Madrid,Barcelona,vaca
   ciones,agencias,baratos,low cost,bajo coste,ultima hora,reservas" />
10 <meta name="description" content="Viajar, outlet de viajes y agencia de viajes on-
   line. Las mejores ofertas de última hora y descuentos en vuelos, hoteles,
   vacaciones, vuelos baratos y low cost. Reserva aquí." />
```

Una vez analizados nuestros datos internos y los datos de nuestra competencia, debemos buscar en diferentes herramientas externas la confirmación de que nuestra selección de palabras clave es la correcta.

c) Utilizar herramientas gratuitas externas para ver que busca los internautas en los buscadores

La Google Keyword Tool nos ofrece de manera gratuita datos de palabras clave a través de la información de su programa Adwords.

Las palabras clave o «keywords» son una palabra o una combinación de palabras con las que los algoritmos de los buscadores clasifican nuestro web y lo encuadran en una serie de categorías, dentro de su base de datos. Estas palabras clave, cuando están adecuadamente seleccionadas, serán las mismas que teclean los internautas cuando usan los buscadores para encontrar información de su interés.

El proceso de elección de palabras clave es muy complejo. La estimación de las palabras que utiliza mi posible cliente hoy será diferente a las que utilice dentro de un año. Incluso estimar las palabras utilizadas en la actualidad es una técnica más inexacta que las demás tareas del posicionamiento en buscadores.

Todo proceso de elección de palabras clave lleva 3 pasos: la búsqueda de palabras provisionales, el análisis de la totalidad de esas palabras clave, y la elección del grupo más adecuado de palabras clave.

1) Descubriendo las Palabras Clave: buscando inspiración

En este primer paso debemos anotar todas las palabras clave que nos vengan a la cabeza. Si mi negocio Web se dedica a la venta de calcetines por la red, las primeras palabras clave que van a llegar a mi mente serán: «calcetines», «venta de calcetines», «compra de calcetines», «calcetines para el trabajo», «importar calcetines», etc. Normalmente, estas primeras palabras clave salen de nuestra opinión personal o del briefing que se recoge del departamento comercial o de marketing.

Cuando se nos acabe la inspiración, recurriremos a las herramientas disponibles en la Web. Por un lado tenemos los programas denominados «Sugeridor de Palabras Clave» o «Keyword Suggestion Tool», cuya función es mostrarnos una lista amplia de palabras clave relacionadas con un concepto clave que le indiquemos; y por otro lado tenemos la excelente información que podamos sacar de nuestra competencia a partir de la observación del código fuente de sus respectivas páginas Web.

2) Analizando las palabras clave: ¿cuánto vale una palabra clave?

Obtenido un grupo amplio de palabras clave candidatas, procederemos a determinar el valor de cada una de ellas para luego elegir las mejores. Es muy importante ponderar cada palabra clave porque en la práctica nos daremos cuenta de que no podemos posicionar todas las palabras clave, o bien tenemos que darle preferencia a unos conceptos claves sobre otros.

Las magnitudes que miden la calidad de una palabra clave son varias. Entre las principales tenemos:

- La popularidad de uso de la palabra clave.
- La competencia existente por esa palabra clave.
- La relación palabra clave vs. objetivo de mi Web.

Las palabras claves de mayor valor son aquellas que poseen un uso frecuente en los buscadores por parte de los internautas, cuyo número de competidores en lucha por esa palabra sea bajo y que dicha palabra clave tenga una estrecha relación con nuestra Web. Algo bastante difícil de conseguir, como veremos.

3) Eligiendo las palabras clave: el ascensor tiene un límite máximo de peso

Después de haber asignado una puntuación a cada una de las palabras clave, podremos ordenarlas de mayor a menor relevancia para elegir el grupo adecuado para la campaña de posicionamiento.

El tamaño de la Web que tenemos, el presupuesto con el que contamos, el tiempo disponible a invertir y los nichos de mercado existentes dirán si tomamos un grupo de 20 palabras clave o de 10 para nuestra campaña.

En la mayoría de los casos, el número de palabras clave estará relacionado de forma directa con el tamaño de nuestra página Web y con la temática de la misma. A mayor número de páginas que contiene el site, mayor posibilidad de usar más palabras clave, y viceversa. Igualmente, si la temática de la Web es muy variada se tendrá que recurrir a un abanico más amplio de conceptos clave

Utilizando la herramienta de Google Keyword Tool, primero que debemos hacer es seleccionar la keywords, el mercado e idioma de búsqueda objetivo y dispositivos:

Términos de búsqueda (1) — 1 - 1 de 1

Palabra clave	Competencia	Búsquedas globales mensuales	Búsquedas locales mensuales	Cuota publicitaria	Red de Búsqueda de Google	Cuota de búsqueda	CPC aproximado (Búsqueda de Google)	Tendencias de búsqueda locales	Extraído de página web
viajes	Alta	13.600.000	7.480.000	-	-		0,66 €		-

Ideas para palabras clave (800) — 1 - 100 de 800

Palabra clave	Competencia	Búsquedas globales mensuales	Búsquedas locales mensuales	Cuota publicitaria	Red de Búsqueda de Google	Cuota de búsqueda	CPC aproximado (Búsqueda de Google)	Tendencias de búsqueda locales	Extraído de página web
viajes viajes	Alta	13.600.000	7.480.000	-	-		0,72 €		-
viajes a	Alta	13.600.000	7.480.000	-	-		0,65 €		-
viajes el	Alta	13.600.000	7.480.000	-	-		0,68 €		-
vuelos	Alta	11.100.000	7.480.000	-	-		0,80 €		-
ofertas	Alta	13.600.000	6.120.000	-	-		0,78 €		-
viajar con	Medio	11.100.000	6.120.000	-	-		0,52 €		-
como viajar	Medio	11.100.000	6.120.000				0,53 €		-
viajar a	Medio	11.100.000	6.120.000				0,48 €		-

Y nos dará un resultado de búsquedas asociadas a la keyword que hemos indicado, incluida información relevante para identificar que expresiones similares a la keyword son las más buscadas.

Una vez hechas las búsquedas podemos exportar nuestras palabras en formatos de texto, csv y csv para excel.

La Google Keyword Tool ofrece muchos datos relevantes y es muy cómoda de utilizar ya que nos permite exportar los datos que puedes ser muy útiles para campañas SEM: búsquedas globales y locales, cuota publicitaria, CPC estimado y tendencias de los últimos meses.

2. Análisis de las palabras clave

Una vez seleccionadas las palabras y después de su posterior implementación debemos hacer un seguimiento de la mismas.

3. Sitemap de Google

Es un servicio que ofrece Google parecido a la indexación por pago, pero con algunas diferencias sustanciales:

- Con este método se le proporciona al buscador una referencia de cada una de tus páginas del site.
- De esta forma el buscador indexará todas las páginas proporcionadas en menos de 48 horas.
- Hay que generar un mapa del sitio con una aplicación que se instala en el servidor.
- Este mapa se puede publicar en Web y darlo de alta o actualizarlo periódicamente en el Buscador.
- Es un sistema verdaderamente revolucionario y mucho más efectivo.

Página principal de SiteMap:

https://www.google.com/webmasters/sitemaps/login

Ejemplo de Sitemap:

```
▼<urlset xmlns="http://www.sitemaps.org/schemas/sitemap/0.9" xmlns:xsi="http://
http://www.sitemaps.org/schemas/sitemap/0.9/sitemap.xsd">
  ▼<url>
   ▼<loc>
      http://www.iedge.eu/politica-de-proteccion-de-datos
    </loc>
    <changefreq>weekly</changefreq>
  </url>
  ▼<url>
    <loc>http://www.iedge.eu/confirmar-newsletter</loc>
    <changefreq>weekly</changefreq>
  </url>
  ▼<url>
    <loc>http://www.iedge.eu/newsletter</loc>
    <changefreq>weekly</changefreq>
  </url>
  ▼<url>
    <loc>http://www.iedge.eu/formacion</loc>
    <changefreq>weekly</changefreq>
  </url>
  ▼<url>
    <loc>http://www.iedge.eu/claustro-profesores</loc>
    <changefreq>weekly</changefreq>
  </url>
  ▼<url>
    <loc>http://www.iedge.eu/convenio-de-usuarios</loc>
    <changefreq>weekly</changefreq>
  </url>
  ▼<url>
    <loc>http://www.iedge.eu/recuperar-contrasena</loc>
    <changefreq>weekly</changefreq>
```

Actualmente el sistema de las arañas de los diferentes buscadores iba rastreando la web realizando dos operaciones principalmente:

- Rastrear sites ya creados para ver si se habían creado nuevas páginas dentro de ese site y así añadirlas a su directorio; este sistema era (o es) lento y no te garantizaba que estuvieran todas las páginas que forman el site en el directorio del buscador, ya que este las almacena en función de varias variables como el número de clics, número de visitas a la página, popularidad…

- Rastrear sites nuevos para incorporarlos a su directorio.

Con este sistema de Google, lo que conseguimos es enviar al directorio de Google un archivo que va a contener todas las páginas que forman nuestro site. Este archivo que hemos creado, se puede actualizar tantas veces como queramos siempre que lo volvamos a enviar.

4.6.7. Pagerank y Link Popularity

Pagerank

Un website es más importante para los buscadores, y por lo tanto afecta en el orden en como aparecen en las búsquedas, dependiendo de cuantos enlaces y la calidad de estos enlaces desde otros websites.

El «índice de popularidad» o Pagerank es la suma del número de páginas que nos apuntan ponderada por el índice de popularidad de cada una de ellas. Luego calcula el grado de asociación según el término de búsqueda por el grado de relación con los términos buscados de las páginas que nos apuntan.

1. ¿Cómo funciona?

- El buscador busca en su base de datos aquellas url's asociadas a la keywords que se está buscando.

- El buscador realiza una ponderación según a sus distintos grados de asociación (pagerank, relevancia…).

- Ordena las url en función de su popularidad ponderada con el grado de asociación de las páginas que le apuntan y del texto del enlace que nos apunta desde ellas.

- Presenta los resultados.

- Para ver la popularidad de nuestro site y de la competencia, podemos instalarnos la barra de Google.o utilizar plugins gratuitos:

Esta barra muestra el «Page Rank» de cada página representado en una barrita verde y viene ordenado desde un 0 (peor resultado, paginas recién creadas) hasta un máximo de 10 (mejor resultado como tiene google.com ó facebook.com). El PageRank se calcula en base a una escala logarítmica y es más difícil pasar de 6 a 7 que de 2 a 3. El PageRank se calcula aproximadamente cada 2 ó 3 meses.

Si hacemos cambios importantes en nuestro website y potenciamos las acciones de recomendación externa, deberemos esperar al menos 3 meses para ver si ha afectado a nuestro PageRank actual. En «Page Rank Update List History» podemos ver las últimas actualizaciones del PageRank.

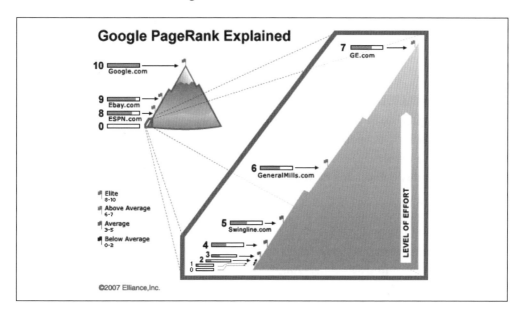

En la popularidad también cuenta la densidad de enlaces por página:

- Entre mayor sea el número de enlaces que tenga una página disminuye la importancia de la recomendación.

- Es decir si en una misma página se recomiendan 50 sites, cada uno de esos enlaces tendrán menor peso que si en otra página con el mismo PageRank que el anterior recomienda solamente a 5 sites.

- El peso del enlace se puede calcular de la siguiente manera: PageRank de la página / N.º de enlaces a otros sites.

2. ¿Cómo aumentamos nuestra Popularidad?

Podemos aumentar la popularidad de nuestro site:

- Aumentando los links que apunten a nuestro site (back links) desde otras páginas. (publicar noticias, artículos, intercambio, etc.).

- Entre mayor sea el PageRank de otros sites que nos apuntan, mejor seremos valorados.

- Entre menos enlaces tenga la página que nos apunta mejor.

- Autoreferencia: el PageRank tiene en cuenta de forma positiva a los links internos que referencia a otras partes del site.

- Aumentando los links externos que apunten a otros sites.

Link Popularity

La cantidad de páginas Web que encontramos a través de enlaces desde otras páginas es mayor que el número de páginas que podemos encontrar por otros medios. Encontrar una Web mediante el uso de un buscador se hace posible porque el mismo buscador nos ha puesto un enlace a nuestra página. Una Web sin enlaces está aislada, simplemente no existe. No hay manera de encontrar una Web sin enlaces al menos que hagamos una campaña de publicidad off-line de muy alto presupuesto que difunda y memorice el URL de la Web en la mente de nuestros visitantes potenciales.

La popularidad Web o Link Popularity se define como la cantidad de enlaces externos de calidad que apuntan a nuestra Web de forma eficiente.

1. ¿Cómo ven los enlaces los buscadores?

Para poder entender mejor la importancia de conseguir enlaces externos es necesario analizar los algoritmos de la mayoría de los buscadores y ver de qué manera calculan la popularidad Web.

2. La cantidad de enlaces: todos suman

Una página web A recibe un enlace de la página web B y de la página web C. Los motores de búsqueda interpretan que la página web B y la página web C le otorgan 1 voto cada una a la página web A, es decir, la página web A al final recibe 2 votos o enlaces entrantes. En principio, la popularidad se puede ver como el número de votos que recibo de otras Web. El enlace es la traducción de votos o recomendaciones de otras Web.

Este sistema de votos se basa en que los buscadores tratan de ser imparciales y, en consecuencia, le atribuyen una mayor credibilidad a las recomendaciones de terceras personas que a las recomendaciones que hagamos nosotros mismos cuando optimizamos el código de nuestras páginas. En consecuencia, a mayores enlaces provenientes de otros sitios Web, mayor puntuación obtendremos de los buscadores para el posicionamiento.

3. La calidad de los enlaces: no todos suman lo mismo

Sin embargo, los buscadores no ponderan igual todos los votos. Por ejemplo, si la página web B posee un mayor índice de popularidad que la página web C, su voto por la página B genera una mayor puntuación que el de la página C.

En este punto, se incluye otro elemento para analizar la popularidad como lo es «la calidad» de las páginas que nos dan su enlace. Metafóricamente, los buscadores toman en cuenta las recomendaciones de otras páginas Web poniendo un mayor énfasis en aquellas páginas con un mejor nivel de calidad. La pregunta sería entonces:

¿qué factores toman en cuenta los buscadores en la calidad de una Web? Algunos de estos factores son:

- Un enlace de una página Web con temática similar a la página que recibe los enlaces.

- Un enlace de una página Web con un elevado nivel de enlaces entrantes.

- Un enlace de una página web que, a pesar de no tener un nivel tan alto de enlaces entrantes, nos ha otorgado muchos enlaces salientes por lo que los pocos enlaces que tienen son muy importantes para quien los reciba.

- Un enlace de una página Web que se actualice con mucha frecuencia (directorios, foros, bitácoras).

- Un enlace de una página con dirección IP lo más diferente posible a la nuestra (lo cual significará que son páginas de otros países, páginas alojadas en servidores diferentes).

- Un enlace de una página web que no esté programada con prácticas prohibidas por los buscadores (granjas de enlaces).

4. El texto en los enlaces: ¿cómo me dijiste que te llamabas?

Adicionalmente, los motores de búsqueda analizan cuál es el texto de los enlaces que apuntan a nuestra web. El posicionamiento en buscadores está basado en palabras clave. Si invertimos tiempo en optimizar nuestra web para que nuestras palabras clave estén presentes en los títulos, en el contenido, en las etiquetas meta, en los enlaces internos, etc. tenemos que ampliar esa labor hacia los enlaces externos.

El objetivo consiste en que las páginas que incluyen enlaces –votos– hacia la nuestra, inserten en el texto del enlace la palabra clave con la cual queremos ser posicionados. Esta tarea es la más complicada de todas porque, evidentemente, se trata de páginas web sobre las que no podemos ejercer, en principio, ningún control. Por otro lado, si nuestra campaña de posicionamiento Web está enfocada hacia varias palabras clave, el número de enlaces necesarios se multiplicará.

Como conclusión vale decir que la popularidad Web es similar al trabajo que puede ejecutar un departamento de relaciones públicas de una empresa. Tenemos que procurar que los demás hablen de nosotros: clientes, proveedores, competidores, etc. Tenemos que repartir nuestras tarjetas de presentación y que dichas tarjetas estén en el «shortlist» de esas personas. La popularidad Web es una etapa obligatoria y muy laboriosa dentro de una campaña de posicionamiento Web, requiere un trabajo largo, de actualización continua y sobre todo de mucha paciencia para esperar a visualizar los buenos resultados.

4.6.8. Indexación de buscadores

Darse de alta en los buscadores se limita a la solicitud que se le hace a un buscador de que indexe nuestra web. Esta petición se hace a través de un formulario que poseen todos los buscadores en su página.

Indexarse se refiere a que nuestra web esté insertada en los registros de base de datos de los buscadores. El proceso de darse de alta en los buscadores es un camino para llegar a la indexación de los buscadores. Existen otros métodos más rápidos que el mero proceso de pedirlo y esperar que los buscadores lean nuestra petición

Con estar indexado en Google, MSN Search y Yahoo!, ya se tiene el 95% del trabajo realizado en cuanto a indexación de su página web.

El método más rápido y efectivo para indexar nuestra web en los principales buscadores es a través de la inserción de enlaces externos proveniente de otros sites que gozan de un buen nivel de popularidad.

Indexarse se refiere a que nuestra web esté insertada en los registros de base de datos de los buscadores. El proceso de darse de alta en los buscadores es un camino para llegar a la indexación de los buscadores. Existen otros métodos más rápidos que el mero proceso de pedirlo y esperar que los buscadores lean nuestra petición.

Requisitos para una óptima indexación en los buscadores.

Los objetivos de cualquier proceso de indexación en los buscadores deben ser los siguientes:

1) Estar indexados en la mayoría de los motores de búsqueda.

2) Que nuestro site sea indexado lo más rápido posible.

3) Que todas las páginas que conforman mi site estén indexadas en los buscadores.

Algunas preguntas que debemos conocer:

1. ¿Cómo encuentra un buscador un sitio Web?

A través de un programa informático que se denomina «araña» o «robot» que rastrea la Web. Cuando la araña encuentra un sitio recorre las páginas siguiendo los enlaces con el objetivo de recopilar información sobre ellas. Cada motor tiene su propia araña. Por ejemplo:

- «Googlebot» (Google).
- «Scooter» (Altavista).
- «Slurp» (Yahoo).
- «MsnBot» (MSM).
- «Teoma» (Ask Jeeves).

2. ¿Cómo lee un buscador un sitio Web?

Una vez que la araña llega a nuestro site, trata de leer la información que contiene.

- A través de un algoritmo propio de cada buscador, la araña trata de averiguar la temática de las páginas que ha visitado.

- Guarda esa información en una base de datos (indexar).

- Una vez en la base de datos esa información es clasificada en función de la relevancia e importancia de la misma (esta clasificación depende del algoritmo interno de cada buscador).

- Una vez que un usuario hace una búsqueda por alguna palabra clave, el buscador muestra las páginas que contengan las palabras claves buscadas según su clasificación interna.

- Las arañas vuelven a visitar de forma periódica los sitios para detectar el contenido nuevo o modificado.

3. ¿Cómo sabemos si una araña visita nuestro site?

A través de los logs:

2011-07-02 17:25:54 219.128.2.3 – W3SVC3 IEDGE 219.15.36.162 80 HEAD /Default.asp -190 0 189 72 350 HTTP/1.0 www.iedge.eu:80 Artisr/1.9c – -

2011-07-02 17:26:26 64.68.82.66 – W3SVC3 IEDGE 217.15.36.132 80 GET /robots.txt – 414 2 4840 187 0 HTTP/1.0 www.IEDGE.EU

Googlebot/2.1+(+http://www.googlebot.com/bot.html) – -

2011-07-02 17:34:28 65.60.81.76 – W3SVC3 IEDGE 219.15.36.162 80 GET /Default.asp -

201 0 0 219 318 HTTP/1.0 www.IEDGE.EU

Googlebot/2.1+(+http://www.googlebot.com/bot.html) – -

2011-07-02 17:34:50 183.178.289.12- W3SVC3 IEDGE 183.178.289.12 80 GET /general/images/iedge.gif – 201 0 0 219 318 110 HTTP/1.1 www.IEDGE.EU

Mozilla/7.0+(compatible;+MSIE+8.0;+Windows+NT+5.0;+(R1+1.3))

2011-07-10 00:51:59 65.60.81.76 – W3SVC3 IEDGE 183.178.289.12 80 GET /formacion/eemr/programa.asp – 201 0 0 219 0 HTTP/1.0 www.iedge.eu msn-bot/0.11+(+http://search.msn.com/msnbot.htm)

4. Robots.txt

Existe un protocolo alrededor del archivo robots.txt, que se coloca en la carpeta raíz de nuestro sitio web. El archivo se puede editar con cualquier programa de bloc de notas como el Notetap y se compone de las siguientes líneas:

User-agent:

Disallow:

Tras «User-agent:» hemos de colocar el código del robot al que nos queramos referir.

Tras «Disallow» debemos especificar los directorios o documentos que queremos ocultar o que recorran los robots. El símbolo barra significaría todos los directorios a partir del mismo, si no se pone nada es que está permitido recorrer ese directorio y subdirectorio.

Robot.txt - Advance Tutorial 1

Lo veremos más fácilmente con ejemplos:

Si queremos impedir la lectura al robot de Google todo nuestro site, pondremos:

> User-*agent: googlebot*
>
> *Disallow:/*

Si queremos dar acceso completo al robot de Altavista:

> *User-agent: scooter*
>
> *Disallow:*

Si queremos que la prohibición se haga extensiva a cualquier robot deberemos poner un asterisco.

> User-*agent: **
>
> *Disallow: /*

Por el contrario, para invitarles a un acceso completo:

> *User-agent: **
>
> *Disallow:*

Este último ejemplo sería equivalente a crear un fichero robots.txt en blanco.

En la mayoría de los casos se da que tenemos directorios que no nos interesa que los buscadores puedan entrar. Por ejemplo, si quisiéramos excluirles de los directorios «intranet» y «confidencial»

> *User-agent: **
>
> *Disallow: /intranet/*
>
> *Disallow: /confidencial/*

Finalmente, si no quisiéramos que indexaran los archivos PDF

> User-agent: *
>
> Disallow: /*.pdf/

Existe un listado completo de robots con sus especificaciones en

> http://www.robotstxt.org/wc/active/all.txt

Hay etiquetas o metatags que hacen la tienen funciones similares a la de los ficheros robots.txt. Los robots siempre van a dar prioridad al robots.txt si este existe.

Estas instrucciones son «index», que invita al robot a analizar la página («noindex» si queremos prohibírselo) y «follow» que le invita a seguir los enlaces que encuentre en ella (o «nofollow» que se lo prohíbe). Los valores ALL y NONE pueden usarse para dar todos los permisos o denegarlos de ese modo

Ejemplos:

<meta name="robots" content="index,follow"> sería equivalente a *<meta name="robots" content="all">*

y por el contrario:

<meta name="robots" content="noindex,nofollow"> produciría los mismos efectos que *<meta name="robots" content="none">*

Pasos para una correcta indexación

Cuando las arañas de los buscadores ignoran un sitio, frecuentemente lo hacen por alguna de las siguientes razones:

- El sitio no está bien conectado a través de varios enlaces procedentes de otros sitios de la Web.

- El lanzamiento del sitio se ha producido con posterioridad al rastreo más reciente de las arañas de los buscadores.

- El diseño del sitio dificulta un rastreo eficaz de su contenido por parte de los buscadores.

- El website no estaba disponible temporalmente o se emitió un mensaje de error al intentar rastrearlo…

¿Qué podemos hacer para que nuestro website sea indexado?:

1. Alta en directorios

Para comenzar la indexación de nuestro website en los buscadores y directorios, necesitamos que mandemos la información del website a los administradores humanos que gestionan dichos websites. Es un proceso manual y debemos de navegar hasta la categoría en la que se desea incluir el Website.

Si queremos registrar varias páginas del Website deberemos registrarlas una a una, sí es un trabajo demasiado tortuoso, pero hay que realizarlo. Es muy importante dar una buena descripción del Website y de los títulos e incluir la página en la categoría más adecuada. Lo bueno, es que no importa tanto la estructura de los tags y el contenido de las páginas.

El directorio DMOZ es el más importante en internet y suelen tardar bastante en incluir las páginas, ya que todas las páginas tienen que ser aprobadas por editores humanos.

¿Por qué es tan importante DMOZ?

- Hay cientos de sitios en internet que actualizan sus directorios con los datos de DMOZ.

- El directorio de Google toma los datos de DMOZ.
- Algunas de las categorías DMOZ tienen un Page Rank interesante.
- Los sitios incluidos son más valorados para el posicionamiento web.

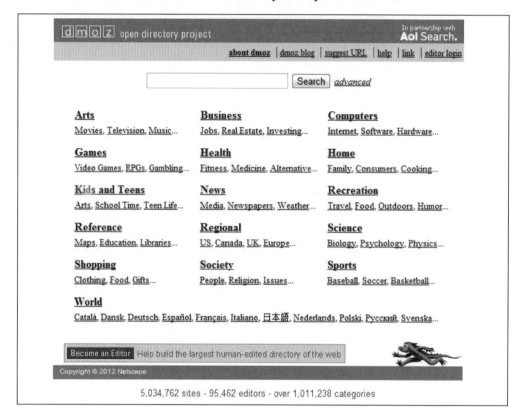

2. Alta en Buscadores

Son los robots quien da directamente de alta las páginas en sus bases de datos. Cada buscador tiene un procedimiento diferente a la hora de dar de alta a páginas Web.

La mayoría se basan en los contenidos de las páginas y menos en los metatags, ni Google ni Yahoo «miran» dentro de las metatags. Con la funcionalidad de Add Url podemos incorporar nuestro website en Google a través del centro de herramientas para webmaster.

3. Solicitud de rastreo de un website con Google

Si ya has añadido una URL a tu sitio o si una página ha sufrido cambios significativos desde la última vez que se rastreó, puedes solicitar que Google la rastree aunque Google no garantiza que se indexen todas las URL rastreadas. ¿Cómo?:

- En la página principal de las Herramientas para webmasters de Google, haz clic en el sitio que quieras.
- En el panel, en la opción de estado, haz clic en Explorar como Google.
- En el cuadro de texto, escribe la ruta de la página que quieras comprobar.
- En la lista desplegable, selecciona Web. (Puedes seleccionar otro tipo de página, aunque actualmente solo se acepta el envío de solicitudes para el índice de búsqueda web).
- Haz clic en Recuperar. Google recuperará la URL solicitada. El estado de recuperación tardará un máximo de 10 a 15 minutos en actualizarse.
- Cuando aparezca como estado de recuperación «Procedimiento correcto», haz clic en la opción de envío al índice y, a continuación, selecciona una de las siguientes opciones:
  - Para enviar una URL individual al índice de Google, selecciona URL y haz clic en Enviar. Se pueden enviar hasta 500 URL a la semana con esta opción.
  - Para enviar la URL y todas las páginas vinculadas a ella, haz clic en la opción URL y todas las páginas vinculadas. Se pueden enviar hasta 10 solicitudes de este tipo al mes.

4. Publicidad del website

Para informar de nuestra página también Deberemos informar al mayor número de sites posibles de la existencia de nuestra página a través de notas de prensa, artículos, intercambio de links, publicidad de pago, etc.

Tambien hay que procurar que otros sites apunten con algún link al nuestro. Si las arañas que visitan otros sites encuentran un link que apunta al nuestro, provocará que visite el nuestro también.

5. Publicar el sitemap en Google

Los sitemaps le permiten enviar fácilmente todas sus URL al índice de Google y obtener informes detallados acerca de la visibilidad de sus páginas en los buscadores. Con los sitemaps, los buscadores están informados de todas sus páginas y de las modificaciones que realice en ellas de forma totalmente automática. El envío de un sitemap no garantiza que se pueda rastrear o incluir todas las páginas del sitio en los resultados de búsqueda.

Hay que generar un mapa del sitio con una aplicación que se instala en el servidor. Este mapa se puede publicar en Web y darlo de alta o actualizarlo periódicamente en el Buscador.

4.6.9. Técnicas desaconsejables

- Poner un párrafo entre comentarios HTML con la descripción del sitio, o repitiendo palabras clave de la página.

- Poner un texto del mismo color que el fondo (con lo que no se ve) con las palabras clave.

- Repetir excesivamente las palabras clave en el texto.

- Utilizar palabras clave que luego no figuren por ningún sitio en la página.

- Poner en etiquetas META palabras o frases clave que no están en el texto de la página.

- En general, cualquier técnica que sea fraudulenta para conseguir estar mejor situados, pues poco a poco se van descubriendo estas técnicas y los buscadores las van penalizando a medida que las detectan.

4.6.10. Linkbaiting

El linkbaiting es una pieza de contenido cuyo soporte es la web, y que es creado con el objetivo de atraer enlaces y la atención de los internautas.

Sus objetivos principales son:

- Conseguir reconocimiento.
- Aumentar la credibilidad.
- Atraer enlaces entrantes.
- Presencia en los medios.
- Generar tráfico y clicks.
- Incrementar las ventas.

¿Quiénes son los Linkerati?

- Participantes en los Social Media. Gente que participa activamente en comunidades: StumbleUpon, Reddit, Digg… y en España Menéame.

- Blogeros (Bloggers). Personas de referencia con un alto grado de visibilidad, que se dedican a escribir sobre productos, herramientas y/o contenidos.

- Periodistas.
- Investigadores. Cuyas publicaciones quedan recogidas en dominios .edu (instituciones educativas).
- Participantes en Foros.
- Personas que no participan en la red pero que son influyentes (comentaristas de radio, televisión, etc.).

Tipo de contenido que ayudan a crear una estrategia de Linkbaiting:

- El «Top 10…» (crear listas que aglutinen los principales aspectos sobre un tema).
- Informes / noticias de opinión.
- Guías sobre «Lo mejor sobre…», Guías sobre «Como…».
- Foros específicos (por sector).
- Artículos, Encuestas, Concursos.
- Gráficos.
- Presentaciones.
- Vídeos.
- Etc.

4.6.11. Herramientas gratuitas de análisis SEO

Podemos encontrar herramientas gratuitas que permiten realizar completos análisis SEO de un website. Entre muchas que existen encontramos las siguientes:

1. Searchmetrics

Muy interesante website donde realiza un informe pormenorizado del SEO de un website a través del análisis de Technical issues, Common SEO, SEO Performance, Social Media entries y SEO Statistics.

2. Seo Tool set

Website que permite realizar un análisis de keywords, site checker, page analizar, ranked page report, link analysis report, sugest keywords, ranking report por dominio, un analisis cloaking y view page source. Curiosa aplicación.

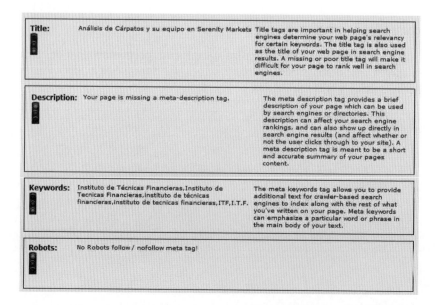

3. Seo Spider Monkey

Curioso website que evalua aspectos como Title, description, keywords, robots, Google webmaster Tools, sitemap, urllist.txt y va ponderando los resultados de una forma gráfica.

4. Cuwhois

Directorio de recursos muy útiles para un análisis SEO completo y en español.

5. Seoquake Toolbar

Toolbar para Firefox muy completa.

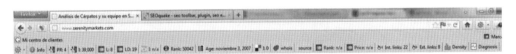

Para ver listado completo les recomiendo que entren en: http://bit.ly/SEO-100[6].

4.6.12. Social Media Optimization (SMO)

Término acuñado por Rohit Bhargava, VP de Ogilvy Public Relations resulta muy interesante: Social Media Optimization (SMO) o lo que podríamos llamar Optimización Social en Nuevos Medios (entiéndase fundamentalmente Internet). Actualmente la gente no llega a páginas web solo por búsquedas en Google o Yahoo sino también por referencias en blogs, podcast, video blogs o usa buscadores específicos como Technorati, menéame u otros (especializados sólo en blogs).

A partir de esto, el concepto de SMO es sencillo pero poderoso: implementar ajustes e incluir herramientas que permitan que una página web pueda ser fácilmente «linkeable» (es decir incluida) en blogs, podcasts o video blogs y que dicha página

---

6 Pagina de recursos con herramientas gratuitas de análisis SEO: http://bit.ly/SEO-100.

pueda ser encontrada de manera sencilla por buscadores especializados como Tecn-norati o incluidas en sistemas agregadores de noticias (Newsgator, Google Reader, Sage, o similares).

En resumen: **como hacer que nuestra página web «sea visible» en el nuevo entorno de intercambio social que domina hoy Internet.**

Ogilvy PR lanzó las primeras reglas:

- **Regla 1. Incremente su capacidad de ser linkeado:** La primera y más importante. La página web en lo posible tiene que dejar de ser «estática» –es decir que raramente es actualizada y solo es usada como «folleto informativo online». Agregar un blog es un gran paso. Sin embargo, hay otras formas como crear casos de estudio o similares o aun más simple: agregar contenido que ya existe en otro lugar en un formato fácil de usar (RSS por ejemplo).

- **Regla 2. Facilite que su página se agregue a favoritos o acepte tags:** Agregar botones para «add to del.icio.us» u otro servicio de «bookmarking» similar es una de las formas más sencillas de facilitar el proceso de «tagging». Si se quiere ir más allá, se pueden sugerir «tags» o «palabras claves» para cada página (los cuales se agregan automáticamente al servicio de «bookmarking» cuando se salva la misma).

- **Regla 3. Premie a los que   incluyan su web como un link en sus propias páginas / blogs (inbound links):** Usados como el barómetro para medir el éxito de un blog (y porque no, también el de una página web), los «inbound links» son la vía para mejorar la posición en resultados de búsquedas o cualquier otro ranking. Para incitar su uso, necesitamos hacer el proceso sencillo y dar brindar beneficios claros. El uso de «Enlaces permanentes» (es decir, una dirección especifica URL para cada una de las páginas de nuestra web o en el caso de los blogs, la dirección de cada post) y la facilidad con que estas direcciones especificas pueden ser «copiados» y «pegadas», resuelve el primero de los puntos. Los beneficios para aquellos que nos incluyan como links pasa por acciones tan simples como listarlos en nuestro site y así brindarles visibilidad también a ellos. «Quid pro quo».

- **Regla 4. Ayude a que su contenido «viaje»:** A diferencia del SEO, SMO es no solo hacer ajustes a una página web. Si tiene contenido que pueda ser «portable» (como por ejemplo PDFs, files de video o audio), envíelos a sites o blogs relevantes. Esto ayudará a que dicho contenido viaje más lejos y finalmente pueda crear atención y links a su página.

- **Regla 5. Promueva el uso de «mashups» (híbridos):** Un concepto muy en boga en Internet 2.0. Se trata básicamente de usar contenido o aplicaciones tomadas de diversos lugares para crear nuevo contenido o aplicaciones (por ejemplo cuando alguien incluye un video de YouTube en su blog o usa RSS para colocar noticias de un periódico en su propia web). La recomendación de SMO pasa por facilitar que nuestros contenidos puedan ser usados por otros y así generar atención sobre nosotros mismos. Una forma básica es incluir un servicio de RSS en nuestra página web o blog. Si tiene contenido en video o audio, puede ofrecer el código del mismo para que pueda ser incluido en otras páginas.

- **Regla 6. Sea una fuente útil para sus usuarios, incluso si no lo ayuda directamente:** Agregue valor a sus usuarios incluyendo links a páginas u información que pueda ayudarlos con sus objetivos y propósitos. Presentado adecuadamente, incluso podrá hacer links a su competencia. De esta formar su página se convierte en el punto de referencia de una comunidad especifica. ¿Esto refuerza el concepto de SMO? Si la gente «linkea» a su página y la «marca» como útil esto mejorara su visibilidad social. A más «tags» o «marcas», su página se vuelve más relevante para los motores de búsqueda.

- **Regla 7. Premie a los usuarios valiosos y útiles:** Este tipo de usuarios serán buenos influenciadores o voceros de su página. Busque formas de «premiarlos». Quizás pueda presentarlos en su página principal, o desarrollar un sistema de «rankeo». Algo que genere atención sobre esas personas. Otras veces un rápido correo electrónico o una nota privada agradeciéndoles su ayuda puede ser muy favorable. Trate de ser siempre sincero. Quizás esto no sea SMO per se, pero ayudara a mejorar la fidelidad de su comunidad para con su página web.

- **Regla 8. Participe:** Únase a la conversación. Internet se está volviendo una calle de dos sentidos. Al «conversar» con su comunidad está logrando exposición y logrando que la gente hable de usted. (procure que siempre lo haga positivamente). Participar hace que su mensaje se extienda más lejos y más rápido.

- **Regla 9. Conozca cómo llegar a su audiencia:** Si no conoce a su audiencia, esta en problemas. Quisiéramos que todo el mundo use nuestro producto, pero hay que ser realista. Siempre habrá una audiencia especifica que lo encontrarán interesante y otros que no. Preocupe de agradar al que de verdad esta interesado.

- **Regla 10. Cree contenido:** Hay ciertos contenidos que se extienden socialmente de manera natural, No importa en que industria se encuentre o que tan aburridos sean los productos que vende, siempre habrá un tipo de contenido que funciona. Quizás sea hacer que la gente se ría, escribir artículos o casos, u ofrecer pequeñas aplicaciones de entretenimiento (screensaver, postales) o algún «widget» muy útil. Averigüe que tipo de contenido funciona en su caso y créelo.

- **Regla 11. Sea autentico:** Una comunidad no premia a los que son falsos. Este post puede ser muy ilustrativo al respecto.

- **Regla 12. No olvide sus raíces, sea humilde:** Si se ha convertido en un «BlogStar» o su página obtiene un tráfico impresionante, no permita que se le suban los humos. Recuerde a aquellos que lo ayudaron a estar allí. Mantener ese respeto será positivo para todos los involucrados.

- **Regla 13. No tenga miedo de probar nuevas cosas, mantenga fresca su propuesta:** Internet como fenómeno social muta cada minuto. Este al tanto de las nuevas herramientas, productos y retos.

- **Regla 14. Desarrolle una estrategia para el SMO:** defina sus objetivos y establezca metas. Sea totalmente consciente de lo que quiere lograr como resultado de estas tácticas. Puede ser reputación, ventas, influencia, credibilidad, trafico, páginas vistas, etc.

- **Regla 15. Escoja sus tácticas inteligentemente:** sea consciente de que acciones tendrán más impacto en la búsqueda de sus objetivos.

- **Regla 16. Haga del SMO parte su proceso de mejores practicas:** busque maneras de incorporar las tácticas de SMO a su proceso de trabajo, Documéntelo y distribúyalo entre los involucrados. Empiece con los más sencillo (incluya links a otros sites y «bookmarks») y evolucione a partir de allí.

4.7. Websites

Cuando entramos en una web la página inicio presenta hipervínculos de acceso a las distintas secciones que componen el bloque principal del contenido. Un web típica puede presentar las siguientes secciones:

- Información corporativa, información de la compañía, organización, información legal, trabajos realizados…

- Productos y servicios, catálogo de productos o servicios que la empresa oferta. Características, usos, precios, modelos… Contenido dinámico y actualización de la bases de datos.

- Servicio al cliente o ayuda, FAQs (preguntas más frecuentes, para solventar dudas, sugerencias)

- Contacto, las maneras de contactar con la empresa, teléfonos, dirección física, personas de contacto, etc.

- Mapa web. Informa de todos los vínculos de la web en una sóla página para que el usuario pueda verlo de un vistazo.

- Comprar, vender, cuenta del cliente, opciones de pedido, devoluciones, envíos, opciones de pago, compras realizadas por el cliente (cesta de compra), posibilidad de modificación de los datos personales.

- Categorías especiales. Para las tiendas online son aquellos productos o servicios que tienen información adicional, como promociones, top de ventas, novedades. Contenido dinámico, con actualización constante.

- Vínculos, donde se encuentra información adicional relacionado con los temas de interés del usuario, comparaciones. Actualización con cierta periodicidad

- Comunidad, acceso a foros, salas chat, noticias, etc.

- Oportunidades de empleo, contenido dinámico, se actualiza a medida ue surgen nuevas oportunidades.

- Notas de prensa, noticias e informaciones publicadas relacionadas con la organización. Contenido dinámico, con actualización diaria.

- Motores de búsqueda, se facilita la búsqueda de información.

- Publicidad, espacio dedicado a banner, patrocinios, promociones y otros tipo de publicidad on line. También de contenido dinámico requiere actualización diaria.

También podemos encontrar los siguientes tipos de contenidos:

* Gráficos, fotografías, logotipos, banners, iconos.
* Texto, información de la empresa u organización, de productos/servicios, búsquedas, ayudas, promociones..
* Multimedia, vídeo y audio.
* Bases de datos. Permite mantener información, realizar búsquedas, actualizar cuentas, seguimientos de pedidos.
* Descargables. Posibilidad de descargas archivos, de imágenes, pdf, zip…
* Aplicaciones, archivos de HTML, scripts, plantilas…

¿De qué se compone un website? Si quitamos la parte tecnológica, nos quedamos con la parte visual, la que el usuario verá al entrar en nuestra página web y la más significativa, sin lugar a dudas para éste: EL CONTENIDO.

El contenido es la parte fundamental del website, de él dependerá que el usuario se sienta atraído hacia nuestras páginas y decida permanecer en ellas, teniendo en cuenta la gran competencia que existe en la www de páginas que ofrecen contenidos similares. Por otro lado, un buen contenido, así como la forma de organizarlo y actualizarlo, permitirá que los motores de búsqueda den mayor popularidad a nuestro sitio y como consecuencia un mejor posicionamiento web.

Y de qué se puede componer ese contenido, pues básicamente de imágenes, textos, vídeos y enlaces, que describirán la finalidad de nuestra web.

Evidentemente todos estos elementos tienen gran importancia, sobre todo la armonía que se establezca entre ellos para conformar el total de la información. Pero nosotros en este apartado, sólo nos vamos a ocupar del contenido textual, aquel que debe expresar el redactor publicitario en base a los objetivos establecidos y debe «atrapar» al usuario para que permanezca en nuestra web.

Para describir cómo deberemos desarrollar estos contenidos textuales, vamos a basarnos en dos conceptos igual de importantes, que ya hemos mencionado anteriormente, que determinarán en gran medida el éxito de nuestra web: USABILIDAD, ARQUITECTURA DE INFORMACIÓN, EXPERIENCIA DE USUARIO y POSICIONAMIENTO WEB.

4.7.1. Fases del diseño del website

El desarrollo de una website parte de un concepto creativo y las ideas no surgen bajo demanda, parece que aparecen cuando menos lo esperamos –como un relámpago en el proceso creativo: «Ser curioso, salirse de los caminos marcados, abrirse al mundo y ser receptivo a todo lo que nos rodea puede ayudarnos a descubrir ideas que tengan el potencial de unirse y formar algo nuevo reorienta nuestra mente en direcciones inesperadas, mostrándonos caminos que antes no teníamos ni idea que podían surgir».

Las técnicas más habituales en un proceso del diseño y desarrollo son:

4.7.1.1. *Briefing* del proyecto

Es la recogida de información, utilización de conocimientos adquiridos, realización de esquemas, etc. Esta información queda recogida en el documento de necesidades funcionales.

Una vez realizado la recogida de los requisitos funcionales con el cliente, los focus group con usuarios tipo nos adentramos en la arquitectura de información cuyos objetivos son:

1. Clarifica objetivos del sitio web (equilibrio entre necesidades cliente-usuario).
2. Determinar contenidos y funcionalidades.
3. Diseñar cómo los usuarios encontrarán la información mediante:
   • Sistemas de organización.
   • Sistemas de navegación.
   • Sistemas de rotulado.
   • Sistemas de búsqueda.

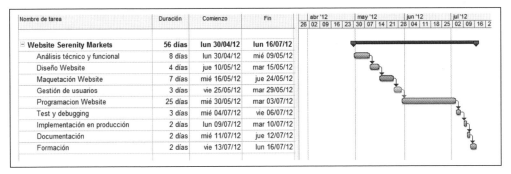

Nombre de tarea	Duración	Comienzo	Fin
⊟ Website Serenity Markets	56 días	lun 30/04/12	lun 16/07/12
Análisis técnico y funcional	8 días	lun 30/04/12	mié 09/05/12
Diseño Website	4 días	jue 10/05/12	mar 15/05/12
Maquetación Website	7 días	mié 16/05/12	jue 24/05/12
Gestión de usuarios	3 días	vie 25/05/12	mar 29/05/12
Programacion Website	25 días	mié 30/05/12	mar 03/07/12
Test y debugging	3 días	mié 04/07/12	vie 06/07/12
Implementación en producción	2 días	lun 09/07/12	mar 10/07/12
Documentación	2 días	mié 11/07/12	jue 12/07/12
Formación	2 días	vie 13/07/12	lun 16/07/12

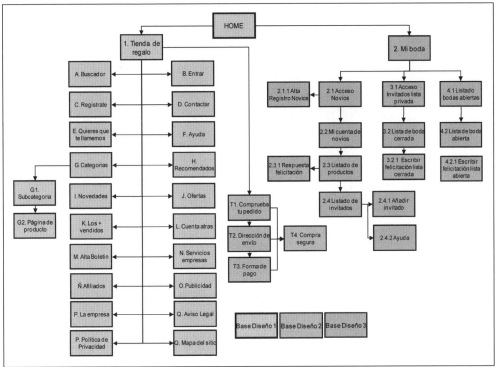

4.7.1.2. Etiquetado de información

Resulta de gran importancia *etiquetar o nombrar correctamente* cada uno de esos subconjuntos que hemos creado.

Técnicas como **el cardsorting** o pruebas de test con usuarios pueden ayudar a encontrar la terminología más adecuada. El cardsorting es un ejercicio en el que el usuario agrupa y clasifica un conjunto de conceptos en diferentes grupos. El objetivo es estudiar la forma como los usuarios organizan la información, agrupan esos conceptos y crean asociaciones entre ellos. Luego se analizan estadísticamente las coincidencias entre los usuarios para elaborar unas categorías lo más próximas posibles al modelo mental de los usuarios.

Suele ser muy habitual que al diseñar aplicaciones o webs se tienda a utilizar terminología propia de la empresa y que para personas ajenas a ella no sea representativa o ser *excesivamente 'marketiniano'*.

4.7.1.3. Diseño de la información

El objetivo es la presentación de la información para facilitar el entendimiento. Suelen emplearse los prototipos. Los prototipos:

- Son diseños que simulan o tienen implementadas partes de una aplicación, sistema o web.

- Representan, organizan y jerarquizan la información de la aplicación a desarrollar.

- Se define donde se colocará la navegación, los diferentes bloques de información, las llamadas a la acción, etc.

- Deben ser sencillos para no perder la rapidez a la hora de realizar cambios, esta fase es aquella en la que se suelen hacer muchas pruebas.

Ventajas de realizar prototipos:

- No se necesita mucho tiempo para su elaboración y edición/corrección.
- Muestran cómo funcionará la aplicación, antes de que se haya desarrollado.
- Permite asegurar la calidad y usabilidad en una etapa temprana.
- Comparación de ideas y propuestas.
- Permite hacer test.

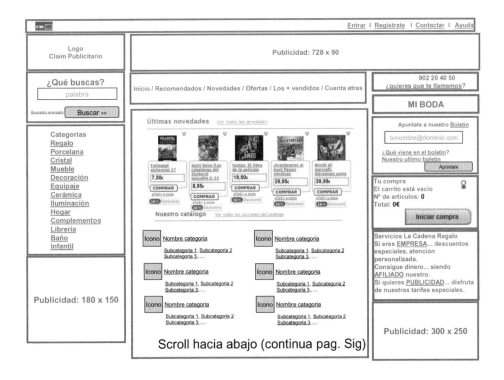

4.7.1.4. Diseño gráfico

El objetivo es crear la capa gráfica final. La información suele entrar por los ojos. La forma en que se presenta la información influye en la experiencia de uso.

El diseño gráfico debe ser considerado como parte fundamental en el éxito o el fracaso de la interfaz, porque a través de ésta se refuerzan notablemente las ideas y/o conceptos en los contenidos. En esto radica la participación del diseñador gráfico, que es de suma importancia, porque él es quién tiene la posibilidad de integrar eficientemente elementos visuales como imágenes, tipografías, espacios, colores, etcétera.

Un diseño estéticamente agradable incrementa la sensación de facilidad de uso, lo hace más agradable, y ello, puede mejorar no sólo la usabilidad percibida, sino también la efectiva.

La web 2.0, la interacción con herramientas sociales y la adaptación multidispositivo marca el diseño del futuro próximo. Pero es recomendable recordar que sea cual sea nuestra inspiración de diseño, finalmente este deberá adaptarse al contenido real de la página y al público que este enfocado.

Tanto los diseñadores, los content managers y los programadores deben trabajar conjuntamente para que el resultado sea un todo y no la suma de varias partes. Es muy habitual que no haya la suficiente comunicación entre el equipo y cada parte haga su trabajo. Para ello es imprescibible un jefe de proyecto que conozca los lenguajes de programación, tenga conceptos de usabilidad y arquitectura de la información y conozca el gestor de contenidos que va a utilizar el equipo de contenidos.

4.7.2. El comportamiento del usuario

El estudio del comportamiento del usuario, actual o potencial cliente, debe incluir el análisis de su proceso de compra, del uso que hace de nuestro servicio o producto y de las variables que determinan ambas cosas.

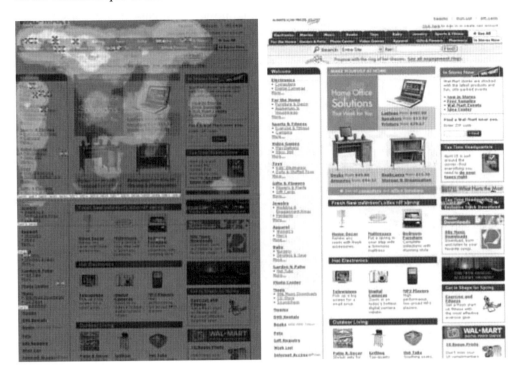

En el proceso de decisión de compra se tienen que recorrer unas fases que van desde la percepción de la necesidad hasta que se produce la compra. A grandes rasgos, estas fases son:

1. Percepción o consciencia de la necesidad. Cuando se percibe que se tiene una necesidad, surge una motivación más o menos consciente para satisfacerla y eliminar, de esta forma, las sensaciones desagradables que produce dicha percepción.

2. Se busca-recoge información acerca de productos/servicios orientados a satisfacer este tipo de necesidad. Especialmente cuando tenemos que tomar la decisión de compra de un producto/servicio sobre el cual no disponemos de experiencia o conocimientos previos, y con mayor motivo cuanto más importante sea el producto/servicio. Aunque el concepto de importancia es subjetivo, factores como el precio constituyen un criterio para determinar en qué medida los usuarios requerirán más o menos información. En términos generales, podemos decir que cuanto mayor sea el precio, mayor será la información que requerirá el usuario para tomar su decisión de compra.

La publicidad es una de las fuentes de información, pero no la única. En la medida en que existan muchos productos o servicios similares orientados a las mismas necesidades, el usuario-cliente buscará informaciones sobre otras utilidades o ventajas aportadas por cada uno.

3. Se analizan y comparan las diferentes alternativas (productos/servicios).

4. Se toma la decisión de comprar o no comprar, y, en caso de decidir comprar, qué producto/servicio de los que conforman la oferta es el que se adquirirá.

5. Se compra el producto/servicio.

Algunas de las variables que influyen en el proceso son propias del usuario, mientras que otras pertenecen al entorno o contexto socio-cultural en el que este se encuentra inmerso.

SISTEMA DE EYETRACKING

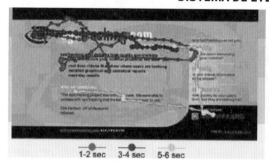
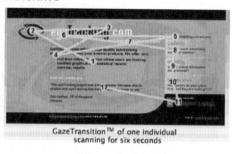

GazeTransition™ of one individual
scanning for six seconds

1-2 sec   3-4 sec   5-6 sec

Entre las variables propias del usuario podemos destacar la motivación, las actitudes, la percepción, los conocimientos y los procesos de aprendizaje...

Otros factores tales como el marco legal, la clase social con la que el usuario se encuentra identificado, la familia, el grupo, los líderes de opinión, etc., constituyen variables propias del entorno que influyen, también, en la decisión de compra.

4.7.3. La usabilidad

La usabilidad se entiende como *la propiedad que tiene un determinado sistema para que sea fácil de usar y de aprender*, esta es una de las definiciones más comunes que podemos encontrar. Sin embargo si nos enfocamos a la web, podríamos decir que la usabilidad *es una disciplina que tiene como objetivo lograr que los productos digitales, en este caso los sitios webs, sean fáciles de usar y de comprender, con el menor consumo de recursos, tiempo y esfuerzo.*

Para crear webs fáciles de usar hay que enfocarlas desde el principio a los usuarios potenciales y realizar las pruebas necesarias en cada fase para conseguir la satisfacción y el agrado del usuario. El diseño centrado en el usuario pasa por tanto por crear un equipo de trabajo que esté especializado en las diversas áreas clave del proyecto web.

El listado más conocido de las propiedades más recomendadas en usabilidad, parten del conocimiento de Jakob Nielsen, y sus conocidos 10 heurísticos:

1. **Visibilidad del estado del sistema.** El sistema debe siempre mantener a los usuarios informados del estado del sistema, con una realimentación apropiada y en un tiempo razonable.

2. **Utilizar el lenguaje de los usuarios.** El sistema debe hablar el lenguaje de los usuarios, con las palabras, las frases y los conceptos familiares, en lugar de que los términos estén orientados al sistema. Utilizar convenciones del mundo real, haciendo que la información aparezca en un orden natural y lógico.

3. **Control y libertad para el usuario.** Los usuarios eligen a veces funciones del sistema por error y necesitan a menudo una salida de emergencia claramente marcada, esto es, salir del estado indeseado sin tener que pasar por un diálogo extendido. Es importante disponer de deshacer y rehacer.

4. **Consistencia y estándares.** Los usuarios no deben tener que preguntarse si las diversas palabras, situaciones, o acciones significan la misma cosa. En general siga las normas y convenciones de la plataforma sobre la que está implementando el sistema.

5. **Prevención de errores.** Es más importante prevenir la aparición de errores que generar buenos mensajes de error.

6. **Minimizar la carga de la memoria del usuario.** El usuario no debería tener que recordar la información de una parte del diálogo a la otra. Es mejor mantener objetos, acciones, y las opciones visibles que memorizar.

7. **Flexibilidad y eficiencia de uso.** Las instrucciones para el uso del sistema deben ser visibles o fácilmente accesibles siempre que se necesiten. Los aceleradores no vistos por el usuario principiante, mejoran la interacción para el usuario experto de tal manera que el sistema puede servir para usuario inexpertos y experimentados. Es importante que el sistema permita personalizar acciones frecuentes.

8. **Los diálogos estéticos y diseño minimalista.** No deben contener la información que sea inaplicable o se necesite raramente. Cada unidad adicional de la información en un diálogo compite con las unidades relevantes de la información y disminuye su visibilidad relativa.

9. **Ayudar a los usuarios a reconocer, diagnosticar y recuperarse de los errores.** Que los mensajes de error se deben expresar en un lenguaje claro, se debe indicar exactamente el problema, y deben ser constructivos.

10. **Ayuda y documentación.** Aunque es mejor si el sistema se puede usar sin documentación, puede ser necesario disponer de ayuda y documentación. Ésta tiene que ser fácil de buscar, centrada en las tareas del usuario, tener información de las etapas a realizar y que no sea muy extensa.

Además podemos recabar información a través de:

- **Con usuarios.** Es la más compleja en lo que se refiere a preparación, realización y análisis, pero es la que proporciona resultados más valiosos. Básicamente se trata de tomar una muestra de sujetos, de 5 a 10, aunque esto dependerá del tipo de sitio y de público, y pedirles que realicen varias tareas. En toda prueba de usuario hay que registrar siempre dos aspectos:

- **El rendimiento.** Se observa la consecución de tareas.

- **La opinión de los sujetos.** Las mejores técnicas para conocerla son el pensamiento en voz alta y el uso de un cuestionario o una entrevista postest. Es en la entrevista final de donde se obtienen los aspectos más reveladores. Hay que ser especialmente sensibles a las siguientes cuestiones:

  - Tener claro el objetivo del sitio.

  - Uso de etiquetas de menú descriptivas.

  - Una navegación fácil.

  - Un tipo de lenguaje adecuado al público.

- **Estrategia.** Las pruebas realizadas pueden hacer cambiar el enfoque dell proyecto, evitando errores de estrategia orientndo de esta manera al usuario la realización del proyecto web.

Por lo tanto para crear webs con éxito, es fundamental la participación de los usuarios desde el inicio del proyecto, validando tanto el concepto como la funcionalidad que se definan antes de su desarrollo.

Los principales factores de usabilidad que intervienen en el análisis de rendimientos de sitios webs son la *utilidad*, *efectividad*, *eficiencia*, *facilidad de uso*, *capacidad de aprendizaje*, *rendimiento* y *satisfacción* generada en el usuario por el sitio, esta última llamada también *experiencia de usuario*.

Para medir y comparar resultados y para gestionar la evolución de la web necesitaremos formas de trabajo organizadas para conseguir una correcta usabilidad. Para ello necesitamos saber si la web es:

- **Efectiva**, el usuario cumple o no sus objetivos, si es capaz de encontrar la información que busca. En caso de tiendas, ¿puede registrarse?, ¿puede comprar?

- **Eficiente**, que tiempo, necesita el usuario para realizar su tarea, ¿cúantos clics necesitará para llegar a encontrar lo que busca?.

- **Satisfactoria**, la opinión sobre la web, que se han hecho los usuarios, ¿es satisfactoria?, ¿volverían a entrar?, ¿cómo les gustaría más?

4.7.4. La redacción publicitaria y la usabilidad

Cuando nos referimos a la *Usabilidad* pensamos en interfaz de usuario, layouts, botones, menús, etc. Pero hay un elemento que contribuye a la usabilidad que pocas veces se tiene en cuenta, *el copy o redacción de textos publicitarios*.

La idea la explica muy bien en Makeminimal.com:

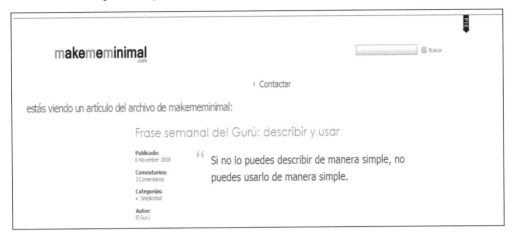

¿Qué impacto puede producir el *copy* en la usabilidad? Para responder a esta pregunta, vamos a ilustrar de forma gráfica cómo los internautas navegan por nuestras páginas. La forma es bastante caótica. No tenemos tendencia a leer todo lo que las webs contienen, sino que más bien hacemos un «**escaneado**» muy rápido recorriendo la pantalla de un punto a otro, intentado encontrar lo que estamos buscando.

En la siguiente imagen podemos ver el recorrido que haría la mirada de nuestros visitantes:

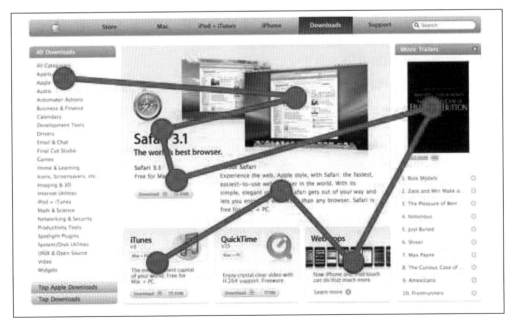

Todo esto ocurre muy rápidamente. Y en ese breve espacio de tiempo debemos haber encontrado la información que andábamos buscando. Probablemente, sino la hemos encontrado, abandonaremos el lugar para seguir buscando en otro sitio.

El mayor problema puede recaer en la longitud de los textos. Es muy fácil escribir demasiado sobre un tema, sobre todo cuando sabemos de lo que estamos hablando. También es fácil pensar que mediante la adición de mucha información le facilitamos la tarea a nuestro usuario y le dejamos las cosas más claras. Esto puede ser cierto si los internautas leyeran toda esa información, el problema es que no lo hacen.

Nuestros visitantes exploran la web «desesperadamente» buscando contenidos en pequeños fragmentos de información. La mayoría no tiene paciencia para leer los párrafos de texto. A veces ni siquiera una frase.

Por tanto, nosotros debemos proporcionar puntos de atención breves y concisos para cada parte vital de información de nuestra web. Estos puntos de atención deben cumplir dos objetivos: *captar la atención del visitante* y *llevarlo a la acción*.

Jakob Nielsen (http://www.useit.com), cita en sus estudios las siguientes conclusiones:

La gente rara vez lee las páginas webs palabra por palabra, sino que más bien las «escanea». Elige palabras individuales y sentencias cortas. Según la investigación realizada en este campo, encontramos que el 79% de los internautas de las pruebas sólo escanearon las páginas, frente al 16% que sí se detuvo a leer palabra por palabra.

Como resultado, las páginas webs deben emplear «**textos escaneables**», utilizando:

- **Palabras clave resaltadas.** Los enlaces de hipertexto deben servir para resaltar estas palabras, utilizando variaciones en el tipo de letra y color, con respecto al resto de los textos.

- **Subtítulos significativos.**

- **Listas con viñetas.**

- **Una idea por párrafo.** Los internautas desprecian cualquier idea adicional sino son atrapados en las primeras líneas del párrafo.

- **Utilizar el estilo de la «pirámide invertida»,** estilo muy utilizado en periodismo, en el que se comienza con «**la conclusión**», seguida de la «**información de apoyo**» y terminando con el «**fondo del tema**».

- **Usar la mitad de palabras** (o menos) que en la escritura convencional.

Otro punto importante es la «**Credibilidad**». Los internautas no saben quién hay detrás de esa información y si pueden confiar en ellos. Esta credibilidad se puede incrementar con gráficos de alta calidad, buena redacción, correcto uso ortográfico y enlaces de hipertexto a otras páginas, esto último hace ver a los usuarios que no nos da miedo que visiten otros sitios y que hemos hecho bien nuestra tarea.

Los usuarios también detestan el «**Marketese**». Es un estilo de redacción promocional un tanto arrogante encontrado en muchos websites comerciales. La credibilidad de los usuarios sufre cuando ven que el sitio exagera claramente.

Veamos un ejemplo real.

A continuación tenemos la página de inicio de ***MacPorts***, una herramienta de Mac de ayuda a la instalación de software de código abierto.

The MacPorts Project Official Homepage

The MacPorts Project is an open-source community initiative to design an easy-to-use system for compiling, installing, and upgrading either command-line, X11 or Aqua based open-source software on the Mac OS X operating system. To that end we provide the command-line driven MacPorts software package under a BSD License, and through it easy access to thousands of ports that greatly simplify the task of compiling and installing open-source software on your Mac.

We provide a single software tree that attempts to track the latest release of every software title (port) we distribute, without splitting them into "stable" Vs. "unstable" branches, targetting mainly the current Mac OS X release (10.5, A.K.A Leopard) and the immediately previous one (10.4, A.K.A. Tiger). There are currently 5051 ports in our tree, distributed among 84 different categories, and more are being added on a regular basis.

Getting started

For information on installing MacPorts please see the installation section of this site and explore the myriad of download options we provide and our base system requirements.

If you run into any problems installing and/or using MacPorts we also have many options to help you, depending on how you wish to get get in touch with us. Other important help resources are our online documentation, A.K.A The MacPorts Guide, and our Trac Wiki server & bug tracker.

Latest MacPorts release: 1.6.0

Getting Involved

There are many ways you can get involved with MacPorts and peer users, system administrators & developers alike. Browse over to the "Contact Us" section of our site and:

- Explore our mailing lists, either if it is for some general user support or to keep on top of the latest MacPorts developments and commits to our software repository.
- Check out our Support & Development portal for some bug reporting and live tutorials through the integrated Wiki server.
- Or simply come join us for a friendly IRC chat if you wish for more direct contact with the people behind it all.

If on the other hand you are interested in joining The MacPorts Project in any way, then don't hesitate to contact the project's management team, "PortMgr", to explain your particular interest and present a formal application. We're always looking for more helping hands that can extend and improve our ports tree and documentation, or take MacPorts itself beyond its current limitations and into new areas of the vast software packaging field. We're eager to hear from you!

Browse over to our generous landlord's homepage, Mac OS Forge, for information on other related projects.

Si observamos la imagen, esta página se compone de una gran cantidad de texto. Raramente alguien se va a leer todo ese contenido y si lo hace no le hará muy feliz.

La mayoría de los usuarios que lleguen a esta página, llegarán con la clara intención de descargar el software en cuestión, pero el vínculo para poder alcanzar dicho objetivo está enterrado profundamente en el resto del texto. Es más, el 80% del copy de esta página se puede eliminar sin que por ello pierda valor la información.

En la siguiente imagen vemos una propuesta rápida de rediseño:

The MacPorts Project Official Homepage

The MacPorts Project is an open-source community initiative to design an easy-to-use system for compiling, installing, and upgrading either command-line, X11 or Aqua based open-source software on the Mac OS X operating system. To that end we provide the command-line driven MacPorts software package under a BSD License, and through it easy access to thousands of ports that greatly simplify the task of compiling and installing open-source software on your Mac.

» Read more...

Getting Started

1. Installation instructions
2. Problems? Get in touch
3. Need more info? See the MacPorts Guide and our Wiki

Latest MacPorts release: 1.6.0

Getting Involved

- Join our Mailing Lists
- Check out our Support and Development Portal
- Chat with us in IRC Chat

If on the other hand you are interested in joining The MacPorts Project in any way, then don't hesitate to contact the project's management team, "PortMgr", to explain your particular interest and present a formal application. We're always looking for more helping hands that can extend and improve our ports tree and documentation, or take MacPorts itself beyond its current limitations and into new areas of the vast software packaging field. We're eager to hear from you!

Browse over to our generous landlord's homepage, Mac OS Forge, for information on other related projects.

Puede que aún no sea perfecta, pero sí ha mejorado considerablemente. Las viñetas, los textos concisos, las fuentes más grandes y las llamadas a la acción, hacen ahora que la página sea más fácil de escanear por el usuario, por lo que le ayudará a conseguir su objetivo de una forma más fácil y rápida.

4.7.4.1. Criterios de longitud de texto en la redacción online

Uno de los criterios que tiene el redactor para definir cuál de los niveles de utilización de la pirámide invertida adopta es la *longitud de los textos*, bien sea total o de subtemas definidos. No tiene sentido dividir temáticamente un texto muy corto, así como tampoco lo tiene mandar al usuario a ver el desarrollo de un subtema en una página diferente cuando esta apenas tiene dos o tres párrafos.

Desde las primeras investigaciones, los expertos han recomendado escribir en forma más breve para las pantallas de ordenador, dado el cansancio que estas provocan en los usuarios.

Jakob Nielsen, al principio, recomendaban escribir «no más del 50 por ciento de lo que hubiera empleado para decir lo mismo en una publicación impresa».

Muchas veces, el 50 por ciento de un texto dado es aún largo, por lo que es relevante la pregunta: ¿no existe un parámetro más objetivo para definir qué es un texto largo y qué es texto corto?

En el trabajo titulado '*Artículos cortos versus artículos largos como estrategia de contenido*', (http://www.useit.com/alertbox/content-strategy.html), de noviembre 12 de 2007, el mismo *Jakob Nielsen* da algunas pistas:

- **Artículos cortos:** 600 palabras. Su lectura toma 3 minutos, asumiendo 200 palabras por minuto.

   Artículos largos: 1.000 palabras. Su lectura toma 5 minutos, también asumiendo 200 palabras por minuto.

Sugiere la mezcla de textos cortos y textos largos para usuarios con expectativas diferentes, o el mismo usuario con expectativa mixta (encontrar contenido corto y largo). Así mismo, insiste en el hipertexto para ofrecer información en profundidad.

Si el redactor considera que Internet es simplemente un canal de distribución de contenidos, puede publicar los textos tal como fueron concebidos para las publicaciones impresas, sin los ajustes necesarios para facilitar su lectura en ordenador y sin recortar su longitud. Así lo hacen muchos sitios que, simplemente, desean alcanzar una mayor audiencia o una audiencia global.

Por el contrario, si el redactor quiere sacar máximo provecho del medio, este debe propender por entregar el máximo de información en el mínimo de palabras. Tomando declaraciones de *Kilian*, «*cada oración, cada frase, cada palabra tiene que luchar por su vida*».

4.7.4.2. Consejos generales para el buen uso de textos en una página web

Vamos a resumir escuetamente una serie de consejos para el buen uso de textos en una página web:

No abusar de las mayúsculas: estas letras poseen un fundamento sintáctico y gramatical propio, pero además son un elemento idóneo para remarcar ciertas partes de información de la página. Su uso excesivo mata este factor, convirtiendo un texto interesante en una serie monótona de caracteres que no dicen nada, y que por lo tanto no captan la atención del visitante. Usa las mayúsculas al principio de cada frase, los nombres propios, los títulos y subtítulos de la página.

No usar textos de pequeño tamaño en tipos serif: debido a que este tipo de letras están pensadas para ser impresas, no para ser contempladas en pantalla, y si son de pequeño tamaño se deforman y se hacen ilegibles. Esto pasa también con los tipos son Sans Serif de pequeño tamaño.

No abusar de las letras en cursiva: ya que el texto en itálica es difícil de leer en pantalla, debido a la inclinación del mismo, que provoca un escalonado en los bordes de las letras que las deforma, sobre todo en tamaños pequeños de fuente.

No abusar de los textos en negrita: ya que la misión de este es reforzar la importancia de una parte de la información que damos en la página, y se debe usar sólo para este fin. Además ocurre algo parecido al caso de las cursivas, ya que para pintar en pantalla una letra en negrita lo que hace el ordenador es añadir pixels adicionales en los bordes de la letra. Si esta es de pequeño tamaño, se produce un desagradable efecto de emborronado, y si es de gran tamaño se produce el efecto de escalonamiento, no siendo convenientes ninguno de ellos.

No usar, y menos aún abusar, de los efectos de parpadeo o deslizamiento: como pueden ser textos en marquesina, en efecto Blink o en desplazamientos mediante scripting, ya que son irritantes y marean y confunden al usuario.

No usar demasiados tipos de fuentes ni demasiados colores diferentes, ya que rompen la armonía que debe haber en el contenido de todo documento, aparte de que corremos el riesgo de que el usuario no tenga alguna de las fuentes usadas instaladas en su ordenador, lo que hará que éste las sustituya por la fuente estándar, rompiendo con ello todo nuestro esquema de estilo. Conviene usar siempre las fuentes estándar.

Cuidar la accesibilidad de la información: ya que si usamos letras de pequeño tamaño, efectos compatibles sólo con algunos ordenadores o colores que necesiten prestaciones especiales, estamos eliminando de la lista de nuestros visitantes a aquellas personas que no pueden acceder a este tipo de contenidos.

Usar enlaces visualmente independientes: es decir, que los enlaces de la página se distingan claramente del resto del texto. Piensa que no todos tus visitantes están tan acostumbrados como tú a navegar por Internet, por lo que debes marcar las diferentes partes de tu página de forma clara.

Presentar el texto de una forma lógica: no olvidemos que al fin y al cabo una página web es un documento como otro cualquiera, por lo que debe tener una lógica de desarrollo y de presentación si queremos que cumpla su misión principal, que es facilitar información clara al visitante.

Usar siempre caracteres compatibles con el estándar: que tradicionalmente ha sido el el conjunto de caracteres ASCII, y que incluye la letras, los números, los signos de puntuación y algunos caracteres especiales como los tabuladores. Para evitar contradicciones y malas interpretaciones es conveniente ceñirse casi siempre al juego ASCII, por lo que si escribes en castellano, no acentúes las palabras directamente, si no que debes usar los caracteres especiales que hay para tal efecto.

Utilizar el lenguaje del usuario. Evitar el lenguaje técnico o especializado. Debemos investigar cuales son los términos usados por los usuarios para referirse a los conceptos que contiene el formulario y utilizarlos.

Por ejemplo, en un entorno de banca online, términos como «Reintegro», «Imposición» y «Transferencia» podrían ser sustituidos por «Sacar dinero», «Poner dinero» y «Enviar dinero».

Ser breve. No usar palabras innecesarias y colocar el texto en una única línea. *Por ejemplo*, en un directorio el término «Teléfono móvil», «Dirección de correo electrónico» y «Número de fax» pueden ser sustituidos por «Móvil», «Correo electrónico» y «Fax».

Capitalizar la primera palabra. Deberá ir en mayúscula la primera letra de la primera palabra. Esto ayuda a identificar el inicio de una etiqueta. En español, a diferencia del inglés, el resto de palabras llevarán la primera letra en minúscula, excepto si son nombre propios. Lo contrario confunde más que ayuda puesto que no es un uso habitual de nuestro idioma.

Palabras clave al inicio. Colocar al inicio de la etiqueta la palabra más significativa. Esto ayuda a la exploración y localización rápida de la etiqueta.

Evitar abreviaciones. Seguir las siguientes reglas cuando sea inevitable usar abreviaciones:

- **Ser consistente:** usar la misma abreviación siempre para la misma palabra.
- **Seguir los estándares del usuario**, su argot profesional o el de su organización. Por ejemplo: «Cial.» por «Comercial» en un entorno financiero.
- Cuando no exista ningún estándar para una palabra, se preferirán las abreviaciones por truncamiento: Por ejemplo, «Dir.» por «Directorio». En textos largos, puede ser que el truncamiento no sea efectivo, en este caso se podrá usar un acrónimo o crear abreviaciones por compresión. Por ejemplo: «AMEX» por «American Express».
- **Poner dos puntos al final de la etiqueta.** Aunque algunas guías de estilo indican la opcionalidad de los dos puntos al final de las etiquetas, es preferible usarlos puesto que de esta manera se indica claramente el final del texto de la etiqueta, evitando confusiones con otros textos próximos. Son excepciones a esta regla los textos de los botones de opción y de las casillas de verificación así como los títulos de los recuadros de grupo.

4.7.5. Claves de la comunicación visual

Uno de los principales objetivos de la mayoría de los websites consiste en transmitir información adecuada y útil para nuestro público objetivo. Para ello, los contenidos deben ser los adecuados y, además, deben estar correctamente organizados. Esto es especialmente importante si nuestro website ofrece o vende productos o servicios, dado que muy probablemente el usuario deseará obtener información precisa acerca de los mismos antes de tomar la decisión de compra.

Los usuarios esperan lo siguiente al entrar en un website:

- Conveniencia y facilidad de uso.
- Confianza y credibilidad.
- Contenidos útiles y de valor.
- Agilidad y rapidez.
- Organización y navegabilidad.
- Personalización.

Una buena comunicación visual es un facilitador y debemos realizar correctamente una buena usabilidad, una excelente arquitectura de la información y una buena experiencia de usuario.

Si disponemos de un website visualmente agradable, estético y con unos contenidos valiosos e interesantes, pero mal organizados y con una navegación complicada que provoca desorientación y serias dificultades para encontrarlos, probablemente fracasaremos en nuestro objetivo comercial.

La Arquitectura de la Información de una web constituye el 80% de la usabilidad de una web.

Arquitectura de la Información	Otros...

USABILIDAD

Hay cuatro principios básicos referentes a cómo estructurar la información:

- Dividir el contenido en unidades lógicas.
- Establecer una jerarquía de importancia entre las unidades.
- Usar la jerarquía para estructurar las relaciones entre las unidades.
- Construir un website que respete esta estructura de la información.

BUSCADOR DE RUMBO.ES

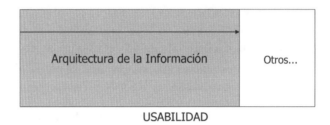

Las recomendaciones generales a la hora de organizar la arquitectura de la información de un website son:

* Pocos internautas pasan mucho tiempo leyendo un texto largo en pantalla.

* Los internautas que hacen *click* en un *link* esperan encontrar una información específica y relevante para ellos, no una gran parrafada.

* Empaquetar la información en pequeñas unidades ayuda a organizarla y presentarla, y resulta más manejable.

* Las pequeñas unidades de información se adaptan mejor al reducido espacio de una pantalla de ordenador.

La organización jerárquica es una necesidad de la web. La mayoría de los website se organizan de manera jerárquica según un criterio de importancia o desde lo más general a lo más específico.

ORGANIZACIÓN JERÁRQUICA EN CONDISLINE.COM

ORGANIZACIÓN JERÁRQUICA EN ELCORTEINGLES.ES

Un e-cliente al llegar a un website genera un modelo mental del mismo que va perfeccionando mientras se mueve por él. El éxito de un website depende, en una medida importante, de cuánto se ajuste a los modelos cognitivos que generen sus usuarios y a las expectativas que se deriven de dichos modelos.

Un website bien organizado permite que los visitantes generen fácilmente un mapa cognitivo, a partir del cual hagan predicciones exitosas acerca de lo que pueden encontrar y dónde. En cambio, si montamos nuestro website sin una estructura lógica, los usuarios no pueden hacer predicciones adecuadas lo cual les genera desorientación y frustración y aumenta la probabilidad de abandono.

Una vez hemos organizado los contenidos, debemos comprobar que los elementos de navegación (menús, botones, etc.), se ajustan a ellos y respetan la estructura, permitiendo que los usuarios se muevan por los mismos de forma lógica y natural. Como norma general, debemos evitar los excesos tanto en la longitud como en la profundidad de los menús.

4.7.5.1. La organización guía al usuario en la contemplación de una página web

En occidente leemos de izquierda a derecha y desde la parte superior a la inferior. Esto se puede aprovechar para organizar el contenido de una composición igual de lógica que nuestra forma de leer y podemos posicionar en un website los elementos más importantes en la zona superior izquierda de la misma, las siguientes en importancia en el lateral izquierdo, las siguientes en el cuerpo central y las menos relevantes en la parte inferior.

Otro sistema de establecer una jerarquía en los contenidos es el **uso de colores**. Según Luciano Moreno (http://www.desarrolloweb.com/articulos/1426.php)Podemos enfatizar ciertas zonas de la composición usando en ellas colores primarios muy saturados, que atraen de forma irresistible la atención de los espectadores, teniendo siempre cuidado de que los textos en ellas contenidos contrasten de forma clara con el fondo, para que pueden ser leídos con comodidad. En este caso, hay que tener cuidado con no abusar de estos colores «fuertes», destinándolos solamente a pequeñas zonas especiales, ya que recargan en exceso la vista, sobre todo el amarillo.

Para las zonas de segundo orden podemos usar colores menos saturados, secundarios o terciarios, siendo una buena opción aquellos presentes en la naturaleza, ya que son más naturales y mejor aceptados por los espectadores. Por último, las zonas menos importantes podemos no colorearlas o hacerlo muy sutilmente, para que no atraigan en exceso la mirada.

También podemos recurrir a la hora de establecer rangos de importancia visual a los contrastes. Si situamos cercanas o superpuestas dos zonas de colores complementarios o que contrasten mucho, la importancia de ambas en la composición se refuerza, sobre todo si las zonas de contraste no son muchas.

JERARQUÍA VISUAL POR CONTRASTES DE COLORES (AZUL, NARANJA Y BLANCO)

Por el contrario, si las zonas son de colores análogos, pertenecientes a una misma gama, la importancia de ambos se disminuye, aunque sean colores vivos, ya que se distinguirá una zona de atracción, pero sus elementos aparecerán difuminados, poco relevantes.

En cuanto a los elementos textuales, a los que también son aplicables los métodos de color y contraste, podemos establecer una jerarquía en ellos mediante los tamaños relativos de los mismos. Los títulos de página, los cabeceros o los titulares de una noticia o apartado pueden ser destacados aumentando su tamaño según su importancia en la composición o página web. Este método es siempre aconsejable, ya que organiza de forma lógica el contenido textual y rompe la monotonía intrínseca de los textos.

Un elemento a evitar siempre en una composición, salvo que nos convenga su uso, son los adornos gráficos visualmente impactantes, como zonas de color intenso sin sentido, iconos que destaquen en exceso, líneas horizontales chillonas, animaciones que aporten poca información, etc. Su presencia atrae la vista del espectador, sin ofrecerle nada a cambio y desviando su interés de los elementos textuales y gráficos que sí aportan verdadera información.

Esto no quiere decir que no puedan emplearse. Son a veces muy útiles para romper la monotonía de una composición introduciendo en ella elementos que proporcionen frescor visual, pero deben ser usados siempre con moderación.

Aunque podemos basarnos en nuestros conocimientos técnicos previos, sólo el seguimiento del uso que hacen los usuarios de nuestro website, y de cómo se mueven por él, nos permitirá ajustarlo convenientemente a sus requerimientos.

Si nuestro website contiene grandes cantidades de información, una tabla de contenidos con links bien organizados puede ser una herramienta de navegación muy útil.

ORGANIZACIÓN JERÁRQUICA EN CASADELLIBRO.COM

4.7.6. Experiencia de usuario

Un usuario suele abandonar un website por los siguientes motivos:

- Lentitud de carga o links rotos 84%.
- Imposible localizar la información buscada 68%.
- Imposible de localizar información de la empresa 31%.
- Limitada facilidad de búsqueda 23%.
- Pobremente enlazado 16%.
- FAQ's caducadas 6%.
- El sitio utiliza anuncios POP-UP 4%.
- Otros 3%.

Para Microsoft, es recomendable seguir estos consejos prácticos para mejorar la experiencia de usuario:

1. Comunicar de forma inmediata el objetivo del website.

La primera impresión es la clave. La mayoría de las visitas no pasan de la página de acceso, por lo que es decisivo comunicar con mucha claridad cuál es el objetivo del web.

Algunos consejos:

- Exponer en portada de forma clara la gama de productos que se ofertan en el site.

- Es recomendable acompañar los catálogos de productos en portada con alguna frase descriptiva.

2. El cliente debe estar informado constantemente acerca de su ubicación.

El usuario se encuentra ante decisiones que concluirán en una posible compra, por lo que es esencial crear una sensación de seguridad que permita al cliente olvidarse de la navegación y centrarse en la información ofrecida.

Existen diversas formas de lograr esa sensación de comodidad:

- Logotipos de la empresa siempre presentes.

- Títulos de página claros.

- Usar algunas de los diversos tipos de «rastros de migas» (también llamados «breadcrumbs») o paths... Este tipo de técnicas requieren de una correcta aplicación y funcionamiento.

3. El sitio debe adaptarse al mundo de los clientes: su lenguaje, sus conocimientos...

Cuando pensamos en los contenidos y la información que vamos a incluir en la web debemos hacernos tres preguntas:

- ¿Qué información quiere mi público objetivo?

- ¿Cuándo la quiere?

- ¿Cómo la quiere?

Damos por supuesto que antes de construir nuestro site hemos decidido quién es nuestro público objetivo y por lo menos cuál va a ser el cliente al que nos gustaría dirigirnos.

Algunos consejos:

- Conocer los comportamientos, gustos, hábitos de nuestro público objetivo.

- Evitar aquellos iconos, palabras o contenidos que no sean fácilmente identificables por los usuarios finales de nuestro web.

4. El cliente/usuario debe sentir que posee el control sobre todo lo que pasa en el site.

En los sites de comercio electrónico en los que los procesos de registro, alta y compra son esenciales, ofrecer al usuario la sensación de que «está al mando» es trascendental. Esta norma implica una serie de aspectos que es conveniente tener en cuenta:

- Debe ser posible deshacer una acción siempre que esta sea funcional u operativa.

- En procesos de varios pasos, se debe permitir al usuario volver a pasos anteriores y modificarlos.
- No se deben iniciar de manera automática acciones que el usuario no ha ordenado explícitamente.
- Y algunos aspectos referidos al diseño:
- Debe ser posible controlar el tamaño de letra
- La visualización tiene que estar adaptada a diferentes resoluciones.

Existe además una circunstancia a tener en cuenta desde el punto de vista legal, la Ley de Servicios de la Sociedad de la Información y de Comercio Electrónico recoge en su exposición de motivos algunos puntos que hacen referencia a los pasos en un proceso de contratación.

5. El sitio tiene que ser consistente internamente y respetar estándares externos.

La estandarización es uno de los pilares básicos de la usabilidad, tal es así que existen múltiples normas ISO referidas a la usabilidad de productos de software. Sin embargo, en entornos on line, los estándares se van introduciendo más por convencionalismos que por una norma establecida.

Lo que es cierto es que los clientes de este tipo de sitios están acostumbrados a una serie de estándares externos que no es aconsejable modificar ya que los ha ido aprendiendo y adquiriendo tras cierto tiempo. Como por ejemplo: «el carro de la compra».

Sobre la consistencia interna, damos algunos consejos:

- Las pestañas o etiquetas de los vínculos deben tener los mismos nombres que los títulos de las páginas o secciones a las que se dirigen.
- Las mismas acciones (botones, links) deben llevar a los mismos sitios.
- Los mismos elementos deben ser iguales en todo el site.

6. El diseño debe ayudar a prevenir posibles errores.

El numero de errores existentes en un site tiene una relación directa sobre el ratio de conversión visita/cliente. Hemos determinado tres "zonas calientes", más sensibles al error:

- Los motores de búsqueda.
- Los formularios de alta.
- Las áreas transaccionales.

Con respecto a los motores de búsqueda, el error más frecuente es no devolver los resultados esperados. Averigüe lo que sus clientes realmente buscan y adapte la herramienta a sus necesidades. Y asegúrese de que el motor acepta errores ortográficos y que se actualiza periódicamente.

PÁGINA WEB IBERDROLA.ES

En los formularios de alta, el porcentaje mayor de abandonos lo producen los mensajes inesperados de error o los mensajes mal construidos. El usuario tiene derecho a equivocarse. Es tarea nuestra explicar qué información debería introducirse o cómo solventar el error. Y debemos marcar con claridad todos los campos que consideremos obligatorios.

Los clientes sólo usan el 5% de su tiempo de navegación para realizar transacciones, el 95% restante lo dedican a buscar productos, comparar y otra serie de tareas no transaccionales. De ahí la importancia de que esta fase del proceso de compra esté tan estructurada que no lleve al usuario a cometer errores que agoten el tiempo que está dispuesto a dedicarle a esta tarea en esfuerzos inútiles.

7. Se debe facilitar y optimizar el acceso a los usuarios.

Normalmente existen dos tipos básicos de usuarios: noveles y expertos, y las necesidades de unos y de otros pueden diferir. La tendencia es centrarse en el novel y complicar la navegación al experto. Nuestro consejo es que busquemos un equilibrio para que, sin dificultar la navegación novel, el usuario avanzado encuentre atajos que mejoren su experiencia de uso.

Sobre las áreas cerradas o de acceso restringido, es algo que depende únicamente de la estrategia empresarial de cada compañía. Pero recomendamos flexibilizar el acceso a los contenidos. Restringir el acceso a la información no es beneficioso, sobre todo si no existe un valor real para el cliente registrado.

8. Hay que evitar la información irrelevante y ceñirse a lo necesario.

Lo difícil en este apartado es conocer: ¿qué es lo necesario para el usuario? y ¿cuándo lo quiere? Los errores más frecuentes se encuentran en la ficha de producto.

Debemos ajustarnos al nivel de información demandado por el usuario:

- Ser transparente en los beneficiosos y en los costes del producto.
- Jerarquizar la información de mayor a menor importancia.
- Evitar el ruido visual generado por la acumulación de elementos.
- Una buena idea es dosificar la información y no ofrecer todos los detalles de una vez.

9. La navegación debe ser recordada más que redescubierta.

El uso de estándares internos y externos facilita el reconocimiento de la navegación. El uso de patrones coherentes internamente ayuda a automatizar decisiones y evita repensar cada situación. Al mismo tiempo una lógica jerarquización, agrupación y presentación de contenidos ayudará, guiará y evitará la reiterada petición de información en la navegación del usuario.

10. El usuario debe recibir ayuda cuando lo necesita.

En teoría, un site bien hecho no debería necesitar instrucciones de ayuda. En la práctica, son imprescindibles. Para que nuestras ayudas no se conviertan en otro obstáculo más, debemos tener en cuenta dos cosas:

Que las ayudas sean concisas y directas.

Y que estén contextualizadas. Es decir, que las ayudas estén situadas en el lugar en el que el usuario las va a necesitar: un texto de apoyo, un ejemplo, etc.

La ayuda telefónica se ha revelado como un elemento de seguridad necesario frente a la incertidumbre que produce el proceso de comprar on line. Por lo tanto, debemos ofrecer al cliente la sensación de que estamos al otro lado para resolver cualquier duda que se le planteé.

Como hablamos al principio, cada página web responde a una serie de condicionantes fruto de la propia definición empresarial de cada compañía. Esas características propias son las que van a determinar la necesidad, o no, de incorporar estos consejos.

Sin embargo no conviene perder de vista el principio fundamental: el usuario no desea realizar muchos esfuerzos. Cualquier obstáculo o barrera, por pequeña que sea, será suficiente para que el cliente abandone nuestra web para irse a la competencia. Facilitar la navegación y mejorar su experiencia de uso es la mejor manera de garantizar el éxito de nuestro negocio

¿Porqué es importante la usabilidad y la experiencia de usuario en los site de comercio electrónico?

La importancia de una correcta usabilidad se debe a que los sitios web fáciles de usar son más demandados, más usados (ventaja competitiva). Asimismo, permite una reducción costes, tanto de producción, como de mantenimiento y de apoyo (call centers). Además permite un aumento en la prevención de errores y reducción de abandonos en el proceso de compra. Finalmente podemos indicar que se produce un incremento del ratio de conversión: visitantes en compradores.

Un fácil fórmula recordatoria es:

Buena experiencia de usuario = mayor Satisfacción = más Fidelización = aumento Beneficios = RETORNO DE INVERSIÓN.

4.8. Minisites

También conocido como minisite o weblet. Es un término de Diseño Web que se refiere a una página web individual o a un grupo de páginas que tienen la función de auxiliar a sitios web primarios. La página de inicio de un microsite seguramente tenga su propia dirección Web.

Típicamente son utilizados para añadir un conjunto de información tanto comercial como editorial. Estos sitios pueden estar o no vinculados al sitio web principal y se pueden retirar del servidor del sitio cuando sean utilizados para un objetivo temporal. La mayor distinción entre un microsite con su sitio Web padre, es su función específica comparado con el sentido más general del sitio Web padre.

Los microsites utilizados para funciones editoriales, pueden ser tanto una página o grupo de páginas que, por ejemplo, puedan contener información sobre una fiesta, un evento o ítem similar, proporcionando información más detallada de la que pueda dar el contenido más general del sitio Web padre. Una comunidad u organización puede tener un sitio Web principal con toda la información básica de la organización, pero crear un microsite separado, temporal para informar sobre una actividad o evento en particular.

A menudo, los microsites son utilizados por razones editoriales por un negocio comercial para añadir valor editorial a su Web. Por ejemplo, un minorista puede crear un microsite con contenido editorial sobre la historia de Halloween o algún otro evento o fiesta típica. El objetivo comercial de dichos microsites comerciales, más allá de la venta de productos, puede incluir el valor añadido a las visitas de los usuarios por razones de marca como para proporcionar contenido editorial y palabras clave que permitan aumentar las posibilidades de inclusión en motores de búsqueda.

Los microsites pueden ser utilizados puramente por motivos comerciales para proporcionar información detallada sobre un producto o servicio en particular o como ayuda escrita sobre un producto en concreto, como por ejemplo describiendo una tecnología nueva. Una empresa automovilística, por ejemplo, puede presentar un nuevo vehículo híbrido y dar un soporte a la presentación comercial con un microsite específico que explique la tecnología híbrida en concreto.

También se está aplicando el uso de microsites para añadir contenidos de entretenimiento (juegos, concursos, etc.), con idea de generar tráfico al sitio web principal o para promocionar productos, como comentábamos anteriormente.

4.9. Comparadores de precios

Los comparadores de precios son herramientas muy útiles desde el punto de vista teorico, y hubiesen tenido su espacio más definido si no hubiesen concurrido los siguientes factores:

- Dificultad de compara el mismo producto a no existir una estandarización de los códigos de referencia de los productos o por la incorrecta clasificación de un productos en una categoría.

- Mezcla de e-tailers profesionales y amateurs que complica la comparativa real de precios

- Escasa información disponible, o dicho de otro modo, no se sabe si se está comparando el mismo producto (más o menos servicios de valor añadido, si es un producto nuevo o usado…).

- La aparición de las redes sociales facilita que la información se de entre los mismos usuarios, sin que intervenga una empresa intermediaria.

- Desconfianza ante posibles fraudes como se han dado en websites de subastas.

Aun así es recomendable utilizar este tipo de websites porque posibilitan más trafico y mejorar el SEO de nuestro website.

Casos de aparente éxito: Kelkoo u Google product search.

KELKOO.COM

GOOGLE PRODUCT SEARCH

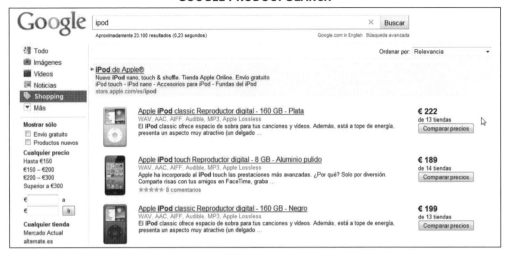

4.10. Alianzas online

Es una forma muy sencilla de aprovechar sinergias entre dos compaías que no son competencia pero que comparten publico obbjetuvo. Las características del modelo de negocio de las alianzas online son:

- Son acuerdos estables en el tiempo.
- Normalmente el coste está controlado y donde el mayor coste inicial es la integración entre plataformas.
- Pueden requerir esfuerzos de integración: diseño y tecnología.
- Pueden ser cobranded o Marca Blanca.

COBRANDED LIBERTADDIGITAL.COM E IAHORRO.COM

Capítulo 5
KPI's y métricas digitales

5.1. Introducción a las métricas digitales

El objetivo de toda acción publicitaria es encontrar el equilibrio entre las inversiones realizadas por los anunciantes y la *rentabilidad* derivadas las mismas, es decir, el ROI (retorno de la inversión), que puede ser medido en términos de registros, ventas, cotizaciones o simulaciones de pólizas (en el caso del sector seguros), visitas o reconocimiento de marca/notoriedad, etc.

Los medios Digitales son los únicos medios de comunicación que proporcionan éste nivel de análisis a través de distintas herramientas utilizadas en cada uno de los casos, no en vano, y como apuntaba en mi breve reflexión inicial, la progresiva «digitalización» de los medios de comunicación más tradicionales que se está experimentando estos últimos años, está haciendo que se incorporen dispositivos tecnológicos en ellos para poder obtener métricas que puedan justificar los resultados de las campañas y para establecer un vínculo más estrecho con sus clientes potenciales. Así, por ejemplo, en las lonas de exterior se incorporan tecnologías de bluetooth, en TV se utiliza permanentemente el sistema SMS para recoger opiniones y hacer participar a su audiencia, también utilizan cada vez más la propia web de la cadena en cuestión para recoger esas opiniones, en las cadenas de radio sucede lo mismo, están incorporando el canal de Internet como otra vía de contacto con sus oyentes, etc. En las acciones de publicidad se aplica de la misma manera, la mayoría de los anuncios incorporan en los mensajes las direcciones de las páginas web correspondientes a los productos anunciados independientemente del soporte de comunicación utilizado para poder contactar con su público objetivo y saber cuántos de ellos han mostrado interés por la comunicación de la marca[1].

En este capítulo veremos con detalle con qué herramientas podemos trabajar en cada uno de los canales digitales y, sobre todo, cómo interpretar esos datos para que los análisis de resultados nos aporten una experiencia relevante de cara a sucesivas acciones en esos mismos canales. El *dato* es importante, pero lo es más la interpretación que seamos capaces de hacer de ellos, por lo que nos dedicaremos en profundidad en cómo hacer dicha interpretación.

---

[1] Más información: http://bit.ly/Metricas-Digitales.

Para hacer este análisis en profundidad, estructuraremos el análisis en función de las distintas tipologías de marketing digital:

- Internet: Acciones display y acciones de respuesta directa (buscadores, redes de afiliación, performance marketing).
- E-Mail Marketing: bases de datos internas y externas.
- TV IP.
- Mobile marketing: acciones de proximidad (bluetooth), envío SMS, navegación web, clic to call…
- Marketing interactivo (exterior).

Para cada uno de estos medios existen herramientas y canales de retorno diferenciados, que nos permiten conocer la interactividad y los resultados hasta el nivel de la venta si fuera necesario. En algunos casos requiere plataformas tecnológicas más complejas, y en otros son canales de respuesta sencillos (como por ejemplo el propio SMS).

Como punto de partida debemos establecer las siguientes consideraciones que tendremos en cuenta a la hora de trabajar con los distintos sistemas, y que desarrollaremos con más detalle más adelante:

- Las herramientas de medición son vitales para el análisis de los resultados derivados de las acciones publicitarias, por lo que el trabajo previo al lanzamiento de una campaña es *crítico* que esté correctamente realizado, y por tanto se deberán hacer todas las pruebas necesarias de que se registran los datos correctamente antes de iniciar ninguna acción. Si este proceso no se realiza correctamente las conclusiones que podamos hacer serán erráticas.

- Más importante es aún saber *interpretar* esos datos, una mala interpretación puede hacer tomar decisiones incorrectas y dilapidar una estrategia de comunicación a priori bien planteada, y lo peor, generar una imagen de incertidumbre a nuestros anunciantes.

- Cuando trabajamos con nuevas tecnologías debemos ser conscientes que hay casos en los que pueden producirse incompatibilidades entre sistemas que hacen que para una misma acción, los datos obtenidos no sean exactos entre distintas herramientas utilizadas (veremos cómo resolverlo). En este punto deberemos ser mayormente cuidadosos a la hora de trasladárselo a nuestros clientes, ya que también se podría generar incertidumbre y por tanto dudas, y esto no debemos permitírnoslo.

- Tener claro *el objetivo* de la campaña: Algo a veces aparentemente baladí, sin embargo es lo que hace que muchos anunciantes no queden satisfechos con los resultados de una campaña. En función de unos objetivos de campaña se establecerán unas estrategias de comunicación y de medios, así como un planteamiento táctico que sea acorde con ellos para poder alcanzarlos. Por lo tanto, y consecuentemente con esto, nuestros análisis e informes deberán estar orientados a dichos objetivos y nunca desviar la atención hacia otras variables que no sean las prioritarias.

La estandarización

Aunque aparentemente el título de este punto pudiera parecer poco esperanzador, el objetivo es precisamente el de alertarnos de que existe una necesidad vital de hacer evolucionar de manera importante las herramientas de medición existentes para dar aun mayor confianza y madurez a estos medios. En este caso, y como apuntamos en el título de este apartado, nos referimos a las herramientas **externas de análisis de audiencias,** no a las internas de analítica web o de Adserving.

Una de las barreras más relevantes para que la publicidad digital no evolucione de manera más significativa es la existencia de fuentes distintas y con diferentes metodologías de trabajo en la medición de audiencias. En el caso de Internet, el discurso de la necesidad de alcanzar el Unique Source (única fuente de medición) está instaurado en el mercado desde hace 10 años, cuando se estaban estableciendo ya las bases de este medio. Sin embargo, hasta el día de hoy, sigue habiendo áreas de mejora en este campo para evitar los *gaps* o las discrepancias de datos que nos encontramos entre las distintas herramientas de las que disponemos.

Para cualquier actividad en la que se requiere de sistemas de medición, sea de audiencias o de resultados, se hace cada vez más necesaria una «Unique Source», es decir, una única fuente de información o de medición que nos ofrezca datos consistentes y veraces y que por tanto sean aceptados por el mercado.

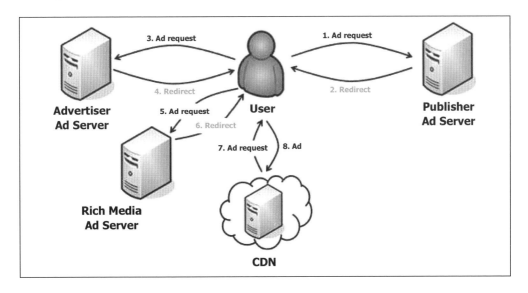

Estos gaps se van a producir siempre, lo importante es que esas discrepancias sean inferiores al 10% (tasa de discrepancia aceptada por el mercado), de lo contrario es muy probable que se de alguna o varias de las siguientes circunstancias:

- Incompatibilidad de sistemas de medición: Hay que tener en cuenta que incluso en sistemas compatibles como Google analytics y su plataforma de Adwords, estas discrepancias se producen, cuando más si son sistemas de distinta naturaleza, o que computan de manera diferente las métricas.

- Error en la programación de la campaña: Tags o etiquetas mal implementadas. Por eso es de vital importancia hacer las pruebas previas que nos garanticen la calidad del proceso de implementación de las etiquetas de campaña

- Errores graves de conexión: En sistemas inestables de conexión, puede hacer que se produzcan interrupciones de acceso a los usuarios, lo que originaría un gap entre lo que dice el servidor que manda al usuario a la landing page cuando hace clic, y el servidor que lo recibe; si hay interrupción, ese servidor no podrá nunca registrar su entrada. Este hecho no debiera ser cuantitativamente el más importante, ya que puede originar alguna variación entre las mediciones, pero no suele el más relevante por sí mismo.

- Peso excesivo de la landing page: Si la página del cliente es demasiado pesada el usuario que haya accedido a la misma, cerrará la sesión o retrocederá en su navegador, lo que haría que la herramienta de medición del anunciante nunca registrara que ese usuario se ha interesado por su producto ni que ha venido de una campaña de publicidad.

En los medios interactivos, y en concreto internet, que a pesar de ser todavía muy joven en comparación con otros medios de comunicación es el canal interactivo más antiguo, siempre ha habido distintas fuentes de medición que lo que han provocado es una cierta desconfianza por el medio. Esto se debe a que cada sistema de métricas en los medios interactivos utiliza sus propios sistemas, tiene sus propias particularidades y nunca van a coincidir en sus mediciones. Nos encontraremos, por ejemplo, que según nuestro AdServer, hemos generado 67.500 visitas al site del anunciante, y sin embargo el propio anunciante, a través de sus propio sistema de medición, puede estar registrando 59.000.

Con esta finalidad y las distintas asociaciones del mercado como la IAB (Interactive Advertising Bureau) y la AIMC (Asociación para la Investigación de los Medios de Comunicación) han constituido el **Comité de Mediciones Digitales** en España para trabajar en pro de una estandarización de las métricas en el medio Internet que garanticen una mayor fiabilidad y por lo tanto aporte una mayor seguridad y confianza a los anunciantes.

Este comité ha elaborado un Libro Blanco de Mediciones Digitales cuyo objetivo es alcanzar una mayor trasparencia en este campo y tratar de encontrar una moneda de cambio consensuada de mercado. Se establecen unos principios generales, y trascribo:

- **Consenso:** acordado por todos los actores del mercado, y fundamentalmente por los dos grandes agentes publicitarios, compradores y vendedores.

- **Solvencia y viabilidad:** que cuente con una base técnica suficiente, que dé respaldo a sus mediciones y permita un análisis más detallado y pormenorizado de la información. Además debe de ser viable en su desarrollo. Teniendo en cuenta que los costes los tienen que asumir los agentes de mercado.

- **Transparencia:** abierta a la auditoria de sus usuarios y a sus propuestas consensuadas. Hasta día de hoy, este punto no se da con garantías.

- **Adaptación al mercado local:** sus mediciones, variables e indicadores deben adaptarse a las necesidades del mercado español. Así mismo debe contar con recursos que permitan ofrecer un servicio adecuado a las necesidades técnicas, comerciales y de desarrollo del mercado.

- **Publicitaria:** además de ser la referencia del consumo de los medios digitales, debe estar orientada a servir las necesidades del mercado publicitario.

- **Unicidad:** que sirva para la determinación de la moneda única de intercambio comercial en el mercado publicitario.

A partir de estos principios, se están redefiniendo las categorías, la clasificación de la información y el detalle y la aplicación de patrones socio-demográficos estándar en nuestro mercado (ejemplo, clase social, etc.) que pueda hacer equiparar estos datos con otras herramientas del mercado en otros medios de comunicación.

El pixel invisible

Es la razón por la que algunos medios online intentan poner algunos elementos para que puedan medir y tener un control de cuantos usuarios han visitado una página o han abierto el mail. El pixel invisible consiste en una imagen pequeña, no pesa nada y tarda un nanosegundo en ser descargada desde sus servidores. Generalmente se le llama a esta imagen pixel **de control** o simplemente pixel invisible (web beacons en inglés), es decir, se trata de una gif de 1 pixel × 1 pixel, totalmente transparente, de manera que no se vea dentro de la creatividad de lo que se está enviando. A la hora de abrir el mail, por lo tanto, su descarga es prácticamente inmediata, mientras otras imágenes podrían tardar más y, al darle atrás en el navegador, podría no haber el tiempo de efectuar la descarga, así que no sabríamos si el mail se ha efectivamente abierto o no.

Para ver la demostración de que existe, hay que ver el código fuente de un optin de cualquier newsletter, como por ejemplo Infojobs y lo veréis claramente (trans.gif es la imagen en este caso). Por supuesto Infojobs no es el único que hace esto. Laboris por ejemplo también lo hace y también Google y Yahoo con sus cookies cuando necesitan recoger datos de los usuarios (por ejemplo en una web que tenga implementado Google Analytics).

¿Cuál es la utilidad de todo esto para una web?

Ver la **eficacia, a nivel de ratios de apertura de un mail, entre un asunto u otro**.

Sea lo que sea, por defecto Gmail, Hotmail y otros proveedores de correo electronico intentan evitar que las empresas tengan acceso a este tipo de información, ya que una cosa es saber si el mail ha llegado y otra cosa si se ha abierto, y es por esta razón que se bloquean las imágenes, para proteger la privacidad de los usuarios, hasta que no sean ellos mismos los que permiten la descarga de los datos desde el servidor del anunciante.

5.2. KPI's en la publicidad digital

Todos los agentes que hemos tomado parte del desarrollo de los medios interactivos hemos cometido errores en los inicios, errores que han costado remontar a lo largo de los años; uno de ellos fue «vender» una de las virtudes que tenía internet como lo único interesante. La virtud era la capacidad de medir la respuesta de los usuarios ante la exposición de los mensajes publicitarios, el más que famoso RCT (Ratio Click Through). Los RCT de los primeros años de internet eran muy altos (superiores al 15%) debido a que era un medio muy joven, en el que los usuarios hacían click a todo lo que veían en las páginas web, además eran momentos en los que no existía saturación publicitaria, por lo que las páginas eran más limpias y por tanto con mayor facilidad de que nuestros mensajes llamaran la atención del internauta que navegaba por ellas.

Este argumento de venta del medio fue una estrategia cortoplacista ya que nos hizo centrar la atención únicamente en esa variable de eficacia a los anunciantes para tratar de atraer inversiones lo más rápidamente posible y conseguir con esto hacer crecer el sector, sin embargo, ésta decisión sin darnos cuenta condicionó el desarrollo de este medio los siguientes años, en los que únicamente se veía ésta como una variable de éxito el alcanzar un alto ratio de respuesta, gran error, ya que a medida que el medio maduraba estos ratios comenzaron a descender y pocos años se empezó a creer que el modelo publicitario de este medio se estaba agotando... en realidad en ese momento se estaban forjando los medios interactivos del futuro, los de ahora.

Para evitar incurrir en este tipo de errores desde el principio con los nuevos anunciantes que deciden explorar los nuevos medios, o con mercados en los que todavía son incipientes en esta industria, debemos ser capaces de trasmitir todos los valores que pueden aportarnos estos medios. En consecuencia a esos valores que nos pueden aportar, debemos determinar cuáles son las variables que van a indicarnos en cada momento si una acción en internet es exitosa o no lo es y sobre qué debemos *focalizar la atención* de los anunciantes cuando extraemos conclusiones de los datos obtenidos: ¿qué dato es el correcto?, ¿cuál es su interpretación?, ¿cómo no perder el foco apropiado?, estas y otras preguntas las desarrollamos a continuación:

La preparación

Las herramientas de medición son sólo plataformas que nos van a permitir obtener información muy útil de nuestra actividad, sin embargo el verdadero trabajo que va a ser determinante de éxito es el previo al lanzamiento de una campaña. Es crítico que esté correctamente realizado, y por tanto se deberán hacer todas las pruebas necesarias de que se registran los datos correctamente antes de iniciar ninguna acción. Si este proceso no se realiza correctamente las conclusiones que podamos hacer serán erráticas. Y la inversión realizada en los medios habrá sido estéril.

Interpretación

Una mala interpretación puede hacer tomar decisiones incorrectas y dilapidar una estrategia de comunicación a priori bien planteada, y lo peor, generar una imagen de incertidumbre a nuestros anunciantes.

Incompatibilidades

Cuando trabajamos con tecnologías debemos ser conscientes que hay casos en los que pueden producirse incompatibilidades entre sistemas que hacen que para una misma acción, los datos obtenidos no sean exactos entre distintas herramientas utilizadas. En este punto deberemos ser mayormente cuidadosos a la hora de trasladárselo a nuestros clientes, ya que también se podría generar incertidumbre y por tanto dudas, y esto es lo peor que podemos hacer. La solución, ser claros en nuestras explicaciones antes de comenzar nuestra actividad, no crear una over-promise a nuestros clientes, si lo hacemos los perderemos.

El objetivo

Lo más importante que debemos saber de una campaña es *su **objetivo***, de esta manera, desde la definición de la estrategia pasando por el diseño de la planificación, la negociación y la ejecución de la campaña, y acabando por el análisis y el informe de resultados, todo el proceso estará bien orientado para cumplir las expectativas que se nos exigen, y de esta manera evitaremos perder el foco.

¿Cuándo es eficaz una campaña en los medios interactivos? Una *campaña es eficaz cuando se alcanzan los objetivos planteados por el anunciante*, es por ello que sea tan importante tener claro dichos objetivos. Pero esto NO es suficiente. Una campaña puede ser *eficaz* pero *no eficiente*. Conseguiremos el éxito real de una campaña cuando seamos capaces de alcanzar los objetivos planteados, es decir, seamos ***eficaces***, pero con el menor coste posible, es decir, seamos ***eficientes***. Un cliente puede llegar a vender todos sus productos disponibles en stock pero haber sido ineficiente en la consecución de ese objetivo; por ejemplo habiendo invertido un presupuesto excesivo para comunicar en los medios. Por esta razón es muy importante tener un control en la evolución de las inversiones en publicidad, para poder corregir desviaciones que pudieran repercutir negativamente en los resultados de la campaña.

En los medios interactivos tenemos la opción de ***monitorizar*** todas nuestras campañas a través de algunas de las plataformas tecnológicas que hemos visto, que nos permitirán tener el control en todo momento de nuestras campañas de una manera centralizada y poder, de una manera más ejecutiva, tomar decisiones relevantes sobre ellas y en «tiempo real». Otros medios suplen esta deficiencia a través de estudios alternativos (investigaciones ad-hoc como IMOP o TNS que son capaces de analizar la notoriedad de una marca), o a través de análisis directos sobre las llamadas de teléfono recibidas, ventas, asistencia a concesionarios de automóviles, etc., que sin embargo no son capaces de filtrar de manera exacta y pura la procedencia de esa venta, llamada, etc. La única fórmula que permite obtener esta información es establecer canales de retorno únicos por medio, por soporte utilizado, incluso por programa de TV, sección de una revista, etc. Los anunciantes que más desarrolladas tienen estas técnicas son los llamados de Respuesta Directa, que modelizan las campañas e incluyen estos sistemas que les permita conocer con mayor exactitud qué medio, soporte, sección, etc., es el que mejor genera el retorno de la inversión. Con los medios interactivos este dato lo tenemos en tiempo real, sin sistemas complejos de numeración y con herramientas de gestión automatizadas. Más adelante veremos cómo monitorizar la información y cómo tomar decisiones, pero antes veamos a nivel conceptual cuales son las medidas de eficacia, de eficiencia, y en qué momento debemos hablar de uno u otro concepto.

Podríamos seguir el siguiente esquema para valorar las unidades de medida apropiadas para cada caso:

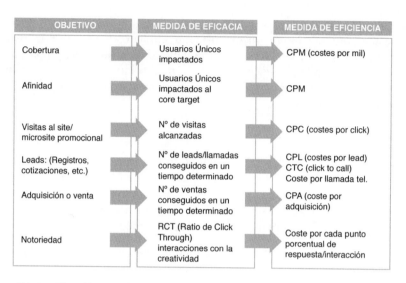

Objetivo. El establecido previamente por el anunciante.

Eficacia. Cuantificación del objetivo alcanzado.

Eficiencia. El coste de conseguir el objetivo cuantitativo. Una campaña será más eficiente cuanto menor sea el coste de conseguirlo.

Es fundamental centrarnos en el concepto apropiado para que el trabajo de optimización de nuestras campañas sea el apropiado. Veamos el siguiente ejemplo:

CAMPAÑA 1	Impactos	CPM	Coste Total	CTR	Visitas	Coste por visita	Ventas	Coste por venta
Soporte 1	2.500.000	10	25.000 €	1,2%	30.000	0,8 €	200	125 €
Soporte 2	2.000.000	8	16.000 €	0,8%	16.000	1,0 €	230	70 €

CAMPAÑA 2	Impactos	CPM	Coste Total	CTR	Visitas	Coste por visita	Ventas	Coste por venta
Soporte 1	2.000.000	10,5	21.000 €	0,4%	8.000	2,6 €	215	98 €
Soporte 2	2.000.000	8	16.000 €	0,6%	12.000	1,3 €	245	65 €

| Imagen | | Coste | RCT | Visitas | | Coste por ventas |

Supongamos que tenemos estas dos campañas cuyo objetivo es generar ventas. Si nos fijáramos en el número de impactos, en la respuesta (RCT) y en el número de visitas generadas, la campaña 1 y en concreto el soporte 1 sería el más eficaz (mayor respuesta) y también el más eficiente (menor coste por visita), y pararíamos la campaña 2. Sin embargo, no debemos perder la perspectiva de que el objetivo final es la venta, por lo que la decisión acertada sería destinar todos los recursos a la campaña 2. Aunque esto parezca evidente, nos podemos encontrar con clientes que a menudo pierden esta perspectiva, lo importante es que al menos nosotros la tengamos clara para tratar de mantener la atención sobre lo realmente importante.

5.3. Los informes: una buena estructura, la clave del éxito

Es importante que el hecho de disponer de gran cantidad de información no suponga un hándicap. Tengamos en cuenta que hemos pasado de una situación de falta de información a otra en la que existe multitud de datos y es igual de difícil toma decisiones cuando no existen que cuando hay exceso si no somos capaces de extraer la esencia de los datos.

5.3.1. Tipologías de los informes

Generalmente los informes se elaboran *ad-hoc* para cada anunciante, aunque pudiéramos partir de un estándar de informes, el mejor es aquel que obedece a las necesidades de cada anunciante, ya que hay casos en los que únicamente demandan información más ejecutiva. Igualmente cada compañía o cada profesional, tiene su propia metodología en cuanto a la elaboración de los informes, en cuanto a su estructura y a la perioricidad de los mismos. Yo expondré lo que a mi criterio debe realizarse para dar un buen servicio, y para optimizar convenientemente las campañas. Tratando de establecer un marco más genérico tendríamos cinco tipos:

- **Informe de inicio de actividad.** Es conveniente realizar un informe muy ejecutivo 24 horas después de dar de alta una campaña y nos permite detectar si hay algún tipo de problemas en términos de métricas, es decir, si las etiquetas miden bien, si las creatividades funcionan correctamente, etc., aunque estas comprobaciones han de realizarse antes de salir al aire. Al cliente con este informe se le trasmite tranquilidad de tener todo bajo control.

- **Primer informe de seguimiento.** A los 4 días aproximadamente. En este primer informe se realiza un análisis general de los primeros resultados de campaña. De esta manera ya podemos disponer de datos interesantes de la evolución de nuestra actividad.

- **Informe semanal.** Este es el primer informe en profundidad. Ofrecemos datos por soporte, por formato, información postclic (si la hubiera), etc. La perioricidad de los informes la determinan las circunstancias de cada campaña, el cliente de que se trate y dependiendo del criterio de cada profesional., sin embargo, para poder tomar decisiones sobre la misma debe pasar cierto tiempo, y una semana suele ser suficiente.

- **Informe Mensual.** Podremos analizar evoluciones comparando semanalmente los resultados y profundizar con información proporcionada por los anunciantes sobre, resultados de visitas en su site ese mes, evolución del número de ventas, de solicitud de información, de tráfico a tienda o un concesionario físico, etc. También se incorpora un resumen económico de ese mes, es decir, la información de impactos lanzados e inversión consumida por soporte, que a su vez deberá coincidir con la facturación realizada.

- **Informe Final de campaña.** En este último informe se concentra toda la información del período de campaña, analizamos evoluciones y comparativas semanales y mensuales, y cruzamos nuestra información con la que pueda facilitarnos el anunciante para trata de buscar correspondencias. Por ejemplo, podemos cruzar los datos de clics realizados en la publicidad con la evolución de la audiencia de su site, ver si ha mejorado la reincidencia de la visita (que significaría que ha mejorado su imagen), el minutaje o retención en el site… En este informe debe incluirse un resumen económico global y desagregado por meses que han de coincidir con todas las facturas enviadas mes a mes.

Los objetivos que debe cumplir un informe:

• Conocer la evolución de nuestras campañas para reaccionar en el caso que sea necesario.

• Claridad de información y destacar lo verdaderamente relevante para que resulte muy ejecutivo para el anunciante, y le pueda permitir de una manera ágil tomar decisiones.

• Extraer las conclusiones y aprendizajes de cara a futuras acciones.

• Identificar áreas de mejora de nuestra actividad y aquellas que han sido exitosas para poder seguir explotándolas en el futuro.

Variables a ser analizadas dentro de un informe:

Se le dará mayor relevancia a las *variables objetivo* de la campaña, es decir, y tal como podíamos ver en la tabla expuesta anteriormente, si se pretendía difusión y cobertura, daremos más peso al número de impactos lanzados a al número de usuarios únicos alcanzados, si se busca tráfico al site nos fijaremos en el número clics obtenidos y en el coste de generar cada uno de ellos, etc. Si habláramos de un informe Standard es importante que en la primera diapositiva resuma los datos generales, y a partir de ella ir desglosando toda la información.

Así, debería reflejar:

• Impresiones planificadas: dimensión de la campaña.
• Total impresiones servidas: capacidad de cumplimiento.
• % impresiones servidas respecto a las planificadas: ratio de cumplimiento en %.
• Total clicks conseguidos: valor absoluto.
• Ratio de click.
• CPM medio de campaña: coste por mil impactos en términos globales.
• Coste por click/visita).
• Coste total de campaña.
• Savings.

Es importante que el análisis que se realice sea diferenciado por tipología de las acciones: WEB, Buscadores, Redes Sociales, Email marketing y mobile marketing. No se deben mezclar acciones puesto que las variables y conceptos de eficacia y los costes de cada uno de ellos nada tienen que ver y no deben ser equiparables. Por ejemplo, si agregáramos los costes de las acciones de web con los de email marketing, los costes por mil impactos y los costes por clic estarían desvirtuados ya que el CPM de un email marketing es entre 15-30 veces superior.

5.4. Mejorando las métricas

Para poder analizar la información, debemos conocer cuáles son las principales métricas presentes en la analítica web, y que información es la que representan, ya que un mismo nombre puede recoger informaciones diferentes según nuestra herramienta.

Generalmente, todas las herramientas nos presentan 6 métricas principales:

- **Visitas:** El número de visitas que ha recibido nuestra página web durante el periodo establecido. Es importante resaltar que si un mismo usuario accede en 2 momentos diferentes –dentro del periodo establecido–, habiendo caducado su sesión previa, estás serán contabilizadas como 2 visitas diferentes. En definitiva, este parámetro no representa el número de personas que accedieron a la web.

- **Páginas vistas:** Cada vez que un visitante accede a nuestra página web, este realiza una navegación dentro del site. Esta navegación supone un consumo de páginas individuales. Este consumo se representa por el métrica 'Páginas vistas'. Si un usuario visita 2 veces la misma página, cada una de ellas será contabilizada de forma independiente, incluso cuando se trate de un refresco de la página. Cada visita tendrá como mínimo 1 página vista, por lo que el número de páginas vistas nunca puede ser inferior al de visitas –y es prácticamente imposible que sea igual–.

- **Páginas vistas/visita:** Esta métrica se obtiene de la división de 'páginas vistas' entre 'visitas'. Este valor nos debe servir para conocer si nuestra página resulta interesante para los visitantes, o por el contrario los usuarios apenas navegan por ella. Dado que el número de 'páginas vistas' siempre es igual o mayor que el número de 'visitas' este ratio siempre será igual o mayor a 1.

- **Porcentaje de rebote:** El porcentaje de rebote representa el número de usuarios que abandonan nuestra página web sin interactuar con ella. Esto es, el número de gente que sólo visualiza 1 página y después abandona el site. Estrictamente se considera que este porcentaje representa aquellos usuarios que no interactuaron con nuestra página –sólo vieron 1 página– y además sólo estuvieron dentro del site menos de 10 segundos. Sin embargo, dado el funcionamiento actual de la analítica web, no es posible conocer el tiempo exacto que un usuario está en nuestra página, y menos si sólo visita 1 página. Recientemente se han publicado fórmulas para –con Google Analytics– intentar solventar esta limitación. Este es uno de los ratios más importantes a la hora de comenzar la optimización de nuestro site, ya que por si solo nos indicará la salud de nuestro site. Un porcentaje elevado puede representar un gran posibilidad de mejora, ya que sólo un pequeño porcentaje de nuestros usuarios visualizan nuestra información y por lo tanto son capaces de realizar los objetivos que nosotros deseamos.

- **Tiempo promedio en el site:** Este parámetro nos indica el tiempo promedio que estuvo cada una de las visitas en la página web. Debido al funcionamiento actual de las herramientas de analítica web, este tiempo no es real y representa un número inferior a la realidad. Esto es debido a que las herramientas sólo tienen en cuenta el intervalo de tiempo que hay entre cada página vista. Es decir, si por ejemplo estamos 1 minuto visualizando la primera página y después accedemos a una segunda página, la cual visualizamos durante 2 minutos, en las estadísticas web el valor que veremos reflejado es 1 minuto de tiempo promedio. Si por ejemplo, sólo hubiesemos visto 1 página –usuario rebotado–, el tiempo promedio que marcaría el sistema sería de 0 segundos.

- **Usuarios nuevos:** Cuando alguien visita el sitio por primera vez, la visita se clasifica como 'Visita de un nuevo usuario'. Si dicho usuario ha navegado por el sitio web con anterioridad, la visita se clasifica como 'Visita de un usuario recurrente'. Esto sucede no obstante siempre que las visitas sucesivas sucedan dentro de un rango de tiempo determinado. Este rango de tiempo variará según la herramienta de analítica web que utilicemos, y algunos casos será personalizable por nosotros.

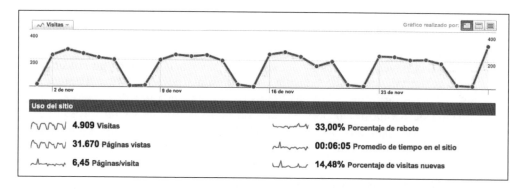

Como hemos indicado antes, estas métricas son bastante estándar entre las diferentes herramientas del sector. Aunque ofrecen un vistazo rápido sobre el estado de nuestra página web, la verdad es que es una visión muy superficial y no resulta muy útil por si sola. Estos datos deben ir acompañados siempre de otros para tener un análisis más profundo y así poder exprimir al máximo el ROI del marketing.

El resto de métricas generales que se pueden obtener mediante las herramientas de analítica web se pueden dividir en cinco apartados:

- Usuarios.
- Fuentes de tráfico.
- Contenido.
- Objetivos.
- Comercio electrónico.

Estos apartados a su vez contienen muchos niveles de información pudiendo llegar a tener un detalle infinito sobre las visitas.

5.4.1. Usuarios

En el apartado Usuarios se englobarían todas las métricas que nos brindan toda la información relativa a los usuarios:

* Ubicación geográfica.
* Tipo de usuario (usuario nuevo y usuario recurrente).
* Idioma del navegador.
* Número de visitas, páginas vistas y páginas vistas/visita.
* Usuarios únicos.
* Tiempo en el sitio.
* Porcentaje de rebote.
* Fidelización.
* Frecuencia.
* Navegador.
* Sistema operativo.
* Resoluciones de pantalla.
* …

De todos estos parámetros, los más útiles son –pueden variar según el site–: Ubicación geográfica, fidelización, frecuencia, navegador y resolución de pantalla.

El primero para conocer en que regiones es más popular nuestra página web y donde existe un mercado potencial inexplorado.

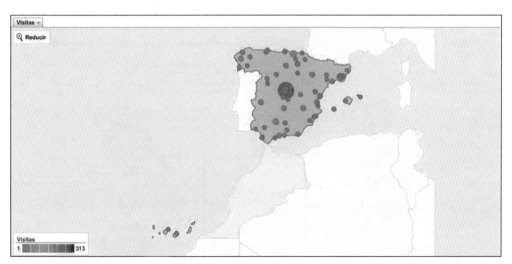

Los 2 siguientes –fidelización y frecuencia– nos permitirá conocer el grado de satisfacción de nuestros visitantes. Aunque cada página tendrá una tipología de audien-

cia diferente, si nuestro objetivo es fidelizar a los visitantes, estos serán dos parámetros a los que deberemos recurrir frecuentemente. No olvidemos que es más sencillo
vender a un Cliente actual, que hacerlo con un Cliente nuevo.

Los dos últimos parámetros nos servirán para dos objetivos: conocer nuestra
audiencia para nuevos rediseños de la página web e identificar bajo rendimientos en
determinadas ocasiones debidos a problemas con navegadores concretos o a la ubicación de algún elemento dentro del site –quizás el botón de comprar esté fuera de la
pantalla sin hacer scroll en determinadas resoluciones–.

5.4.2. Fuentes de tráfico

Este apartado resultará vital para conocer el ROI de cada una de las campañas de
marketing online. Mediante este apartado podremos analizar los resultados del tráfico
según su origen.

Los orígenes de tráfico se dividen principalmente en tres:

- **Tráfico directo:** Indica las visitas de los usuarios que han hecho clic en un mar-
  cador para acceder a nuestro sitio web o que han introducido la dirección URL
  directamente en el navegador. Los usuarios que acceden por este orígen –tráfico
  directo–, suelen ser usuarios recurrentes ya que de lo contrario no conocerían el
  dominio de nuestra página web.

- **Buscadores/Motores de búsqueda:** Este parámetro determina el tráfico proce-
  dente de motores de búsqueda de entre el total de tráfico del sitio (Google,
  Yahoo, Terra, ...). Este parámetro lleva asociado consigo una palabra clave, que
  es la que el usuario buscó en el buscador para encontrarnos y acceder a nuestra
  página web.

- **Sitios web de referencia:** Este valor identifica los usuarios que proceden de
  otros sitios web. Esto suele producirse cuando otra página web coloca un enlace
  en su página hacia nuestro sitio web.

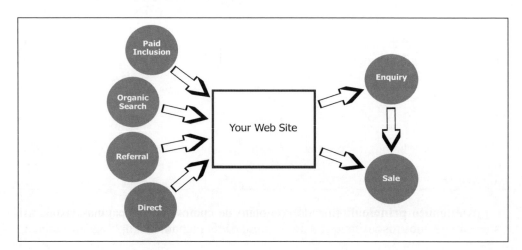

Además de encontrar informes con la información desglosada por origen, como ya hemos comentado antes también tendremos la posibilidad de visualizar la información de visitas por origen según la palabra clave consultada en el buscador.

También es habitual y necesario, que dentro de esta sección podamos encontrar un informe donde poder analizar la información según la campaña. Gran parte de nuestro tráfico, será tráfico pagado mediante campañas en diferentes medios (Google AdWords, Campañas de e-mail, Campañas display,...).

Para poder realizar este seguimiento de las diferentes campañas, es necesario trackear las URLs de destino de nuestros banners / anuncios / emails /... El tracking de estas campañas varía según la herramienta que utilicemos, pero en la inmensa mayoría de los casos se realizará agregando una serie de variables a la URL de destino.

Las variables que podremos trackear generalmente son:

- **Origen de la campaña:** URL de referencia de la página web donde nos anunciamos: google, elmundo.es, youtube.com, newsletter febrero 2009.
- **Medio de la campaña:** medio de marketing como por ejemplo cpc/ppc, banner, enlace de texto, correo electrónico.
- **Término de la campaña:** Identifica las palabras clave de pago. Sólo es aplicable en campañas de publicidad en buscadores (Google AdWords, Yahoo! Search Marketing,...).
- **Contenido de la campaña:** Se utiliza para diferenciar los diferentes anuncios, ya sea en base a su formato –flash, gif, texto,...–, su tamaño –300x300, 468x60, 728x90, ...– o su contenido –oferta 2x1, descuento 50%–.
- **Nombre de la campaña:** Nombre de la campaña –primavera 2009, oferta 2x1, ...–.

Realizando un correcto tracking nos permitirá conocer el ROI de cada medio/soporte, identificar los formatos más rentables o que mensajes son más comerciales.

Esta sección de la analítica web es la que deberemos analizar principalmente para optimizar las campañas, ya que aunque el destino de la publicidad –nuestra página web– puede ser optimizado, la realidad es que todas las campañas contarán con las mismas opciones de éxito. Por lo que aquellas campañas que cuenten con un ROI menor, son las que más deberemos trabajar.

5.4.3. Contenido

Una vez que hemos logrado atraer tráfico hacia nuestra página web, debemos conocer como interactúan estos con nuestro site. Para poder analizar esta información, contamos con informes de:

- **Contenido principal:** Listado completo de cuáles son las páginas vistas, así como algunas métricas que acompañan a estas páginas. Mediante esta información podemos detectar si estamos desviando la atención de los usuarios hacia alguna sección de la web que no nos interese tanto.

- **Detalles de navegación:** Aquí podremos localizar patrones de navegación referentes a los usuarios que visualizaron una página concreta. Estos patrones pueden ser: ruta de entrada –como accedieron a nuestra página web–, resumen de navegación –de donde venían y a donde se fueron–.

- **Páginas de entrada principales:** Informe de gran utilidad, sobre todo si tenemos un gran posicionamiento en buscadores, ya que nos permitirá saber a qué página está llegando la gente, y por lo tanto sobre que página debemos enfocar nuestros esfuerzos de mejora. Esto es debido a que en el posicionamiento orgánico no tenemos el control de cuál será la página de acceso y en ocasiones resulta ser una página que tenemos olvidada en nuestros análisis generales.

- **Páginas de salida principales:** Mediante este informe podemos averiguar cuál es la última página que visualizan nuestros usuarios. Está claro que los usuarios tienen que abandonar la página en algún momento, pero dentro de nuestros objetivos, existen páginas de finalización/cumplimentación de objetivos. Si la página de salida es diferente a esta, estaremos localizando visitas que no están cumpliendo nuestros objetivos. Gracias a esta información, podremos analizar qué factores son los que hacen abandonar la página a los usuarios antes de cumplir el objetivo deseado.

- **Buscador del site:** Si tenemos un buscador interno de nuestra página web, nos resultará de gran utilidad un informe de este tipo, donde podremos conocer que es lo que buscan nuestros usuarios. En gran medida, esto nos ayudará a conocer las carencias/deficiencias de nuestras web –secciones poco visibles– o incluso determinar si el tráfico es de calidad un usuario que busque 'mandar cv' dentro de nuestro buscador, probablemente no sea un usuario de gran calidad para nosotros.

De las tres secciones analizadas hasta el momento, esta es la que resulta de mayor importancia. Gracias a la información que nos brindan estos informes, podremos 'ver' nuestra página web tal y como la perciben los visitantes. Esto es importante, porque lo que para nosotros puede resultar evidente, puede no serlo tanto para usuarios no familiarizados con la página web.

Otro factor importante es, que cada mejora lograda en la página web, repercutirá en todos los orígenes y no sólo a uno concreto como era en las situaciones anteriores.

5.4.4. ClickTag

Este pequeño código, nos permite realizar el seguimiento de cada anuncio publicitado, ya sea en la red de contenido de Google o en otras redes. Quedan registrados los clicks dejados por los usuarios en nuestra campaña publicitaria y así podemos saber si ésta es realmente efectiva.

5.5. Sistemas de gestión de campañas online

Los AdServers permiten la planificación de campañas y piezas online ayudando a realizar ese trabajo de forma automática, pero no solo acaba ahí, ya que será el encargado de establecer los filtros necesarios para poner en marcha las segmentaciones online disponibles.

Antes de ver las distintas herramientas de métricas de campañas interactivas que podemos encontrarnos, os muestro el esquema funcional de la publicidad online, es decir, cuando nos metemos en una página web, qué mecanismos se activan para mostrarme la publicidad que realmente me interesa:

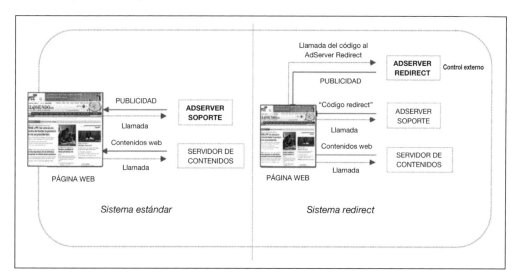

Con el AdServer de Agencia (sistema de redirecting), el control global de las campañas, sean cual sean los soportes, estará centralizadas en un único sistema, controlado por nosotros, y desde donde podremos segmentar los mensajes para cada canal, soporte y formato de nuestra actividad.

Este esquema funcional sería equivalente para cualquier canal de comunicación interactivo, con pequeñas variaciones, en donde se separa la información/contenido del canal con la de la oferta publicitaria.

En este proceso, el AdServer (servidor de publicidad), marca a través de las cookies el navegador del usuario que ha accedido al contenido, esto nos permitirá en nuestras campañas segmentar el mensaje en función de dicho «usuario», ya que sabremos si ese «usuario» ha sido ya expuesto a mi campaña, cuantas veces lo ha estado, y si en mensajes anteriores ha reaccionado a mi campaña a través de un click.

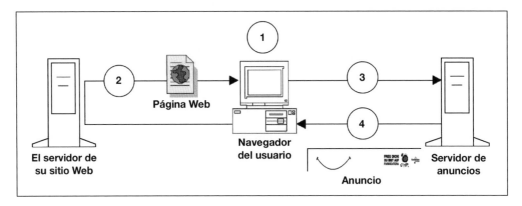

Los pasos necesarios son:

1. El cliente solicita una página Web.
2. El servidor de páginas solicitado nos envía la página.
3. Esta a su vez hace referencia a un servidor de Anuncios.
4. Que nos envía el creativo adecuado.

Al tener todo este conocimiento, podremos dirigir los mensajes de una manera más directa o con distinto enfoque para conseguir llamar su atención. Es el llamado Retargerting, utilizado en las planificaciones de campaña. El retargeting nos permitirá dos tipos de acciones, en tres niveles de profundidad:

- Interés: Mostrar distintos mensajes a los usuarios que ya han sido expuestos a mis campañas y no han hecho click en mis comunicaciones. Las siguientes veces que acceda al mismo site podremos mostrarle creatividades más directas, promocionales o más llamativas, para poder conseguir que muestre interés por mis productos.

- Consideración. Sabemos si un usuario ha venido a mi site (landing page de campaña), y si se ha descargado un formulario, ha hecho una simulación de un seguro, o ha iniciado un proceso de compra en mi tienda online y finalmente no la ha hecho. Son usuarios que han mostrado algo más que interés por mis productos, han iniciado un proceso de compra, o han iniciado una solicitud de más información pero no la han finalizado. Para estos casos, podríamos personalizar el mensaje, es decir, el CTA (call to action), para conseguir retomar a ese usuario y cerrar el proceso iniciado previamente por él mismo.

- Compra/loyalty. Sabremos los usuarios que han finalizado una compra en mi web, por tanto podremos ofrecerles productos o servicios complementarios a los ya adquiridos cuando estén navegando por páginas web que nos permitan utilizar el retargeting. A éstas técnicas, las llamamos de Cross Selling o acciones de venta incremental.

5.5.1. Clasificación

Es importante establecer un marco conceptual sobre las distintas herramientas de medición que existen en el mercado. Aunque en capítulos anteriores ya hemos visto alguna de ellas, en éste entraremos en profundidad desde un punto de vista más analítico, y por lo tanto es relevante tener una categorización previa de las mismas para saber en cada momento qué nos estarán aportando.

Si tomamos como referencia los propios soportes analizados (páginas web o páginas de Internet móvil) podemos hablar de dos tipologías de herramientas de medición: las *Externas* y las *Internas*:

Externas. Son aquellas que nos permiten tener el conocimiento de datos de medición a través de un proceso ajeno a los propios soportes. Dentro de esta tipología, podemos encontrar dos subcategorías:

- Las herramientas basadas en ***metodología muestral***. En esta subcategoría estarían los paneles de audimetría como Nielsen Netratings (Netview y Adrelevance para Internet y Nielsen mobile para móviles), en el que a través de una muestra de panelistas, se extrapola al total del mercado, teniendo un conocimiento significativo la audiencia de cada soporte tanto cuantitativa como cualitativamente.

- Las basadas en ***datos censales***. Un ejemplo de ellas serían las herramientas utilizadas por las agencias de medios (Adservers externos) a través de técnicas como el redirect, que veremos más adelante, y que proporcionan datos reales de una campaña desarrollada en multitud de soportes. Estas herramientas únicamente nos aporta información cuantitativa de nuestras campañas, pero no cualitativa, y únicamente de las campañas que gestionemos a través de ellas, no la totalidad de los datos del website en cuestión.

Internas. Son aquellas que proporcionan una medición a través de un proceso metodológico desde dentro del propio soporte. Al igual que la anterior nos encontraríamos con dos tipologías:

- Las herramientas basadas en ***metodología muestral***. En este grupo estarían aquellas que utilizan el sistema de *marcadores* para obtener información *cualitativa* de su audiencia. Un ejemplo sería la herramienta de Marketing Intelligent (de Nielsen), este sistema lo que hace es realizar cuestionarios cualitativos a los usuarios y marca sus navegadores con cookies para identificar su navegación con dicha información, de esta manera se puede conocer los perfiles de los usuarios que navegan por el site analizado, y pueden ofrecerlo comercialmente.

- Las basadas en ***datos censales***. A través de la inclusión de etiquetas (tags) en todas las páginas del soporte: Nedstat, Omniture, weborama, Adservers o plataformas tecnológicas internas, o bien a través de ficheros ´log´, y que posteriormente son auditados por un externo. En este grupo estarían herramientas como el OJD electrónico, que es un auditor de datos de audiencia del mercado español.

En general todas las *herramientas internas* (tanto de metodología *muestral* como *censal*) y las *herramientas externas censales*, utilizan sistemas de marcación como cookies, tags, etc, para poder conocer más sobre los «usuarios» (en realidad se marca a los navegadores no a las personas) que navegan por los sites, de esta manera podrán comercializar mejor sus espacios publicitarios y así adecuar sus ofertas publicitarias de una manera más «personalizada», evitando impactos no interesantes a los internautas. Por lo tanto las famosas cookies son razonablemente beneficiosas para todos; para los soportes publicitarios que le permite ofrecer un producto más cualificado y con mayor información, y los internautas pueden acceder a los contenidos de las web y utilizar sus servicios de manera gratuita.

Actualmente el asunto de la confidencialidad y la protección de la información de los usuarios a través de las cookies, está en la mesa de debate en la Unión Europea (Bruselas), y se está demandando una autorregulación del sector, ya que si no se avanza en este sentido, es probable que se intervenga desde las instituciones europeas. No obstante, esta industria está abocada a entenderse, ya que si no hay cookies, no hay conocimiento de la audiencia y por tanto rentabilizar la gratuidad de los servicios y contenidos ofrecidos en los medios interactivos será labor muy complicada, y el modelo de «contenidos free» sería cuestionado.

De las herramientas que hemos visto anteriormente, podemos encontrar en el mercado herramientas con *funcionalidad múltiple*, es decir, con aplicativos de servicio tecnológico para soportes (y por lo tanto internos) y con aplicativos para agentes externos como pueden ser los propios clientes o las agencias de medios. Estas herramientas permitirán difundir y analizar con todo detalle cada una de nuestras acciones de marketing digital.

Entremos en detalle de cada una de ellas para cada uno de los medios interactivos.

5.5.2. Fases en el uso de herramientas de métricas

En nuestro trabajo diario debemos saber cuándo debemos utilizar cada una de las herramientas de medición en la industria publicitaria online y qué nos aportan en cada caso.

Identifiquemos primeramente las fases de un proceso de campaña publicitaria y qué buscamos en cada una de ellas:

1. Fase estratégica

Debemos analizar cuál es nuestro público objetivo, cómo se comporta ante los medios interactivos, qué tipo de páginas web consulta, qué servicios utiliza (mensajería instantánea, webmail, etc.). Al margen del análisis de nuestra audiencia, evidentemente también deberemos analizar la competencia, qué tipo de actividad está tenien-do, estacionalidad de sus campañas para saber cómo y cuándo debemos comenzar nuestra actividad, etc. Para el primer caso utilizaremos las siguientes herramientas: Tom Micro o Galileo (ambos son software de gestión de los datos obtenidos por el EGM), Nielsen Netview o ComsCore (para identificar tipología de sites que pueden ser relevantes para nuestro target), Navegantes en la Red y OJD electrónico (cuando se requiera). Para el segundo caso tenemos AdRelevance (Nielsen).

Adicionalmente a esto, también tendremos que complementar nuestra estrategia con herramientas adicionales que los propios medios nos ofrecen; es el caso, por ejemplo, de Google Insigths, esta herramienta nos da una referencia del grado de interés que los usuarios tienen sobre mis marcas/productos, e incluso compararlo con el grado de interés que muestran por mi competencia. Esta información me puede servir para recomendar aumentar la presión de mis campañas para incrementar el interés de los internautas por mi marca y mis productos de éstos análisis cuáles son nuestras oportunidades para poder tener éxito en nuestra campaña.

En esta fase, más analítica, evidentemente se tendrán que incorporar también otro tipo de estudios de mercado, informes sobre la eficacia de los formatos publicitarios que recomendamos, informes adhoc del sector para el que estamos trabajando, etc.

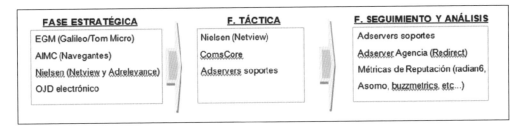

Este esquema debemos siempre tenerlo presente para poder establecer un proceso de trabajo claro y coherente, y que nuestros clientes conozcan las herramientas que utilizamos en cada momento a la hora de hacer nuestras recomendaciones.

2. Fase Táctica

En esta fase debemos empezar a seleccionar soportes concretos. Para ello utiliza-remos Nielsen Netview o ComsCore para identificar los sites que mejor cumplen con los objetivos de la campaña: cobertura o afinidad, o ambos. Adicionalmente, utiliza-remos la información de los propios Adservers de los soportes facilitada por ellos mismos para poder dimensionar los impactos que podremos contratar en función de las páginas vistas y audiencia única que identifican las herramientas y la disponibili-dad de espacios (espacios libres no contratados).

3. Fase de Seguimiento, análisis y optimización

Esta fase es crítica para el buen desarrollo de nuestras campañas (Recomiendo revisar el post del esquema funcional de la publicidad interactiva). Para ello utiliza-mos los Adservers de los soportes, a los que accederemos a través de unas claves específicas de acceso, y nuestro AdServer de Agencia, que es la plataforma que nos permitirá centralizar la gestión de toda la campaña, mejorando el tiempo de reacción para poder ser ágiles a la hora de identificar que los KPI's (Key Performance Indicators) seleccionados, se están cumpliendo perfectamente según nuestros criterios de planificación. Otro tipo de herramientas que podremos utilizar son las de control de reputación 2.0 (Mediara Social Media Control (social.mediara.com), buzzmetrics, radian6, Asomo, etc.), que nos indicarán cómo están afectando nuestras campañas en los comentarios que los internautas escriben en los foros, blogs, etc., y si el sentimiento de esos comentarios es positivo, neutro o negativo.

El hecho de que las creatividades se encuentren centralizadas en un Ad-Server permite realizar la «trazabilidad» de los mismos.

Preguntas que podemos responder:

- ¿Llegamos a los mismos usuarios una y otra vez?
- ¿Cuántas veces un usuario debe ver un anuncio para responder/comprar?
- ¿Cuál fue el alcance y la frecuencia de cada sitio usado?
- ¿Qué usuarios son más valiosos?
- ¿Cuántas visitas hacen los usuarios?
- ¿Cuanto tiempo tarda un usuario en responder a un anuncio?
- ¿Qué duplicación hay entre los sitios?

Indicadores genéricos de medicion

Visibilidad alcanzada:
- impresiones, coste por impresión
- usuarios únicos impactados
- frecuencia media de impacto
- duplicidad de audiencias.

Tráfico generado:
- clicks, coste por click
- ratio de click through
- impresiones antes de click
- clicks y ratio de click through por usuarios únicos
- actividades en el site post click y post impresión.

Conversión a registros/altas/ventas:

• registros generados, coste de captación

• ratios de conversión a registros/altas/ventas

• tiempo transcurrido hasta completar el registro.

Estudio de Frecuencia y Cobertura (Impactos):

• Cobertura total por país y campaña.

• Impresiones a usuarios únicos por campaña y soporte.

• Tasa de click por usuario único por campaña y soporte.

• Optimización de frecuencia de impacto por soporte para obtención de actividades/registros/ventas.

• Frecuencia y cobertura de una campaña (usuarios únicos y frecuencia de impacto por usuario único).

• Frecuencia y cobertura por cada soporte (usuarios únicos y frecuencia de impacto por usuario único).

• Solapamiento de audiencias entre soportes.

• Frecuencia media de impacto antes de click.

• Frecuencia media de impacto antes de actividad/registro.

• Desviación de la frecuencia óptima por país y campaña.

Estudio de Visitas (Actividades/Registros/Ventas):

• Número de usuarios únicos que visitaron el site como resultado de cada campaña publicitaria.

• Número de usuarios únicos que visitaron el site como resultado de cada campaña publicitaria procedentes de cada.

• Uno de los soportes incluidos en la planificación.

• Identificación de las páginas más/menos visitadas.

• Medición de las visitas post click (por impulso).

• Medición de las visitas post impresión (por recuerdo).

• Usuarios nuevos en el site y repetidos como consecuencia de campañas anteriores (nivel de fidelización del site/saturación de los soportes en campaña).

• Identificar la diferencia de respuesta entre los dos tipos de usuarios.

• Caracterizar cada soporte en función de su tipo de usuario mayoritario.

• Análisis del ciclo de compra de cada producto.

• Detección de usuarios potenciales compradores.

• Rentabilidad de la inversión en función de registros/ventas/actividades.

5.5.3. Herramientas en el mercado

Teniendo en cuenta la clasificación que hemos visto anteriormente, nos vamos a centrar en las herramientas de las que podríamos disponer para el medio Internet, que también aplicables en la IPTV, ya que técnicamente no habría diferenciación. Veamos el siguiente cuadro:

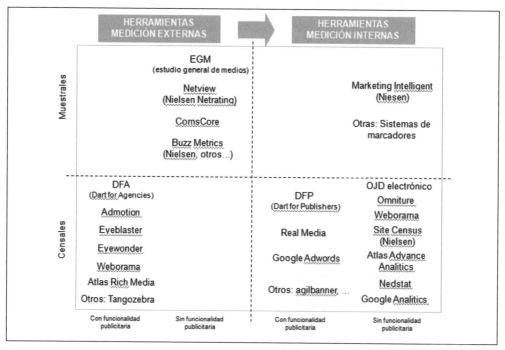

Fuente: Elaboración propia.

Las herramientas con o sin funcionalidad publicitaria, hacen referencia a aquellas que pueden o no ser utilizadas para la difusión de los anuncios, es decir, que tienen capacidad técnica de ´servir´ los anuncios a los diferentes sites. Sería lo que se denomina AdServer (Advertising Server).

La clave desde el punto de vista analítico es poder fusionar ambas herramientas para poder desarrollar un informe completo con los datos ofrecidos desde la emisión publicitaria hasta el mismo acto de la compra. Para ello hay plataformas, como por ejemplo la proporcionada por Weborama que tiene aplicativos multifunción:

PLATAFORMAS TECNOLÓGICAS MULTIFUNCIÓN

Difusión de campañas

Alojamiento de creatividades
Difusión multiformato
Optimización automatizada

Tracking de campañas

Eficacia en tiempo real
Impacto por campaña y soporte
Análisis de ROI

Análisis post view

Conversiones post impresión
Análisis de cobertura por soporte
Perfil de los internautas expuestos

Analíticas web

Impacto on site de las campañas
Análisis de los comportamientos
Segmentación de usuarios

Fuente: wetorama.

¿En qué momento se utiliza estas herramientas? cada una cumple una función, unas son utilizadas para establecer prioridades de inversión por medio, por tipología de soporte, e incluso por website, y otras nos permiten optimizar los resultados en tiempo real, haciendo de cada campaña una acción dinámica y flexible que nos facilite alcanzar nuestros objetivos.

5.5.4. E.G.M. (Estudio General de Medios)

¿Qué información nos ofrece el EGM?

- Metodología: Entrevistas personales.
- Universo: individuos de más de 14 años.
- Muestra: entorno a 13.000 encuestas por oleada (3 olas anuales).

Información que nos proporciona: datos de consumo de los medios, equipamientos, comportamientos, etc., asociado a perfiles socios demográficos.

Utilidad: Herramienta utilizada en la fase de definición estratégica de una campaña, y también puede utilizarse para los análisis post campaña, cruzando esta información con la obtenida por otras herramientas de seguimiento con la finalidad de complementarla.

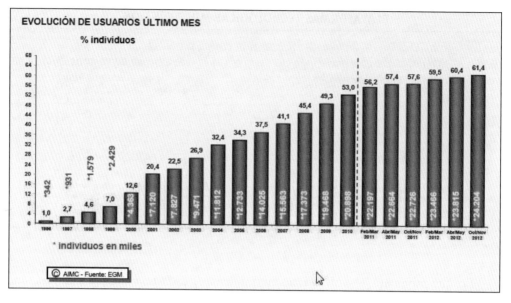

La información que nos ofrece es muy relevante a la hora de trabajar en las estrategias de comunicación. Con ella, podemos definir los perfiles de nuestro público objetivo y analizar el comportamiento con este medio, para de esta manera saber qué tipo de acciones debemos recomendar. Por ejemplo podemos saber el grado de afinidad de un determinado grupo poblacional con el medio Internet o los móviles, y ver así si es recomendable hacer una acción en dichos medios. Este gráfico nos muestra que en la última ola (encuesta) de este estudio, el 48,2% de la población española es Internauta, es decir más de 19 millones de individuos de más de 14 años.

No sólo podemos utilizar esta fuente para hacer análisis precampaña y definir con ella las estrategias, también puede utilizarse para hacer cálculos postcampaña, incorporando información útil adicional a la proporcionada por las herramientas censales (los Adservers). Veamos el siguiente ejemplo; hacemos una petición al sistema sobre el número de usuarios de Internet en dos tramos diferentes de edad, y vemos que el 78% del total de individuos de entre 14-20 años acceden al menos una vez al mes a Internet, y cerca del 58% lo hace a diario. Es decir, si hiciéramos una campaña en Internet seleccionando aquellos sites afines a este target, como máximo podría alcanzar a 2.5 M de usuarios de entre 14-20 años (para una campaña de duración 1 mes). Una vez desarrollada la campaña podríamos estimar de todos ellos cuantos han sido expuestos a nuestra comunicación (es decir la cobertura alcanzada) y cuantos OTS o frecuencia de impactos por usuario hemos conseguido.

			Target 1			Target 2	
		Total	14-20	%	20-35	%
		39.462	3.291		11.115	
USO DE INTERNET ÚLT.MES	Último mes	19.011	2.571	78,1%	7.888	71,0%
	Ayer	13.308	1.903	57,8%	5.670	51,0%

Fuente: EGM 2012 - 1ª ola.

Si hiciéramos una campaña en un solo día, el umbral de mi target estaría en 1.9 M, y una vez finalizada mi campaña podría evaluar de todos ellos a cuantos he podido alcanzar (esto lo haríamos cruzando esta información con la proporcionada por los Adservers, dato real, y con Nielsen Netview, pero lo veremos más adelante en un caso práctico, una vez hayamos profundizado con las capacidades de cada una de las herramientas).

		Total	14-20	%	20-35	%
		39.462	3.291		11.115	
ACTIVIDADES REALIZADAS EN NAVEGACIÓN ÚLT.30 DÍAS	Lectura noticias actualidad	11.107	1.295	39,3%	4.549	40,9%
	Busquedas	17.580	2.385	72,5%	7.316	65,8%
	Compra de productos o servicios	3.320	254	7,7%	1.530	13,8%
	Operaciones con entidad bancaria	3.881	186	5,7%	1.603	14,4%
	Juegos en la red	1.916	523	15,9%	983	8,8%
	Ninguno	600	62	1,9%	225	2,0%

Fuente: EGM 2012 - 1ª ola.

Podríamos analizar con más detalle de ese público objetivo definido previamente, cuantos utilizan Internet para leer noticias de actualidad, para realizar búsquedas, para comprar online, o cuantos juegan online; esto nos ayudaría a establecer una estrategia determinada, por ejemplo, realizar una acción de Adgaming de refuerzo para el target 14-20 ya que casi a un 16% podríamos impactarles con esa acción en la que podríamos innovar en formatos.

			Target 1		Target 2	
		Total	14-20	%	20-35	%
		39.462	3.291		11.115	
USO DE SERVICIOS DE INTERNET EN EL DÍA DE AYER	Acceso a la Web	12.073	1.769	53,8%	5.194	46,7%
	Correo electrónico	11.843	1.675	50,9%	5.032	45,3%
	Transferencia de ficheros	2.548	309	9,4%	1.122	10,1%
	Chats/IRC	2.129	549	16,7%	1.058	9,5%
	Grupos discusión	1.347	281	8,5%	698	6,3%
	Mensajería instantánea	5.970	1.236	37,6%	2.834	25,5%
	Herramientas compartición archivos	3.074	652	19,8%	1.547	13,9%
	Telefonía IP a otros ordenadores	406	92	2,8%	182	1,6%
	Telefonía IP a teléfonos convencionales	160	26	0,8%	77	0,7%
	Otros usos	1.634	230	7,0%	726	6,5%

Fuente: EGM 2012 - 1ª ola.

También podríamos realizar una acción en el servicio de mensajería instantánea ya que casi un 38% de nuestro target más joven lo utiliza a diario.

5.5.5. AIMC (Navegantes en la Red)

- Metodología: encuesta autoadministrada a través de Internet.
- Universo: Internautas que navegan por la web.
- Muestra: entorno a 40.000 cuestionarios completados y validados.
- Información que nos proporciona: comportamientos y tendencias en la utilización de Internet, con un gran nivel de detalle.
- Utilidad: Es una herramienta utilizada para la fase de definición estratégica de las campañas.

Veamos algunos ejemplos de la información que nos puede ofrecer y la utilidad que puede tener. Podemos ver por ejemplo el tiempo de dedicación medio del internauta, esto es importante porque nos muestra la frecuencia de uso y sobre todo la relevancia de este medio desde el punto de vista de su consumo. Como vemos en el cuadro, casi un 25% de los internautas dedica entre 30-60 horas a la semana, y un 34,6% entre 10-30 horas, esto nos indica que es un medio muy frecuente y cada vez más consumido.

PROMEDIO DE TIEMPO DEDICADO A LA SEMANA

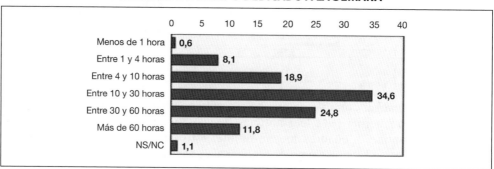

También podemos ver qué tipo de actividades dejan de realizar para poder utilizar este medio. Interesantes conclusiones podemos extraer del siguiente gráfico, el 68% deja de ver la TV, y el 42% deja de buscar información por otras vías más tradicionales. Hay que tener en cuenta que esta encuesta es «sesgada», es decir, se realiza sobre un perfil ya internauta, por lo que toda la información que extraigamos de ella hay que dimensionarla apropiadamente, y evidentemente no puede extrapolarse al total de la población. Sin embargo, nos muestra una tendencia que afectará sin duda de una manera más importante al consumo futuro de otros medios y el tiempo dedicado a otras actividades, y es que a medida que el consumo de Internet vaya creciendo, se dejará de consumir TV (se empezará a consumir a través de Internet), se dejará de buscar información por otras vías que no sea la de Internet, se escuchará menos radio por los dispositivos habituales, etc.

ACTIVIDADES QUE DEJO DE REALIZAR POR NAVEGAR EN INTERNET

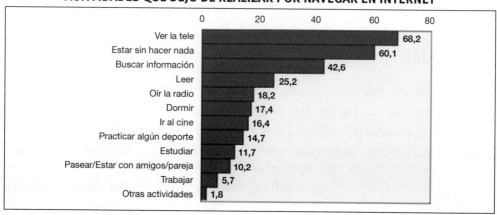

Uno de los datos relevantes de este estudio es que en qué medida este medio afecta al comportamiento en el consumo de otros productos, ya que es un canal de información cada vez más utilizado a la hora de decidir una compra física en un establecimiento. Este hecho nos da el grado de relevancia que tiene este «nuevo» medio. Más del 75% de los internautas se informa por Internet antes de realizar una compra. Esto nos demuestra que es un canal de comunicación vital para que los anunciantes y las marcas los tengan en consideración en sus estrategias de comunicación, ya que si no están convenientemente en él, nuestros potenciales clientes no podrán encontrar nuestros productos.

DECISIONES DE COMPRA INFORMADOS POR LA RED

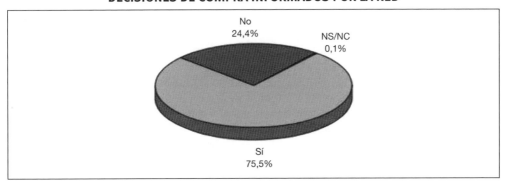

Además, vemos en el siguiente gráfico que no sólo se informan sino que cada vez más usuarios compran por Internet, con mayor frecuencia y con un importe mucho mayor en cada operación. Hace 6-8 años los productos que se compraban por Internet eran libros, CD's y viajes (aunque de importes no muy altos). Hoy los importes de los productos comprados han aumentado considerablemente. Veamos primero la reincidencia de la compra:

COMPRA A TRAVÉS DE LA RED

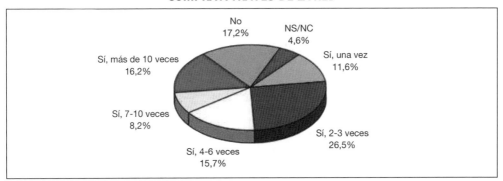

Casi un 33% de los internautas, como observamos en el gráfico siguiente, ha gastado entre 120 y 600 € en el último año, algo que deberíamos considerar si en algún momento estamos pensando desarrollar nuestro negocio online.

DINERO GASTADO EN EL ÚLTIMO AÑO

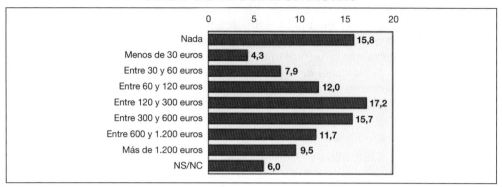

En este caso, internet está afectando también en los procesos de distribución de las compañías, con mayor incidencia en sectores como de viajes, productos tecnológicos (software, pc, cámaras, etc.), incluso flores y ropa se venden con facilidad asombrosa en la red, este último caso era algo impensable hace unos años, ¿quién se iba a comprar ropa en una tienda online, sin habérsela probado antes?... pues se vende moda por internet, y más de lo que inicialmente podríamos pensar. Todo esto debe hacernos ser conscientes de las tendencias que se están produciendo y saber reaccionar a tiempo, después... puede ser demasiado tarde.

5.5.6. Nielsen Adrelevance

- Metodología: Robots que van capturando toda la publicidad que va encontrando en los sites más importantes de cada país. Accede hasta un 2.º nivel de cada página auditada, es decir, home y sección.

- Muestra: 343 sites analizados en España, 3.748 sites en 15 países.

- Información que nos proporciona: Nivel de actividad online, sites en los se realiza y creatividades de los anunciantes (también da un dato de inversión estimada, pero no suele ser utilizada al no proporcionar una precisión adecuada).

- Utilidad: Fase estratégica, permite realizar análisis de la competencia para orientar a los anunciantes en sus acciones.

Como podemos ver en la página índice de la aplicación, podemos acceder a la información a través de diferentes vías: Podemos establecer alertas de nuevas campañas, nuevos clientes, nuevos banners; podemos generar informes por sector de actividad (donde podremos compararnos con la competencia), por anunciante, para saber en qué soportes ha desarrollado su campaña; un informe por sitio web, donde podremos conocer todos los anunciantes que han realizado campaña en ese soporte; enlaces de enlaces patrocinados, etc.

Esta herramienta ofrece este servicio en más 15 países, desde nuestro país podríamos tener contratada la información de otros países si somos una compañía multinacional con intenciones de realizar campañas en varios países además del nuestro. De esta manera toda la información se centraliza en nuestra herramienta.

Podemos también realizar un análisis de las palabras clave más importantes, que son controladas de manera permanente, sin embargo también podemos personalizar los términos con los que queremos trabajar.

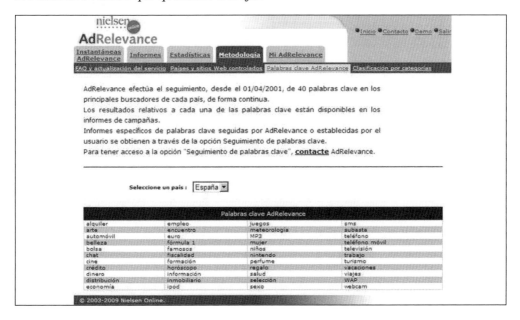

Veamos un ejemplo de diseño de un informe por anunciante, por ejemplo Telefónica con el producto de móviles:

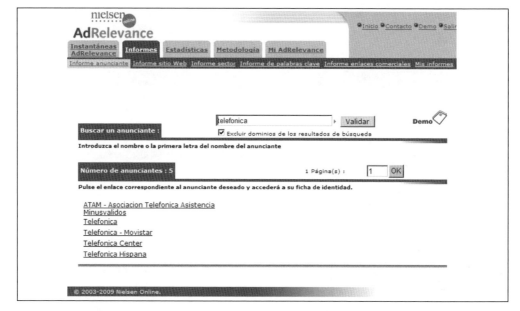

Seleccionamos Telefónica-Movistar y vemos cuantas campañas ha realizado este
anunciante:

Países activos - 2009 :	Francia, Reino Unido, Italia, España, Países Bajos				
Resumen de las campañas - 2009 : 93					
Sector de actividad					
	▯	✳	▯	▭	▬
Distribución / Comercio Electrónico / Distribución telefonía	X	X	X	14	X
Informática / Servicios informatico	X	X	X	1	X
Telefonía / Telecomunicaciones / Banda ancha móvil	X	X	X	12	X
Telefonía / Telecomunicaciones / Operadores de Telefonía Móvil - Contrato	X	X	X	14	X
Telefonía / Telecomunicaciones / Operadores de Telefonía Móvil - Recarga	X	X	X	2	X
Telefonía / Telecomunicaciones / Operadores de Telefonía Móvil - Otros	X	X	X	50	X
Total campañas según país ▶	X	X	X	93	X
Total campañas diferentes ▶		93			
Resumen de los Sus enlaces comerciales - 2009 : 19					
Sector de actividad					
	▯	✳	▯	▭	▬
Distribución / Comercio Electrónico / Distribución telefonía	X	X	X	12	X
Telefonía / Telecomunicaciones / Banda ancha móvil	X	X	X	2	X
Telefonía / Telecomunicaciones / Operadores de Telefonía Móvil - Otros	X	X	X	5	X
Total campañas según país ▶	X	X	X	19	X
Total campañas diferentes ▶		19			

Vemos que ha realizado campañas en otros países, aunque en este caso, al no disponer de la licencia de otros países, no me ofrece detalles las acciones desarrolladas en ellos.

Se han realizado desde enero hasta octubre de 2011 un total de 93 campañas diferentes de este anunciante dentro de 6 categorías diferentes: productos de contrato, de recarga, de distribución, de ADSL (banda ancha) y de otros.

Por otro lado vemos que se han detectado 19 acciones con enlaces comerciales.

Profundicemos ahora el nivel de detalle de la información que nos ofrece la herramienta:

Podemos ver una campaña del 16 al 29 de noviembre en el soporte páginas amarillas y red Karaoke, con un total de 1,14 millones de impactos. También podríamos ver la creatividad utilizada en ese site en concreto.

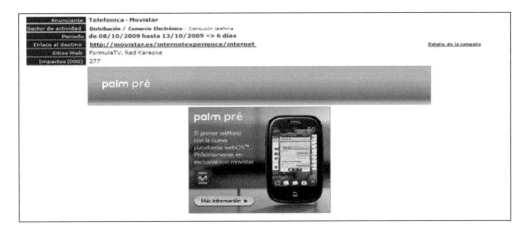

Podremos exportar las creatividades detectadas, incluso los formatos mejorados (richmedia) a través de enlaces a al servidor donde están todas alojadas.

Otros detalles que podemos ver son:

- Con la función su «**actividad publicitaria**», en el que nos ofrece un óptico de actividad por meses.

- Sus «**enlaces comerciales**». Enlaces de texto en los distintos sites analizados

- «**Impactos y valores**». Nos mostraría todos los soportes donde se ha detectado su publicidad y el número de impactos estimados en cada uno de ellos (podemos extraerlo a una hoja de cálculo):

Por site	Total	ago-09	sep-09	oct-09
Terra Spain	102.550	8.650	37.145	56.755
Paginas Amarillas Spain	23.236	1.908	10.835	10.494
20 Minutos Spain	22.519	18.734	-	3.785
MSN Spain - Windows	14.468	381	6.956	7.131
Marca	12.884	-	12.884	-
El Mundo	10.403	8.487	1.317	599
Invertia	9.615	2.068	4.805	2.742
Atrapalo	8.414	2.402	6.013	-
Muchoviaje	8.140	3.140	5.000	-
El Semanal Digital	5.539	3.566	1.974	-
ABC Spain	3.742	-	-	3.742
El correo digital	3.126	-	-	3.126
La Vanguardia	2.966	-	-	2.966
Elconfidencial.com	2.782	2.218	564	-
Lastminute.com Spain	2.572	2.572	-	-
Diario AS	1.832	1.737	-	95
Forocoches	1.701	-	-	1.701
MeriStation magazine -	1.439	-	-	1.439
Rumbo	1.434	478	-	956
Antena 3TV	1.372	-	-	1.372
La verdad	1.348	-	-	1.348
La Voz Digital	1.316	-	-	1.316
El Diario Montañés	1.308	-	-	1.308
Las provincias	1.264	-	-	1.264
Diario Vasco	1.103	-	-	1.103
Los 40	1.061	244	777	39
Estrella Digital	949	398	296	256
El Pais	836	490	261	85
E-Dreams Spain	788	221	212	354
Total	261.165	59.619	91.602	109.943

Fuente: AdRelevance - 29/11/2009

• **Sus competidores**. En un solo click tendremos toda esta información de sus competidores para poder hacer comparativas. Por otro lado vemos que se han detectado 19 acciones con enlaces comerciales. La herramienta analiza de manera permanente una serie de términos relacionados con los sectores de mayor actividad en internet, aunque también pueden incluirse de manera puntual algunos otros que puedan interesar.

Esta información podemos también utilizarla en nuestros informes post campaña para comparar la actividad de la competencia respecto a lo que hemos hecho nosotros realmente, para analizar cómo salimos en la «foto» respecto a ellos, algo que suelen demandar los anunciantes como referencia de los resultados derivados de su actividad publicitaria.

5.5.7. OJD Interactiva

- Metodología: Sistema de tags (marcadores).

- Muestra: 341 sites. Únicamente los que pagan por ello son auditados, por lo que en esta herramienta no están todos los soportes más importantes. Los más importantes que están dentro de OJD son los diarios electrónicos, que hacen extensible la auditoría de medios de papel a internet en los grandes grupos editoriales.

- Información que nos proporciona: Datos de audiencia, visitas, franjas horarias.

- Utilidad: En el proceso de definición táctica, pero no suele utilizarse ya que tiene información muy limitada al no estar grandes sites y portales.

En este pantallazo podemos algunos de los sites auditados:

MES: MAYO 2012 - TIPO DE DATO: TOTALES - TRÁFICO NACIONAL E INTERNACIONAL

	TITULO	CLASIFICACION	SUB-CLASIFICACION	N.UNICOS(avg)	N.UNICOS	VAR.%	VISITAS	D.MEDIA	PAGINAS
	1 11870.COM	Noticias e Información	Directorios/Guías locales	66.204	1.842.491	5,06.	2.138.787	01:26	6.221.026
	2 123PEOPLE	Noticias e Información	Buscadores	154.667	4.382.491	7,20.	4.922.117	01:48	7.408.731
[+]	3 20MINUTOS.ES	Noticias e Información	Noticias globales y actualidad	823.494	16.584.342	8,46.	31.859.034	06:20	90.860.479
	4 324.CAT	Noticias e Información	Noticias globales y actualidad	30.221	513.227	-4,52.	1.273.022	04:07	3.435.139
	5 3DJUEGOS.COM	Informática y Electrónica de Consumo	Noticias de Informática y Electrónica de Consumo	303.910	6.067.341	0,75.	12.012.407	04:02	61.600.158
[+]	6 ABC.ES	Noticias e Información	Noticias globales y actualidad	812.858	14.223.480	7,95.	32.329.650	13:52	104.544.524
	7 ABOGADOS.ES	Noticias e Información	Noticias de interés especial	757	17.007	16,51.	28.681	01:53	64.217
	8 ACPG	Noticias e Información	Noticias de interés especial	59	1.314	16,80.	2.455	05:53	12.754
	9 ADIGITAL	Administraciones Públicas y Organizaciones sin ánimo de lucro	Organizaciones sin ánimo de lucro	334	9.043	10,79.	11.475	02:32	29.773
	10 AGROCOPE.COM	Noticias e Información	Noticias de interés especial	238	5.862	-19,59.	6.314	01:33	11.112
	11 AHORAINFORMACION.COM	Noticias e Información	Noticias globales y actualidad	363	7.009	-5,70.	12.323	01:24	25.914
	12 ALFAYOMEGA.ES	Noticias e Información	Noticias de interés especial	726	19.648	-1,64.	24.018	02:05	70.048
	13 ALMERIA ACTUALIDAD	Noticias e Información	Noticias globales y actualidad	5.839	107.229	12,93.	204.391	13:17	667.697
	14 ANDALUCIAINFORMACION.ES	Noticias e Información	Noticias globales y actualidad	15.337	267.089	22,05.	559.150	02:38	1.211.636
	15 ANOIA DIARI	Noticias e Información	Noticias de interés especial	1.572	27.355	11,16.	58.161	02:46	149.797
[+]	16 ANTENA3.COM	Entretenimiento	Broadcast	718.396	10.971.821	7,47.	29.114.709	07:06	182.103.280
[+]	17 ANUNCIOS.COM	Noticias e Información	Noticias de interés especial	4.525	105.877	11,94.	158.902	02:03	527.691
	18 APRENDELO.COM	Educación y empleo	Multicategoría	2.816	82.381	67,06.	90.377	02:01	184.548
	19 AR-REVISTA	Buscadores, Portales y Comunidades	Portales y comunidades temáticos	5.043	138.485	-5,60.	162.475	02:29	1.340.204

Analicemos la información pormenorizada de uno de ellos, por ejemplo 20minutos.es, la versión digital de un diario gratuito digital:

INFORMACION Y CONTROL DE PUBLICACIONES, S.A.

Serrano, 21 - 6 planta - Tel. 91 435 00 32 Fax 91 435 96 05 - 28001 MADRID
Entenza, 218 Entr. 7 - Tel 93 439 24 18 Fax 93 419 25 34 - 08029 BARCELONA

Título:	20MINUTOS.ES
URL Primaria:	http://www.20minutos.es
Editor:	Grupo 20 Minutos, S.L.
Domicilio:	Condesa de Venadito, 1 Planta 2ª
Ciudad:	28027 MADRID
Teléfono:	91 701 56 00
Fax:	91 701 56 62
E-mail:	
Clasificación:	Noticias e Información
Sub-Clasificación:	Noticias globales y actualidad

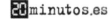

1. Cifras totales y promedios (Nacional e Internacional)

MES - AÑO	NAVEGADORES UNICOS	VISITAS	PAGINAS
Diciembre - 2012	20.490.506	37.336.108	98.770.846
PROMEDIO DIARIO	995.321	1.204.391	3.186.156
PROMEDIO LUNES-VIERNES	1.044.073	1.263.528	3.328.084
PROMEDIO SABADO-DOMINGO	892.942	1.080.202	2.888.108
PAGINAS / VISITAS	2,65		
DURACION MEDIA VISITAS	0:05:59		
DURACION MEDIA PAGINAS	0:02:16		

2. Secciones (Nacional e Internacional)

	PAGINAS	%
HOME	19.643.406	19.89 %
RESTO	79.127.440	80.11 %

Aunque pueda parecer contradictorio podemos ver que sólo el 30% de las páginas vistas generadas en este site con de la home page; sin embargo tiene sentido, ya que en la home están las noticias resumidas, pero para acceder en profundidad a ellas hay que hacer clic sobre ellas. En el momento en que un usuario accede a 2 noticias ya estaría generando el doble de páginas de la sección «Resto». En general este hecho que suele repetir mucho en los diarios, y también se debe a que muchas visitas provienen de los buscadores, que redireccionan a secciones o a noticias concretas.

Si entramos al detalle podemos ver los datos desagregados día a día. Con esta información podemos hacernos una idea de cuándo es mejor hacer una campaña para obtener los mejores resultados de cobertura. Una conclusión clara es que los fines de semana es mejor no empezar una campaña tiene un descenso considerable de audiencia.

3. Por día del mes (Nacional e Internacional)

Día	N. únicos	Visitas	Páginas	Día	N. únicos	Visitas	Páginas	Día	N. únicos	Visitas	Páginas
1	796.489	994.754	2.847.018	11	799.556	990.470	2.854.765	21	910.311	1.138.768	3.210.174
2	838.391	1.050.135	2.962.363	12	661.665	818.042	2.338.220	22	908.358	1.139.394	3.208.327
3	877.733	1.100.657	3.135.814	13	700.239	885.804	2.593.244	23	866.440	1.077.746	3.019.977
4	865.036	1.066.525	3.060.022	14	854.522	1.078.444	3.038.553	24	847.396	1.055.501	3.025.266
5	713.437	874.769	2.410.547	15	833.530	1.043.176	2.926.588	25	815.885	1.010.724	2.923.277
6	733.454	913.074	2.518.525	16	841.519	1.058.147	3.019.507	26	699.024	858.193	2.471.501
7	883.266	1.108.740	3.162.676	17	832.825	1.048.567	3.037.989	27	778.129	963.320	2.786.738
8	901.793	1.128.608	3.196.579	18	837.464	1.034.385	2.970.676	28	917.461	1.149.933	3.275.214
9	856.738	1.068.838	3.018.275	19	688.363	844.645	2.426.312	29	902.192	1.134.041	3.300.150
10	836.684	1.049.621	2.926.268	20	770.759	959.479	2.781.171	30	883.306	1.113.868	3.263.354
								31	876.351	1.100.666	3.151.389

Extrayendo los gráficos, podemos tomar decisiones ágilmente:

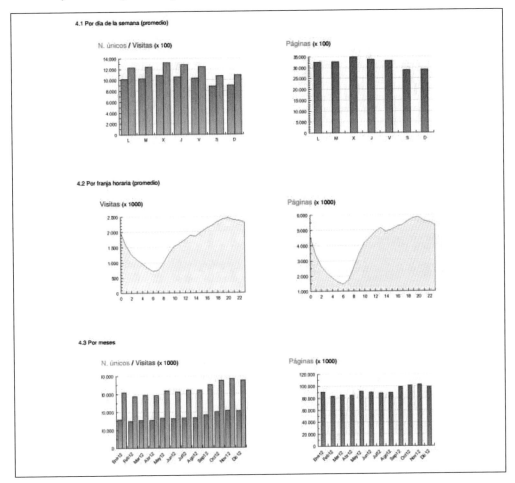

Con esta información, conjuntamente con los proporcionados con los Adservers de los propios soportes podemos hacernos una idea del alcance que podríamos tener en nuestras campañas, y al igual que con otras herramientas, poder enriquecer los informes de resultados.

5.5.8. Nielsen Netview

- Metodología: Software instalado en ordenadores de los panelistas que registra la navegación de los usuarios y se envía a una base de datos donde es gestionada.

- Información que nos proporciona: Audiencia única de cada soporte, tiempos medios de consumo, frecuencia de visitas, número de páginas promedio consultadas. Al ser usuarios previamente aceptados y registrados, también se dispone de información cualitativa (datos socio demográficos), datos de afinidad y cobertura con respecto al core target analizado.

- Utilidad: Es una herramienta utilizada tanto en la fase de definición estratégica como la táctica.

Al igual que en la anterior, detengámonos en el centro de control de la herramienta. Podemos seleccionar el nivel de información por sector al que pertenecen los sites que nos interesan:

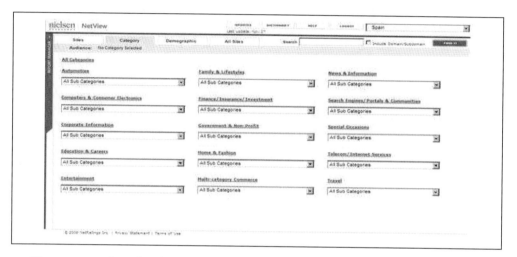

Veamos por ejemplo el sector de automoción. La información que nos facilita es la siguiente:

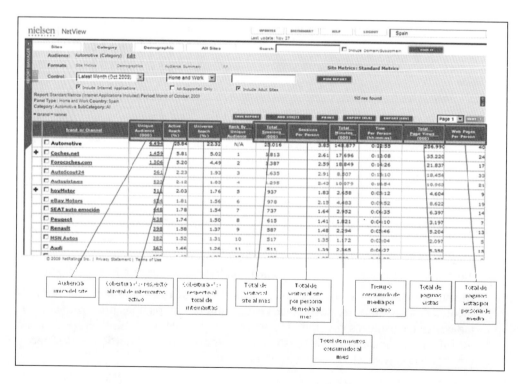

Con los datos de usuarios únicos en cada site, nos permite dimensionar nuestra campaña y hacer una estimación de los resultados que podremos obtener a nivel de cobertura. ¿Cómo podemos ver la afinidad de dichos sites con un target en concreto?. Imaginemos que nos interesan las mujeres de 28 o más años:

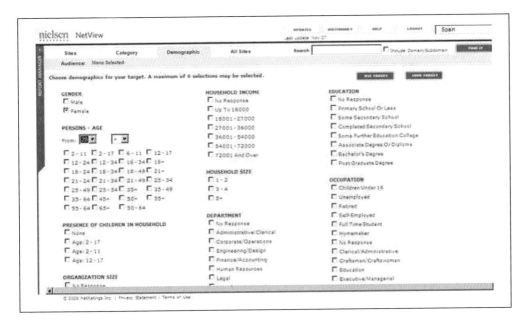

Una vez seleccionado nuestro perfil, veamos la afinidad que tendríamos en los distintos soportes y cuantos usuarios de esas características podríamos alcanzar en cada uno de ellos:

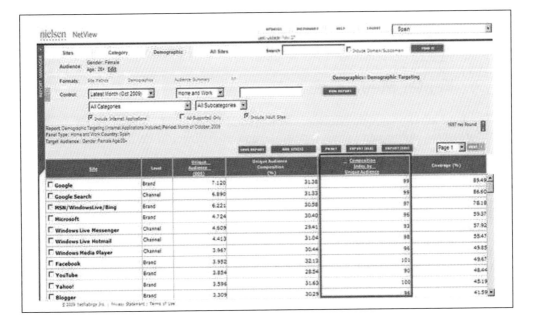

Los soportes con un índice menor a 100 significa que tienen poca afinidad con el target elegido, es decir, la representatividad de nuestro target en ese site es menor, por lo que a la hora de realizar el informe de resultados tenemos que saber que gran parte de los impactos que se hayan lanzado no habrán alcanzado a nuestro target.

El máximo de usuarios de nuestro target que podremos alcanzar, por ejemplo en MSN, será de 6,2 millones, por lo que tendremos que hacer lo posible para segmentar ese perfil a la hora de contratar la campaña, y alcanzar así nuestros objetivos.

También podemos analizar la duplicidad de la audiencia en varios sites, esto nos permitirá tener información útil de cara a la planificación, pero también en los informes de resultados si hay soportes con unos índices altos de audiencia duplicada:

nielsen NetView

Report: Audience Overlap (Internet Applications Excluded) Period: Month of September, 2007 Panel Type: Home and Work Country: Spain

Site	Level	Unique Audience [000]	MSN/Windows Live Brand	Orange Brand	Terra Brand	Yahoo! Brand
MSN/Windows Live	Brand	13,754		43.42	46.64	52.44
Orange	Brand	7,192	83.04		64.89	67.74
Terra	Brand	7,734	82.93	60.34		65.05
Yahoo!	Brand	8,933	80.73	54.54	56.32	

Aquí podemos ver que el 83% de la audiencia del portal Orange también es usuario del portal MSN, o que el 60% de la audiencia de Terra lo es de Orange.

En términos generales, y una vez visto todo lo anterior, constatamos que esta herramienta también nos puede a ayudar para calcular en nuestros **informes finales** de campaña cuantos de los impactos lanzados en cada site corresponderían a nuestro target (serían datos probabilísticos en función de la información que extraigamos de una herramienta como Netview). Con ello podríamos conseguir cruzar la **información censal** que obtengamos de los Adservers (sean del soporte o de la agencia) con la **cualitativa muestral** de ésta, dando un informe enriquecido.

5.5.9. Kantar Media Evaliant

Similar a adrelevance de Nielsen, es una plataforma que dispone de hasta dos años de información sobre campañas y permite una visualización de las piezas creativas publicitadas.

5.5.10. Comscore Ad Metrix

Ante la necesidad de disponer de un único sistema consensuado de medicios de audiencias en internet, la AIMC y la IAB Spain, seleccionaron a Comscore como único proveedor para la medición de la audiciencia online hasta el año 2015 en España. Caracteristicas de Ad Metrix:

- Utiliza tecnología propia de rastreo patentada para identificar la persona específica dentro del hogar que ve cada anuncio.

- Rastrea todos los anuncios presentados en el navegador del panelista –estáticos, dinámicos, rich media, anuncios en objetos y anuncios detrás de páginas seguras.

- Ofrece visibilidad de la publicidad al nivel de categoría, empresa y marca y proporciona detalles sobre mensajes creativos utilizados en campañas específicas.

- Incluye la gama completa de indicadores publicitarios, tales como gastos, cuota publicitaria, saturación de anuncios, visitantes únicos expuestos, frecuencia, alcance, GRPs y demografía al nivel del editor.

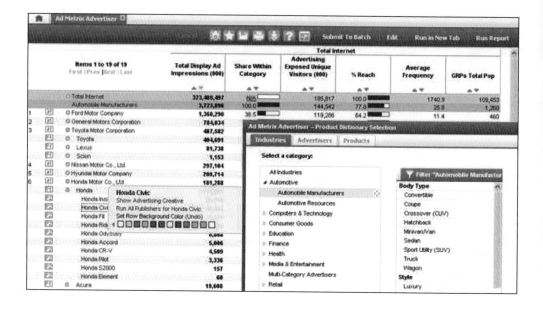

5.5.11. Nielsen Mobile Media View

El marketing mobile es relativamente reciente, por lo que a nivel de herramientas de medición de audiencia queda todavía mucho que recorrer. No obstante Nielsen ya ha lanzado al mercado la primera herramienta de medición *Nielsen Mobile Media View*, con la que se pueden realizar ya ciertos análisis para poder recomendar qué tipo de páginas de internet móvil son las más utilizadas, veamos un ejemplo:

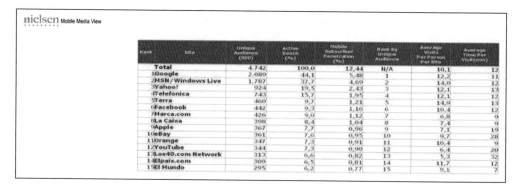

La audiencia única que navega en internet a través de móvil al mes es de más de 4,7 M de personas en el mercado Español, según esta herramienta. Google acapara el 44% y MSN (Windows live) casi el 38%. En el primer caso con 12,2 visitas de media por usuario y 14 en el segundo.

También podemos ver perfiles de esos usuarios:

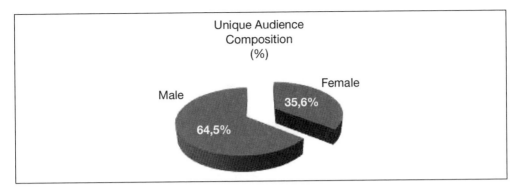

Unique Audience Composition (%)

Male 64,5%
Female 35,6%

La mayor parte son hombre, algo que sucedía también en los inicios de Internet, y que poco a poco se ha ido normalizando e igualando en representatividad. El medio móvil todavía es reciente en este uso, y los «early adopters» de las nuevas tecnologías suelen ser más varones.

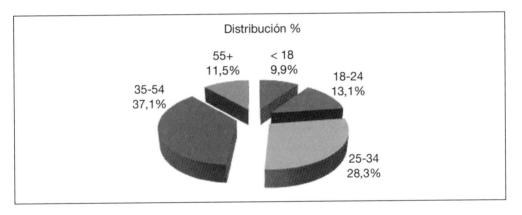

Distribución %

55+ 11,5%
< 18 9,9%
18-24 13,1%
35-54 37,1%
25-34 28,3%

En este caso, en términos de edad, la navegación por internet móvil suele realizarse con dispositivos tecnológicamente más preparados, a los que tienen acceso los tramos más altos de edad por regla general, ya que tienen mayor poder adquisitivo. 35-54 es el tramo más representado.

En las acciones de marketing mobile o marketing interactivo en el que se utilizan tecnologías específicas, también existe la opción de acceder a los datos estadísticos. En este caso no existen grandes proveedores, generalmente cada uno ofrece la suya propia.

Veamos dos ejemplos de acciones de mobile marketing, y cómo se han medido los resultados:

* Acción de una lona de bluetooth para el lanzamiento de un nuevo modelo de coche. Los dispositivos fueron instalados en un centro comercial en distintas ubicaciones, justo frente a un edificio en el que se exponía una lona publicitaria que te invitaba a encender tu bluetooth y descargarte en primicia un spot de 20 segundos del nuevo modelo que iba a ser lanzado 6 meses después. Los siguientes datos fueron recogidos en una sola semana:

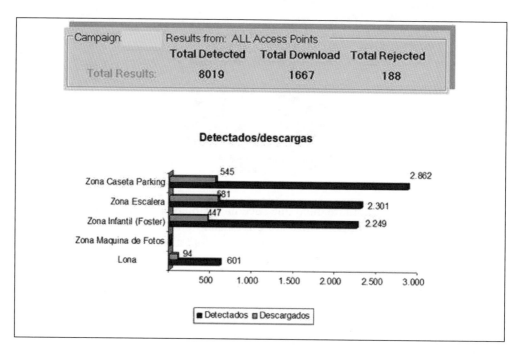

Fueron detectados más de 8.000 terminales, de los cuales 1.667 descargaron el spot, y sólo 188 lo rechazaron. El resto de los usuarios no contestaron al mensaje. Si analizamos estos datos el índice de respuesta ante nuestro mensaje fue altísimo, casi un 21% de los usuarios que recibieron la invitación a bajarse el spot, lo aceptaron.

Esta plataforma nos permitía saber los días de la semana en los que más descargas se produjeron:

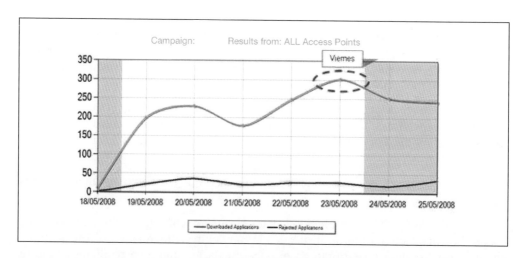

Como no podía ser de otra manera, al ser un centro comercial, eran los fines de semana cuando más descargas se producían. Era interesante ver cómo muy pocos usuarios rechazaban el mensaje que se recibía como invitación a descargarse el spot.

También podíamos saber qué marca de teléfono era el que había realizado la descarga:

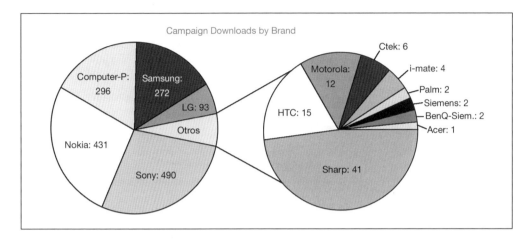

Curiosamente la mayoría de los dispositivos que descargaban el audiovisual eran Sony (Sony-ericsson) con 490 dispositivos, seguido de los nokia (431).

* Otra acción que fue medida fue la primera acción publicitaria en mobile TV dentro de la emisión de los mundiales de fórmula1 a través de estos dispositivos.

En esa ocasión el cliente emitió un spot de 10 segundos previo a la visualización en directo del GP de Hungría de F1. El usuario podía ver los entrenamientos libres (que en tv no se podían ver), los de clasificación y las carreras a través de 5 cámaras diferentes ubicadas en distintos coches. Además había un programa grabado sobre las carreras, los coches, los cascos, etc., que estuvo en el aire una semana antes y otra después del Gran premio. Estos son los resultados que se obtuvieron:

Emplazamientos publicitarios	Formato	Vodafone tráfico	MOVISTAR tráfico	AGREGADO tráfico total
Impactos en spots				
Impactos por carrera directo viernes, sábado, domingo GP	spot 10'	17.371	7.900	25.271
Canal F1 lun-dom siguiente semana + lun-jue semana GP	spot 10'	10.560	1.175	11.735
Total spots		27.931	9.075	37.006
Impactos en banners				
Home operadora viernes, sábado, domingo	Texto	1.305.189	919.202	2.224.391
Página F1 viernes, sábado, domingo	Banner	57.577	17.556	75.133
Página TV: Canal F1 viernes, sábado, domingo	Banner	20.236	7.461	27.697
Sección Motor resto semana lun-dom siguiente semana + lun-jue semana GP	Banner	20.536	3.500	24.036
Fórmula 1 en vivo lun-dom siguiente semana + lun-jue semana GP	Banner	31.666	8.350	40.016
TV: Canal F1 lun-dom siguiente semana + lun-jue semana GP	Banner	11.130	4.502	15.632
Total Banners		1.446.334	960.571	2.406.905
Impactos en cortinillas				
Enlace Home/Fórmula 1 en Vivo viernes, sábado, domingo GP	Cortinilla	57.577	17.556	75.133
Enlace Fórmula 1 en vivo lun-dom siguiente semana + lun-jue semana GP	Cortinilla	31.666	8.350	40.016
Total cortinillas		89.243	25.906	115.149
Total Impactos por Carrera		1.563.508	995.552	2.559.060

A través de los servidores de las distintas operadoras vimos que realizaron más de 2,5 millones de impactos en total, más de 334.000 impactos visuales y audiovisuales. Incluso podíamos ver a correspondía cada concepto.

La mayoría de los impactos generados habían sido realizados por el operador Vodafone, si bien en esos momentos habían realizado una campaña multimedia para comunicar que sus clientes podían ver el gran premio de manera gratuita a través de Vodafone Live, con lo que el número de usuarios aumentó considerablemente.

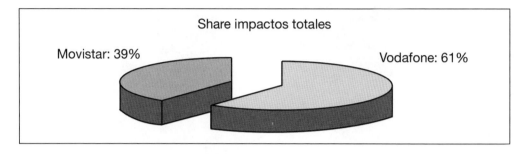

Vodafone aportó el 61% de los impactos de esta campaña.

5.6. AdServers soportes

El servidor de publicidad en un soporte permite:

• Control de impresiones.

• Control de clicks.

• Control de usuarios únicos por medio (no global).

• Segmentación tecnológica.

• Secuencia de creatividades: específica o aleatoria.

• Frecuencia de «Visualización» 1-24.

• Actualización campañas cada 4 horas.

La información que nos proporciona: Disponibilidad de inventario (espacios publicitarios), resultados reales de las campañas.

Utilidad: Pueden utilizarse en la fase de definición táctica del plan, pero fundamentalmente son herramientas para haces seguimientos e informes de análisis.

En este apartado veremos algunas de estas herramientas, al menos las más importantes: DFP (Dart for Publishers), Real Media, Agilbanner, Google (herramienta de control de AdSense y AdWords)…

5.6.1. Doubleclick (DART)

Este Adserver es el de Doubleclick, compañía de Google, ha sido la referencia durante muchos años en el medio internet como unos de los mejores Adservers. Cada herramienta tiene sus particularidades, pero es interesante que veamos un ejemplo práctico para hacernos una idea de los pasos que tenemos que realizar para extraer la información de un Adserver como éste[2].

Accedemos con nuestras claves a la herramienta a través de una dirección de internet que el propio proveedor nos proporciona, después entramos dentro de nuestra área de gestión de la campaña:

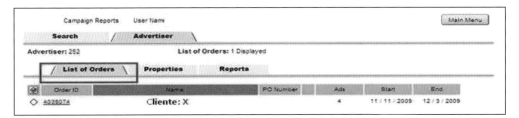

En esta primera pantalla tendríamos tantas líneas como campañas hubiéramos eje-cutado de este cliente (en este ejemplo sólo hay una). Seleccionamos a continuación el identificador de la orden de campaña (Order/ID), haciendo doble click.

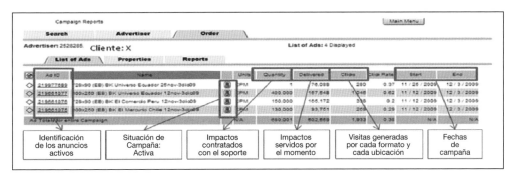

En este cuadro tendríamos la información general de la campaña, nos sirve para tener un control rápido, de un simple vistazo, de cómo va la campaña. En este momento podríamos detectar si nuestra campaña en cada uno de los espacios activos, están cumpliendo lo que hemos contratado o va muy por debajo, en cuyo caso podre-mos alertar al soporte para que aumente la presión y lograr así alcanzar mis objetivos de impactos. De la misma manera veríamos si los resultados en respuesta a mis anun-cios es apropiada, o debemos tomar alguna decisión.

Por ejemplo El Comercio Perú con el formato 728x90 está teniendo un 0,2%, podríamos decidir reinvertir el presupuesto de esa ubicación al Universo Ecuador con el robapáginas, ya que está obteniendo un 0,62%.

Podemos entrar en el detalle de los datos seleccionando la sección «Reports»:

---

² Más información: http://bit.ly/Marketing-Interativo.i

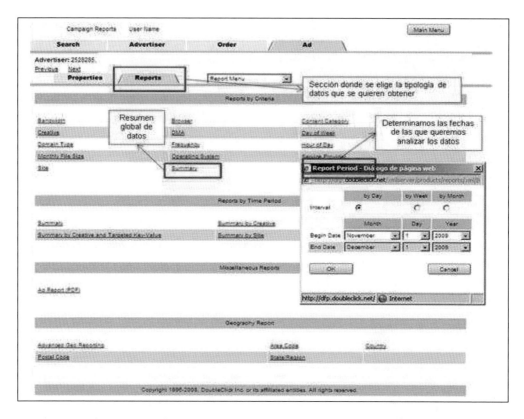

En este cuadro de mando podríamos seleccionar el tipo de informe que queremos: ver los resultados por día de la semana, por creatividad, por navegador, por IP (este caso sirve para comprobar si se está lanzando la campaña en el país en el que hemos contratado la publicidad).

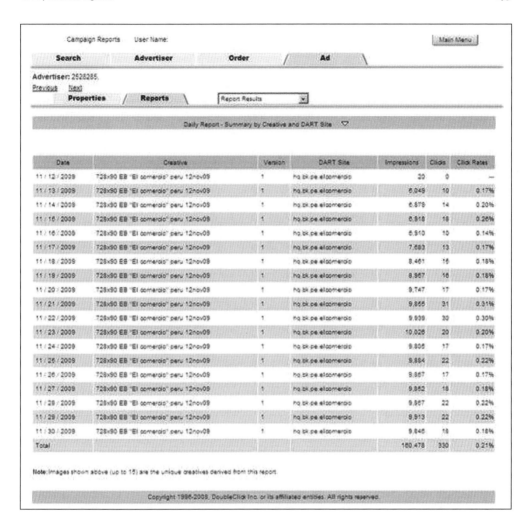

En esta tabla extraemos los datos por formato creativo y por día. Nos permite ver qué formatos están funcionando mejor para poder más peso en la campaña aquellos que más ratios de respuesta generen.

También podemos obtener la información únicamente por día, para detectar si nuestra campaña está siendo lanzada con una presión más o menos constante, o por el contrario se sirven los impactos de forma discontinua y sin control. Desde un punto de vista de comunicación, y salvo acciones muy concretas, nos interesa que haya una cierta homogeneidad en el lanzamiento de la campaña, que no haya discontinuidad.

Campaign Reports   User Name:

Search   **Advertiser**   **Order**   **Ad**   [Main Menu]

Advertiser: 2528265.
Previous   Next

Properties   **Reports**   Report Results

Daily Report - Summary

Date	Impressions	Clicks	Click Rates
11 / 12 / 2009	20	0	—
11 / 13 / 2009	6,049	10	0.17%
11 / 14 / 2009	6,879	14	0.20%
11 / 15 / 2009	6,918	18	0.26%
11 / 16 / 2009	6,910	10	0.14%
11 / 17 / 2009	7,683	13	0.17%
11 / 18 / 2009	8,461	15	0.18%
11 / 19 / 2009	8,957	16	0.18%
11 / 20 / 2009	9,747	17	0.17%
11 / 21 / 2009	9,855	31	0.31%
11 / 22 / 2009	9,939	30	0.30%
11 / 23 / 2009	10,026	20	0.20%
11 / 24 / 2009	9,805	17	0.17%
11 / 25 / 2009	9,884	22	0.22%
11 / 26 / 2009	9,867	17	0.17%
11 / 27 / 2009	9,852	18	0.18%
11 / 28 / 2009	9,867	22	0.22%
11 / 29 / 2009	9,913	22	0.22%
11 / 30 / 2009	9,846	18	0.18%
Total	160,478	330	0.21%

Como podemos ver, esta herramienta nos ofrece multitud de opciones para poder hacer nuestro seguimiento de campaña. Podríamos también agrupar la información en un informe ejecutivo donde veríamos resultados globales con información adicional a la vista hasta el momento:

5.6.2. Smart AdServer

Creada en 2001, Smart AdServer desarrolla y comercializa soluciones premium de ad serving destinadas a las agencias de medios y Publishers, para la gestión de campañas de display Web, móvil y iPad/tablets. Smart AdServer trabaja para más de 300 clientes, para 1.600 sitios, distribuidos en cuatro continentes...

Trabajan con agencias de medios/anunciantes, como Zenith Optimedia, GroupM, 6:AM, BetClic y Meetic, y a numerosos sitios y redes de publicidad, incluyendo Amaury Medias (L'Equipe, Le Parisien), Canal+, Deezer, PIXmania, Axel Springer, Fox International Channels, Bild, Marca, mbrand3, 20 minutes, Allociné, NEXTRégie (BFM, RMC), Hi-Media y Boursorama.

Para su desarrollo, Smart AdServer cuenta con el apoyo de un importante grupo internacional. Desde septiembre de 2007, Smart AdServer es filial del grupo Axel Springer.

Los parámetros que podremos obtener de esta herramienta son: Datos por formato, por país, por región o ciudad, por sistema operativo, por resolución de pantalla, por tipo de conexión.

Como vemos podemos seleccionar los resultados por campaña, por unidad de tiempo, etc., y se hace de una manera sencilla a través de desplegables. El interface es muy sencillo e intuitivo.

Datos que se ofrecen: Número de impresiones, número de usuarios únicos que han visto la campaña, número de clics, clics únicos, tasa de clics.

Descripción del modelo de informes:

Para cada una de las campañas seleccionadas, muestra una serie de valores y una segunda representación gráfica de los datos obtenidos sobre la base de los parámetros que ha especificado.

Parámetros:

Detalle de las estadísticas

Detalle por elemento	Por creatividad
Formato	Por site
Detalle por unidad de tiempo	Por día
Detalle por geolocalización	Síntesis global
Detalle por formato	Síntesis global
Comentarios Adicionales	Síntesis Global
Periodo de visualización	Todo el periodo

Medidas Publicitarias

Número de impresiones	☑	10
Número de usuarios únicos	☑	Umbral
Número de clics	☑	Umbral
Número de clics únicos	☐	
Tasa de clics	☐	
Repetición	☐	

Detalle de las creatividades

Fechas	☐
Formato	☐
Dimensiones	☐
Imagen de back up	☐

Esta herramienta es probable que sea una de las más sencillas actualmente.

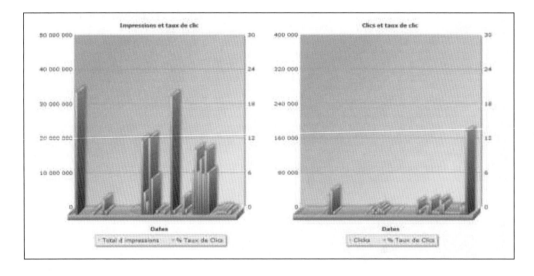

5.6.3. AgilBanner

Esta plataforma fue desarrollada para el diario digital el mundo, aunque posteriormente se empezó a comercializar a otros soportes como una plataforma más.

Veamos un ejemplo de lo que cómo obtener la información de esta plataforma:

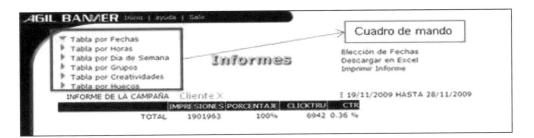

Podemos extraer la información por fechas, por horas, por día de la semana. Por creatividades o por espacios o ubicaciones.

AGIL BANNER Inicio | ayuda | Sale

- Tabla por Fechas
- Tabla por Horas
- Tabla por Día de Semana
- Tabla por Grupos
- Tabla por Creatividades
- Tabla por Huecos

Informes

Elección de Fechas
Descargar en Excel
Imprimir Informe

INFORME DE LA CAMPAÑA | Cliente X   19/11/2009 HASTA 28/11/2009

	IMPRESIONES	PORCENTAJE	CLICKTRU	CTR
TOTAL	1901963	100%	6942	0.36 %

HORA	IMPRESIONES	PORCENTAJE	CLICKTRU	CTR
0	83069	4.37%	242	0.29%
1	27110	1.43%	105	0.39%
2	14440	0.76%	56	0.39%
3	9747	0.51%	35	0.36%
4	7625	0.4%	22	0.29%
5	8480	0.45%	15	0.18%
6	17291	0.91%	43	0.25%
7	52759	2.77%	158	0.3%
8	151172	7.95%	458	0.3%
9	184900	9.72%	668	0.36%
10	141932	7.46%	502	0.35%
11	111190	5.85%	444	0.4%
12	99118	5.21%	413	0.42%
13	98578	5.18%	402	0.41%
14	84202	4.43%	317	0.38%
15	75853	3.99%	335	0.44%
16	90310	4.75%	349	0.39%
17	105288	5.54%	398	0.38%
18	112009	5.89%	461	0.41%
19	105128	5.53%	363	0.35%
20	92450	4.86%	333	0.36%
21	81196	4.27%	291	0.36%
22	79197	4.16%	277	0.35%
23	68719	3.61%	255	0.37%

En campañas en las que es importante segmentar por franja horaria, será de mucha utilidad comprobar si se está sirviendo nuestra publicidad cuando efectivamente lo estoy contratando.

Este informe ofrece la información desglosado por creatividad utilizada. Podremos saber qué creatividad es la que mejor está funcionando para poder decidir si hay que sustituir la pieza o potenciar otras. En este caso también podemos acceder a capturas de las pruebas realizadas antes de lanzar a campaña al aire y dar así nuestra aprobación.

Test de prueba, previo a la activación de la campaña. Se comprueba si todos los enlaces funcionan correctamente y se registran los datos en nuestra herramienta de medición.

Adicionalmente, podemos exportar todos los informes en formato Excel para poder tratarlos en nuestros propios informes:

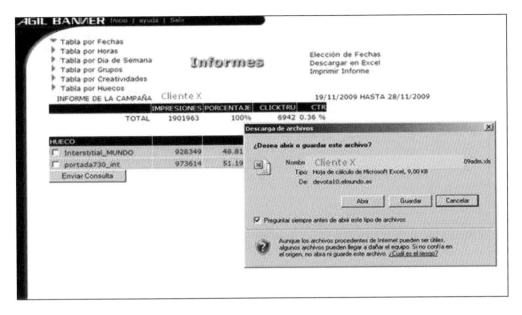

Analizando por días de la semana podremos comprobar si está cumpliéndose también lo acordado según los términos de contratación con el soporte:

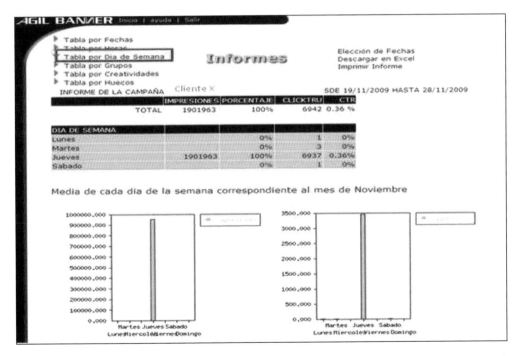

Media de cada día de la semana correspondiente al mes de Noviembre

En esta campaña se contrató un «brand day» en este soporte, es decir, se compró toda la publicidad que apareciera en un día, para garantizarnos que todos los internautas de este site, por esta razón aparece en el informe únicamente actividad en un día.

5.6.4. Google Analytics

Esta herramienta de analítica web (medición interna) se lanzó hace unos años para competir contra los grandes proveedores que en ese momento había en el mercado. Su estrategia fue ofrecerla de manera gratuita, hasta un cierto número de páginas vistas. ¿Cómo es esta plataforma?, veamos que nos ofrece:

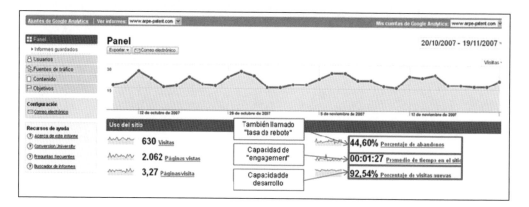

En esta primera captura podemos observar los datos generales de visitas, páginas vistas u cuantas páginas se generan por visita de media (3,27) en mi página web. También nos ofrece unos datos interesantes como son la «tasa de rebote», es decir cuando alguien accede a mi web y la abandona antes de profundizar en los contenidos. Es un indicativo del grado de interés que hemos despertado en el usuario que ha entrado. Una tasa de un 44% es alta, deberíamos tratar de hacer algo para reducir ese porcentaje… Un indicador interesante es también el minutaje que cada usuario dedica a navegar por mi site, es la capacidad que tiene mi página web de «retener» al usuario.

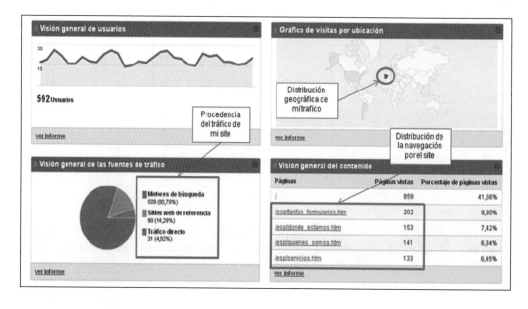

Podemos saber de dónde procede el tráfico a mi site: por motores de búsqueda, por enlaces en otros sites o por acceso directo (a través de url escrita en el navegador). Esta información nos puede orientar para tomar decisiones acerca de dónde poder realizar actividad publicitaria para potenciar más aún mis visitas. También sabemos la distribución de la navegación (al igual que con las otras herramientas). Tendremos esta información de todas las páginas que queramos siempre y cuando marquemos con «tags» cada una de ellas, y siempre que la herramienta no establezca un máximo de secciones a analizar. No obstante, es importante saber identificar cuáles son las secciones estratégicas y darles prioridad, ya que serán aquellas que hagan desarrollar mi negocio. Por ejemplo, tagear una sección de opiniones está bien, pero sería menos prioritario que otras secciones como localizar mi tienda (que muestra un claro interés del usuario), ir a la tienda online (si la tuviéramos) o marcar un inicio de compra y el final de la misma para saber si existe algún problema en el proceso de compra. Tagear las opiniones está bien pero ya quedan registradas dichas opiniones por lo tanto ya tendría resultados, los propios mensajes.

Podríamos ver también el ámbito geográfico desde donde se accede a nuestra web, como podemos ver en el grafico siguiente:

Sin embargo este sistema de identificación de zonas geográficas, se realiza por la IP a través de la cual accede el ordenador a internet, y lo que ocurre en estos casos es que salvo que se tenga una IP fija, muchos internautas la tienen dinámica y se establece la conexión a la Red en función de la saturación de la infraestructura en cada momento, es decir, un internauta puede estar accediendo a través de una IP que no está asignada a su aérea geográfica. Por esta razón, a esta información no le deberíamos prestar por el momento mucha atención (sólo como anécdota, pero no como elemento sobre el que tomar decisiones), en tanto en cuanto el sistema de asignación geográfica no cambie o mejore.

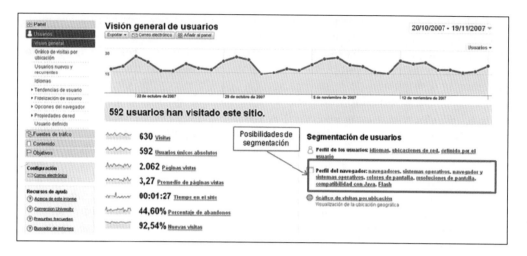

La herramienta da otras opciones de segmentación de la información, por navegador, por sistemas operativos, etc. Igual que las otras herramientas.

5.7. AdServers Agencia (Redirect)

En los comienzos del marketing en internet, la dificultad en la elaboración de los informes de seguimientos era patente, un técnico en campañas online disponía de multitud de claves de distintos Adservers, tantos como soportes habían sido utilizados en sus campañas. El tiempo que era dedicado únicamente a la extracción de los datos era alto, después había que analizarlos. A modo de ejemplo, si habíamos utilizado 6 websites de una red exclusivista (que representa a multitud de soportes), había que introducirse en su Adserver y una vez dentro, para extraer los datos, había que ir soporte a soporte, seleccionando fechas, tipo de informe, y por creatividades. Si además en esa misma campaña había 10 soportes más planificados, cada uno con sus claves y con un software de gestión de datos diferente, la dedicación sólo para obtener la información era excesiva.

La publicidad en este medio ha evolucionado tanto que la complejidad de los informes ha sido también proporcional, se incorporan análisis de interactividad en distintos enlaces dentro de una misma creatividad, si se activa el sonido de un spot, etc. El mercado, afortunadamente, fue mejorando en los sistemas de reporting, y aunque actualmente todavía sigue la opción de meternos en cada Adserver para ver cómo ha funcionado mi campaña en cada soporte y con cada creatividad, sin embargo, hace unos años apareció el llamado sistema de redirect, que ha ido mejorando de manera sensible estos últimos años, de tal manera que simplifica eficientemente los recursos dedicados a la labor de análisis, aportando además información cada vez más enriquecida. Actualmente es recomendable seguir extrayendo los datos generales de los Adservers de los soportes aunque únicamente para comprobar que no hay muchas diferencias entre los datos que dice un servidor y otro desde el punto de vista de facturación, ya que el soporte nos cobrará en función de los datos de sus servidor, y no del nuestro (del adserver de redirect).

Es importante que en este caso veamos un esquema funcional del proceso, es decir, cómo funciona técnicamente un sistema redirect frente al convencional, para que lo tengamos claro cuando posteriormente analicemos los pros y contras de este sistema y podamos entenderlo mejor.

5.7.1. Sistema de carga del banner en el servidor

El banner se ha de realizar teniendo en cuenta que los archivos que lo forman, tendrán que convertirse al final en un único archivo tipo zip, con compresión 0 y sin la capacidad de aceptar carpetas.

El Bannerserver no almacenara el archivo zip si detecta un posible fallo en cualquiera de los navegadores descritos en él aparto «Comportamiento del banner por Browser».

El bannerserver cuando almacene los archivos HTML y los archivos vinculados sean imágenes, o sonidos en su interior como un archivo zip sin compresión. Entonces pasa a cargar este archivo zip en su disco duro. Cuando un website hace una llamada al bannerserver, él deshace el archivo zip y sirve el banner atraves de diversas llamadas descritas en el siguiente apartado[3].

Comportamiento del Banner por Browser

Tags que se sitúan en la Website:

<IFRAME WIDTH=468 HEIGHT=60 NORESIZE SCROLLING=No FRAMEBORDER=0 MARGINHEIGHT=0 MARGINWIDTH=0

SRC="http://adforce.imgis.com/?adiframe|2.0|225|6026|1|1|ADFORCE;">

<script language=javascript src="http://adforce.imgis.com/?addyn|2.0|225|6026|1|1|ADFORCE;loc=700;">

</script>

<noscript>

<a href="http://adforce.imgis.com/?adlink|2.0|225|6026|1|1|ADFORCE;loc=300;" target=_top>

<img src="http://adforce.imgis.com/?adserv|2.0|225|6026|1|1|ADFORCE;loc=300;" border=0 width=468 height=60></a>

</noscript>

</IFRAME>

---

3 Más información: http://bit.ly/Marketing-Digital.

Tag características:

```
<SCRIPT LANGUAGE="language" SRC="url"> </SCRPT>
```

El banner para Internet explorer se ejecuta bajo la etiqueta:

```
<IFRAME WIDTH=468 HEIGHT=60 NORESIZE SCROLLING=No FRAMEBOR-
DER=0 MARGINHEIGHT=0 MARGINWIDTH=0

SRC="http://adforce.imgis.com/?adiframe|2.0|225|6026|1|1|ADFORCE;">
```

Tag características:

```
<IFRAME...
ALIGN="Alignment"
BORDER="pixel_value»
BORDERCOLOR="#rrggbb or colour name"
CLASS="Style Sheet Class"
DATAFLD="Column Name"
DATASRC="Data Source"
FRAMEBORDER="yes|no|0"
HEIGHT="pixel value"
HSPACE="pixel value"
ID="Unique Identifier"
LANG="Language"
LANGUAGE="Scripting Language"
NAME="value|value%|*"
SCROLLING="Scrollbars"
SRC="URL"
STYLE="Styling"
TITLE="Information"
VSPACE="pixel value"
WIDTH="pixel value"
>

</IFRAME>
```

la medida del <IFRAME> es de 468 × 60 píxeles

El banner para Internet Explorer se ejecuta bajo la etiqueta:

```
<NOSCRIPT>

<A HREF="http://adforce.imgis.com/?adlink|2.0|225|6026|1|1|ADFORCE;loc=300;"
target=_top>

<IMG SRC="http://adforce.imgis.com/?adserv|2.0|225|6026|1|1|ADFORCE;loc=300;"
border=0 width=468 height=60></A>

</NOSCRIPT>
```

Tag características:

<A HREF="link_destination"
NAME="URL_fragment"
TITLE="Title_of_destination"
REL="Forward_relationship"
REV="Reverse_relationship"
URN="Uniform_Resource_Name"
METHODS="Function_information"
TARGET="Name_of_target_window_or_frameset"
ACCESSKEY="Shortcut_setting"
LANG="Document language"
LANGUAGE="Script_language"
INDEXSTRING="NetHelp_index_keyword"
TOCSTRING="NetHelp_contents_entry"
CLASS="className"
ID="unique_id"
STYLE="style_setting"
DATAFLD="Column name"»
DATASRC="Data Source"
>

</A>

<IMG
ALIGN="left|right|top|texttop|middle|
absmiddle|baseline|bottom|absbottom"
ALT="Alternative_Text"
BORDER="pixel_value"
CLASS="Style Sheet class"
DATAFLD="Column Name"
DATASRC="Data Source"
HEIGHT="pixel_value"
HSPACE="pixel_value"
ID="Unique Identifier"
ISMAP
LANG="Language"
LANGUAGE="Scripting Language"
LOWSRC="low resolution image"
NAME="Image Name"
SRC="URL_of_image"
STYLE="Styling"
TITLE="Informational ToolTIp"
VSPACE="pixel_value"
WIDTH="pixel_value"
>

Recomendaciones

Para la realización del archivo HTM:

- NO Utilizar etiquetas <HTML> ,<BODY>, <HEAD> ,<TITLE>.
- NO Utilizar minúsculas y mayúsculas para las tags en HTML.

Ej. correcto: <img src="banner.gif"> o <IMG SRC="banner.gif">

Nota: El server de banners diferencia entre minúsculas y mayúsculas no es lo mismo escribir <img src="banner.gif"> que <Img src="Banner.gif">.

- NO Situar espacios inútiles en las tags:

Ej. correcto: <img src="banner.gif">

Ej. incorrecto: <img src = "banner.gif">,<img src= "banner.gif"> , <img src=" banner.gif «>< img src="banner.gif" >

- NO Utilizar espacios inútiles entre las tags:

Ej. correcto: <a href><img src="banner.gif"></a>

Ej. incorrecto: <a href> <img src = «banner.gif"> </a>

- NO se puede utilizar más de un archivo HTML o JS, con código Script o HTML, El banner debe contener un solo archivo HTML con los scripts incluidos en su interior.
- No se puede utilizar Archivos tipo ASP.
- NO se permite utilizar etiquetas <DIV> en el interior del Iframe o del Script. para situar la imagen del banner inicial de 468x60 píxeles, se recomienda utilizar una etiqueta <TABLE>

<TABLE

ALIGN="left|right"
BGCOLOR="#rrggbb|colour name"
BORDER="value"
BORDERCOLOR="#rrggbb|colour name"
BORDERCOLORLIGHT="#rrggbb|colour name"
BORDERCOLORDARK="#rrggbb|colour name"
CELLPADDING="value"
CELLSPACING="value"
CLASS="Style Sheet Class"
COLS="n"
DATAPAGESIZE="No. of records to show"
DATAFLD="Column Name"
DATASRC="Data Source"

FRAME="void|above|below|hsides|lhs|rhs|vsides|box"
HEIGHT="value|value%"
ID="Unique Identifier"
LANG="Language"
LANGUAGE="Scripting Language"
RULES="none|basic|rows|cols|all"
STYLE="Styling"
TITLE="Informational ToolTip"
VALIGN="top|bottom"
WIDTH="value|value%"
>

</TABLE>

Para llamar a la tabla como si fuera un objeto, se puede Utilizar la caracteriza ID. La característica BACKGROUND no se puede utilizar.

- Colocar todas las etiquetas de cierre en HTML no dejarse ninguna incluso aquellas que los navegadores actuales ignoran.

- Para utilizar DHTML se permite colocar objetos animados, teniendo en cuenta que l etiqueta del objeto sera la <DIV>, pero para explorer 4.0 o 5.0 situar el objeto en el frame padre fuera del IFRAME para nestcape solo ha de tener en cuenta que su activación se ha de realizar a partir del codigo simple anteriormente comentado, y que no acepta <DIV>.

- NO utilizar tablas tipo nested (anidadas).

- Las tablas deben contener las medidas en «píxeles» NO utilizar «%».

- NO se puede utilizar la característica BACKGROUND en cualquier tag de HTML o script.

- En los SCRIPTS no colocar blancos en el código.

- Ej. correcto: var pepe=false.

- Ej. incorrecto: var pepe = false.

- Se Recomienda consultar JavaScript, The Definitive Guide 2.º Edition escrita por David Flanagan y publicada por O'Reilly & Associates, Inc.

- No se puede utilizar el signo # para substituir las URL, El bannerserver soporta el signo ?

- No dejarse saltos de línea imprescindibles en los SCRIPTS que puedan dificultar su lectura por el Adserver o el bannerserver.

Recuerdo la posibilidad de utilizar:

- Banners con **Macromedia Flash**.

- Banners con **Realmedia Audio**.

- Banners con **RealmediaVideo**.

5.7.2. Esquema del proceso de delivery publicitario en internet o IPTV

Dependiendo del sistema utilizado existen dos opciones posibles para servir una campaña en internet: una que la publicidad sea servida por el propio soporte (AdServer), por ejemplo a través de un servidor Real Media o Doubleclick (DFP), y otra opción es hacerlo a través de un AdServer externo (*redirect*), controlado por la agencia o el cliente; se trata de un sistema de redireccionamiento que hace que la publicidad sea servida a través de otro servidor desde el cual se ejerce un control centralizado de toda la campaña. Veamos cómo varía el esquema en cada caso:

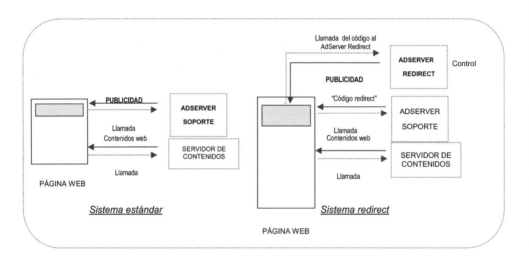

En el sistema convencional es el propio Adserver del soporte el que sirve la publicidad cuando se produce la llamada. En función de los criterios de contratación de cada campaña se programa el servidor de publicidad con las distintas creatividades, selecciona la más apropiada y la devuelve junto con los contenidos de la página web. La capacidad del servidor del soporte condiciona las creatividades que un anunciante puede utilizar.

Con el sistema redirect, sin embargo, las capacidades son infinitas, son plataformas especializadas en comprimir el peso de las creatividades para poder servir cualquier tipo de formato, de peso, etc. En este caso, lo que «sube» el soporte a su servidor es un código («código redirect») que genera una llamada al servidor redirect, que es quien sirve la pieza publicitaria.

Para hacernos una idea de qué estamos hablando, a continuación podemos ver un ejemplo de un tag o «código redirect». Se generan a través de las propias herramientas, y lo único que ha de hacerse con ellos es insertarlos en los Adservers para que generen la llamada para cargar el anuncio publicitario.

```
<script>
<!--
var gfEbInIframe = false;
var gEbBAd = new Object();
gEbBAd.nFlightID = 74896;
gEbBAd.nwidth = 120;
gEbBAd.nHeight = 200;
var gstrEbRandnum = new String(Math.random());
gstrEbRandnum = gstrEbRandnum.substring(gstrEbRandnum.indexOf(".")+1 , gstrEbRandnum.length);
gEbBAd.strNonSupported = "http://bs.serving-sys.com/BurstingPipe/NonSupportedBanner.asp?FlightID=74896&Page=&PluID=0&widt
//-->
</script>
<script src="http://ds.serving-sys.com/BurstingScript/ebBannerServing_74896.js"></script>
<noscript>
<a href='http://bs.serving-sys.com/BurstingPipe/BannerRedirect.asp?FlightID=74896&Page=&PluID=0&Pos=8573' target='_blank
</noscript>


Directions:
To launch the ad, the tags should be served or coded onto the site page.

Campaign details:

Advertiser:   "UCV"
Campaign:     "UCV Mayo"
Agency:       "Universal Mccann ES"
Creative Shop:  "Universal Mccann ES"

Flight details:

Publisher: "Universal Mccann ES"
Section:   "Levante Digital(120x200; Home (Prensa Iberica))"
Flight ID: 74896
Start date: 05/14/2005
End date: 05/31/2005
Volume: 100000
Impressions per day (per user): Unlimited
Impressions per user (over entire flight): Unlimited
Minimum time between ads: No limit
```

Con este procedimiento conseguimos centralizar toda la información en una única herramienta, lo que simplifica considerablemente el proceso.

Una de las dificultades con las que nos hemos encontrado con las plataformas de redirect ha sido la de las llamadas *discrepancias*, es decir, que existan diferencias entre los datos que ofrece el Adserver del soporte y lo que dice el de la agencia/cliente. Estas diferencias (gaps) de datos pueden hacer que nos encontremos que según el servidor del soporte se confirme que los impactos contratados han sido efectivamente lanzados, y que sin embargo en el servidor redirect no sea así. ¿Qué es lo que debo pagar entonces, lo que dice su servidor? o ¿lo que dice el mío? Objetivamente el soporte tiene su servidor auditado, por lo que «legalmente» de veríamos facturar por el número de impactos que su plataforma indica, sin embargo, poco a poco y de una manera tácita, hemos tratado de encontrar un punto de equilibrio para que el anunciante no se encontrara en situación de incertidumbre que, como he comentado en el inicio de este capítulo, es el peor de los escenarios. Ese acuerdo alcanzado es que se acepta como % de discrepancia aceptable entorno al 5%, en algunos soportes hasta un 10%, sin embargo dentro de la negociación se debe establecer servir ligeramente por encima de lo contratado para compensar este hecho. No es obligación del soporte, sino prueba de una buena relación entre las agencias/clientes y los soportes o como parte de una negociación.

Cuáles son las verdaderas causas de que existan estas discrepancias: hay varias que pueden explicar encontrarnos ante un escenario de este tipo:

• La mayoría de las diferencias entre servidores se producen por tener **metodologías** distintas en la implementación de las campañas. Hay determinados servidores de soportes que computan que una creatividad ha sido lanzada en el momento en el que se produce la llamada al Adserver donde están programadas y subidas las creatividades, independientemente de si se produce la descarga finalmente. Por el contrario hay plataformas de redirect que computan como creatividad servida si se ha descargado completamente. Bajo estas circunstancias podemos encontrarnos con gaps de datos importantes.

- Interrupción en la navegación del usuario. Es decir, que habiendo solicitado la carga de una página web en la que se sirve un formato publicitario determinado, el usuario retroceda en su navegación, haya un bloqueo de la página o un corte de la conexión, que haga que no dé tiempo a que se produzca la descarga completamente. Afortunadamente estos motivos (salvo el de retroceso voluntario en la navegación) son cada vez menos frecuentes gracias a la mejora en las conexiones que existen en el caso de España.

- Error en la programación de los tags en la plataforma de redirect, o en la implementación de dichos tags en los Adservers de los proveedores.

- Incompatibilidad entre sistemas. Siempre queda abierta la posibilidad de que esto pueda suceder, aunque son casos menos recuentes.

¿Qué plataformas podemos encontrarnos que nos ofrezcan el servicio Redirect? Hay varias disponibles en el mercado con esta funcionalidad: Admotion, Eyeblaster, Eyewonder, Weborama, DFA (Dart for Agencies), DART Motif…, todas ellas, además, disponen de una tecnología que permiten la difusión de formatos enriquecidos (videos o spots de TV en banners, creatividades interactivas complejas, etc.), lo que ha hecho que el desarrollo de las capacidades de comunicación de Internet hayan dado un salto cualitativo en los últimos años, permitiendo desarrollar piezas creativas muy innovadoras y de gran calidad. Se ha empezado a ofrecer HD (alta definición) en las imágenes de la publicidad, algo impensable hace sólo 2-3 años. Todas estas mejoras están haciendo que la experiencia del usuario ante la exposición de un mensaje publicitario nada tenga que ver con los famosos y tan denostados pop up o los formatos estáticos que hicieron furor en los inicios de la publicidad digital.

Las **ventajas** de la utilización de un sistema de redireccionamiento son fundamentalmente las siguientes:

- Control centralizado a través de un **único sistema de monitorización**. Ahorro de recursos, ya que con acceder a una única máquina, podremos disponer de la información de toda la campaña. De otra manera hay que acceder con las distintas claves y passwords a cada uno de los Adservers de los soportes, si una campaña está siendo lanzada en 15 soportes diferentes tendríamos que entrar en 15 máquinas para obtener de ellas la información, con un Adserver de redirect no será necesario.

- La información obtenida es más «cualitativa», pudiéndose obtener los datos de **audiencia única desduplicada** que ha sido expuesta a nuestra campaña, es decir, si alguien navega por varias páginas web y ha sido expuesta por la misma campaña en varias ocasiones sabremos que esto ha sido así, de otra manera no sería posible porque cada adserver de cada soporte lo identificaría como un usuario único, por lo que estaríamos duplicando el dato. De la misma manera sucede con los accesos/visitas derivadas de hacer click en la publicidad, sabremos cuantos son clics únicos y obtendremos un Ratio de Click Through Neto, eliminando toda información duplicada. Otro dato útil que podremos obtener es el de frecuencia media del impacto, lo que sería el equivalente a los OTS (opportunity to see) en TV.

- Accedemos **nueva información** relevante; podemos saber la incidencia de la campaña en la respuesta de los usuarios, no sólo en el momento de la emisión, sino también si se produce posteriormente. Es el llamado **análisis postview,** que nos permitirá saber si un «usuario» (navegador) que ha sido expuesto a nuestra publicidad y no hizo click en ella en ese momento, y sin embargo accede a nuestro site tiempo después, incluso varios días. Esta información nos la proporcionan las cookies que el sistema redirect utiliza en su proceso, y es un síntoma de la notoriedad y el recuerdo que puede generar nuestra campaña, que genera respuesta tiempo después de haberse realizado la campaña.

- Identificación de posibles fraudes. Esta herramienta se utiliza con la intención de evitar posibles «fraudes» cuando los websites utilizados no están auditados por un tercero (agente imparcial que da veracidad a la información de audiencia páginas vistas, etc.) o carecen de Adserver, por lo que la publicidad la sirven a través del propio servidor de contenidos, no pudiendo acceder a los datos de campaña por parte del cliente, sino que son suministrados por el propio soporte, algo que fácilmente puede ser manipulado.

- Una plataforma de redirect permite difundir/servir formatos creativos enriquecidos, tales como spots interactivos, formatos desplegables, y en general cualquier formato complejo que tenga un peso mayor de 30-50 kb, los cuales no podrían ser servidos de otra manera ya que sin esta plataforma bloquearía la carga de la página web.

Cualquier Adserver de redirect puede operar en el mercado, sin embargo es fundamental que exista una garantía de que las discrepancias con los soportes sea mínima (entorno al establecido como normal en el mercado), para ello, los grandes portales o grupos editoriales emiten certificados de compatibilidad, que son recibidos por los soporte únicamente cuando se han hecho las pruebas técnicas necesarias para cumplir las garantías.

5.7.3. Eyeblaster

Esta es una herramienta con muchas funcionalidades y un poco más compleja de utilizar debido a las opciones que presenta, sin embargo, nos es tanto nuestro objetivo aprender cómo utilizarla como saber la información que nos puede ofrecer y familiarizarnos con este tipo de plataformas.

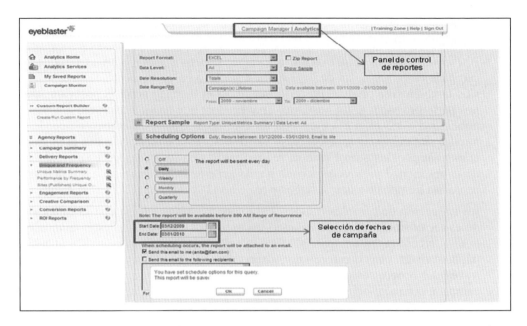

En el siguiente pantallazo tenemos accesible las funcionalidades a través del menú de navegación vertical de la izquierda.

Lo que cambia respecto a otras herramientas es la manera en la que salen los datos y el interfaz (software con el que se gestiona las bases de datos de la información recogida en la campaña).

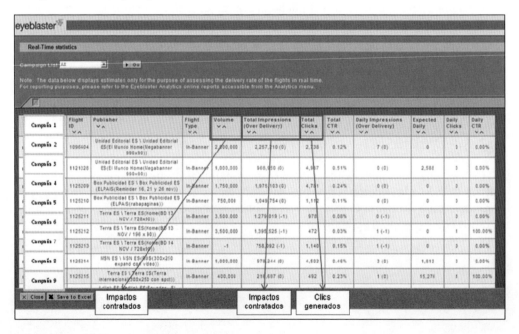

Nos permite sacar un gráfico de interacciones realizadas en cada soporte y compararlo con el RCT. Las interacciones dan una idea del grado de «juego» que ha habido con las creatividades RichMedia, poner/quitar sonido, desplegar el formato, visualizar un e-spot, etc. Contra más interacciones haya, más ha estado ese usuario expuesto a mi marca y mayor recuerdo de marca conseguiremos tener.

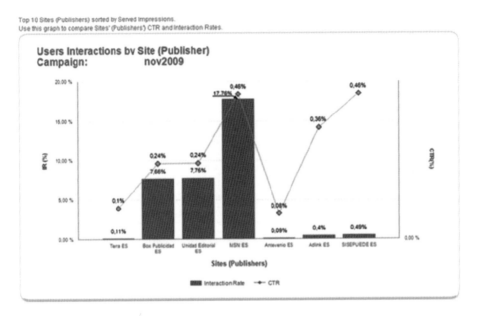

Los ratios de interacción son calculados dividiendo el número de clics en los distintos enlaces y activaciones en la creatividad entre el número de impactos lanzados y multiplicando el resultado por 100. Comparativamente con el CTR en este último se divide el número de clics al site del anunciante (y no el total de interacciones en las piezas creativas) entre los impactos lanzados y multiplicamos por 100.

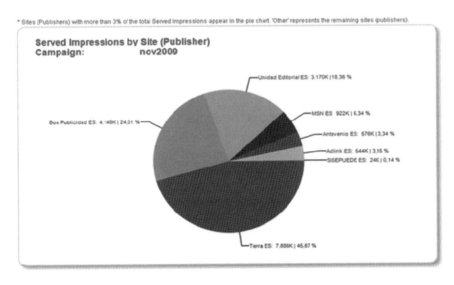

Podemos ver gráficamente la distribución de los impactos cómo ha sido y poder hacer comparaciones con la aportación de cada soporte. Una comparativa interesante es analizar qué ha aportado en cuanto a impactos cada soporte respecto al total, y cuánto ha aportado en cuanto a visitas respecto al total. Por ejemplo, puede haber soportes que con un 10% de los impactos lanzados y que sin embargo aporte un % mayor de las visitas totales de la campaña. En ese caso se trataría de un site EFICAZ. El siguiente análisis sería ver si ha sido también el más EFICIENTE, es decir lo ha conseguido a un coste por visita menor que el resto.

5.7.4. Weborama

Esta herramienta es muy importante en Francia, y en España está comenzando a ser utilizada como una más de las disponibles en el mercado.

Aquí podemos ver una monitorización de una campaña real, en la que se utilizaron 4 soportes. Como veremos la base sigue siendo similar, lo que cambia es el software de gestión:

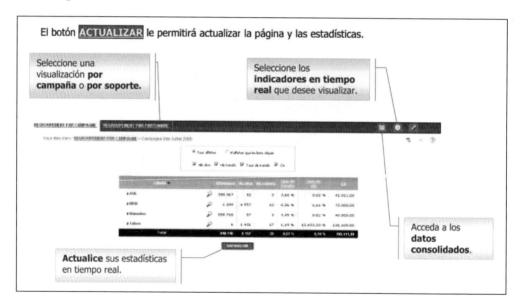

Como vemos en el siguiente menú de navegación, la plataforma te permitiría incluso tagear páginas de e-commerce y obtener un ROI (retorno de la inversión) en tiempo real, de esta manera la optimización de nuestras campañas podría realizarse con gran agilidad.

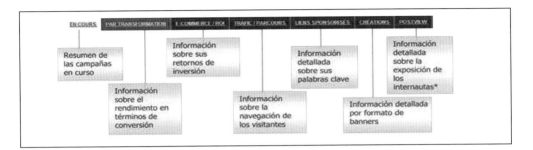

Los conceptos con los que se trabaja son iguales que en la anterior herramienta: Análisis postview, flujos de navegación, análisis por creatividad, etc.

Veamos un ejemplo real, con una campaña lanzada en 4 sites con esta herramienta:

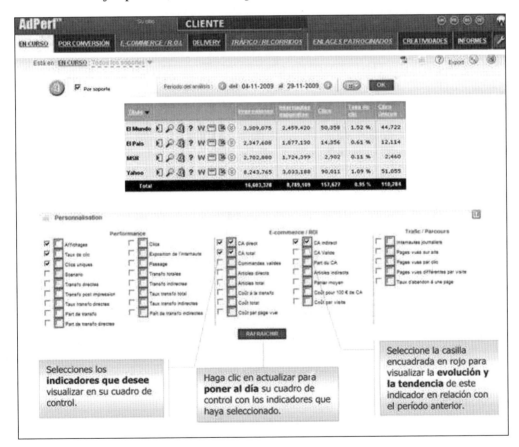

Podemos personalizar los informes de una manera sencilla, seleccionando en el campo de abajo los conceptos que queremos que aparezcan en el informe.

De las misma manera que en Admotion, podemos extraer la información generada por nuestra campaña día a día por soporte, en este caso, los resultados generados por el diario El Mundo:

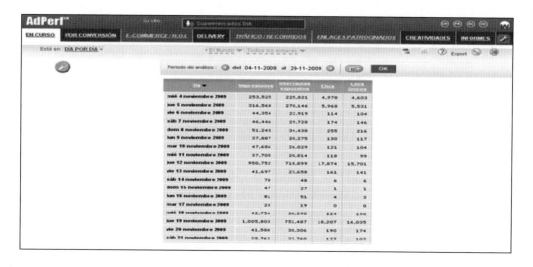

5.7.5. Nielsen (Buzzmetrics)

El buzz marketing son las acciones de comunicación derivadas del «boca a oreja» tradicional, llevado a la Red. Internet, tal y como puede comprobarse a diario leyendo o viendo cualquier noticia en los medios de comunicación, está afectando a todos y cada uno de los hábitos sociales, y cada vez va a más. En este medio, sus usuarios tienen una característica especial, son individuos que se *movilizan* rápidamente por casusas que ellos consideran justas. Para ello, todo el desarrollo de las redes sociales los últimos años, están facilitando aun más el crecimiento exponencial del nuevo ROL del usuario. Antiguamente un individuo estaba expuesto y condicionado por los mensajes que recibían, si alguien no estaba de acuerdo, había pocas opciones de difundir su opinión, por lo que la repercusión era muy pequeña y limitada a la capacidad de aquella persona de desenvolverse por los foros reales (no virtuales) más apropiados, tipo asociaciones, agrupaciones de opinión, etc.

Lo que nos encontramos actualmente es con un entorno en el que estas barreras desaparecen automáticamente, por lo que un individuo anónimo puede en poco tiempo generar un movimiento de opinión contrario al de una persona pública con acceso a los medios de comunicación. Esto es muy importante para el consumidor porque se le dota de un poder hasta ahora inalcanzable, estará capacitado para frenar el crecimiento de una marca o producto si ha tenido una mala experiencia con ella/el, desde ahora es una persona *influyente*.

Este nuevo entorno hace que las marcas deban adaptarse con rapidez, no podemos controlar que hablen mal de mis productos, pero si saber si esto ocurre y tratar de poner soluciones a ellos. No entraremos a ver cómo resolver una situación de crisis en los entornos sociales, porque no es objeto en este capítulo, pero si apuntaremos que existen herramientas creadas para localizar la *reputación de mi marca* en internet. En el 2007, creamos una herramienta basada en la recogida semiautomática de opiniones y reacciones en blogs, foros, redes sociales, etc., que nos permitía saber si alguien estaba hablando mal de mi marca, si tenía repercusión en este medio y el alcance que podía coger dichos comentarios. Posteriormente el mercado ha ido lanzando este tipo de herramientas mejoradas, y Nielsen, que es una compañía especializada en herramientas de medición, lanzó en España el año pasado, Buzzmetrics (que en EE.UU. ya estaba funcionando desde 1999). Un ejemplo de informe que puede generar este tipo de herramientas es el siguiente:

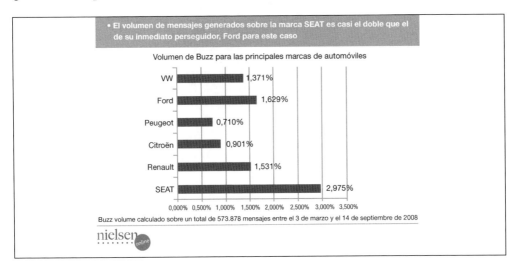

Podemos analizar con esta herramienta el nivel de comentarios vertidos en la Red y ver la incidencia en internet de las campañas realizadas en otros medios. Qué opiniones se generan, si se han entendido, si hacen incrementar y mejorar mi reputación o empeorarla, etc.

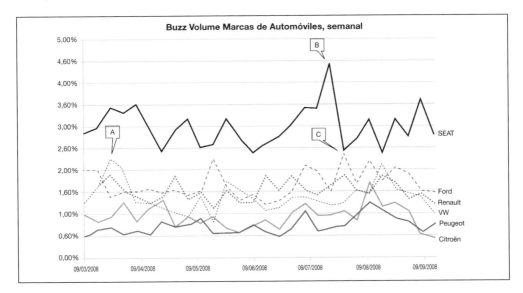

A. Incremento de mensajes referidos a algunos modelos de Golf Cabrio. Tendencia a ponerse de moda de nuevo.

B. Anuncio del lanzamiento del SEAT Ibiza Sportcoupé.

C. Hay algunos problemas con algún modelo de Fiesta, así como con el Focus. Estos son comentados en los foros.

Podemos tener una idea a nivel cualitativo sobre los mensajes detectados:

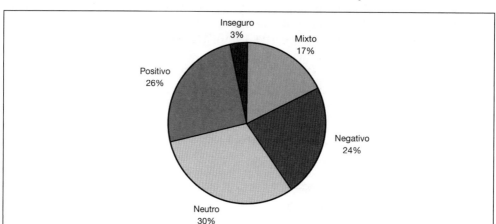

Hay tantos mensajes positivos como negativos, y un alto porcentaje de neutros. Nuestro objetivo debe ser tratar de resolver las causas por las que esos comentarios negativos se han producido y que los neutros se transformen en positivos. La clave será cómo hacerlo, aunque esto sería objeto de otro capítulo.

5.7.6. AdMotion

Se trata de una herramienta con buena usabilidad y muy intuitiva a la hora de buscar los resultados. De todas las que vamos a ver, probablemente sea la más sencilla, desde mi punto de vista.

Accedemos al cuadro de mando de la herramienta a través de las claves. Identifiquemos el tipo de información y conceptos que nos encontramos en ella:

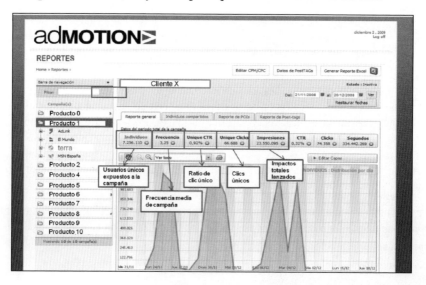

Como podemos ver, a demás de la información que podíamos extraer con los servidores de los soportes, con un Adserver de redirect tendremos datos desduplicados (netos) de toda la campaña; en este ejemplo, sabemos que nuestra comunicación ha sido vista por 7.256.110 usuarios únicos en el total de los sites en los que ha sido lanzada, que además ha tenido una frecuencia media de impacto de 3,25 veces, con un ratio de respuesta único de 0,92% (RCT único = n.º de clics únicos/individuos que han sido expuestos). Lo más interesante de este sistema es que de un vistazo tenemos todos los resultados de nuestras campañas, de todos nuestros productos. El caso que estamos viendo corresponde a la campaña del producto 1 en 4 soportes, la red de soportes Adlink, el diario El mundo, Terra y MSN. Podríamos ver toda esta información con un solo click en el producto que deseemos analizar. Esto agiliza considerablemente el trabajo de seguimiento de campaña sin necesidad de tener que utilizar varios servidores y navegar por ellos para extraer la información, en este caso tendríamos que meternos en 4 Adservers diferentes, con la consiguiente pérdida de tiempo.

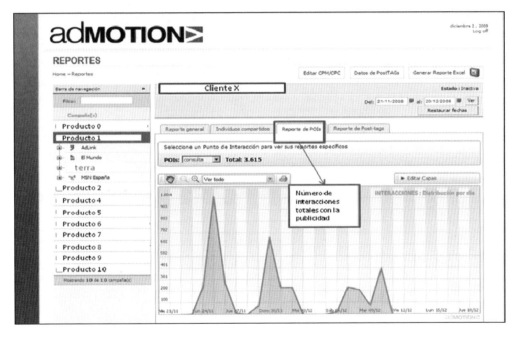

En este cuadro podríamos ver el número total de interacciones (clics) realizadas por los usuarios en los distintos enlaces de la creatividad. En este caso en el enlace de «consulta» se habrían producido 3.615 clics en el total de los sites. Podríamos extraer esta información del total de enlaces y hacerlo también en cada uno de los sites planificados. Esta información nos mostraría el grado de interés por el mensaje mostrado por parte del usuario, que ha «jugado» con la creatividad y ha activado sus diferentes opciones.

Por ejemplo en una creatividad como la siguiente, podríamos ver la siguiente información:

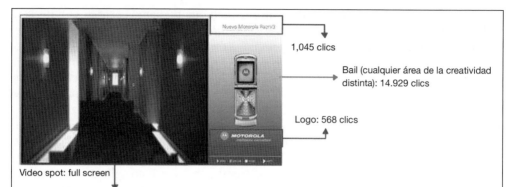

1,045 clics

Bail (cualquier área de la creatividad distinta): 14.929 clics

Logo: 568 clics

Video spot: full screen

Video event: 206 clics
Video control (flash): 503 clics

Video Commercial	Cumulative CTR	Total Click Throughs	Impressions Delivered
Button: Clickthrough in Video Control Panel	0.12%	503	
Button: Nuevo Motorola RazrV3	0.25%	1,045	
Button: Video OnClick Event	0.05%	206	
Button: bail	3.54%	14,929	
Button: logo	0.13%	568	
Totals for V3:	4.09%	17,251	422,047

Análisis del Spot TV a pantalla completa

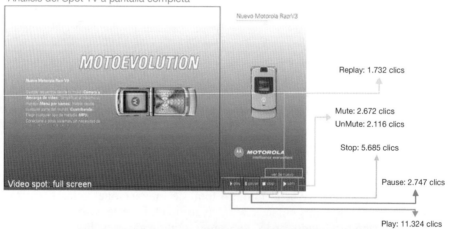

Replay: 1.732 clics

Mute: 2.672 clics
UnMute: 2.116 clics

Stop: 5.685 clics

Pause: 2.747 clics

Play: 11.324 clics

	Count	(Total Impressions)
Campaign Totals for Creative: V3		
Replay	1.732	0,41%
Mute	2.672	0,63%
Pause	2.747	0,65%
Play	11.324	2,68%
Stop	5.685	1,35%
Unmute	2.116	0,50%
Total Interactive Button Clicks	26.276	6,23%

La herramienta pudo diferenciar los clics realizados en cada uno de los enlaces indicados, si se visionó el spot a pantalla completa, si se pausó la película, si se volvió a ver, etc.

El siguiente paso es analizar la navegación que se ha producido dentro del microsite del anunciante tras haber sido expuesto el internauta a la publicidad; dentro de la sección «reporte postags», seleccionamos «reporte general»:

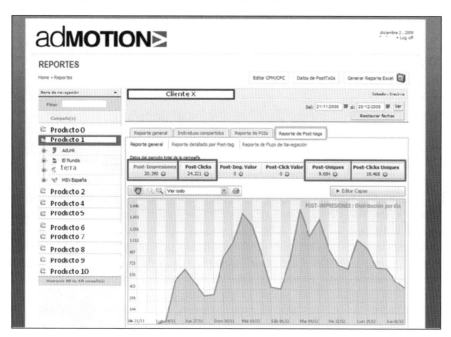

En esta tabla tendremos el concepto de «*post impresiones*», que son el número de clics generados por accesos al microsite de usuarios que habiendo sido expuestos a la publicidad, no hicieron click en la creatividad y sin embargo posteriormente accedieron al site del anunciante. En este caso hubo más de 9.600, lo que demuestra que la campaña generó suficiente notoriedad como para que los usuarios entraran en el site de la campaña, interesados por la comunicación a la que habían sido expuestos. Los usuarios hicieron de media algo más de 2 clics dentro del site del anunciante ya que generaron en total los 20.390 clics.

Por otro lado tenemos los «*post-clics*», que son los clics generados por los usuarios que accedieron a través de los formatos publicitarios.

Veamos ahora el flujo de navegación de todos ellos:

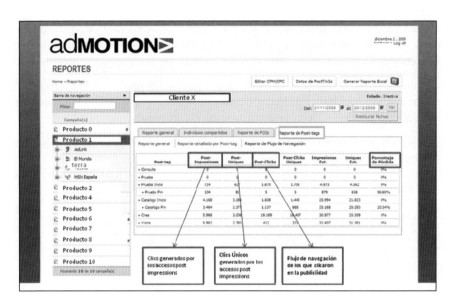

En las campañas podemos medir todo el recorrido que un usuario hace una vez ha accedido al microsite de campaña. En este caso pudimos analizar cuantos usuarios iniciaban la solicitud de una prueba del producto y cuantos la finalizaban, cuántos estaban interesados en un catalogo de determinado producto y cuantos finalizaban la descarga del mismo. Además de poder disponer de toda esta información desde un punto de vista publicitario, la utilidad de esta información arroja luz sobre los procesos internos del propio site del cliente, detectando posibles problemas en determinados puntos de la navegación. Por ejemplo, en esta campaña se detectó que muchos usuarios comenzaban a solicitar una prueba del producto pero el índice de pérdida o abandono era muy elevado, lo que permitió localizar un problema dentro del proceso y poderlo solucionar lo más rápidamente posible.

5.8. Tipos de métricas digitales

5.8.1. Métricas para medir campañas Display

Formatos integrados, expandibles y flotantes

- **IMPRESIONES:** Número de veces que una publicidad ha sido solicitada, completamente descargada y, presuntamente, vista por los usuarios.

- Cada vez que un anuncio se carga en la máquina de un usuario (IP) el adserver lo contabiliza como una impresión.

- **CTR (Click Through Rate):** Es una forma de medir el éxito de una campaña. Este indicador se obtiene de dividir el número de clicks registrados en una pieza publicitaria entre el número de impresiones lanzadas por el adserver. Se trata de un porcentaje (habrá que multiplicar el resultado de la operación anterior por 100).

- **USUARIOS UNICOS (U.U.):** Representa el número total de visitantes que tiene un sitio web en un periodo de tiempo determinado. Se considera un usuario único a una dirección IP, pero en ocasiones también pueden considerarse las cookies y los ID de registro.

Formatos de video

Esta sección del documento explica las Directrices sobre Mediciones de Formatos publicitarios de Video InStream:

- Publicidad Lineal en Vídeo Con o Sin Companion Ad.
- Publicidad Lineal Interactiva en Vídeo.
- Publicidad Overlay No Lineal.
- Publicidad No Overlay No Lineal.

Aparte de la definición de Impresión, todas las definiciones de esta sección se refieren a publicidad lineal o no lineal en vídeo del reproductor de vídeo.

1. *Métricas de anuncio (Ad Metrics)*

- **Impresiones**: Número total de impresiones entregadas durante la gama de fechas seleccionada.

Nota: se cuentan las impresiones como un requisito inicial de cualquier anuncio. Las impresiones de un Soporte o de un Tercer Servidor pueden ser mayores o menores dependiendo del orden de llamadas al anuncio a través del servidor de cada uno.

Nota: Si el usuario no tiene Flash se ofrece una imagen de sustitución en lugar de la unidad Rich Media.

- **Impresiones programadas**: Número total de impresiones programadas para servir desde el inicio hasta el final de la campaña. Las Impresiones programadas y fechas son confirmadas en el plan de medios final.
- **Fechas programadas de inicio/fin**: Son las fechas programadas para el inicio/fin de la creatividad/emplazamiento.
- **Tiempo medio de exposición de marca (en segundos)**: Tiempo total que el anuncio fue exhibido en la página dividido por la cantidad total de impresiones.

Nota: el tiempo de promedio se calcula a partir del momento que la página con el anuncio es llamada en el segundo que el usuario hace un click-throug o abandona la página (ej.: time medio en la página).

- **Tiempo total de exposición de marca (en segundos)**: Tiempo total acumulado que el anuncio fue mostrado en la página.

2. *Metricas de vídeo (Video Metrics)*

- **Total de Vídeos visionados**: Número total de vídeos visionados durante la gama de fechas seleccionada.

Nota: este criterio está disponible por orden de % visualizado. Los totales darán una media de videos visualizados.

- **Tiempo total visionado (segundos)**: Tiempo total visionado del vídeo por los usuarios (medido en segundos).
- **Tiempo medio de visionado (segundos)**: Tiempo total de video visionado por los usuarios (medido en segundos) dividido por el número total de impresiones.
- **Visionado 0-20%**: Cantidad de usuarios que han visionado solo 0-20% del vídeo. Si el usuario mira más de un 20% del vídeo, el número no se muestra en el rango de 0-20%.
- **Visionado 20-40%**: Cantidad de usuarios que han visionado entre el 20-40% del vídeo. Si el usuario mira más de un 40% del vídeo, el número no se muestra en el rango 20-40%.
- **Visionado 40-60%**: Cantidad de usuarios que han visionado entre el 40-60% del vídeo. Si el usuario mira más de un 60% del vídeo, no se muestra en el rango 40-60%.
- **Visionado 60-80%**: Cantidad de usuarios que han visionado entre el 60-80% del vídeo. Si el usuario mira más de un 80% del vídeo, no se muestra en el rango 60-80%.
- **Visionado 80-100%**: Cantidad de usuarios que han visionado entre 80-100% del vídeo. Si el usuario mira más de un 99% del vídeo, no se muestra en el rango 80-100%.
- **Visionado 100%**: Cantidad de usuarios que han visionado el 100% del vídeo.

Nota: Todas las métricas del criterio de % visionado están disponibles dentro del menú de vídeo. Los totales serán un promedio de los vídeos visualizados.

3. *Metricas de interacciones (Interaction and Event Metrics)*

- **Interacciones totales**: Número total de clics de todos los usuarios (incluyento clic through) y/o interacciones de mouseover/rollover el anuncio (incluyendo play, pause, stop, replay, audio on, audio off, expandir y contraer). Incluye cualquiera y todas las interacciones personalizadas (mostradas como un número).
- **Interacciones (sin Click Through)**: Es el total de interacciones menos clic-throughs.
- Nota: Se hace seguimiento de las interacciones de «expandir» y «contraer» como 2 interacciones separadas.
- **Interacciones únicas**: Número total de impresiones con un mínimo de una interacción (un clic por el usuario, mouseover/rollover).

- **Indice de interacciones (total)**: Es el número total de clics y/o interacciones de mouseover/rollover de los usuarios en el anuncio dividido entre el número total de impresiones.

Nota: El índice del Ratio Total de Interacciones se determina por el total de interacciones entre el total de impresiones. Si el tracking de cada evento en el anuncio no son clics o mouseover/rollover realizados por el usuario, hay que asegurarse que el anuncio incluye interacciones personalizadas para que este número no se distorsione.

- **Índice de interacciones únicas**: Número total de clics y mouseover/rollover únicos realizados por todos los usuarios entre el total de impresiones.
- **Índice de interacciones sin Click Through**: Índice calculado basado en interacciones totales (sin clic-thrus).
- **Vídeo play**: Número de veces que un usuario hace un click en el botón de play, pause o play/pause.
- **Video pause**: Número de veces que un usuario hace un click el botón de pause.
- **Vídeo stop**: Número de veces que un usuario hace un click en el botón de stop.
- **Vídeo replay**: Número de veces que un usuario hace un click en el botón de replay.
- **Video rewind**: Número de veces que un usuario hace un click en el botón de rebobinar.
- **Video fast forward**: Número de veces que un usuario hace un click en el botón de forward.
- **Vídeo scrub**: Número de veces que un usuario hace un click en la barra de desplazamiento.
- **Audio on**: Número de veces que un usuario hace un click en el botón de audio on.
- **Audio off**: Número de veces que un usuario hace un click en el botón de audio off.
- **Expandir**: Número de veces que un usuario hace un rollover o un click para expandir el panel. No incluye auto-expandir o cuando la página cierra el banner.
- **Contraer**: Número de veces que un usuario hace un roll off o un click para contraer un panel. No incluye auto-contracción o cuando la página cierre el banner.
- **Panel abierto**: Número de veces que un usuario hace un click para abrir el panel.
- **Panel cerrado**: Número de veces que un usuario hace un click para cerrar el panel.
- **Impresiones de panel**: Número de visualizaciones del panel del anuncio (si hay más de un panel, cada panel se cuenta por separado).
- **Total Click Through**: Número de veces que los usuarios hacen click en el anuncio con destino a una URL (incluye failover Click Through).

- **Clickthrough por nombre**: Número de veces que un usuario hace un click al anuncio con destino a una URL (incluye failover clickthrus) enumerado en orden alfabético por nombre de clickthrough.

- **Clickthrough rate (CTR)**: Número total de clicks entre el número total de impresiones en porcentaje.

- **Promedio del tiempo hasta la primera interacción**: Es el tiempo promedio que un usuario ha estado en la Web antes de su primer click o mouseover/rollover con el anuncio (se muestra en segundos).

- **Promedio del tiempo total de interacción**: Es el tiempo promedio entre la primera interacción del usuario con el anuncio y la ultima interacción (se muestra en segundos).

Nota: tiempo total promedio de interacción requiere 2 o más interacciones.

Impresiones con menos de 2 interacciones no se incluyen en esta medida.

- **Promedio de tiempo en el panel**: Tiempo total que el panel fue expandido entre las impresiones del panel (se muestra en segundos).

- **Tiempo total de interacción (segundos)**: Es el tiempo total entre la primera interacción de los usuarios y la última.

- **Total de interacciones personalizadas**: Es el número total de clicks y/o mouseovers/rollover de todos los usuarios personalizadas con el anuncio (al contrario que Interacciones Totales que sí incluye este número).

- **Interacciones personalizadas (por nombre)**: Es el número total de interacciones personalizadas pre-definidas en la campañaña enumeradas en orden alfabético (se muestra como un número).

Ejemplo de CTR y CR en campañas display en el sector financiero

En campañas display se utilizan banners estándar o banners con tecnología rich media. En un sector tan competitivo como el financiero, el proceso de captación de clientes mediante publicidad digital, un pequeña variación en el porcentaje de CTR o de CR significa que el coste de cliente esté entre menos de 10€ y más de 250€. Recordemos que el CPA optimo es de menos de 50€.

A partir de un informe de publicado por mediamind, podemos analizar los resultados de millones de impresiones de banners de empresas del sector financiero en todo el mundo. Algunas de los resultados iniciales que nos indican:

- Cada 10.000 impresiones, 92 usuarios hacen click (0,9%) y 16 leads se convirtieron a cliente (17%).

Ahora bien, profundizando en el análisis, encontramos algunas diferencias entre los resultados del banner estándar y el banner rich media. Puedo adelantar que hay resultados que pueden sorprendernos.

1. Clickthrough rate (CTR) vs. Conversion rate (CR) para banners estándar y banners rich media en el sector financiero

- El CTR en banner estándar es una media de 0,04%, mientras que el CTR en banner rich media es de 0,16%. Significa una mejora del 300%!!!!

- El CR en banner estándar es una media de 0,16%, mientras que el CR en banner rich media es de 0,17%. Significa una ligera mejora del 6%.

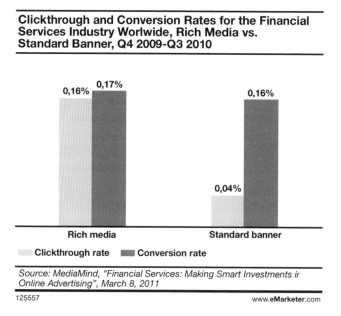

Clickthrough and Conversion Rates for the Financial Services Industry Worlwide, Rich Media vs. Standard Banner, Q4 2009-Q3 2010

Source: MediaMind, "Financial Services: Making Smart Investments ir Online Advertising", March 8, 2011

125557   www.eMarketer.com

2. Clickthrough rate (CTR) vs. Conversion rate (CR) utilizando video en banner rich media en el sector financiero

Y si aplicamos video en anuncios rich media, los resultados son los siguientes:

- El CTR en banner rich media SIN video es una media de 0,05%, mientras que el CTR en banner rich media CON video es de 0,21%. Significa una mejora del 320%!!!!

- El CR en banner rich media SIN video es una media de 0,16%, mientras que el CR en banner rich media CON video es de 0,20%. Significa una ligera mejora del 25%!

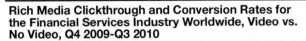

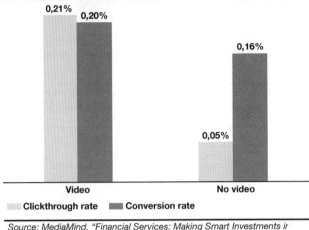

Rich Media Clickthrough and Conversion Rates for the Financial Services Industry Worldwide, Video vs. No Video, Q4 2009-Q3 2010

Video: 0,21% Clickthrough rate, 0,20% Conversion rate

No video: 0,05% Clickthrough rate, 0,16% Conversion rate

▦ Clickthrough rate   ▦ Conversion rate

Source: MediaMind, "Financial Services: Making Smart Investments ir Online Advertising", March 8, 2011

125558   www.eMarketer.com

3. Conclusiones

En conclusión, los banners rich media provocan un mayor CTR, pero el CR es muy similar entre un banner estándar y un banner rich media. Ello tiene toda la lógica porque el CTR depende de la creatividad, soporte, frecuencia y segmentación del banner y el CR depende de la landing page. Si el segmento objetivo es el mismo, donde nos jugamos las habichuelas es siempre en la landing page (cada día las «pensamos» mejor).

Actualmente la utilización del video en rich media mejora sustancialmente tanto los resultados de CTR como de CR.

5.8.2. Métricas para medir campañas de Emailing

Analiza las estadísticas de los envíos

Una vez que has construido tu lista de contactos con el permiso de tus suscriptores, la has segmentado, has establecido una estrategia correcta para proporcionar contenido de calidad que aporte valor, has diseñado tu campaña y finalmente la has enviado en el momento más adecuado, llega el momento de que valores la efectividad y conocer cuál ha sido el resultado real de la campaña.

Para hacer esta valoración y sacar las conclusiones necesarias para afinar tus campañas, has de tener en cuenta una serie de ratios y datos estadísticos:

- **Ratio de apertura (*Open Rate*)**. El ratio de apertura indica el porcentaje de emails abiertos sobre el número de emails enviados (restándole el número de emails rebotados). Este indicador ha perdido relevancia en los últimos años ya que hasta que no se descargan las imágenes de un email no se considera que se haya abierto. Actualmente la mayoría de clientes de correo tienen por defecto desactivada la descarga de imágenes por lo que si el usuario no las descarga manualmente no sabrás si realmente abrió tu email.

- **CTR (*Click Through Rate*).** Este ratio es el más importante a la hora de valorar el interés de los usuarios en tu campaña ya que indica el porcentaje de usuarios que han abierto el email y además han hecho click en alguno de los enlaces, sobre el total de emails enviados. Este dato, unido a conocer exactamente qué enlaces han sido clickados, cuántas veces y por cuánta gente, te ayudará a saber qué contenidos interesan más a cada usuario y así podrás realizar una mejor segmentación de tus listas.

- **Ratio de conversión (*Conversion Rate*).** Este ratio puede variar dependiendo de lo que consideres «conversión». En el caso de un e-commerce puede ser el porcentaje de emails que propiciaron una venta en la tienda sobre el total de emails enviados. Para otros negocios la conversión puede ser diferente, por ejemplo, suscripciones a un seminario o evento.

- **Ratio de bajas (*Unsubscribe Rate*).** Este ratio indica el porcentaje de usuarios que se dan de baja de la lista sobre el total de emails enviados. Esto te permite valorar la calidad del contenido así como saber si estás segmentando correctamente para enviar el contenido más relevante a cada usuario.

- **Ratio de Viralidad (*Viral Rate*).** Este ratio indica el porcentaje de emails reenviados sobre el total de emails enviados. Este dato es importante, sobre todo si tu campaña contenía algún contenido explícito que incitara a compartir el mensaje, para conocer si el usuario ha comprendido el contenido de la campaña.

- **Emails Rebotados (*Bounced emails*).** El porcentaje de emails rebotados indica el número de emails que no han llegado a su destino sobre el total de emails enviados. Existen 2 tipos de emails rebotados:

  - **Rebote fuerte (*Hard Bounce*):** Se produce principalmente cuando la dirección a la que enviamos ya no existe.

  - **Rebote blando (*Soft Bounce*):** Se produce principalmente cuando el email no ha podido llegar debido a que el buzón se encuentra a tope de su capacidad.

Es importante que conozca estos datos para poder ir depurando tus listados y eliminar todas aquellas direcciones que no son válidas.

Cálculo del ROI y otras medidas claves:

Calcular los costes. Estos pueden incluir algunos de los siguientes:

- Costes de listas.
- Costes creativos.
- Costes de trazar y medir resultados.
- Costes de lanzamiento.
- Varios:

- *Coste de e-mail/destinatario* = coste total de la campaña/total de e-mails enviados.

- *Coste por click* = coste total de la campaña/número de click-through

- *Coste de conversión de cliente* = coste total de la campaña/número de clientes que compraron.

Calcular Ingresos:

- **Ingreso por clientes** = total ingresos/número de clientes convertidos.

- **Cálculo del ROI: ROI en euros** = total ingresos – Total de costes.

- **% ROI** = ROI en euros/Total costes × 100

EJEMPLO DE CONSOLA DE CONTROL DEL ENVÍO DE UNA CAMPAÑA DE EMAIL MARKETING

											Delivery			
Pushed	Total delivered	Total Delivered %	Not delivered	Not delivered %	Hard bounced	Hard bounced %	Soft bounced	Soft bounced %	Invalid	Invalid %	Delivery errors	Delivery errors %
7,944	6,296	79.25%	1,648	20.75%	579	7.29%	1,069	13.46%	0	0.00%	0	0.00%
7,944	6,296	79.25%	1,648	20.75%	579	7.29%	1,069	13.46%	0	0.00%	0	0.00%

Otros datos para el análisis de resultados:

- **Active Tracking**: proporciona un informe en tiempo real de los estados de los e-mails que se entregan.

EJEMPLO DE CONSOLA DE CONTROL DE RESPUESTA CADA HORA DE UNA CAMPAÑA DE EMAIL MARKETING

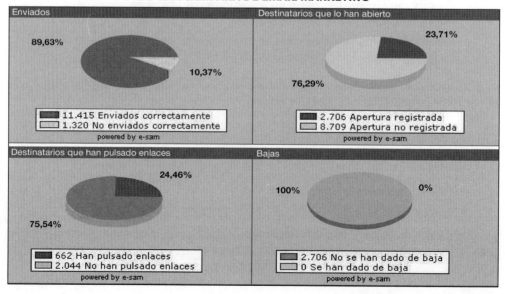

- **Response Curve**: ofrece un informe que muestra gráficamente el ratio de respuesta para un mensaje individual o una campaña entera.

EJEMPLO DE CONSOLA DE CONTROL DE RESPUESTA CADA HORA DE UNA CAMPAÑA DE EMAIL MARKETING

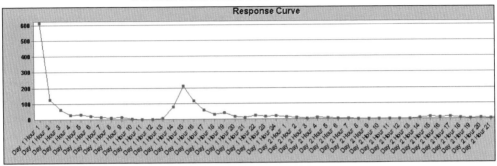

- **Message Layout Report.** Este informe ayuda a evaluar el ratio de click-through basado en las URLs según el lugar que ocupaba en el mensaje.

EJEMPLO DE LAYOUT REPORT EN UNA CAMPAÑA DE EMAIL MARKETING DISEÑADA CON HTML

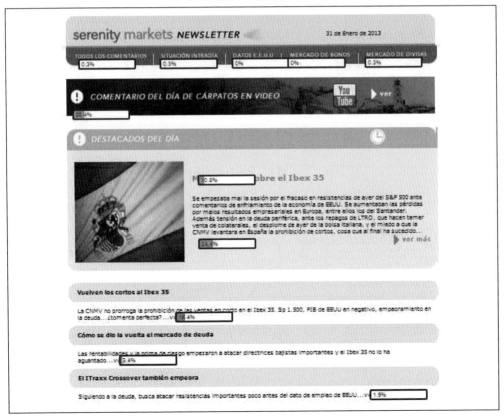

EJEMPLO DE LAYOUT REPORT EN UNA CAMPAÑA DE EMAIL MARKETING DISEÑADA CON TEXTO

Consiga hasta un BONO DE 2380 USD en su depósito en NordFX...
...y ¡Experimente un Nuevo Nivel de Trading!

Son Buenos momentos para comenzar un Nuevo nivel en el trading.
Al abrir una cuenta Real en NordFX* ahora usted recibirá un Bono
de hasta 25%** de su depósito con la posibilidad de Retiro.

¿Cómo funciona? Al abrir una cuenta real, haciendo un deposito mínimo de 100 USD,
puede recibir hasta 2380 USD. Esto significa que si deposita 100 USD recibirá
un bono de 25 USD, ó si deposita 10000 USD, recibirá un bono de 2380 USD.

Usted puede Retirar este bono en Cualquier momento cuando se hayan cerrado el
número necesario de lotes.

Si desea más información, seleccione el siguiente link:
http://www.nordfx.com/NordFX-Bono-25 [250 Click-Throughs]

* Siendo uno de los mejores bróker online, NordFX ofrece un complete conjunto de servicios
en la inversión de divisas, para inversores profesionales o principiantes.
** Después de registrar la cuenta y realizar todas las verificaciones necesarias.

Si desea darse de baja de la lista de envío, seleccione éste enlace:
http://www.supraemail.com/bajas [15 Click-Through]

- **List Report.** Proporciona informes sobre las listas que tengas activas.

EJEMPLO DE CONSOLA DE CONTROL DE RESPUESTA CADA HORA DE VARIAS CAMPAÑAS DE EMAIL MARKETING

Subject	List	Send Date	Recipients	Successful Deliv.	Soft Bounces	Hard Bounces	Total Bounces	Forwards	Forwarded	Unique Opens	Open Rate	Total Opens	Unique Clicks	Click Rate	Total Clicks	Unsubscribes
Claves del dÃ-a en Eurc	24042012	Feb 01, 2013 06:25 Friday	2215	2214	1	0	1	0	0	540	24.39%	836	207	9.35%	313	1
Newsletter smNipremiun	SMNPremium	Feb 01, 2013 08:25 Friday	95	95	0	0	0	0	0	28	29.47%	51	8	8.42%	12	0
Claves del dÃ-a en Eurc	24042012	Jan 31, 2013 06:28 Thursc	2215	2213	2	0	2	0	0	578	26.12%	912	227	10.26%	325	0
Newsletter smNipremiun	SMNPremium	Jan 31, 2013 09:11 Thursc	93	93	0	0	0	0	0	30	32.26%	53	7	7.53%	9	0
Claves del dÃ-a en Eurc	24042012	Jan 30, 2013 06:03 Wedne	2215	2211	4	0	4	0	0	580	26.23%	923	197	8.91%	274	0
Alertas smNipremium	SMNPremium	Jan 30, 2013 03:54 Wedne	93	93	0	0	0	0	0	39	41.94%	52	5	5.38%	5	0
Alertas smNipremium	SMNPremium	Jan 30, 2013 10:24 Wedne	93	93	0	0	0	0	0	39	41.94%	59	12	12.90%	12	0
Newsletter smNipremiun	SMNPremium	Jan 30, 2013 08:24 Wedne	93	93	0	0	0	0	0	24	25.81%	39	8	8.60%	11	0
Claves del dÃ-a en Eurc	24042012	Jan 29, 2013 06:36 Tuesd:	2217	2215	2	0	2	0	0	576	26.00%	945	177	7.99%	234	1
Alertas smNipremium	SMNPremium	Jan 29, 2013 04:31 Tuesd:	93	93	0	0	0	0	0	36	38.71%	61	11	11.83%	11	0
Newsletter smNipremiun	SMNPremium	Jan 29, 2013 09:04 Tuesd:	93	93	0	0	0	0	0	32	34.41%	51	8	8.60%	8	0
Claves del dÃ-a en Eurc	24042012	Jan 28, 2013 06:23 Monda	2218	2217	1	0	1	0	0	589	26.57%	954	188	8.48%	245	1
Newsletter smNipremiun	SMNPremium	Jan 28, 2013 08:24 Monda	92	92	0	0	0	0	0	28	30.43%	42	8	8.70%	8	0
Bono de 8 USD en la cu	NordFX	Jan 26, 2013 01:48 Saturd	3	3	0	0	0	0	0	3	100.00%	6	1	33.33%	1	0
Bono de hasta 2380 US	NordFX	Jan 26, 2013 01:47 Saturd	3	3	0	0	0	0	0	3	100.00%	7	1	33.33%	1	0
Claves del dÃ-a en Eurc	24042012	Jan 25, 2013 06:41 Friday	2218	2217	1	0	1	0	0	593	26.75%	977	207	9.34%	305	0
Alertas smNipremium	SMNPremium	Jan 25, 2013 11:17 Friday	93	93	0	0	0	0	0	40	43.01%	62	5	5.38%	5	0
Alertas smNipremium	SMNPremium	Jan 25, 2013 08:58 Friday	93	93	0	0	0	0	0	40	43.01%	60	12	12.90%	18	0
Newsletter smNipremiun	SMNPremium	Jan 25, 2013 08:40 Friday	93	93	0	0	0	0	0	31	33.33%	50	9	9.68%	12	0
Bono de 8 USD en la cu	NordFX	Jan 24, 2013 08:33 Thursc	3	3	0	0	0	0	0	2	66.67%	13	0	0.00%	0	0
Bono de hasta 2380 US	NordFX	Jan 24, 2013 08:31 Thursc	3	3	0	0	0	0	0	2	66.67%	12	2	66.67%	2	0
Claves del dÃ-a en Eurc	24042012	Jan 24, 2013 06:18 Thursc	2218	2217	1	0	1	0	0	570	25.71%	989	206	9.29%	283	0
Alertas smNipremium	SMNPremium	Jan 24, 2013 04:45 Thursc	93	93	0	0	0	0	0	28	30.11%	45	4	4.30%	4	0
Alertas smNipremium	SMNPremium	Jan 24, 2013 04:20 Thursc	93	93	0	0	0	0	0	31	33.33%	53	8	8.60%	8	0
Alertas smNipremium	SMNPremium	Jan 24, 2013 09:36 Thursc	93	93	0	0	0	0	0	44	47.31%	79	23	24.73%	28	0
Newsletter smNipremiun	SMNPremium	Jan 24, 2013 08:54 Thursc	93	93	0	0	0	0	0	28	30.11%	37	7	7.53%	16	0
Tu email sara.frances@	Vales1000	Jan 23, 2013 07:51 Wedne	2	2	0	0	0	0	0	2	100.00%	110	2	100.00%	3	0
Claves del dÃ-a en Eurc	24042012	Jan 23, 2013 06:30 Wedne	2218	2218	0	0	0	0	0	561	25.29%	950	181	8.16%	246	0
Alertas smNipremium	SMNPremium	Jan 23, 2013 05:06 Wedne	94	93	0	1	1	0	0	40	43.01%	67	10	10.75%	10	0
Alertas smNipremium	SMNPremium	Jan 23, 2013 01:17 Wedne	94	93	1	0	1	0	0	41	44.09%	68	17	18.28%	20	0
Newsletter smNipremiun	SMNPremium	Jan 23, 2013 09:00 Wedne	94	93	1	0	1	0	0	28	30.11%	49	6	6.45%	9	0
Claves del dÃ-a en Eurc	24042012	Jan 22, 2013 06:14 Tuesd:	2219	2219	0	0	0	0	0	598	26.95%	988	183	8.25%	237	0
Alertas smNipremium	SMNPremium	Jan 22, 2013 05:01 Tuesd:	94	93	1	0	1	0	0	45	48.39%	81	26	27.96%	36	0
Newsletter smNipremiun	SMNPremium	Jan 22, 2013 08:27 Tuesd:	95	94	1	0	1	0	0	28	29.79%	45	12	12.77%	12	0
Claves del dÃ-a en Eurc	24042012	Jan 21, 2013 06:22 Monda	2219	2217	2	0	2	0	0	604	27.24%	1009	176	7.94%	233	0
Newsletter smNipremiun	SMNPremium	Jan 21, 2013 08:27 Monda	95	94	1	0	1	0	0	31	32.98%	55	17	18.09%	18	0

- **Customer Report.** Permite generar una lista basada en la actividad del usuario tales como click-throughs, html abiertos, compras, etc.

5.8.3. Métricas para medir campañas en Buscadores

Los mecanismos por los que se rige la publicidad en los buscadores agregan un factor adicional para valorar cómo de interesante es una palabra clave:

- El **Coste Por Click (CPC)** de contratar los anuncios por esa palabra, es decir, cuánto te cuesta cada vez que un internauta hace click en el anuncio y visita tu página. Combinando esos tres factores (coste por click, volumen de clicks y porcentaje de conversión) podrás determinar cómo de rentable es una palabra clave, especialmente si conoces el importe exacto que ingresas por cada conversión (por cada compra, por ejemplo).

La ecuación no es tan fácil porque sistemas como Google Adwords asignan el CPC de manera dinámica basándose en las pujas de los anunciantes (como un sistema de subasta). Con Adwords podrías hablar de tres CPCs distintos:

- **CPC Mínimo.** Lo mínimo que debes pagar por aparecer en los enlaces patrocinados. Es un valor calculado en base al *Quality Store*, es decir, cómo de útil considera Google ese anuncio para el usuario que ha tecleado esa búsqueda específica.
- **CPC Medio.** El coste de atraer un nuevo visitante a tu web varía con cada click. El CPC Medio indica la media que has pagado por una palabra clave durante un periodo de tiempo determinado. Es el valor que debes utilizar para estimar la rentabilidad de la palabra clave.
- **CPC Máximo.** Lo determinas tú y es el precio máximo que estás dispuesto a pagar por cada click.

5.8.4. Métricas para medir campañas en Redes de afiliación

En la mayoría de los casos, los anunciantes que inician un programa de afiliación son programas grandes, aunque cualquier tipo de anunciante puede participar. Independientemente de tu tamaño, has de tener en cuenta que, pese a que hagas todo el trabajo anterior, es decir, subir los banners, insertar el código y pagar los fees, serán los soportes los que determinarán el éxito de tu programa ya que son ellos los que finalmente lo utilizarán y si no les resulta rentable, dejarán de utilizarlo. Es por ello que debes utilizar una comisión justa, lo suficientemente justa para que el esfuerzo de promover la publicidad de tu marca, resulte rentable para el soporte. Las Redes de afiliados permiten que tanto el anunciante como el soporte ganen, su éxito no reside en el triunfo de una de las partes[4].

Cualquier soporte puede utilizar una Red de afiliación, lo importante es que sepas seleccionar correctamente los afiliados que te van a promocionar. Por ejemplo, si tienes una agencia de viajes, lo ideal sería que buscases soportes que tuviesen sites de temas relacionados con el ocio.

---

4 Más información: @markinteractivo.

Puntos a tener en cuenta en la medición

Como cualquier estrategia de marketing online, la medición es muy importante. Por ello es necesario comentar un par de puntos respecto a la medición de los resultados obtenidos por esta fuente de ventas y tráfico como son las Redes de afiliados.

Problemática en la contabilización de ventas por el anunciante

El principal problema que puedes encontrarte es que muy probablemente las ventas procedentes desde la Red de afiliados no coincidan entre los datos arrojados por tu estadístico web, comparado con las ventas que marca la plataforma de afiliación.

El motivo principal de esta discrepancia reside en lo siguiente

Vamos a suponer que vendes un producto y quieres promocionar su venta por medio de una red de afiliación. Las Redes contabilizarán todas las ventas que procedan desde uno de los banners que estén utilizando tus afiliados. Pero no sólo contabilizarán las ventas directas desde este banner, sino también las ventas que procedan desde este banner durante unos 30 días (lo que suele durar la cookie). Es decir, si un usuario clicka hoy en el banner, consulta tu página, pero compra al cabo de 15 días, la Red de afiliación contabilizará esa venta como suya.

En cambio, tu estadístico asignará la venta a la fuente más cercana al click de la venta. Es decir, si este usuario que ha comprado 15 días después del click ha efectuado esa compra desde un click de Adwords, el estadístico asignará la venta a Adwords y no a la Red de afiliados.

¿Y si complico un poco más las estadísticas? La Red de afiliados se ha asignado esa venta pero Adwords también, por lo que si sumas las ventas de Afiliados más las de Adwords, incurrirás en que un porcentaje de las mismas estarán duplicadas.

El estadístico únicamente contabilizará una venta y la asignará al click más próximo a la venta, pero cada uno de los soportes en sus estadísticas internas se las asignará a él mismo. Es un dato que debes tener en cuenta si no quieres llevarte sustos extremadamente desagradables, sobre todo cuando se trata de contabilizar de más.

Veámoslo ahora como si fueses el soporte. En caso de que estés interesado en saber si realmente te está saliendo rentable una campaña, debes analizar el Coste por Mil Impresiones Efectivo (eCPM). Este ratio consiste en dividir tus ingresos procedentes de la Red de afiliación y dividirlos entre las impresiones que hayas utilizado entre mil. De este modo se estandarizan diferentes modos de pago de publicidad, como CPC, CPM, al coste por venta que es lo que se suele utilizar en las Redes de afiliados.

Con el eCPM sabrás si te resulta rentable comercializar publicidad a coste por venta, respecto a CPM o CPC. A modo de ejemplo, supongamos que tienes una web con 1.200.000 impresiones mensuales y tienes tres anunciantes: uno te paga a CPM, otro a CPC y otro a CPV. Repartes las impresiones equitativamente entre los tres, por lo tanto, cada uno de ellos dispondrá de 400.000 impresiones durante el mes.

- El anunciante de CPM, te paga a 1 € las 1000 impresiones.

- El anunciante de CPC, te paga a 0.15 € el click.
- El anunciante de CPV, te paga a 9 € la venta.

Los datos de CTR y Ratio de conversión del anunciante son, por ejemplo, los siguientes:

- **CTR:** 0.2% es decir, de cada 1000 impresiones hacen click en el banner 2 usuarios.
- **Ratio de conversión:** 2% es decir, el anunciante te dice que el 2% de los usuarios que llegan a su web acaban comprando. Con estos datos puedes calcular los eCPM de cada anunciante:

eCPM = [Ingresos/(Impresiones Utilizadas/1000)]

- **CPM = 1 €** Has ofrecido al anunciante 400.000 impresiones, por lo tanto: 1 € × [400.000/1000] = 400 €
- eCPM = [400 € / (400.000 / 1000)] = 1 € eCPM = 1 € CPM
- **CPC = 0.15 €** Sabes que el 0.2% hace click, por lo tanto:
  - 400.000 impresiones × 0.2% = 800 clicks
  - 800 clicks × 0.15 € = 120 €

eCPM = [120€ / (400.000 / 1000)] = 0.30 € eCPM

- **CPV = 9 €** Sabes que para que se produzca una compra, primero el usuario debe hacer click en el banner (CTR = 0.2%), y una vez dentro del site la posibilidad de que compre es del 2%.

- 400.000 impresiones × 0.2% = 800 clicks.

Entenderemos que estos 800 clicks coinciden con 800 usuarios individuales.

- 800 clicks × 2% de Ratio de Conversión = 16 ventas.

- 16 ventas × 9 € = 144 €

eCPM = [144 € / (400.000 / 1000)] = 0.36 € eCPM

Por lo tanto, como soporte, la mejor forma de rentabilizar tu inventario sería vender a CPM de 1€, seguido de vender a CPV con estas condiciones y posteriormente a CPC. Lógicamente todos los datos de eCPM, variarán en función de:

- **La creatividad.** Si es un banner muy atractivo de cara al usuario, que incita al click, provocará que mejore el eCPM de una campaña de CPC, ya que mejora el ratio de click (CTR).
- **El ratio de conversión del site.** Un campaña online puede tener unos excelentes banners que inciten al click, pero si cuando llega l usuario al site del anunciante, éste está mal diseñado y no convierte en ventas, el CPV nos resultará el menos rentable.

5.8.5. Métricas para medir campañas en Social Media

El IAB (Interactive Advertising Bureau) ha publicado un nuevo documento «Definiciones de las métricas para las redes sociales» en el cual se explican las temáticas y las características principales de las Redes Sociales, importantes para el desarrollo de una campaña online de éxito.

Actualmente hay tres importantes categorías de Social Media:

Redes sociales (Facebook, Flickr, YouTube)

Los medios sociales se caracterizan por su capacidad de compartir, de una forma rápida y sencilla, información y contenidos entre los usuarios.

Para los consumidores, el éxito de una Red Social se mide por la participación activa de un numero importante de usuarios a un mismo contenido (juego, página de admiradores, un evento,...).

Blog y microbloggin (Wordpress, Blogger, Twitter)

El blog es un formato de web utilizado por un solo usuario o grupo de usuarios para publicar opiniones y comentarios sobre diferentes temas. Los contenidos pueden ser de varios tipos, como actualidad, economía, sociales, y se pueden componer por textos, imágenes, vídeos o otros objetos multimedia. Para los anunciantes, los blogs representan un canal interactivo para llegar a los usuarios interesados en un tema especial. Además, debido a la natura coloquial e informal que se crea con los usuarios, los blogs proporcionan a los anunciantes la información completa sobre la actitud y preferencia de los usuarios, por encima de datos personales, como la edad, el género, el área geográfica de procedencia.

Toda esa información es importante para que las campañas publicitarias se puedan focalizar en un solo blog, donde se encuentra el público objetivo. Además, conociendo el target, se puede crear una campaña publicitaria específica para estos usuarios, con un mensaje y un lenguaje que éstos mismos utilizan entre ellos.

Widget y aplicaciones para las redes sociales

Las aplicaciones web son programas que funcionan en una o más plataformas. El termino «aplicación» es utilizado para definir un programa destinado a una plataforma específica como, por ejemplo, una aplicación para Facebook o Twitter, que pueda acceder a la información de cada usuario. Las aplicaciones funcionan solo en las plataformas para las cuales han sido desarrolladas, mientras que el widget no tiene esta limitación, porque puede funcionar en cualquier web que acepte contenidos exteriores, como redes sociales, blogs, páginas web personales, etc.

Las aplicaciones en los social media estimulan la conectividad y la colaboración.

Hay dos modelos principales para la publicidad en las aplicaciones:

• Patrocinio: el anunciante publica un banner, un logo o la imagen de un producto en la aplicación existente.

- Aplicación dedicada: el anunciante crea una aplicación específica para que llegue a su público.

Estos nuevos canales de comunicación han obligado a incorporar nuevos indicadores de éxito en nuestras campañas. Durante estos dos últimos años, las grandes redes sociales han desarrollado una gran oferta de producto desde el punto de vista comercial y de manera simultánea unas herramientas de análisis muy completas. Soportes como YouTube, Facebook, Twitter o Tuenti (en España), son plataformas que han revolucionado el panorama de la comunicación y nos muestran cómo sus usuarios interactúan con las marcas a través de diferentes formatos publicitarios, desde eventos virtuales (caso de Tuenti) como de visualizaciones de contenidos audiovisuales, engagement con los diferentes formatos, reacciones a través de comentarios, etc.

Veamos ejemplos:

1. Facebook

- Interacciones: Número total de Interacciones y split por tipo de interacción: comentarios, posts en el muro y «Me gusta».

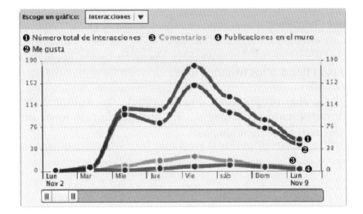

- Interacciones por publicación: promedio de comentarios, publicaciones en el muro y votos «me gusta» obtenidos por cada publicación.

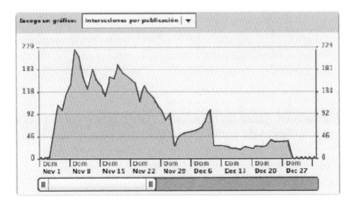

- Impresiones por Post y % de esas impresiones que generan interacción: Comparando el mismo periodo podemos identificar aquellas publicaciones que han generado un mayor número de interacciones y aprender de las cosas que más movilizan nuestra base de fans.

- Calidad de las publicaciones: Se determina por el % de tus fans que interactúan cuando publicamos un contenido en nuestra página. Está basado en número de comentarios, posts en el muro y Likes generados por un único post. Se basa en los últimos 7 días y se hace en comparación a páginas que Facebook considera similares a la nuestra.

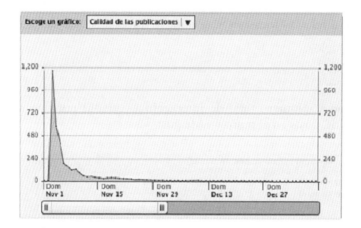

- Publicaciones: Nos proporciona una referencia del volumen de actividad que venimos desarrollando en la página. Es una manera de tener un control sobre nuestra actividad: picos, tendencias…

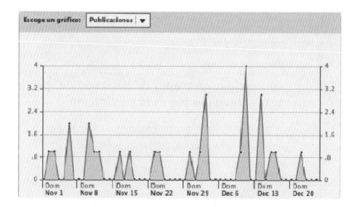

- Consumo de medios: Hace un seguimiento de cuantas fotos publicadas han sido vistas, cuantos archivos de audio reproducidos y de los vídeos visualizados.

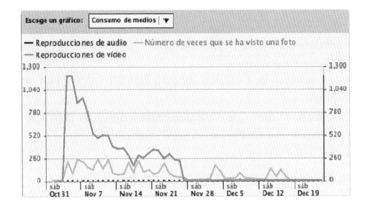

- Demografía: Nos muestra el crecimiento que nuestra página tiene a lo largo del tiempo por sexo y rangos de edad:

  – Hombre / Mujer

  – 13-17 /18-24 / 25-34 / 35-44 / 45-54 / +55

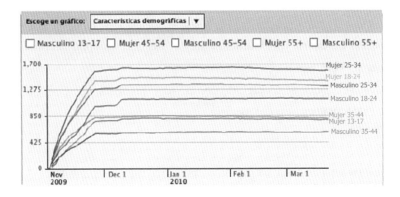

- Países más populares: Nos muestra el país de origen de las visitas que recibimos en nuestra página en Facebook.

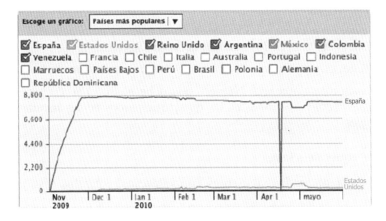

2. YouTube

- Views: Número de visualizaciones completas del vídeo en un periodo de tiempo determinado.
- Unique views: número de usuarios que han visto el vídeo en un periodo de tiempo determinado.
- Completed views: número de visualizaciones que han sido finalizadas (% de reproducciones pausadas y pausadas pero finalizadas).
- Fuentes de tráfico: Diferencia entre:
- Trafico directo: usuarios que llegaron tecleando la URL.
- Player embebido: % de visualizaciones que se hicieron en un player embebido.
- Referring sites: Sitios en los que el usuario vio el video.
- Search Engine: % de usuarios que llegaron al vídeo a través de una búsqueda.
- Demographics: distribución por sexo y franjas de edad (13-17 / 18-24 / 25-34 / 35-44 / 45-54 / 55-64 / +65) y país del origen.
- Popularity: El número de veces que tu página ha sido reseñada en la aplicación de reseñas.
- Category Comparision: referencia de la popularidad del vídeo respecto de la media de su categoría (por duración, keywords describiendo el contenido…).
- Comments: Volumen de comentarios.
- Favorites: veces que se ha elegido como vídeo favorito.
- Rating (1-5): Valoración del usuario.

3. Twitter

- N.º de Retweetspor cada 1000 followers índice que nos permite:
  - Compararnos con nuestros competidores.
  - Tener un índice de referencia del interés que genera el contenido que compartimos.
- Unique Retweeters: Número total de usuarios únicos que hace un retweet de nuestro contenido.
- % Followers que han hecho Retweet: % de nuestra audiencia (followers) sobre la referencia del total de los que han hecho un Retweet.
- Churn Rate: diferencia entre los new followers vs unfollow.
- Conversación vs outbound: Número que debe medir el % de mensajes correspondientes a conversaciones en las que participamos versus los mensajes unidireccionales.

4. Matriz de equivalencias:

Podríamos establecer las siguientes equivalencias, entre los distintos entornos sociales:

PLATAFORMA	IMPACTOS	SOCIAL	VIDEO	INTERACCIÓN					TRAFICO GENERADO	ORIGEN (*)	OTROS INDICADORES				
YOUTUBE	Views	Unique Users	Completed Views	comentarios	like / dislike	Rating (valoración del usuario)	Subscripciones		CLCS	directo, embed, buscadores...	Favorites	Demografics (sexo, edad, pais)	Cathegory Comparision		
FACEBOOK	en display	Fans (me gusta)	Reproducciones	comentarios	me gusta	publicaciones en el muro	encuestas, eventos, regalos.		CLCS	f Connect, segmentación demográfica	calidad de las publicaciones= (interacciones/usuarios)*100	consumo de medios	Stream ETR (engagement)	Stream CTR	
TWITTER	Tweets x followers	Followers	(	@mentions	retweets	# Topics			CLCS	X	Unique Retweets	Indice = Nº retweets/1000 followers	Churn rate	% Followers que han hecho Retweet	Conversación vs Outbound
TUENTI	en "loading page" y eventos	Usuarios / asistentes	Reproducciones	comentarios	videos y fotos subidos	Clics (en eventos)			CLCS	Botón de compartir					
BLOGS	Visitas /páginas vistas	Seguidores	Embed video	comentarios	Enlaces a otras redes sociales				CLCS	Enlaces al post	Difusión: RSS				

(*) Exploración no publicitaria

Ahora el reto que tenemos es que toda esta información la podamos unificar a través de sistemas únicos de medición (con AdServer de agencia) para poder tener comparaciones de los resultados generados por todos los canales interactivos utilizados en nuestras campañas.

Capítulo 6
Analítica web

Hoy en días existen soluciones de analítica web para todos los presupuestos y todas las necesidades que se puedan plantear a un site. No podemos olvidar que detrás de los fríos análisis que nos proporciona el software, tenemos que hacer un ejercicio de lógica humana que nos ayude a comprender lo que está sucediendo.

Existen herramientas de analítica de pago como Adobe Analyzer, IBM Coremetrics, Comscore, ó gratuitas como Google Analytics o Yahoo Web Analytics.

6.1. Técnicas de captura de datos

Existen multitud de técnicas de captura de información del proceso de navegación, algunas de ellas se han hecho famosas por el uso fraudulento que se les ha dado. Lo que un principio son técnicas muy útiles, para personalizar, analizar y adaptara los servicios on-line han pasado a ser utilizadas en algunos casos para vender información de forma ilegal e incluso para cometer delitos mayores.

6.1.1. Cookies

Una cookie es un fragmento de información que se almacena en el disco duro del visitante de una página web a través de su navegador, a petición del servidor de la página. Esta información puede ser luego recuperada por el servidor en posteriores visitas. Las inventó Lou Montulli, un antiguo empleado de netscape Communications. Al ser el protocolo HTTP incapaz de mantener información por sí mismo, para que se pueda conservar información entre una página vista y otra (como login de usuario, preferencias de colores, etc), ésta debe ser almacenada, ya sea en la URL de la página, en el propio servidor, o en una cookie en el ordenador del visitante. Los usos más frecuentes de las cookies son:

- Llevar el control de usuarios: cuando un usuario introduce su nombre de usuario y contraseña, se almacena una cookie para que no tenga que estar introduciéndolas para cada página del servidor. Sin embargo una cookie no identifica a una persona, sino a una combinación de computador y navegador.

- Ofrecer opciones de diseño (colores, fondos, etc.) o de contenidos al visitante.

- Obtener información pudo ser información de carácter general sobre la computadora (como la dirección IP, el dominio que usas para conectart –ejemplo: .edu, .com, .net–, y el tipo de navegador que usa).

- Conseguir información sobre los hábitos de navegación del usuario (como la última vez que se visita una página en particular o las preferencias personales para visitar un sitio), e intentos de spyware, por parte de agencias de publicidad y otros. Esto puede causar problemas de privacidad y es una de las razones por la que las cookies tienen sus detractores.

Originalmente, sólo podían ser almacenadas por petición de un CGI desde el servidor, pero Netscape dio a su lenguaje Javascript la capacidad de introducirlas directamente desde el cliente, sin necesidad de CGIs.

En un principio, debido a errores del navegador, esto dio algunos problemas de seguridad, que posteriormente fueron resueltos. Estas vulnerabilidades fueron descubiertas por Esteban Rossi. Las cookies pueden ser borradas, aceptadas o bloqueadas según desee, para esto solo debe configurar convenientemente el navegador web.

Las cookies poseen una fecha de caducidad, que oscila entre.

- Cookies de sesión: Las cookies de sesión almacenan información únicamente durante el tiempo en el que usa el navegador, una vez que cierra el navegador, esta información es eliminada. El propósito primario de una cookie de sesión es ayudar con la navegación, por ejemplo indicando si una página en particular ya o no ha sido visitada y retiene información acerca de tus preferencias una vez que visitaste la página.

- Cookies persistentes: Las cookies persistentes son almacenadas en la computadora, para que almacenar la información de las preferencias personales. En muchos de los navegadores, se puede ajustar el periodo de tiempo en que las cookies persistentes deben ser almacenadas. Esto es porque las cookies de las direcciones de correo electrónico aparecen por defecto cuando abre el correo en Yahoo o en Hotmail, o en la página de inicio personalizada cuando visitas en línea a tu comerciante favorito como puede ser e-bay. Si un atacante obtiene acceso al ordenador, puede recopilar la información personal a través de estos archivos.

Las cookies constituyen una potente herramienta empleada por los servidores Web para almacenar y recuperar información acerca de sus visitantes. Dado que el Protocolo de Transferencia de HiperTexto (HTTP) es un protocolo sin estados (no almacena el estado de la sesión entre peticiones sucesivas), las cookies proporcionan una manera de conservar información entre peticiones del cliente, extendiendo significativamente las capacidades de las aplicaciones cliente/servidor basadas en la Web. Mediante el uso de cookies se permite al servidor Web recordar algunos datos concernientes al usuario, como sus preferencias para la visualización de las páginas de ese servidor, nombre y contraseña, productos que más le interesan, etc.

Entre las mayores ventajas de las cookies se cuenta el hecho de ser almacenadas en el disco duro del usuario, liberando así al servidor de una importante sobrecarga.

Es el propio cliente el que almacena la información y quien se la devolverá posteriormente al servidor cuando éste la solicite.

Cuando se crearon, las cookies tenían como objetivo favorecer al usuario. Al permitir que los sitios Web «recordasen» a los visitantes, se les podía ofrecer un servicio individualizado, avisarles de novedades y liberarles de ciertas tareas engorrosas de identificación. Algo parecido a entrar en un restaurante y que el camarero nos llame por nuestro nombre, nos siente en nuestra mesa favorita, nos sirva nuestro vino preferido y nos sugiera el nuevo menú que según nuestros gustos seguramente nos agradará. Sin embargo, esa capacidad de recordar constituye el instrumento del que se sirven para rastrearnos. De ahí surge la preocupación por la intimidad y el potencial para violarla de las cookies.

6.1.2. Usos de las cookies

¿Quién no ha pensado alguna vez en acceder a un sitio y encontrarlo personalizado a nuestro gusto? ¿A quién no le gustaría cuando se conecta a su librería virtual que le avise de las novedades sobre aquellas materias que más le interesan? ¿A cuánta gente le parece un engorro tener que teclear su nombre y contraseña cada vez que se conecta a un sitio de pago? ¿Nunca has visitado una página con montones de información por los que tienes que bucear para encontrar lo que te interesa? ¿No estaría bien que cuando quieres bajarte programas de la red, no tengas que especificar siempre que lo quieres para Windows o para Mac?

Personalización, ésa es la palabra clave. La Tela de Araña Mundial (WorldWide-Web) constituye una fantástica herramienta para crear presentaciones con el potencial de llegar a cualquier persona en cualquier lugar del mundo (con conexión a Internet, claro). Aunque la idea es muy atractiva, en la práctica ocurre que la información presentada en las páginas se torna impersonal. Es algo así como comprar una app. por la cual puedes navegar, incluso admirar animaciones y escuchar sonidos y música, pero que es igual para todo el mundo, y como todos sabemos, las mismas cosas no nos interesan a todos por igual. Lo que realmente nos gusta son los productos a nuestra medida, confeccionados especialmente para nosotros:

- Personalización de las páginas: Podemos dar la posibilidad de elegir entre navegar con o sin frames, el color del fondo o el tipo de letra.

- Idioma: Dar a elegir varios idiomas como predeterminado para futuras conexiones.

- Tiendas electrónicas: Se han desarrollado sistemas de venta que almacenan en una cookie los gustos del usuario basándose en las páginas visitadas cuando accede para efectuar sus pedidos. Así, en lo sucesivo, cuando se conecte de nuevo, se le puede informar de las últimas novedades en aquellos artículos de su preferencia.

- Carritos de la compra: Permiten recordar los artículos que un cliente va adquiriendo a medida que se mueve por las páginas del catálogo, como si los estuviera cargando en un carrito de la compra virtual, de manera que no tenga que ir pagándolos uno a uno, sino pagarlos todos de una vez cuando vaya a la página de pago.

- Seguimiento de las visitas a un Web: He aquí una aplicación controvertida. Su objetivo es mantener un historial de las páginas visitadas por los usuarios dentro del servidor con el fin de conocer cuáles son las páginas menos visitadas, páginas a las que llega la gente pero de las que luego no sabe salir o de las que salen por falta de interés. También permiten recabar registros más exactos sobre el número de visitantes a una página, ya que las cookies permiten diferenciar 30 personas distintas visitando un sitio de una misma persona pulsando 30 veces el botón de recargar. Sin embargo, muchos piensan que se trata de una violación de la intimidad.

- Carteles publicitarios: Muchas páginas muestran distintos anuncios o espacios publicitarios (banners) cada vez que nos conectamos a ellas. La forma de hacerlo es guardar en una cookie el identificador del último anuncio que nos han mostrado, de manera que la cada vez que nos conectemos nos presenten uno distinto.

- Marketing personalizado: Se trata de la aplicación con fines comerciales más extendida. Las cookies se pueden emplear para construir un perfil de usuario con los lugares visitados, los anuncios (banners) que se han seguido, los productos comprados, etc. Esta información es posteriormente usada para enviarle anuncios que les pueden interesar, así como para variar los anuncios mostrados (ver párrafo anterior). Ahora bien, ¿y si la compañía vende esta información a terceros? La polémica está servida, pero de eso nos hablaremos al final.

- Almacenamiento de santo y señal: Todos hemos visitado sitios en los que nos piden nombre y contraseña para poder acceder a su contenido. Algunos de estos sitios además almacenan estos datos en una cookie que se guarda en el disco duro del usuario. De esta forma, la siguiente vez que acceda no se le volverá a pedir su santo y seña. Si bien ningún otro servidor puede acceder a esta información, cualquier usuario accediendo físicamente al ordenador puede leer la cookie que contiene estos datos. Por ello, conviene almacenarlos cifrados, y también que caduquen al poco tiempo, días o incluso horas.

- Almacenamiento de información sensible: Aunque parezca mentira, existen sitios que almacenan nuestro número de tarjeta en una cookie, para que en futuras transacciones comerciales con ellos no tengamos que introducirlo. Mejor no tener transacciones con gente así. Si bien las cookies podrían enviarse sobre SSL, también deberían cifrarse en el disco duro del usuario.

6.1.3. Alternativas a las cookies

Como queda dicho, la razón de ser de las cookies es almacenar el estado de la sesión entre peticiones sucesivas, puesto que el protocolo HTTP es sin estado. No obstante, existen por lo menos otros dos métodos que ya eran usados mucho antes de que aparecieran las cookies, a saber, transmitir datos del estado de la sesión a través de campos ocultos en los formularios CGI y añadir datos del estado al final de un URL.

Como ejemplo del último enfoque, tenemos a tracker.exe, es un programa que filtra todas las direcciones y almacena en un fichero el nombre y dirección IP de la máquina que solicita la página, la hora de la petición, y la página solicitada. La dirección después del interrogante es la de la página que se quiere visitar. De esta manera y sin necesidad de cookies podemos hacer un seguimiento exhaustivo del número y la identidad de las visitas a una página.

Por otro lado, para usar los formularios con campos ocultos es necesario procesar todas las páginas mediante «form submit», un método que hoy en día ya queda muy obsoleto, aunque puede seguir usándose en algunas aplicaciones, como en carritos de compra, además de consumir un gran ancho de banda por su voluminosidad.

Las cookies mejoran los métodos anteriores en términos de facilidad de uso, rendimiento, flexibilidad y seguridad.

6.1.4. Programa espía

Los programas espía o spyware son aplicaciones que recopilan información sobre una persona u organización sin su conocimiento.

La función más común que tienen estos programas es la de recopilar información sobre el usuario y distribuirlo a empresas publicitarias u otras organizaciones interesadas, pero también se han empleado en círculos legales para recopilar información contra sospechosos de delitos, como en el caso de la piratería de software. Además pueden servir para enviar a los usuarios a sitios de internet que tienen la imagen corporativa de otros, con el objetivo de obtener información importante.

Pueden tener acceso por ejemplo a: el correo electrónico y el password; dirección IP y DNS; teléfono, país; páginas que se visitan, que tiempos se está en ellas y con qué frecuencia se regresa; que software está instalado en el equipo y cual se descarga; que compras se hacen por internet; tarjeta de crédito y cuentas de banco.

Los programas espía pueden ser instalados en un ordenador mediante un virus, un troyano que se distribuye por correo electrónico, como el programa Magic Lantern desarrollado por el FBI, o bien puede estar oculto en la instalación de un programa aparentemente inocuo.

Los programas de recolección de datos instalados con el conocimiento del usuario no son realmente programas espías si el usuario comprende plenamente qué datos están siendo recopilados y a quién se distribuyen.

Los cookies son un conocido mecanismo que almacena información sobre un usuario de internet en su propio ordenador, y se suelen emplear para asignar a los visitantes de un sitio de internet un número de identificación individual para su reconocimiento subsiguiente. Sin embargo, la existencia de los cookies y su uso generalmente no están ocultos al usuario, quien puede desactivar el acceso a la información de los cookies.

Dado que un sitio Web puede emplear un identificador cookie para construir un perfil del usuario y éste no conoce la información que se añade a este perfil, se puede considerar a los cookies una forma de spyware.

Por ejemplo, una página con motor de búsqueda puede asignar un número de identificación individual al usuario la primera vez que visita la página, y puede almacenar todos sus términos de búsqueda en una base de datos con su número de identificación como clave en todas sus próximas visitas (hasta que el cookie expira o se borra). Estos datos pueden ser empleados para seleccionar los anuncios publicitarios que se mostrarán al usuario, o pueden ser transmitidos (legal o ilegalmente) a otros sitios u organizaciones.

Algunos ejemplos de programas espía conocidos son Gator, Kazaa o Bonzi Buddy. Existen programas especializados en eliminar spyware como Spybot Search & Destroy, Ad-Aware, Spyware Doctor o SpywareBlaster.

6.2. Características de las herramientas de analítica web

Las herramientas más conocidas de analítica web no necesita la instalación de ningún programa, es una solución ASP (una solución web), basta con insertar un simple código HTML/Javascipt (Tags) en las páginas del sitio web que desea auditar. Realizar la inserción es muy sencillo y facilitan herramientas que lo simplican, para que cualquier usuario pueda realizarlo.

La medición «Site Centric» mediante marcadores invisibles (o Tags) insertados directamente en las páginas, se implanta de forma sencilla en todos los sitios web, independientemente de la tecnología utilizada.

Las herramientas de medición «Site Centric» deben su denominación a una metodología de auditoria de los sitios en Internet que utiliza marcadores invisibles directamente colocados en las páginas de los sitios web medidos. Estos marcadores lanzan conexiones hacia servidores independientes que contabilizan el volumen de información intercambiada en los sitios web.

De este modo, la marcación de las páginas de los sitios web permite una medición real del tráfico Internet y palia por tanto la falta de exhaustividad provocada por el análisis de los ficheros Logs y de los métodos «user centric», permitiendo así de:

- «Ver» a través de los proxys.
- Contabilizar las páginas vistas en el caché de los navegadores.
- Excluir los robots.
- Medir exhaustivamente el tráfico.
- Ser independiente del servidor Web.
- Ofrecer datos reconocidos por los organismos de certificación.

Lo primero que tenemos que hacer es definir zonas en la que esta dividida nuestra web. Ejemplo de los tags de zona en una homepage:

(WEBO_ZONE=PAGE 1 and WEBO_PAGE=1), yahoo_homepage (WEBO_ZONE=1 and WEBO_PAGE=2), mail_homepage (WEBO_ZONE=1 and WEBO_PAGE=3), affiliate_homepage (WEBO_ZONE=1 and WEBO_PAGE=4), lotery_homepage (WEBO_ZONE=1 and WEBO_PAGE=5), ads_homepage (WEBO_ZONE=1 and WEBO_PAGE=6).

Posteriormente introducimos las tags en las paginas que queremos seguir con, en este caso lo hacemos con weboscope.

```
<!—BEGIN WEBOSCOPE heading_of_website ->
<!—DO ONLY MODIFY WEBO_ZONE AND WEBO_PAGE—>
<script language="javascript">
WEBO_ZONE=0;
WEBO_PAGE=0;
webo_ok=0;
</script>
<script language="javascript" src="/script/weboscope.js"></SCRIPT>
<SCRIPT>
if(webo_ok==1){webo_zpi(WEBO_ZONE,WEBO_PAGE,ID_SITE);}
</script>
<!—END WEBOSCOPE COPYRIGHT WEBORAMA—>
```

o   Home: WEBO_ZONE=1 and WEBO_PAGE=1

o   Partners home: WEBO_ZONE=1 and WEBO_PAGE=2

o   Weather: WEBO_ZONE=2 and WEBO_PAGE=1

o   5-days weather forecast: WEBO_ZONE=2 and WEBO_PAGE=2

Existe la posibilidad de introducir Tags en HTML, Flash, Newsletter y Wap.

Como garantía de calidad del producto tienen la certificación OJD Interactive, que se obtiene solo si se cumple las siguientes condiciones:

Utilizar un método de conteo fiable de tipo «Site Centric».

Excluir robots, filtrar las direcciones IP internas (para que interfieran en el conteo) y atravesar los Firewall de los clientes para poder realizar los seguimientos.

Liberar de las limitaciones provocadas por la memoria caché de los proxys de los navegadores.

6.3. Indicadores más habituales en análisis web

Para poder analizar la información, debemos conocer cuáles son las principales métricas presentes en la analítica web, y que información es la que representan, ya que un mismo nombre puede recoger informaciones diferentes según nuestra herramienta.

Generalmente, todas las herramientas nos presentan 6 métricas principales:

- **Visitas:** El número de visitas que ha recibido nuestra página web durante el periodo establecido. Es importante resaltar que si un mismo usuario accede en 2 momentos diferentes –dentro del periodo establecido–, habiendo caducado su sesión previa, estás serán contabilizadas como 2 visitas diferentes. En definitiva, este parámetro no representa el número de personas que accedieron a la web.

- **Páginas vistas:** Cada vez que un visitante accede a nuestra página web, este realiza una navegación dentro del site. Esta navegación supone un consumo de páginas individuales. Este consumo se representa por el métrica 'Páginas vistas'. Si un usuario visita 2 veces la misma página, cada una de ellas será contabilizada de forma independiente, incluso cuando se trate de un refresco de la página. Cada visita tendrá como mínimo 1 página vista, por lo que el número de páginas vistas nunca puede ser inferior al de visitas –y es prácticamente imposible que sea igual–.

- **Páginas vistas/visita:** Esta métrica se obtiene de la división de 'páginas vistas' entre 'visitas'. Este valor nos debe servir para conocer si nuestra página resulta interesante para los visitantes, o por el contrario los usuarios apenas navegan por ella. Dado que el número de 'páginas vistas' siempre es igual o mayor que el número de 'visitas' este ratio siempre será igual o mayor a 1.

- **Porcentaje de rebote:** El porcentaje de rebote representa el número de usuarios que abandonan nuestra página web sin interactuar con ella. Esto es, el número de gente que sólo visualiza 1 página y después abandona el site. Estrictamente se considera que este porcentaje representa aquellos usuarios que no interactuaron con nuestra página –sólo vieron 1 página– y además sólo estuvieron dentro del site menos de 10 segundos. Sin embargo, dado el funcionamiento actual de la analítica web, no es posible conocer el tiempo exacto que un usuario está en nuestra página, y menos si sólo visita 1 página. Recientemente se han publicado fórmulas para –con Google Analytics– intentar solventar esta limitación. Este es uno de los ratios más importantes a la hora de comenzar la optimización de nuestro site, ya que por si solo nos indicará la salud de nuestro site. Un porcentaje elevado puede representar un gran posibilidad de mejora, ya que sólo un pequeño porcentaje de nuestros usuarios visualizan nuestra información y por lo tanto son capaces de realizar los objetivos que nosotros deseamos.

- **Tiempo promedio en el site:** Este parámetro nos indica el tiempo promedio que estuvo cada una de las visitas en la página web. Debido al funcionamiento actual de las herramientas de analítica web, este tiempo no es real y representa un número inferior a la realidad. Esto es debido a que las herramientas sólo tienen en cuenta el intervalo de tiempo que hay entre cada página vista. Es decir, si por ejemplo estamos 1 minuto visualizando la primera página y después accedemos a una segunda página, la cual visualizamos durante 2 minutos, en las estadísticas web el valor que veremos reflejado es 1 minuto de tiempo promedio. Si por ejemplo, sólo hubiesemos visto 1 página –usuario rebotado–, el tiempo promedio que marcaría el sistema sería de 0 segundos.

- **Usuarios nuevos:** Cuando alguien visita el sitio por primera vez, la visita se clasifica como 'Visita de un nuevo usuario'. Si dicho usuario ha navegado por el sitio web con anterioridad, la visita se clasifica como 'Visita de un usuario recurrente'. Esto sucede no obstante siempre que las visitas sucesivas sucedan dentro de un rango de tiempo determinado. Este rango de tiempo variará según la herramienta de analítica web que utilicemos, y algunos casos será personalizable por nosotros.

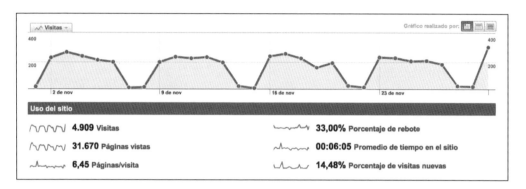

Como hemos indicado antes, estas métricas son bastante estándar entre las diferentes herramientas del sector. Aunque ofrecen un vistazo rápido sobre el estado de nuestra página web, la verdad es que es una visión muy superficial y no resulta muy útil por si sola. Estos datos deben ir acompañados siempre de otros para tener un análisis más profundo y así poder exprimir al máximo el ROI del marketing.

Otros indicadores habituales de analítica web suele revisar los siguientes indicadores web:

1. Análisis Global:
   - Resumen.
   - Usuarios únicos.
   - Tasa de retorno.
   - Resumen de los perfiles.
   - Procedencia (sitios).
   - Procedencia (URL).
   - Proveedores de acceso (ISP).
   - Resumen sistemas.

2. Tráfico:
   - Tiempo real.
   - Por día.
   - Por día de la semana.
   - Por semana.
   - Por mes.

- Por mes normalizado.
- Top zonas.
- Top páginas.
- Récords de tráfico.
- Horas de acceso usuarios.
- Horas de acceso servidor.
- Desglose del tráfico.

3. Perfil:
   - Perfil a medida 1.
   - Perfil a medida 2.
   - Mundo.
   - Europa.
   - América.
   - África.
   - Asia Oceanía.
   - Husos horarios.

4. Navegación:
   - Modos de llegada.
   - Zonas de entrada.
   - Páginas de entrada.
   - Llegada-Salida.
   - Zonas de tránsito.
   - Páginas de tránsito.
   - Tiempo por página.
   - Zonas de salida.
   - Páginas de salida.

5. Sistemas:
   - Navegadores.
   - Sistemas operativos.
   - Tamaño de pantalla.
   - Resolución colores.

6. Posicionamiento:
   - Buscadores.
   - Familias buscadores.
   - Tecnología buscadores.
   - Top palabras claves.
   - Buscar palabra clave.

- Zonas en buscadores.
- Páginas en buscadores.

6.4. Herramientas más habituales

Forrester analiza regularmente el mercado de herramientas de análisis web. En el ultimo informe que disponemos han analizado 7 productos que Forrester estima que copan el 99% del mercado: Adobe Site Catalyst, IBM Coremetrics, Webtrends Analytics, Comscore Digital Analytix, AT Internet Analyzer, Google Analytics y Yahoo Web Analytics.

Según Forrester, Adobe Site Catalyst, IBM Coremetrics son las mejores:

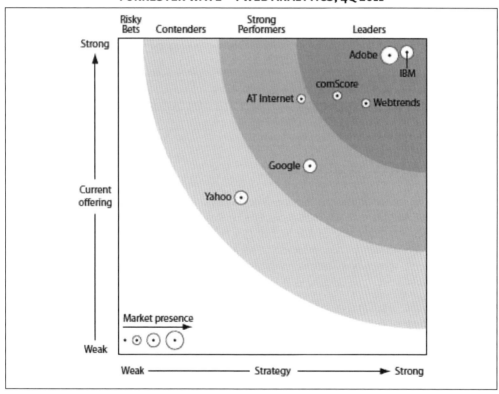

Y según diferentes variables analizadas:

FORRESTER WAVE™: WEB ANALYTICS, Q4 2011

	Forrester's Weighting	Adobe	AT Internet	comScore	Google	IBM	Web trends	Yahoo
CURRENT OFFERING	50%	4.73	4.04	4.09	2.98	4.78	3.97	2.48
Data handling	15%	4.92	4.48	5.00	2.09	4.88	4.29	2.33
Metrics, dimensions, and correlations	10%	4.48	4.48	4.68	2.48	4.68	4.12	3.96
Reporting and analysis	25%	4.77	3.63	4.08	2.96	4.69	3.73	2.50
Application usability and administration	15%	4.00	3.40	3.40	3.20	5.00	3.40	2.00
Integration	20%	5.00	4.33	3.80	3.13	4.75	4.08	2.80
Service and support	15%	5.00	4.25	3.85	3.80	4.75	4.35	1.65
STRATEGY	50%	4.39	2.96	3.54	3.10	4.67	4.01	1.99
Product strategy	40%	4.80	3.00	3.90	3.00	4.80	4.10	1.20
Corporate strategy	40%	4.30	2.40	3.70	3.00	5.00	4.30	2.40
Cost	0%	0.00	0.00	0.00	0.00	0.00	0.00	0.00
Quality of references	20%	3.75	4.00	2.50	3.50	3.75	3.25	2.75
MARKET PRESENCE	0%	4.35	2.20	2.13	3.38	3.45	2.85	3.18
Company financials	25%	4.40	1.70	2.70	2.60	4.30	3.40	1.90
Installed base	50%	4.30	2.70	1.90	3.80	2.60	2.30	3.40
Employees	25%	4.40	1.70	2.00	3.30	4.30	3.40	4.00

All scores are based on a scale of 0 (weak) to 5 (strong).

Source: Forrester Research, Inc.

6.4.1. Adobe SiteCatalyst

A través de su herramienta Adobe SiteCatalyst a herramienta líder del mercado profesional de Analítica Web, tanto en número de clientes como en volumen de tráfico gestionado. Como valor añadido fundamental de SiteCatalyst cabe mencionar capacidades ilimitadas de recopilación y asociación de datos, un Data Feed para su integración con terceros sistemas y un sólido entorno de configuración de Dashboards.

Omni Adobe SiteCatalyst ture forma parte de la familia de productos Adobe Suite, integrándose con soluciones de personalización, experimentación multivariante, recomendaciones, búsqueda, gestión de pujas, encuestas o sistemas de gestión de campañas multicanal. Entre otras funcionalidades, cabe destacar:

- Informes de páginas, siguiente y anterior, analítica de formularios, segmentación por zona geográfica embudos de conversión y venta cruzada.

- Exportación en los formatos más usados, Word, Excel, PDF y envíos por email de informes programados. Data Extract y Excel Client completan las opciones para integrar los datos directamente a Excel.

- Identificación de dispositivos móviles, capaz de geolocalizar al visitante para una optimización de las campañas por zona.

- Medición de elementos Multimedia Flash/Flex®, Videos y Streaming con las tecnologías más extendidas, Quicktime, Windows Media y Real Player.

- Integración de datos con herramientas externas de reporting y un gestor de datos multicanal para integrar datos offline con los informes recogidos en el sitio web.

- Cuadros de mando e Informes según las preferencias de su negocio, personalizables para los diferentes miembros de su organización.

DASHBOARD ADOBE SITECATALYST

Adobe SiteCatalyst tiene las siguientes funcionalidades que, por ahora, GA no dispone:

1. Cuadros de mandos automatizados y la posibilidad de trabajar con todos los datos desde Excel. A eso me refiero que no voy a tener que importar y exportar datos, y montar mis gráficos y realizar fórmulas para obtener ratios, sino que Adobe SiteCatalyst tiene un plugin para trabajar directamente desde excel. Positivo: ahorramos tiempo y coste trabajando los datos.

2. Métricas indefinidas. Google Analytics y la mayoría de herramientas del mercado, vienen con métricas definidas: páginas vistas, conversión, etc. Pero ¿qué pasa si ahora queremos sacar un ratio de dos métricas predefinidas? Pues que tendremos que exportar los datos en excel y realizar una fórmula y luego su consiguiente gráfico.

3. Adobe SiteCatalyst tiene un panel de configuración de métricas, con la posibilidad de añadir cualquier ratio o métrica, a través de fórmulas matemáticas.

4. Reportes con métricas. En Google Analytics tenemos todos los informes configurados. Con Adobe SiteCatalyst podemos añadir métricas para cada informe y ver todos los datos con mucha más profundidad.

5. Informes de productos. Imaginemos ahora una página del sector de la formación. Imaginemos que cada centro tiene cursos, y que cada curso tiene una respuesta distinta según los usuarios.

   • Adobe SiteCatalyst tiene informes de productos de forma que nos puede dar estadísticas por producto y cliente, y de su rendimiento, de forma segmentada. No solo eso, sino que Omniture permite crear cuentas para los clientes proveedores, para que puedan acceder a sus estadísticas y hacer un análisis de lo que venden. O programar los informes para que los proveedores los reciban en su correo cada día. Todo es posible y programable.

   • Esta capabilidad ya no es solo un mega informe de Analítica web sino una bomba en toda regla, un valor añadido al producto de la empresa que utiliza Omniture y ofrece su portal para centros de formación para que publiquen sus cursos. Cuanto lo agradecerían los directores comerciales de Emagister, Lectiva, Aprendemás, Tumaster… para no hablar de portales de empleo, turismo, inmobiliaria, etc.

6. Tipo de publicidad. Google Analytics nos da acceso a informes de publicidad, formatos, conversiones, bouncing rates… pero Adobe SiteCatalyst es capaz de cruzar toda esta información y darle un valor añadido, y segmentarlo por proveedor. Podriamos ver por ejemplo en un portal como Emagister.com si a un centro como Master-D le dan más rendimientos los anuncios de pago de forma skycraper o los anuncios tipo google, o los banners patrocinados… por días, horas, por periodos de tiempo…

7. En tiempo real… Porque claro, cuando procesas volúmenes de información de webs con miles de uu, y vendes muchos productos, seguro que analizar el impacto de tu sitio web en tiempo real, es mucho mejor que hacerlo un día más tarde, ya que detectar problemas el día después con audiencias de miles de uu, puede suponer pérdidas en miles de euros también. Adobe SiteCatalyst toma datos en tiempo real… (3 minutos de retraso).

8. Información totalmente segmentada. Con Adobe SiteCatalyst podemos llegar hasta el último detalle, con GA aún no…

9. Flexibilidad y costes. Hablemos de webs con amplios volúmenes de información para procesar. Para procesar esa información, meterla en un excel y actualizar gráficos puede que perdamos un total de un recurso (una persona) de nuestra empresa (hablo de una web), para empresas que cada semana analizan datos (que deberían)… Google Analytics es gratis, pero el tiempo que te cuesta que una persona se pase el día cogiendo y procesando datos a diario, ya te supone un salario. Quizás este salario te lo puedes ahorrar y contratar una herramienta de primera línea.

10. Integración. Google está integrado especialmente con Google Adwords, su gestor de campañas de publicidad online. También lo está con Google Optimizer, una herramienta de Multi-Variate Testing. Omniture dispone de Bid Management, la herramienta más avanzada para medir de forma inteligente tus campañas de ppc, Offermática (test and targetting) que es un Google Optimizer un millón de veces mejor y más preparado para sitios dinámicos, Genesis, Discover, etc.

6.4.2. IBM Coremetrics

A través de la herramienta IBM Coremetrics analytics incluye funcionalidades como su habilidad para manejar los datos eficientemente, personalización de los informes y análisis e integrar multiples funciones de marketing. Entre otras funcionalidades permite medir el ROI de Facebook, trackear aplicaciones de SMO,…

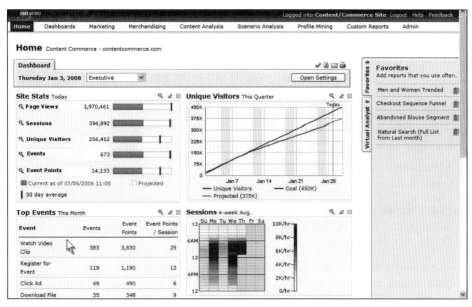

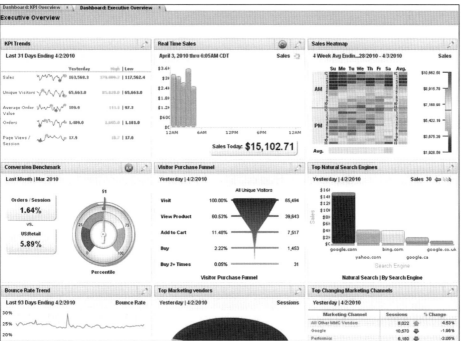

6.4.3. Webtrends Analytics

A través de la herramienta Webtrends Analytics permite conocer lo que ocurre al momento en tu siito web, sea de día o de noche. En el gráfico, un símbolo de reloj muestra los totales actualizados de las métricas clave parapoder adaptar de manera inteligente las campañas, anuncios y otras actividades de marketing sobre la marcha. También dispone de alertas que incrementan el potencial del tiempo real, notificando de manera instantánea qué métricas clave han superado o rebajado la marca que se designó. Se pueden recibir alertas a través de la interfaz, vía email, RSS, SMS o mensajes en Twitter. Funcionalidades:

- Añade contexto con superposición de RSS: Podrá superponer datos desde un RSS directamente encima de la tendencia de una métrica clave, como páginas vistas o el tiempo en el sitio. Añade tantos feeds como quieras, incluyendo Webtrends Social Measurement para comprender cómo interactúan tus blogs, canales de vídeo y otros medios con tu sitio web.

- Indicadores de fin de semana: los fines de semana aparecen destacados en los gráficos de tendencia.

- Datos actualizados en Excel: Obtiene las métricas principales del sitio web actualizadas sobre la marcha, en los tableros Excel a los que cualquier persona puede acceder o crear.

- Dashboards claros y eficientes: Escoja entre tres vistas de dashboards, cada una para toda la cuenta, los informes y los perfiles. Cada uno refleja las tendencias relevantes y datos que requieren más atención.

- Escoge el período de visualización: Selecciona 7, 28, 91 ó 365 días para visualizar los datos. Permite comparar resultados para períodos específicos de tiempo como años, meses, semanas.

- Aísla las métricas de análisis en textos descriptivos para que todos puedan entender. Desde el icono de 'Explicación' se accede a una pantalla donde se traducen los resultados de los análisis a texto plano. Hay además, un apartado de Días excepcionales, donde se muestran los valores máximos y el día que se consiguieron, para métricas como nuevos visitantes, páginas vistas por visitante y Tasa de rebote, etc.

- Se pueden guardar y compartir cualquier informe a través de una URL única, CSV, REST URLs o enlace directo. También se pueden exportar datos desde la interfaz a otras aplicaciones usando la API de Webtrends o Web Services.

- Adjunta notas en puntos específicos de las líneas de tendencia a fin de destacar un contexto para fechas determinadas. Permite tener notas privadas o compartirlas a través de RSS.

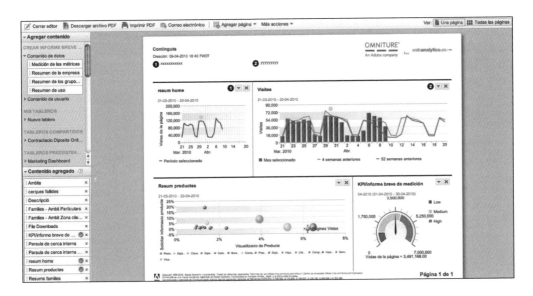

6.4.4. AT Internet Analyzer

A través de su herramienta Analyzer NX permite a los distintos responsables empresariales analizar y optimizar sus resultados en línea a través de una interfaz única. Constituye un verdadero espacio de trabajo que permite medir, comparar, agrupar, segmentar y difundir en tiempo real los diversos datos relacionados con la actividad y los objetivos del sitio. Comercio electrónico, comercio móvil, empresas, intranet, multimedia, soporte, entretenimiento: Analyzer se adapta a todas las actividades en línea. Características:

- Marcado rápido y sencillo: Con Analyzer puede reducir el tiempo de implementación y configuración de la solución. Gracias a sus indicadores de rendimiento, podrá poner en marcha rápidamente un plan de acción para la optimización del sitio web. Los análisis de agrupaciones de sitios de hasta 8 niveles hacen de Analyzer una gran solución para comparar el rendimiento de redes de sitios complejas y optimizar la toma de decisiones en función de los resultados. Dispondrá de una visión global de conjunto y de análisis detallado.

- El acceso a los datos en tiempo real le proporciona una capacidad de reacción óptima.

- Analyzer NX forma parte del Digital WorkSpace NX. Esta interfaz, común a todos los productos de AT Internet, ofrece una auténtica visión transversal de la actividad en Internet: rendimiento del sitio web con Analyzer NX, de la marca con BuzzWatcher NX, o de la disponibilidad del servidor con Observer NX.

Funcionalidades:

- ROI: Resultados comparados del conjunto de gastos en marketing electrónico (posicionamiento en buscadores, afiliación, emailing, publicidad, etc.).

- On site ads: Seguimiento completo y detallado de todas las campañas de marketing en línea, ya sean internas (autopromoción) o externas (publicidad por clic o visualización, emailing, enlaces patrocinados, rich media, etc.).

- SiteLinker: Seguimiento óptimo de los programas de afiliación.

- Long Tail: Estudio de palabras clave para apostar por las mejores estrategias de posicionamiento natural y de pago (SEO/SEM).

- Diario de eventos: Al consignar los hechos destacados de la actividad del sitio web en el diario de eventos, podrá visualizar todo o parte de dichos elementos directamente en los gráficos. Analyzer le permite asociar los datos de tráfico a los diversos eventos que marcan la vida del sitio web: campañas online y offline, eventos planificados (lanzamiento de un nuevo producto, temporada de rebajas), eventos imprevistos (avería en un servidor), etcétera.

- ClickZone®: Mide y analiza ergonómicamente las zonas de clics y de visualización.

- ScrollView®: Gracias al módulo ScrollView®, podrá evaluar el número de visitantes que han llegado hasta el final de la página, y conocer el nivel preciso de la pantalla en la que otros se han detenido.

- A/B Testing: Evalúe el impacto y la eficacia de diferentes modelos de una misma página web (en cuanto a tráfico, transformaciones, volumen de negocios, etc.).

- Rich media Obtenga una medición detallada del contenido Rich Media difundido en su sitio (audio, vídeo, animaciones, podcasts). Evalúe la fidelidad de los internautas, la difusión viral y la contribución del contenido multimedia a la consecución de los objetivos de su sitio.

- Flujos RSS: Mida la localización y actualización de sus flujos, pero también el tráfico que generan.

- Alertas en tiempo real: Alertas por SMS o e-mail activadas en función de sus parámetros: variación importante del tráfico o superación de los umbrales definidos por usted.

- Definición de objetivos mensuales: Control y medición de la progresión de sus objetivos mensuales personalizados (visitas, páginas vistas, volumen de negocios, etc.) en un gráfico sintético.

- Análisis cualitativo exclusivo Meta KPIs exclusivos: el Quotient Comportemental® y el Grado de Implicación le proporcionan una visión de la atracción de los internautas por todo o parte del sitio.

- Geolocalización: Visualice el lugar de conexión de los visitantes por continentes, países, regiones o ciudades. Con los análisis de geolocalización de Analyzer podrá, por ejemplo, segmentar las visitas combinando criterios geográficos con

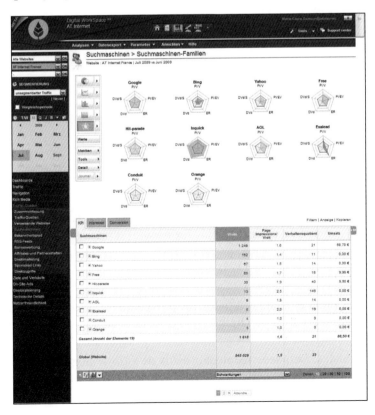

indicadores clave de utilización, para luego adaptar el contenido en función de la localización de los internautas.

• API: La API protegida de Analyzer le permite integrar todo tipo de datos de la interfaz a sus propias aplicaciones y herramientas.

6.4.5. Comscore Digital Analytix

Comscore es una poderosa plataforma de analítica web enfocada en resultados, que ayuda a los analistas y líderes de negocios a entender mejor y conducir resultados, al combinar lo mejor de la analítica web con medición de audiencias. Entregamos una solución lo suficientemente flexible para crecer con su negocio y lo suficientemente ágil para satisfacer la evolución de sus necesidades.

Digital Analytix cambia el foco de qué están haciendo las «cookies» hacia la real audiencia que ellas representan. Para hacer crecer un negocio de manera sustentable, es momento de parar de pensar sólo en clicks y comenzar a hacerlo acerca de las personas que están conduciendo esos clicks.

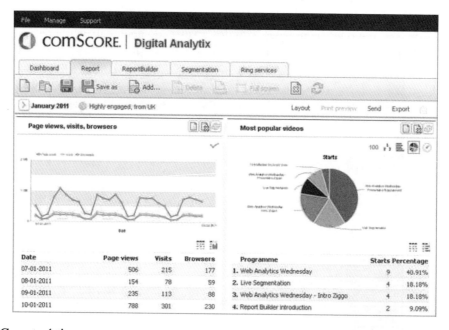

Características:

• RING: Posibilita el analisis a todos los proveedores de soluciones de marketing en la plataforma RING de Digital Analytix, aumentando su efectividad a lo largo de todos los ámbitos.

• Sitios Virtuales: Se puede recolectar datos de sitio y luego dividirlos en «sitios virtuales» para una medición efectiva y segmentada de las partes relevantes de su organización.

- Data Merge: Se puede combinar cualquier tipo de información de una empresa dentro de la plataforma de Digital Analytix, incluyendo datos de clientes de sistemas CRM, información de inventario o información de sistemas financieros.

- Google AdWords: Se puede monitorear campañas de Google AdWords directamente en la plataforma de Digital Analytix. La combinación de información de AdWords y datos de medición web proporciona análisis más exactos de desempeño de campaña.

- Metadata API: Se pueden extraer metadatos de manera casi perfecta, desde contenido clave y objetos, en Digital Analytix para aumentar el número de dimensiones de análisis.

- Office Link: Se integran datos, gráficos y elementos de reporte de Digital Analytix directamente en Microsoft Work, Excel o Powerpoint, los que automáticamente se actualizan con los últimos datos.

- OneCall API: Se puede integrar datos de Digital Analytix en su sitio, intranet o aplicaciones digitales a través de nuestra API.

- Correo Electrónico: Se puede para dirigir su comunicación de email basándose en datos de comportamiento de consumidores, mejorando así el retorno del gasto en marketing vía email.

Digital Analytix permite medir fácilmente campañas de marketing y afinidad a través de las métricas de desempeño claves de su compañía. La medición detallada de cada acción de usuario y los modelos de atribución flexibles, proporcionan un profundo análisis de los conductores de conversión para incrementar márgenes. Digital Analytix permite una segmentación ilimitada y correlaciones para satisfacer las crecientes y cambiantes necesidades de su negocio.

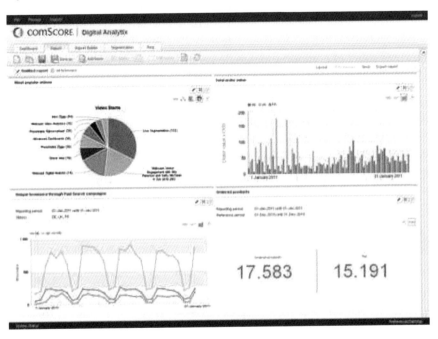

6.4.6. Yahoo! Web Analytics

Es la alternativa a Google Analytics. Se trata de una herramienta de nivel empresarial que permite el fácil acceso a los datos registrados incluso si utilizamos varios usuarios para su análisis (en este punto coincide con la herramienta de Google).

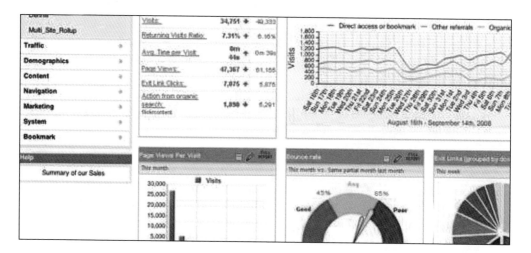

Características mejoradas y novedades

- Dashboard ejecutivo: Personaliza tu dashboard con KPIs, períodos de tiempo, referrals, objetivos y los gráficos que desee para realizar un seguimiento de su página web.

- Informes demográficos: Los informes demográficos y el tablero de instrumentos proporcionan una vista instantánea sobre datos agregados de grupos de edad, género y tablas cruzadas de edad y genero de cada uno de los canales de tráfico.

- Informes sobre el comportamiento de las visitas.

- Informes de clientes y campos personalizados: Hasta 38 campos personalizados.

- Visualización avanzada de datos con notas: Ver la presentación de datos con nuevas opciones de visualización. Puedes añadir notas a la tabla y exportar gráficos como archivos PDF.

- Análisis de Ruta: Seguimiento de tipo de campaña (PPC, Display, Email, SEO, etc.) y la palabra clave utilizada para cada uno de los visitantes y ver qué acciones, los ingresos y las compras de productos resultantes de cada visita.

Otras características

- Gestión avanzada de campañas PPC.
- Informes de merchandising.
- Funnels de conversión y escenarios ad-hoc pre-configurados.
- Gestión del flujo de trabajo (Work-Flow).

- Recopilación de datos en tiempo Real.
- Rápida implementación.

6.5. Google Analytics

Google Analytics es gratuita, lo que la convierte en la herramienta más accesible para cualquier empresa o autónomo.

Como vamos a ver el hecho de que sea una solución gratuita no implica que sea una mala herramienta. En el caso que nos ocupa las mediciones que realiza son fiables y la información que muestra es más que suficiente para la mayoría de las empresas.

Según aparece en su página de inicio «Google Analytics le ofrece información de todo lo que desea saber acerca de cómo le han encontrado sus visitantes y cómo interactúan con su sitio. Podrá centrar sus recursos de marketing en campañas e iniciativas que ofrezcan rendimiento de la inversión (ROI) y mejorar su sitio para convertir a más visitantes».

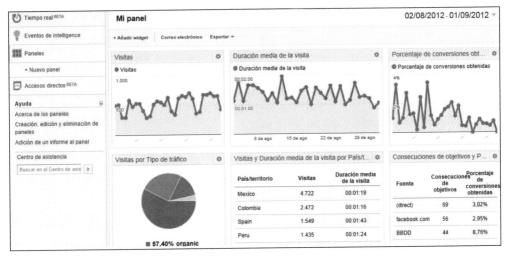

Ademas de la gratuidad, su ventaja principal es que ofrece todas las funciones propias de un producto de análisis web de alto rendimiento, y proporciona funciones de integración con AdWords lo que permite ahorrar tiempo.

Si tenemos una cuenta de AdWords, podemos utilizar Google Analytics directamente desde la interfaz de AdWords. Google Analytics es el único producto que puede proporcionar automáticamente cifras de rendimiento de la inversión de AdWords, sin necesidad de importar datos de coste o añadir información de seguimiento a las palabras clave.

La integración con AdWords facilita descubrir qué palabras clave atraen a los mejores clientes potenciales, qué tipo de publicidad obtiene más respuestas y que páginas de destino y contenido le reportan más ingresos.

Google Analytics ofrece un sinfín de funciones fascinantes y beneficios para cualquier usuario, ya sean ejecutivos experimentados y profesionales del marketing y la publicitad como propietarios de sitios y desarrolladores de contenidos.

Para implantarlo hay que copiar el código de seguimiento de Google Analytics en cada una de las páginas de su sitio web y el seguimiento se inicia inmediatamente.

Ejemplo:

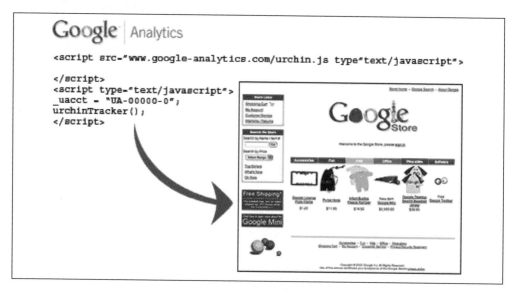

Comparación de campañas de palabra clave

En el caso de adquirir palabras claves en Google o en otros motores de búsqueda distintos, podemos realizar el seguimiento de todas las palabras clave. Tanto para las búsquedas de pago como las gratuitas.

Podemos realizar el seguimiento de todas las iniciativas de marketing, tanto las que se basan en Google como las que no. Todos los anuncios, boletines informativos por correo electrónico, campañas de afiliados, referencias, vínculos de pago, motores de búsqueda y palabras clave. De este modo, comparamos el rendimiento a través de los límites artificiales del motor de búsqueda, la campaña y el medio.

	Palabra clave/Origen[Medio]	▼	Visitas	Páginas vistas/	Objetivo 1/Visit	Ingresos/Visita
⊗ 1.	⊞ google store		2.863	12,50	2,34%	$0,69
⊗ 2.	⊞ google		2.009	4,02	0,05%	$<0,01
⊗ 3.	⊞ usb drive		1.036	2,39	0,10%	$0,05
⊗ 4.	⊞ google for kids		819	1,41	0,00%	$0,00
⊗ 5.	⊞ google shop		774	7,68	1,03%	$0,32
⊗ 6.	⊞ license plate frames		459	1,66	0,00%	$0,00
⊗ 7.	⊞ google logo		395	5,36	0,51%	$0,04
⊗ 8.	⊞ google wifi		387	8,88	0,52%	$0,19
⊗ 9.	⊞ google tips		326	2,21	0,31%	$0,08
⊗ 10.	⊞ boxer shorts		321	2,16	0,31%	$0,02
	Totales:		**17.615**	**5,89**	**0,83%**	**$0,24**

Resúmenes ejecutivos

Dispone de resúmenes ejecutivos del tráfico, del comercio electrónico y de las tendencias de conversión. Ello nos permite identificar rápidamente los puntos conflictivos. Tambien incluye información que nos permite comparar ingresos, conversiones, campañas y palabras clave de un solo vistazo. En el panel de Google Analytics Executive, Marketer, y Webmaster visualizamos la información de forma clara y rápida en un formato visual de fácil comprensión.

Informe de tendencias

Nos permite comparar los datos de rendimiento entre distintos periodos temporales, de esta forma veremos si ¿Las conversiones aumentan o disminuyen? ¿En qué proporción?

	Source [Medium]	▼	Visits	P/Visit	G1/Visit	$/Visits
⊗ 1.	blogger.com[referral]					
	9/1/2005-9/30/2005		65.838	1.98	0.03%	$<0.01
	10/1/2005-10/31/2005		44.834	1.94	0.04%	$<0.01
	% Change		-31.90% ↓	-2.22% ↓	33.33% ↑	13.51% ↑
⊗ 2.	google.com[referral]					
	9/1/2005-9/30/2005		30.897	7.64	0.51%	$0.18
	10/1/2005-10/31/2005		24.731	7.69	0.75%	$0.26
	% Change		-19.96% ↓	0.72% ↑	47.06% ↑	46.22% ↑

Informes de comercio electrónico

Si gestiona un sitio web de comercio electrónico, puede utilizar Google Analytics para realizar el seguimiento de las transacciones en campañas y palabras clave, obtener cifras de latencia y fidelización e identificar sus fuentes de ingresos.

Visualización de redireccionamiento

Podemos ver los cuellos de botella en sus procesos de conversión y formalización de la compra (atribuibles a factores como contenido confuso o navegación demasiado compleja) para eliminarlos o corregirlos y empezar a canalizar a los visitantes por los pasos que deben seguir hacia la conversión.

ANÁLISIS DEL EMBUDO DE CONVERSIÓN EN GOOGLE ANALYTICS

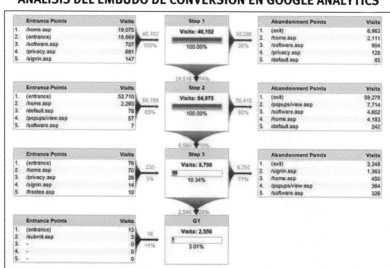

Superposición del sitio

Es una opción muy util, que nos muestra de una forma muy visual y sencilla las páginas del sitio web superpuestas con datos de clics y conversiones para cada vínculo. La superposición del sitio no requiere ninguna descarga, y le permite ver fácilmente qué vínculos conducen a conversiones sólo con navegar por la web.

ANÁLISIS DE SUPERPOSICIÓN DE UN WEBSITE EN GOOGLE ANALYTICS

Segmentación de usuario avanzada

Google Analytics incluye más de 80 informes predefinidos. La segmentación de usuario avanzada añade dieciocho segmentos predefinidos para obtener más detalles de cualquiera de estos informes, como la ubicación geográfica o usuarios nuevos frente a recurrentes. Podemos comparar inmediatamente el tráfico, las cifras de conversión clave y las tendencias por segmento. No es necesario esperar a que se reprocesen los datos o se generen los informes programados. Además, la función de segmentación personalizada permite realizar segmentaciones según las acciones del usuario o la información personal que el visitante le proporciona[1].

---

[1] Más información: http://bit.ly/Marketing-Digital.

Orientación geográfica

La visualización del origen del tráfico nos permite aumentar la eficacia y las oportunidades. Ahora la pregunta es ¿cómo?, la respuesta nos la proporciona el propio proveedor en su página web:

«¿Gestiona vallas publicitarias en Madrid? Compare intervalos de fechas para ver el impacto del tráfico en su sitio. ¿Observa un volumen de visitantes sorprendentemente alto de Mexico? Investigue esta nueva oportunidad de mercado. ¿Vende seguros de automóvil en Quito? Minimice el gasto de PPC (pago por clic) malgastado orientando mejor sus anuncios».

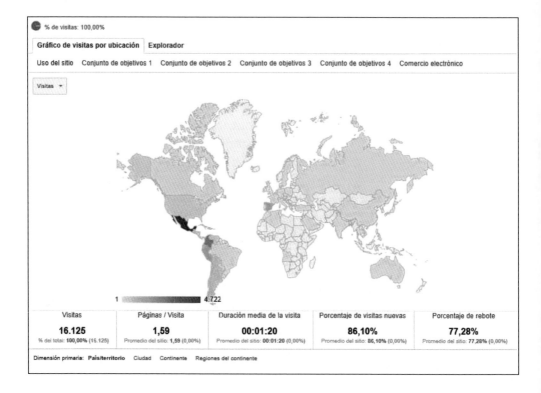

Capítulo 7
Mobile Marketing

7.1. Origen del marketing móvil. Conceptos básicos

7.1.1. Presente y futuro del sector

La evolución de los dispositivos móviles desde su primera utilización en 1973 ha sido espectacular. El primer prototipo desarrollado por Motorola llamado «DynaTac», más comúnmente apodado «El Ladrillo» empezó a comercializarse una década después. El coste del terminal fue de entre 3000 y 4000 $ y pesaba cerca de un kilo. Hoy en día podemos manejar terminales de menos de 100 gramos con multitud de funcionalidades con un coste muy bajo para las compañías. La revolución en este campo no obstante ha sido la posibilidad de usar estos dispositivos para la transmisión de datos. Ello ha permitido integrar en este dispositivo multitud de aplicaciones que han mejorado notablemente la productividad para sus usuarios.

Los teléfonos inteligentes (Smartphones) actuales integran agendas, bases de datos de contactos que pueden sincronizarse fácilmente con equipos de sobremesa, correo electrónico que automáticamente es recibido en el dispositivo (sistemas de push email como real mail o BlackBerry), navegación Internet, blocs de notas, sistemas de mensajería corta, sistemas multimedia (video, audio, foto, etc.) e incluso GPS con la posibilidad de usar estos terminales para navegación tanto en vehículos como a pie. Asimismo, estos terminales pueden usarse como dispositivos de almacenamiento portátiles al disponer de una gran capacidad por el uso de tarjetas externas de almacenamiento.

De entre estos dispositivos podemos destacar entre otros, sistemas equipados con tecnologías Symbian, Blackberry, PALM OS, Windows Mobile, OsX (iPhone) y Android

El sector de las telecomunicaciones se enfrentará en los próximos cinco años a cuatro posibles escenarios, determinados por la manera en que estas compañías puedan responder al crecimiento del mercado y a un modelo dominante de competitividad o integración entre actores. Según un nuevo informe del Institute for Business Value de IBM (NYSE:IBM) titulado «Telco 2015: cinco años reveladores, cuatro posibles escenarios», cada supuesto requiere una estrategia y un papel diferentes para que el proveedor de servicios de comunicaciones pueda actuar con éxito, de aquí a cinco años, en un sector en rápido cambio. El informe señala que las elecciones que se hagan hoy determinarán si el sector regresa a un crecimiento sólido o continúa percibiendo ingresos invariables o decrecientes. La última década ha venido marcada por importantes cambios en el sector de las telecomunicaciones, como la evolución de los dispositivos móviles y las tiendas de aplicaciones (application store) y la aparición de modelos de comunicación de gran éxito como Skype, YouTube o Facebook. Dado el carácter imprevisible de la evolución del sector, en los próximos cinco años los proveedores de telecomunicaciones se tendrán que enfrentar a una gama de posibles escenarios que vendrán determinados por la manera en que estas compañías respondan al crecimiento del mercado y a un modelo dominante de competitividad o integración entre actores.

Escenario 1: Concentración de la industria.

Este supuesto se puede dar como resultado de la reducción del gasto de los consumidores, que a su vez dará lugar al estancamiento o a la caída de los ingresos. En este escenario, los proveedores de servicios en los mercados desarrollados no habrán cambiado de manera significativa su oferta de comunicaciones de voz o servicios de conectividad ni habrán tratado de expandirse tanto horizontal como verticalmente. La pérdida de confianza de los inversores en el sector producirá una crisis monetaria y determinará la consolidación de la industria.

Escenario 2: Reestructuración del mercado.

Esta situación es probable cuando, en una recesión prolongada o una lenta recuperación, las empresas de telecomunicaciones deban fragmentar sus activos en diferentes líneas de negocio. El mercado puede fragmentarse además por la intervención de otros agentes como la administración pública, los ayuntamientos y los proveedores alternativos, como las empresas de servicios públicos. Los proveedores de servicios en esta situación buscan el crecimiento a través de una expansión horizontal y ofreciendo servicios «premium» de conectividad a proveedores de contenido y servicios, así como a empresas y usuario final.

Escenario 3: Duelo de Titanes

Este escenario puede darse como consecuencia de la cooperación y las alianzas entre operadoras, que preparan el camino para la consolidación global en respuesta a un incremento de la competitividad entre proveedores omnipresentes como Google y fabricantes de dispositivos, como Apple y Nokia, que se posicionan como actores primarios en lucha por el control del cliente final. La iniciativa OneAPI es un ejemplo de este tipo de alianza, en la que 24 de las mayores operadoras de telefonía móvil del mundo colaboran en una plataforma abierta para aplicaciones móviles. En esta situación, las empresas de telecomunicaciones expandirían los mercados valiéndose de segmentos verticales seleccionados, como la sanidad electrónica y las redes eléctricas inteligentes, para las cuales suministrarían soluciones integrales empaquetadas.

Escenario 4: Eliminación de barreras en el mercado.

Este escenario puede aparecer si la barrera entre los proveedores de servicios y los de red se difumina, al tiempo que se favorece el acceso abierto propiciado por la regulación, la tecnología y la competitividad. Los proveedores de infraestructuras se integrarían horizontalmente para formar un número limitado de cooperativas de redes que ofrezcan conectividad abierta asequible y sin restricciones a cualquier persona, proveedor de servicios, dispositivo u objeto, desatando una ola de fecunda innovación. Este supuesto depende del despliegue generalizado de la banda ancha ultrarrápida y también puede ser fruto de la intervención deliberada de los gobiernos nacionales como parte de los planes de estímulo para fomentar el crecimiento económico.

Según el informe, los dos últimos escenarios serían los más favorables para recuperar el crecimiento en el sector. Para lograr esa situación, las empresas de telecomunicaciones deberían comprender los principales factores que pueden impulsar esos supuestos y actuar de manera coordinada, a fin de crear las condiciones necesarias para que se materialicen los escenarios más dinámicos y rentables.

«La tecnología y los servicios evolucionan con rapidez y la demanda de servicios y el tráfico de red crecen vertiginosamente, mientras que los ingresos y beneficios de las empresas de telecomunicaciones no reflejan esta bonanza» afirma Mario Cavestany, vicepresidente del sector de Telecomunicaciones y Medios de IBM para el Sudoeste de Europa. «Para hacer frente a esa evolución, las empresas deben contar con un socio de negocio con experiencia en el sector, que les asesore a la hora adoptar soluciones de transformación y optimización del negocio, modelos de gestión de la experiencia de clientes o capacidades para la prestación de los nuevos servicios. Sólo así podrán contar con las herramientas, agilidad, análisis y flexibilidad que necesitan para afrontar el futuro».

Informe Telco 2015

El informe «Telco 2015: cinco años reveladores, posibles escenarios» se basa en entrevistas con altos ejecutivos de casi 40 proveedores de servicios de comunicaciones y encuestas a consumidores e investigaciones exhaustivas realizadas por el Institute for Business Value (IBV) de IBM sobre las tendencias macroeconómicas y datos del sector. La encuesta a los consumidores se ha realizado en 9 paises de Europa (entre ellos España), América y Asia.

7.1.2. Definición de Marketing móvil

Según la MMA (Mobile Marketing Association) se define Marketing móvil como el conjunto de acciones que permite a las empresas comunicarse y relacionarse con su audiencia de una forma relevante e interactiva a través de cualquier dispositivo o red móvil.

Cada vez se utiliza más el marketing móvil como parte de las campañas de fidelización de las marcas, al ser un medio que permite la interacción entre el cliente y la marca y establece un nuevo canal de comunicación fácil de utilizar para los usuarios. En las campañas de fidelización, ya existe una relación entre la marca y el cliente, y desarrollar esta relación no es tan intrusivo como crearla desde cero; por este motivo, si las campañas desarrollan correctamente la relación de la marca con los clientes, éstos estarán más dispuestos a entrar en la comunicación[1].

Los objetivos para los que se suele utilizar el Marketing Móvil son:

- Incrementar la imagen de una marca y sus ventas:
  - Dirigir tráfico al punto de venta.
  - Generar promociones de prueba de producto.
  - Incentivar la repetición de compra del producto.
  - Realizar campañas de comunicación directa y personalizada a través del alquiler de listas externas a usuarios que han solicitado información comercial sobre productos, servicios o promociones.
- Fidelizar al consumidor final.

El marketing móvil ofrece una serie de ventajas a los anunciantes y cada vez cuenta con un público potencial más amplio con 4.600 millones de usuarios en todo el mundo, de los cuales 600 millones son líneas de banda ancha.

Para alentar a los anunciantes que temen utilizar esta estrategia porque no quieren entrar en el intrusismo o desconocen sus ventajas, la revista Puro Marketing publicó un decálogo de las ventajas de una campaña de este tipo.

- La primera razón es la economía de estos sistemas, que optimizan los procesos y reducen los costes operativos para las compañías y llegan directamente al destinatario de forma personal.
- El segundo motivo es el alcance de este canal que en Europa supera el 100% de penetración y constituye el medio de comunicación preferido por jóvenes y adultos con alto nivel adquisitivo.
- La personalización es otra razón para enviar mensajes que contengan datos personales sobre los destinatarios que pueden ayudar a que exista una mayor identificación con el anunciante o con la marca emisora.
- El cuarto motivo para preferir esta plataforma es la instantaneidad lo que estimula la competencia de las empresas pero también aporta una herramienta importante para llegar al cliente en el punto de venta.
- En quinto lugar la publicación destaca la posibilidad de hacer envíos de marketing directo y lo cual se combina con su sexta cualidad, la capacidad ofrecer segmentación a los anunciantes de un modo barato y fácil.
- Además esta herramienta ofrece la posibilidad de que si el contenido es bueno se viralice, que se combina con la capacidad de interacción que otorga a los consumidores y la cualidad de ofrecer mediciones para evaluar la efectividad.
- Por último, destaca su accesibilidad a la hora de llegar al cliente y enviar el mensaje.

---

[1] Más información: http://bit.ly/Blog-Mobile-Marketing.

7.1.3. Definición de la cadena de valor: agentes del mercado

Los actores que intervienen en la elaboración de una campaña son: Anunciante, Agencias Creativas, Agencia de Medios/Agencias Interactivas y Proveedor de envíos. En éste mapa de actores, aparecen figuras habituales en el mercado del marketing directo, y otros que no lo son tanto, que iremos definiendo.

Anunciantes

El anunciante es el emisor, inversor, ordenante y responsable de la publicidad. Desde el punto de vista legal «es la persona natural o jurídica en cuyo interés se realiza la publicidad» (artículo 10, Ley General de Publicidad).

Agencias Creativas

Formada por profesionales especializados en creatividad y servicio al cliente. Su misión es crear campañas que contribuyan a crear valor de marca orientadas a la consecución de resultados tangibles para los anunciantes. La agencia debe aportar soluciones de comunicación innovadoras y adaptadas al medio que llamen la atención del receptor de la comunicación para conseguir los más altos ratios de eficacia.

Agencias de Medios/Agencias Interactivas

Podemos definir a la agencia de medios como una empresa publicitaria dedicada a proveer servicios de investigación, planificación y compra de medios de comunicación con el objetivo de optimizar los presupuestos publicitarios de las compañías anunciantes, partiendo del planteamiento estratégico del dónde, cómo y cuándo comunicar de acuerdo con los objetivos de comunicación del anunciante y concluyendo con la propia implementación de acciones de comunicación en medios o canales de comunicación. Se puede decir que la agencia de medios es una agencia especializada en la difusión de campañas y, por tanto, en ejecutar el plan de medios. En realidad se trata de un intermediario que surge para ofrecer sus servicios a anunciantes y agencias y cuyo interlocutor fijo son los medios de comunicación, imprescindibles para hacer llegar el mensaje al público objetivo.

Contenidos móviles

De la mano del teléfono móvil se ha abierto un enorme mercado de extensiones para la personalización y el uso lúdico, como son los logos de pantalla, salvapantallas, tonos y melodías, videojuegos y otras utilidades desarrolladas en distintos lenguajes de programación y plataformas. Este fenómeno mediático ha dado lugar a la aparición de un número cada vez más importante de empresas que se dedican a la generación de ese tipo de contenidos utilizados para el marketing mobiles y diferentes agentes dentro de la cadena de valor. Sin embargo, no debe confundirse la descarga de contenidos para móviles con el marketing móvil. El éxito de este tipo de productos y su facilidad de integración en campañas de marketing hacen que sea una herramienta a tener en consideración a la hora de realizar promociones o cualquier tipo de acción en la que queramos recompensar o incentivar al cliente o prospecto.

7.1.3.1. Contenidos exclusivos de móviles

IMAGEN:

* Logo operador.

* Pequeña imagen que identifica al usuario del equipo móvil en la parte superior de la pantalla.

* Fondos de pantalla [Wallpaper].

* Imagen decorativa para la pantalla de los equipos móviles.

SONIDO:

* **Ring Tone**: Sonido que emite el teléfono móvil cuando recibe una llamada. Además del sonido predeterminado para todas las llamadas, la mayoría de los equipos permiten configurar un tono diferente a cada contacto o grupos de personas. Existen dos tipos de tonos: los monofónicos y los polifónicos.

  – Monofónicos: Sonido emitido por un dispositivo capaz de reproducir una sola nota análoga a la vez.

  – Polifónicos: Sonido o melodía emitida por un dispositivo digital capaz de reproducir varias notas simultáneamente. Este tipo de contenido móvil está disponible en los equipos de última generación.

* **Voice Tone**: Sonido vocal emitido por dispositivos móviles digitales, con capacidad de reproducir calidad MP3.

* **True Tone**: Sonido emitido por dispositivos móviles digitales, con capacidad de reproducir música con calidad MP3. A diferencia de los tonos de voz que sólo incluyen voces, los tonos reales también reproducen música.

* **Ringback Tone**: Son tonos de llamada que se personalizan con música, frases de moda o mensajes de voz… En lugar de escuchar el acostumbrado «ring ring», la persona que está llamando a un afiliado a este servicio escuchará una melodía escogida por el receptor. El nivel de personalización es tan alto que permite configurar opciones de tonos de espera para diferentes amigos, horas del día, ocasiones especiales u otros parámetros.

IMAGEN + SONIDO: AUDIOVISUALES:

* Video, videoclips, juegos.

Aplicaciones de entretenimiento desarrolladas para equipos móviles. Los lenguajes de programación más utilizados para la creación de contenidos y aplicaciones móviles son: Java, Symbian, FlashLite 20, Ios, Android. Los contenidos y aplicaciones que se crean mediante estas tecnologías para uso en acciones de marketing y publicidad son:

* Juegos: «Branded Games» desarrollados en exclusiva para una marca.

* Advergaming: las marcas de los anunciantes son integradas en el desarrollo del juego normalmente en función de algún tipo de afinidad. Anunciantes de automoción en juegos de rallies o Formula 1. Los juegos para móvil pueden ser desarrollados en los distintos lenguajes, con cada uno se consiguen calidades gráficas y de «jugabilidad» diferentes.

* Aplicaciones: «Branded Applications» desarrolladas bajo la marca de un anunciante que contienen información relevante para el consumidor. Por ejemplo, programas de fiestas y eventos culturales de Ayuntamientos y otras instituciones públicas, catálogos de productos de anunciantes, noticias y contenido editorial de medios.

7.1.3.2. Contenidos accesibles desde el móvil. Internet y TV en el móvil

A. WAP: entorno cerrado

Las posibilidades de los portales Wap para ser utilizados por los anunciantes como soporte publicitario están creciendo, desde los portales dedicados de anunciantes o creados para lanzamientos de productos específicos hasta portales Wap genéricos de ocio y entretenimiento.

Un portal Wap puede contener imágenes, texto y video, todos los elementos del portal pueden ser clicables para ofrecer más información al usuario, admite, por tanto, banners, textlinks, intersticicials, prerolls y otros formatos publicitarios clicables.

Se emplea la modalidad de pago coste por mil CPM y es similar al de la publicidad online, sin embargo los CTRs son más elevados, situándose entre el 2 y el 20%.

B. WEB: navegación libre

La navegación en abierto supone el equivalente en móvil al actual estado de la navegación desde PC: la posibilidad de acceder en todo momento a todo tipo de contenidos en la web.

Con este paso, la navegación por contenidos digitalizados de todo tipo (y en especial por los audiovisuales) sale de las mesas donde reposan los ordenadores y las televisiones para pasar a las manos de los usuarios de móviles, en cualquier momento o lugar donde su móvil funciones.

Las reglas de juego comerciales en este entorno son similares a las del resto del mercado digital.

C. TV en el móvil

El formato más inmediato de publicidad en TV móvil será el patrocinio de contenidos de entretenimiento desarrollados específicamente para móvil, los anunciante incluyen su marca a modo de patrocinio en series, videos musicales, contenidos temáticos: moda, etc., y la modalidad de pago es aún muy diversa, desde asumir el coste de las descarga ofreciéndolo gratuitamente a los usuarios hasta el coste por impacto (o descarga). Otra modalidad publicitaria es el Product Placement en estos contenidos desarrollados específicamente para Tv móvil. Tanto el WEB como el WAP se les puede considerar la segunda generación de contenidos del móvil.

Empresas proveedoras de Listas de Teléfonos Móviles

Las empresas proveedoras de BBDD de móviles son aquellas que han obtenido el consentimiento expreso por parte de los usuarios de móvil para enviarles mensajes comerciales de terceras empresas anunciantes. Según el marco legal español, dicho consentimiento ha de ser expreso, lo que explica el reducido número de empresas proveedoras de BBDD para alquilar, y el número relativamente reducido de registros de las BBDD. Otra opción para el alquiler de listados móviles son los servicios de información sectorial vía SMS, utilizando números cortos. El usuario se da de alta en el servicio y la empresa propietaria del servicio se reserva el derecho de enviar información comercial complementaria al servicio prestado. Existe opción de patrocinar el servicio sms por parte del anunciante.

PROCESOS CONTROLADOS POR LAS OPERADORAS DE TELEFONÍA MÓVIL

Punto de Control	Perspectivas		Escenario
Ventas / Distribución	Control operadora	Abierto	Desafíos al control de las operadoras sólo en dispositivos especializados y algunos nichos
Subvención de terminales	Control operadora	Abierto	Desafíos al modelo de subvenciones sólo en dispositivos especializados y algunos nichos
Facturación	Control operadora	Abierto	Pocas alternativas prácticas/económicas a la facturación por parte de las operadoras
Ingresos por uso	Control operadora	Abierto	El acceso abierto sólo estará garantizando a los abonados a planes exclusivos y costosos
Datos	Control operadora	Abierto	El paso a la apertura total está condicionado por limitaciones de los dispositivos
Acceso a dispositivos	Control operadora	Abierto	Mayor grado de apertura impulsado por todos los actores, incluidas las operadoras
Sistemas Operativos	Control operadora	Abierto	Mayor grado de apertura impulsado por todos los actores, incluidas las operadoras
Contenidos y Aplicaciones	Control operadora	Abierto	Mayor grado de apertura impulsado por todos los actores, incluidas las operadoras

7.1.4. Acciones de marketing móvil

Marketing móvil es el conjunto de acciones que permite a las empresas comunicarse y relacionarse con su audiencia de una forma relevante e interactiva a través de cualquier dispositivo o red móvil.

Encontramos en el diagrama, las distintas acciones que se encuadran dentro del Mobile Marketing según la MMA (Mobile Marketing Association). Iremos desarrollando las distintas posibilidades a lo largo del temario.

La MMA es la principal asociación internacional de compañías dedicadas a este nuevo mercado, entre sus asociados encontramos operadores, agencias de medios y publicidad, proveedores de contenido, fabricantes de telefonía…

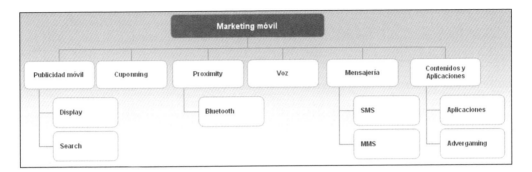

7.2. La mensajería

7.2.1. Acciones push

Campañas iniciadas por el anunciante que envía mensajes publicitarios a una base de datos propia o de terceros (estos usuarios previamente han debido declarar su deseo de recibir estas comunicaciones) con el fin de obtener cierta reacción por parte del receptor a través de múltiples canales (Web, números cortos, líneas 900, direcciones de e-mail, etc.).

Las principales ventajas que ofrece son:

- Es posible poner en marcha campañas con facilidad y rapidez.
- No es necesario integrar la campaña móvil con otros medios.
- Se obtiene un control completo sobre el público objetivo y el momento de lanzamiento de los mensajes. En cambio, hay que tener en cuenta que es necesario disponer de una base de datos segmentada y optimizada.

Las principales claves del éxito para una campaña de tipo push son:

- En el diseño de la campaña:
  - Conseguir una base da datos segmentada y autorizada.
  - Elegir el target, el mensaje y el momento del envío en base a los objetivos perseguidos.
  - Tener en cuenta el efecto viral y la posibilidad de interacción de los receptores.
  - Facilitar el opt-in y el opt-out permanente o temporal.
- En la ejecución y el análisis:

- Asegurar la entrega de los SMS en volumen y en tiempo.
- Depurar continuamente la base de datos de contactos.
- Adaptar el mensaje y los incentivos en función de la respuesta.
- Prever la redirección a otros canales.
- Tener en cuenta las especificidades y limitaciones del medio.
- Respetar siempre la intimidad del usuario.

7.2.2. Acciones pull

Campañas iniciadas por el consumidor que utiliza el móvil como herramienta de respuesta a campañas desarrolladas en otros medios, Web, televisión, radio, prensa, pack, material en el punto de venta o campañas push (en este caso pull-push).

Un SMS Premium consiste en el alquiler por parte del anunciante de un número corto, que se utiliza como canal para la recepción y envío de sms (recibir las respuestas de los usuarios en base a la campaña que el anunciante haya articulado y poder responderles).

Son campañas en las que el usuario es el primero que establece relación móvil con la marca, siguiendo las instrucciones que encuentra en otros medios (packaging, tv, radio, prensa...), ya que la comunicación de la campaña y del número corto elegido suele realizarse por medios masivos.

Cada vez que un usuario envía un sms a un número corto siempre recibe una respuesta de vuelta, es la característica principal de este tipo de servicios. Con este tipo de campañas es posible establecer un diálogo permanente o limitado en el tiempo entre la marca y los usuarios.

Las principales ventajas de las acciones pull son:

- No requiere una base de datos previa, al ser los usuarios los que establecen el contacto con la marca.
- Son campañas menos intrusivas y consiguen una mejor percepción del usuario.
- Permiten obtener información de usuarios para futuras campañas.
- Permiten realizar una segmentación muy precisa.
- Garantizan un alto nivel de interacción.

En cambio, al ser campañas que combinan diversos medios acostumbran a tener costes más elevados, y conllevan una logística y una preparación más compleja, con lo que el tiempo de puesta en marcha suele ser superior.

Las principales claves del éxito para una campaña de tipo pull son:

- En el diseño de la campaña:
  - Prever una buena integración con otros medios.

- Realizar una segmentación tridimensional, en función del público objetivo, el momento y la localización.

- Premiar la interacción.

• En la fase de ejecución y análisis de la campaña:

- Es necesario controlar los tiempos de interacción y la duración de la misma; gestionar el límite de atención de los clientes.

- Recoger y analizar la información sobre el momento de respuesta.

- Fomentar el tráfico entre los distintos entornos: físico, Web, móvil.

7.2.3. Acciones de mensajería como fidelización de los clientes

Dadas las bondades que tiene el marketing en móviles será interés de todos los anunciantes el crear sus propias bases de datos de teléfonos móviles. Para ello deberán tener en cuenta los siguientes puntos:

• Es obligatorio registrar la base de datos en el Registro de la Agencia de Protección de Datos Personales. Se trata de un trámite sencillo y gratuito que incluso se puede realizar por Internet.

• En el momento de obtener los datos de los usuarios, se les deberá informar de la razón social de la empresa titular de la base de datos, la finalidad para la que se van a utilizar, y las coordenadas donde ejercer los derechos de los usuarios de acceso, rectificación, cancelación y oposición.

• Habilitar una forma clara, inequívoca y expresa para que los usuarios otorguen su consentimiento (ejemplo: Clique aquí para autorizar la remisión de mensajes comerciales en su móvil...).

• Adoptar las medidas de índole técnica y organizativas necesarias que garanticen la seguridad de los datos de carácter personal y eviten su alteración, pérdida, tratamiento o acceso no autorizado, habida cuenta del estado de la tecnología, la naturaleza de los datos almacenados y los riesgos a que están expuestos, según lo establecido en el Real Decreto 994/1999, de 11 de junio (BOE 25 de junio). Este Real Decreto aprobó el Reglamento de medidas de seguridad de los ficheros que contengan datos de carácter personal (Reglamento de Seguridad). El Reglamento tiene por objeto establecer las medidas de índole técnica y organizativa necesarias para garantizar la seguridad que deben reunir los ficheros, los centros de tratamiento, locales, equipos, sistemas, programas y las personas que intervengan en el tratamiento de los datos de carácter personal. Entre estas medidas, se encuentra la elaboración e implantación de la normativa de seguridad mediante un documento de obligado cumplimiento para el personal con acceso a los datos de carácter personal.

7.2.4. Venta de contenido a través de mensajería

Un SMS Premium o un número corto lo forman varios caracteres numéricos, Debe ser facilitado por las operadoras móviles. Los números cortos tienen una tarifa asignada y establecida para todas las operadoras móviles. Cada vez que un usuario envíe un sms a un determinado número corto se le cobrará en su factura la tarifa correspondiente del número corto. Se deberá comunicar siempre al usuario el coste asociado, según lo que dispone la LSSI. Este tipo de numeración se utiliza principalmente para la venta de contenido móvil (logos, melodías, juegos…). Como comentamos anteriormente, no debemos confundir las acciones propias de marketing móvil con este tipo de micropagos ya que los objetivos en un caso y otro son muy distintos.

Formato de los números	Valores de las cifras	Longitud de los números	Modalidades de servicio
2 5YAB			
2 7YAB	Y, A, B = de 0 a 9	5 cifras	a) Precios ≤ 1,2 € [El subrango 280AB se utilizará para campañas de tipo benéfico o solidario]
2 80AB			
2 9YABM	Reservado expansión a 6 cifras		
3 5YAB	Y, A, B = de 0 a 9	5 cifras	b) 1,2 € < Precio ≤ 6 €
3 7YAB			
3 9YABM	Reservado expansión a 6 cifras		
79 5ABM	A, B, M= de 0 a 9	6 cifras	c) Servicios de suscripción con precio por mensaje recibido ≤ 1,2 €
79 7ABM			
79 9ABMC	Reservado expansión a 7 cifras		
99 5ABM	A, B, M= de 0 a 9	6 cifras	d) Servicios exclusivos para adultos de precio ≤ 6 €
99 7ABM			
99 9ABMC	Reservado expansión a 7 cifras		

7.2.5. Formatos publicitarios en mobile marketing

Las funcionalidades técnicas en dispositivos móviles marcan algunos de los formatos utilizados en publicidad.

SMS:

- TEXTUAL: Envío de un SMS con un máximo de 160 caracteres.
- WAP-PUSH: Esta tecnología permite acceder mediante una conexión WAP/GPRS a la descarga de contenido multimedia alojado en un servidor WAP: aplicaciones JAVA, imágenes, melodías polifónicas, videos, etc. Peso máximo wap push: hasta 100 KB.

- MMS: (mensaje Multimedia) Es una tecnología de mensajería móvil que permite enviar y recibir mensajes que combinan texto, audio (música o voz), gráficos, imágenes, animaciones y vídeo (no es un archivo de texto con documentos adjuntos).

7.2.6. Bases de datos con doble opt-in

En nuestro país el «marketing en móviles» está sujeto a un régimen de «opt-in», en respuesta a las exigencias impuestas desde la Unión Europea. Las empresas que alquilan bases de datos para envíos SMS o MMS han obtenido los registros a través de una página web.

1. Opt-in: Sistema de registro por el cual un usuario da permiso expreso e inequívoco a una empresa para que utilice su número de teléfono con el fin de recibir la información solicitada, aunque no confirme su suscripción desde su propia cuenta de email. Normalmente, y por motivos de confidencialidad, es la propia empresa proveedora de bases de datos quien se responsabiliza del envío, a través de sus proveedores tecnológicos.

2. Doble opt-in: Sistema de registro por el que el usuario acepta y confirma su consentimiento de forma expresa e inequívoca, aunque siempre revocable, de recibir comunicaciones a través de su teléfono móvil. De forma adicional al consentimiento simple, el otorgante recibe un email de confirmación, en el tiene que volver a pulsar sobre un botón o hipervínculo para que su consentimiento sea efectivo). Actualmente las dos modalidades de «opt-in» son válidas ante la ley. No obstante, es aconsejable establecer un procedimiento de «doble opt-in», que garantiza que la persona que se ha inscrito es la misma que la que otorga el consentimiento. Esta mecánica, además, asegura una excelente calidad de los datos personales recogidos y del consentimiento de sus titulares, lo cual se traducirá inevitablemente en una mayor eficacia de nuestra comunicación comercial.

7.3. Marketing de proximidad

7.3.1. Bluetooth

Es un protocolo de comunicación lanzado en 1988. El Bluetooth es una frecuencia de radio de disponibilidad universal que conecta entre sí los dispositivos habilitados para Bluetooth situados a una distancia de hasta 10 metros de manera inalámbrica (sin cables). Cuando un usuario acepta un contenido, está permitiendo de forma consciente la entrada de información, datos, aplicaciones, etc., en su teléfono o dispositivo equipado con Bluetooth. El Marketing de Proximidad tiene como objetivo lograr un contacto directo con el cliente. Tiene como ventaja la de poder segmentar a sus receptores de acuerdo a varios criterios que se basan en el software y hardware que se vaya a utilizar.

Ventajas:

- No significa ningún coste al usuario que recibe la publicidad.
- Resultados rápidos y efectivos, que pueden ser medidos.
- En el uso de la Publicidad Bluetooth se simplifica la comunicación con el cliente.
- Se evita el uso indiscriminado del papel y con ello contribuir a la lucha ambiental.
- El Publico Objetivo que acepta el mensaje es aquél que está interesado, por ende prestará total atención al mensaje, eso es algo que no se consigue con otro tipo de publicidad.
- Las personas están en constante movimiento, valoran más su tiempo; y su empresa puede interactuar con ellos mediante la publicidad Bluetooth.
- La Publicidad Bluetooth puede complementar cualquier tipo de campaña publicitaria en medios tradicionales.
- Permite establecer un medio de comunicación para programas de dispositivos móviles sin la necesidad de usar las redes de los operadores de telefonía celular, lo cual permite abaratar costos.
- Permite su desarrollo en software libre.

7.3.2. Triangulación por celdas

La localización GSM es un servicio ofrecido por las empresas operadoras de telefonía móvil que permite determinar, con una cierta precisión, donde se encuentra físicamente un terminal móvil determinado. Los principales métodos que se emplean para la localización GSM son los siguientes:

- Célula de origen (Cell of Origin), en el que se incluyen ID de célula (Cell ID) e ID de célula mejorada (Enhanced Cell ID).
- ID de célula: la precisión de este método es de 200 m en áreas urbanas, 2 km en áreas suburbanas y varía entre 3-4 km en entornos rurales.
- ID de célula mejorada: con este método se consigue una precisión muy parecida a la que ofrece el Cell ID para zonas urbanas, y en entornos rurales ofrece sectores circulares de 550 m.

7.3.3. GPS

El GPS (Global Positioning System: sistema de posicionamiento global) o NAV-STAR-GPS es un sistema global de navegación por satélite (GNSS) que permite determinar en todo el mundo la posición de un objeto, una persona, un vehículo o una nave, con una precisión hasta de centímetros (si se utiliza GPS diferencial), aunque lo habitual son unos pocos metros de precisión. El sistema fue desarrollado, instalado y actualmente operado por el Departamento de Defensa de los Estados Unidos. El GPS funciona mediante una red de 24 satélites en órbita sobre el globo, a 20.200 km, con trayectorias sincronizadas para cubrir toda la superficie de la Tierra. Cuando se desea determinar la posición, el receptor que se utiliza para ello localiza automáticamente como mínimo tres satélites de la red, de los que recibe unas señales indicando la identificación y la hora del reloj de cada uno de ellos. Con base en estas señales, el aparato sincroniza el reloj del GPS y calcula el tiempo que tardan en llegar las señales al equipo, y de tal modo mide la distancia al satélite mediante «triangulación» (método de trilateración inversa), la cual se basa en determinar la distancia de cada satélite respecto al punto de medición. Conocidas las distancias, se determina fácilmente la propia posición relativa respecto a los tres satélites. Conociendo además las coordenadas o posición de cada uno de ellos por la señal que emiten, se obtiene la posición absoluta o coordenadas reales del punto de medición. También se consigue una exactitud extrema en el reloj del GPS, similar a la de los relojes atómicos que llevan a bordo cada uno de los satélites. La antigua Unión Soviética construyó un sistema similar llamado GLONASS, ahora gestionado por la Federación Rusa. Actualmente la Unión Europea está desarrollando su propio sistema de posicionamiento por satélite, denominado Galileo.

7.3.4. Formatos publicitarios

En una zona de cobertura creada por el servidor de publicidad Bluetooth los teléfonos móviles que entran dentro de la zona son invitados a recibir los contenidos que previamente hemos diseñado en nuestra campaña de marketing. El usuario decide si acepta la descarga. De este modo se realiza el envío gratuito de mensajes a móviles… Los clientes potenciales pueden recibir información sobre productos, ofertas, noticias, novedades, promociones, horarios de apertura y cierre, concursos, eventos, etc., a una distancia que oscila entre los 20 y 100 metros de alcance desde el centro emisor, dependiendo configuración y tipo de servidor Bluetooth. Los contenidos se emiten de forma automática. Los receptores pueden intercambiar los contenidos descargados con otros usuarios que no se encuentren físicamente dentro de la zona de influencia. Desde el punto de vista comercial, la virtud del sistema reside en que nos permite ofrecer publicidad bluetooth e información en formato de texto, imágenes, sonido o video, aplicaciones, guías, juegos… a clientes potenciales en un área acotada por la cobertura del sistema. De esta forma podemos influir, efectuando un efecto sugerente provocando en los usuarios una toma de decisiones dirigidas.

7.4. Internet en el móvil

7.4.1. On portal

Los llamados «on portal» son portales móviles creados por los operadores de telecomunicaciones. En España, los principales proveedores de acceso en movilidad (Movistar, Orange y Vodafone) disponen de su propio portal bajo una marca comercial diferente a la que les caracteriza. De este modo, Vodafone cuenta con Vodafone Live, Movistar con E-moción y Orange con Orange World.

En estos portales, los operadores ponen a disposición del usuario tanto contenidos y servicios propios como otros facilitados por terceros y socios. En estos últimos casos, el operador se beneficia con un porcentaje de los ingresos obtenidos por la venta y descarga de archivos e información. Sus funciones en el portal, por otro lado, no se limitan a la producción o reventa de contenidos, sino que también se extienden a la gestión. El operador tiene el poder para organizar la información en diferentes categorías y promociona los productos y servicios según sus criterios, sus intereses o los acuerdos que haya suscrito con sus proveedores.

7.4.2. Del On Portal al Off Portal

La navegación fuera del portal creado por el operador móvil, es decir, la navegación libre, se conoce como «off portal», ya que el usuario accede a contenido y servicios que no están controlados por el proveedor de acceso. Los servicios de acceso «off portal» necesitan realizar diversas acciones de marketing para llegar a los usuarios. Se utilizan diversas estrategias para promocionar sus páginas Web para móviles fuera de los operadores. Es común recurrir a un subdominio del tipo «m.dominio.com» o «dominio.com/movil», o bien disponer de un dominio «.mobi». Otras opciones pasan por utilizar códigos QR o envío de SMS con la dirección de acceso para pulsar y acceder al portal.

7.4.3. Actual situación del Off Portal o Internet móvil

A pesar del gran peso que representan los «On portal» creados por los operadores, se espera que los «Off portal» tengan una mayor influencia gracias a la utilización masiva por parte de los usuarios. Las tarifas planas de navegación y la democratización de los «smartphones» crean numerosas posibilidades para la Web móvil, tanto para el usuario como para las empresas. En el primer caso la comodidad y la rapidez de acceso. En el segundo el de ser un gran campo comercial sin haber sido apenas usado. De hecho, gracias a sistemas como el GPS o sistemas similares se podría incluso desarrollar publicidad orientada.

7.4.4. Tarifas y tendencias

Aunque las posibilidades de usar el móvil para la conexión a Internet, son numerosas los clientes echan de menos una mejor accesibilidad. Este problema se ha solucionado con teléfonos como el iPhone. Este móvil es el primer dispositivo con un navegador Web lo que mejora notablemente su accesibilidad.

En este sentido Google ya ofrece la posibilidad de incorporar el buscador, así como diversas opciones, al móvil. Esta empresa es muy consciente de las posibilidades comerciales de la Web móvil. De hecho, el CEO de Google, Eric Schmidt, ha afirmado que la publicidad móvil llegará a generar más ingresos que la normal.

La apuesta por la publicidad móvil por parte de empresas como Apple, Google o Microsoft es considerada como una garantía y más que una prueba evidente del potencial de la tecnología móvil aplicada al mercado de la mercadotecnia.

7.4.5. Modelos de negocio: redes publicitarias

La representación y comercialización del inventario, se refiere a las gestiones de captación de anunciantes para el espacio publicitario disponible. El concepto de soporte publicitario en el móvil está evolucionando constantemente, incluyendo sitios Wap, bases de datos de mobile marketing, aplicaciones para el móvil, juegos, y cualquier otra plataforma susceptible de albergar publicidad digital. La comercialización puede realizarse en exclusiva o no.

Si bien existen en el resto de medios, las redes publicitarias son particularmente relevantes en el entorno digital debido al gran número de soportes publicitarios digitales existentes y al escaso grado de concentración del inventario disponible Las redes publicitarias realizan una doble labor de intermediación y agregación de valor para anunciantes y soportes publicitarios.

Los modelos de negocio en las redes publicitarias son:

- CPM: Coste por mil impresiones publicitarias. Modelo de compra estándar en la publicidad gráfica digital móvil. Este modelo es el más común y calcula el coste de cada mil impresiones publicitarias. Esta métrica se deriva de la publicidad impresa, en la que la letra M representa mil unidades.

- CPC (Cost-per-Click): Coste por Clic. Modelo de compra de publicidad digital basado en el número de clics. El anunciante abona una determinada cantidad por cada clic recibido en un formato publicitario.

- CPL (Cost-per-Lead): Coste por contacto. El coste publicitario se basa en el número de contactos de bases de datos recibidos. Se trata de una forma más específica del modelo de compra publicitaria de coste por acción en la que un usuario proporciona suficiente información en el sitio web (o en la interacción con un anuncio) como para poder convertirse en un cliente potencial del anunciante.

- CPA (Cost-per-Action): Coste por acción. Modelo de compra de publicidad digital en el que el coste publicitario está basado en la realización de una acción concreta por parte del usuario en respuesta a un anuncio. Las acciones incluyen transacciones de venta, captación de clientes o clics.

7.4.6. Usos y tendencias

El usuario español de medios de comunicación a través del móvil aún no tiene una preferencia clara entre el uso del navegador o de las aplicaciones como vía de acceso a la información (42% en ambos casos), en Polonia, sin embargo, optan en su mayoría (45%) por las aplicaciones móviles y en mercados más maduros como el británico o el francés, alrededor de 7 de cada 10 usuarios móviles prefieren encontrar la información y contenidos que más les interesan a través de un navegador.

La mayoría de los usuarios de los cuatro países analizados:

- Buscan las mismas cosas cuando acceden a Internet a través del móvil que cuando lo hacen desde su PC (con un 58% en Reino Unido, 58% en España, 56% en Francia y un 72% en Polonia).

- Lo que más valoran del uso del móvil como medio de acceso a Internet es el ahorro de tiempo, la calidad en la navegación y el rápido acceso que posibilita.

- El coste de la conexión a Internet en movilidad es una barrera menos significativa en Reino Unido y Francia, mientras que en Polonia y España, el precio sigue siendo un factor importante.

El 21% de los jóvenes españoles ya accede habitualmente a Internet desde su teléfono móvil, lo que supone un porcentaje similar al registrado en otros países de su entorno como Alemania (20%) o Italia (24%), según el estudio «Juventud y telefonía móvil» elaborado por la división online de Nielsen, que también recoge otros interesantes datos.

Sin embargo, este nivel de acceso a la red desde los terminales móviles se sitúa muy por debajo del registrado en China, donde más del 73% de los usuarios de entre 15 y 24 años emplea habitualmente esta funcionalidad. Por su parte, Estados Unidos ocupa la segunda plaza en esta clasificación, con un grado de implantación de en torno al 48%.

El informe de Nielsen destaca, asimismo, el alto porcentaje de jóvenes que accede a Internet móvil en Reino Unido (46%) y Rusia (39%), mientras que en el lado opuesto encontramos el caso de países emergentes como India o Brasil, en los que su uso varía entre el 4% y el 5%, respectivamente.

Por otro lado, respecto al uso que hacen los jóvenes de sus dispositivos móviles, el estudio refleja la preferencia de los usuarios españoles por las descargas de aplicaciones y videojuegos (13%), frente a otros contenidos como los tonos de llamada (10%) o los fondos y salvapantallas (9%).

No obstante, a los jóvenes españoles aún les queda camino por recorrer si comparamos la descarga de aplicaciones con sus homólogos internacionales. En este sentido, los principales usuarios de tonos de llamada son los jóvenes chinos (47%), mientras que las descargas de videojuegos se concentran en EE.UU. y Rusia (26% en ambos países). Los salvapantallas, por su parte, son especialmente populares en China y Rusia (29%).

7.4.7. Formatos publicitarios

Los formatos publicitarios más extendidos son los siguientes:

- BANNERS: Imagen «linkable» que deriva al usuario hacia una página publicitaria. Su objetivo es atraer tráfico hacia el sitio Wap o site móvil del anunciante que paga por su inclusión.

- INSTERSTICIALS: Imagen publicitaria a pantalla completa linkable que se presenta en la ventana activa mientras carga una nueva página con contenido durante la propia navegación.

- TEXT LINKS: Textos interactivos que encontramos integrados con el contenido del site móvil que visitamos. A veces, pueden utilizarse acompañando a un banner (Banner + Text Link) otras, de manera independiente. Además, se utilizan para hacer campaña en aquellos terminales antiguos que no soportan gráficos.

Como resultado, normalmente estos formatos, son redirigidos a una «micropágina» o «Landing page» del anunciante, que no es más que una página Wap o página móvil con contenido especial y publicitario. En caso de querer ir un paso más allá, y dar una información más en detalle al usuario, puede redirigirse a un «microsite» móvil del anunciante (conjunto de micropáginas) que puede contener diversos elementos (imágenes, textos, enlaces, vídeos, juegos, etc.).

- VÍDEOS: A día de hoy, es posible descargar contenidos de vídeo e incluso ver la televisión (ya sea la señal de TV tradicional en directo o en forma de píldoras descargables) a través de los terminales móviles. Esto abre un nuevo escenario para la inserción de publicidad, ya sea ligada al propio contenido de vídeo o como parte de la propia señal de Televisión. Hay que tener en cuenta las características de los terminales móviles (tamaño de pantalla, resolución, etc.) en comparación con los televisores tradicionales a la hora de pensar en las creatividades a utilizar.

Es importante tener en cuenta el peso total de los formatos publicitarios, ya que si estamos hablando de descarga de vídeo, el peso total del fichero a descargar puede hacer que el usuario deba pagar un alto coste por la descarga (si no tiene tarifa plana de datos).

Se recomienda que el contenido publicitario no supere los 15 segundos en total, de manera que se si opta por la inserción de más de un contenido publicitario en un mismo fichero (pre-roll y post-roll) la duración total de ambos no supere los 15 segundos.

Es importante no utilizar letras demasiado pequeñas, que serán totalmente ilegibles desde la pantalla de un móvil. Debemos evitar escenas en las que la imagen cambia rápidamente.

Debemos señalar que la navegación móvil desde Smartphones está permitiendo el desarrollo de nuevos formatos publicitarios como expandibles y reveals, los cuales, y a medida que las capacidades técnicas se desarrollen, llegarán para quedarse.

La masificación del iPad y los nuevos «tablets» o tabletas producirá una revolución en el mercado de la publicidad en el móvil con la llegada de nuevos formatos más atractivos, lo que abrirá nuevas oportunidades para las marcas.

7.4.8. Casos

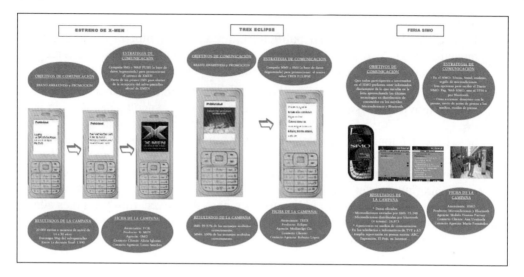

7.4.9. Search

Sin lugar a dudas, las búsquedas a través del móvil se han convertido en una de las grandes apuestas dentro de la publicidad en este nuevo medio. Todos los analistas apuntan a un exponencial crecimiento en este apartado de la inversión publicitaria. Los buscadores más significativos: Google, Yahoo y Bing están trabajando ampliamente en la optimización de su plataformas a través del móvil con el fin de ofrecer experiencias de calidad a los usuarios y así ofrecer a los anunciantes la posibilidad de alcanzar audiencias a gran escala y con el mayor impacto posible.

7.5. Las aplicaciones en el móvil

7.5.1. Conceptos básicos

La venta de aplicaciones para dispositivos móviles goza de buena salud y continuará creciendo. Primero lo señaló Gartner, y hace unas semanas nos hacíamos eco de un informe publicado por ABI Research, que apuntaba como responsables de este incremento de descargas a las continuas ventas de teléfonos inteligentes y la proliferación de tiendas de aplicaciones de este tipo.

Aplicaciones Móviles

En otras palabras, las nuevas capacidades de los teléfonos móviles, permiten instalar y ejecutar aplicaciones o programas que nos ayudan a ampliar las funciones del aparato gracias a sistemas operativos de última generación. Por esta razón, se están dando pasos rápidos y se está abarcando distintas áreas como: la educación, mercadotecnia, financiera, cultural, deportiva, turística, entre otras más. Mencionaremos algunos tipos de aplicaciones diseñadas específicamente para los teléfonos móviles, algunas de estas aplicaciones las trae instaladas el teléfono y otras se compran y se descargan desde las tiendas de aplicaciones de los fabricantes.

Los principales tipos de aplicaciones son:

- **Aplicaciones de realidad Aumentada**. La ventaja de estas aplicaciones es que permite combinar imágenes reales con virtuales. Estas aplicaciones principalmente se han enfocado al sector turístico. Ya que es una útil herramienta para obtener información al instante de lugares, tales como: puntos turísticos, museos, bibliotecas, teatros, restaurantes, entre otros lugares. Estas son algunas de las aplicaciones que ofrecen estas ventajas: Layar, TwittARound, Wikitude World Browser, TAT Augmented ID, Yelp Monocle.

- **Aplicaciones de video llamadas a bajo coste**. Estas aplicaciones ofrecen la posibilidad de comunicarse a través de videoconferencia con una buena calidad de audio y video sin costo alguno, siempre y cuando el usuario esté conectado a Internet desde la red inalámbrica. Las aplicaciones que destacan en este tema son: Skype, Fring, Google Voice, iDialer, Call Firewall, entre otras.

- **Aplicaciones organizacionales**. Estas herramientas permiten al usuario organizar la información que almacena en el teléfono, tal como: contactos, reuniones, correos, fotografías, mensajes, archivos de distinto contenido, etc. Algunas de estas aplicaciones son: Evernote, CapSure, Dashwire, GSync, iContact, Pocket RAR, SoftKey Manager, etc.

- **Aplicaciones de Entretenimiento**. Es innumerable la cantidad de aplicaciones que se han construido para el entretenimiento, en las que destacan: videojuegos, reproductores de música y video, editores de imágenes, grabadoras de audio y video. Así como las aplicaciones para acceder a las redes sociales, tales como: Facebook y Twitter. Algunas aplicaciones para el teléfono móvil son: Mplayer, RealPlayer, Core Pocket Media Player, YoutubePlayer, Photoshop Mobile, iTunes y Angry Birds, etc.

- **Aplicaciones Empresariales**. Se están generando aplicaciones para beneficiar a aquellos que trabajan fuera de su organización o aquellos en viajes de negocios. Hay aplicaciones que permiten hacer pedidos, generación de facturas electrónicas, encuestar a clientes, hacer compras en línea, consultar estados de cuenta bancarios, estados de cuenta de clientes, realizar transacciones bancarias, descargar información estratégica de la compañía, graficar indicadores de la compañia, etc. Un ejemplo, es la compañía de venta de café preparado a nivel mundial (Starbucks), acaba de lanzar en E.U.A., una aplicación que permite comprar crédito en línea desde el teléfono celular y con ese crédito pagar en cualquier establecimiento su bebida.

7.5.2. Sistemas operativos

Un sistema operativo móvil o SO móvil es un sistema operativo que controla un dispositivo móvil al igual que las computadoras utilizan Windows o Linux entre otros. Sin embargo, los sistemas operativos móviles son bastantes más simples y están más orientados a la conectividad inalámbrica, los formatos multimedia para móviles y las diferentes maneras de introducir información en ellos.

Puede que la mayoría de los compradores de teléfonos móviles no decidan su compra basándose en el sistema operativo que utilice el aparato pero para las compañías se ha convertido en una guerra feroz en la que luchan por imponer su sistema o por introducirse en ese mundo, desde gigantes tecnológicos como Microsoft, Apple o Nokia hasta compañías en teoría menos poderosas como RIM (BlackBerry), Palm, recientemente comprada por Hewlett-Packard, o la reciente incorporación a la batalla de Google con Android.

7.5.3. Mercados de las aplicaciones, tipología, modelos de negocio

La consultora Gartner identificó hace unos meses las diez principales aplicaciones móviles más demandadas por los consumidores en 2012. Para ello, se tuvieron en cuenta los ingresos potenciales de los potenciales usuarios y el impacto que causarían estas aplicaciones en ellos, entre otros factores determinantes.

Por un lado, se encuentra la transferencia de dinero, basada mediante mensajes sms, muy presente ya en zonas emergentes de África y Asia, y que progresivamente irá aumentando su penetración. Los servicios basados en localización, aunque no sean novedosos, se espera su impacto considerable en los próximos años. Otras dos aplicaciones que serán muy demandadas será la búsqueda y la navegación móviles, junto con la monitorización móvil de la salud, un área que según los expertos está en las primeras etapas de su desarrollo, y que para 2013 será una actividad rentable para los distintos agentes implicados.

Por otro lado, los pagos móviles formarán parte de este 'top ten' de las aplicaciones móviles más solicitadas, unido a los servicios NFC (Near Field Communications), tecnología que sigue esperando el momento de su despliegue masivo.

El modelo de negocio las aplicaciones móviles, y nos referimos a las plataformas iPhone y Android fundamentalmente, es muy variado a la vez que desconocido, lo mismo que para muchos servicios web.

En realidad ocurre lo mismo que en el entorno puramente web, donde hay montones de servicios y aplicaciones sin modelo de negocio alguno y sin aspiraciones claras y otras que saben cómo quieren monetizar el trabajo, independientemente de su éxito en cualquiera de los dos casos.

Así que, en definitiva, tenemos varias posibilidades:

- Aplicación móvil sin modelo de negocio, ni móvil ni web.
- Aplicación móvil para captación de usuarios y su rentabilización web.
- Aplicación móvil con rentabilización directa por su uso (Publicidad).
- Aplicación móvil con rentabilización por venta de la propia aplicación (Premium).
- Aplicación móvil con el objetivo de promocionar la empresa de desarrollo ante posibles clientes (Merchandising digital o Advergaming).

7.5.4. La publicidad en las aplicaciones móviles

Por otra parte, los usuarios que se descargan aplicaciones móviles para sus «smartphones» son más propensos a tomar decisiones de compra a partir de la información que reciben de ellas que la recibida por otros medios, incluidas las redes sociales, según un estudio llevado a cabo por Knowledge Network en Estados Unidos y citado por Mediapost. Según este estudio, el 40% de los encuestados usa aplicaciones cuando toma decisiones de compra. Una tercera parte encuentra más probable comprar un producto de una compañía que usa este tipo de comunicación vía móvil, el doble de los que lo harían de marcas presentes en las redes sociales (un 32% frente a un 16%). Este trabajo incluso distingue entre el comportamiento de los usuarios por la tecnología de su teléfono, iPhone, Android o Blackberry. El estudio dice que, en general, los propietarios de móviles de última generación son receptivos a las aplicaciones publicitarias, receptividad que aumenta entre los propietarios de iPhones.

7.5.5. Formatos publicitarios

Los nuevos formatos publicitarios que están surgiendo en las aplicaciones móviles, son los siguientes:

- Banner: se muestra en la parte inferior o superior de la pantalla del dispositivo. Puede ser fijo o móvil, con una duración de 5 segundos. El banner puede ser estático o dinámico (imagen gif. animada). Las dimensiones de un banner para el iPhone, por ejemplo, serían de 320x50. En el caso de dispositivos Android también valdría esta opción, pero no se asegura la compatibilidad con todas las pantallas de los smartphones con Android.
- Banner expandible o cortinilla: este formato permite más creatividad y ofrece más opciones al usuario. Al igual que el anterior, puede situarse en la parte superior o inferior de la pantalla.
- Interstitial: el anuncio se muestra a la pantalla completa en el dispositivo cuando el usuario entra en la aplicación. Puede aparecer desde la izquierda, derecha, parte superior o inferior. El usuario puede o no tener la opción de cerrar el interstitial. ¡Ojo! La nueva versión del sistema operativo de Apple (iOS 4.x), lleva incorporada la multitarea, lo que significa que las aplicaciones solo se vuelven a abrir cuando el teléfono se ha apagado. Será entonces cuando se

muestre el interstitial. Este formato registra un mayor CTR que los anteriores, debido a que causa más impacto a los usuarios de las aplicaciones.

Estos tres formatos permiten la interacción con el usuario. La intención que persiguen los anunciantes es el clic, además del impacto visual (impresiones).

¿Qué hay después del clic?

Dependerá del objetivo de la campaña. Las posibilidades que se ofrecen son:

- Click to video.
- Click to call.
- Click to SMS.
- Click to cupón.
- Clic to formulario.
- Clic to descarga de aplicaciones.
- Patrocinio: de una aplicación por parte de un anunciante. Este formato requiere la modificación de la aplicación, ya que los botones y algunos contenidos se alinean con los del anunciante.
- Publirreportaje: noticia insertada dentro de un carrusel de noticias.
- Botón publicitario: dentro del menú de una aplicación. Permite la interacción con el usuario.

7.5.6. Advergaming

Advergaming es un término inglés acuñado para definir la creación de videojuego para promocionar una marca o producto. Dicho videojuego no solo permite la visualización de la marca, sino que el usuario puede interaccionar con ella logrando una experiencia seductora.Informes muestran la gran eficacia de dicho tipo de marketing. Una gran parte de las personas quereciben una invitación participan en el juego, tiempos de cerca de 20 minutos. Y en muchos casos reenvían el juego a un amigo. La utilización de juegos para publicidad tiene dos subcategorías:

- Advergaming, cuando el juego en si es una promoción. El diseño del mismo esta enfocado a la promoción.
- In-game, es la inserción de un anuncio en un videojuego, aprovechando la audiencia que tiene el mismo.

Los atributos de los advergames que podríamos considerar básicos son:

- Gratis.
- Sencillos (posteriormente se matizará con el público objetivo de la campaña).
- Con enfoque comercial.

• Identificación del producto o empresa integrada en el juego (ya sea un logo, música o texto).

En el caso de in-game los atributos básicos cambian ligeramente:

• Beneficio para el usuario (reducción de precio del juego, por ejemplo).
• Audiencia interesante para la acción comercial.
• No tiene porque ser un juego sencillo.
• Identificación del producto o empresa integrada en el juego (ya sea un logo, música o texto).
• Proporciona realismo al videojuego.

Otros aspectos importantes son:

• Interacción, la comunicación permite recogida de opiniones, datos, etc que nos ayudarán en el objetivo.
• Viralidad. Un juego por sí solo no crea viralidad, dependerá de la creatividad de la acción que se produzca ese efecto en la comunidad.
• Comunidad. La conexión de los juegos con la red, abre la oportunidad de que se creen comunidades alrededor del juego.
• Advergaming, cuando el juego en si es una promoción. El diseño del mismo esta enfocado a la promoción.
• In-game, es la inserción de un anuncio en un videojuego, aprovechando la audiencia que tiene el mismo.

Los atributos de los «advergames» que podríamos considerar básicos son:

• Gratis.
• Sencillos (posteriormente se matizará con el público objetivo de la campaña).
• Con enfoque comercial.
• Identificación del producto o empresa integrada en el juego (ya sea un logo, música o texto).

En el caso de in-game los atributos básicos cambian ligeramente:

• Beneficio para el usuario (reducción de precio del juego, por ejemplo).
• Audiencia interesante para la acción comercial.
• No tiene porque ser un juego sencillo.
• Identificación del producto o empresa integrada en el juego (ya sea un logo, música o texto).
• Proporciona realismo al videojuego.

Otros aspectos importantes son:

• Interacción, la comunicación permite recogida de opiniones, datos, etc que nos ayudarán en el objetivo

• Viralidad. Un juego por sí solo no crea viralidad, dependerá de la creatividad de la acción que se produzca ese efecto en la comunidad.

• Comunidad. La conexión de los juegos con la red, abre la oportunidad de que se creen comunidades alrededor del juego.

7.5.7. Casos prácticos

Los anuncios integrados en aplicaciones para dispositivos móviles cuentan con el favor de los usuarios. Así lo concluye un estudio reciente estudio de IP Deutschland.

Para la realización del informe, IP Deutschland analizó el impacto de una campaña de la película Salt para la aplicación móvil de la cadena alemana de televisión RTL. El 69% de los consultados admitió reconocer el spot del filme integrado dentro de la aplicación.

El estudio comparó la efectividad de la citada campaña en la aplicación de RTL y en la web móvil del canal de televisión. Una quinta parte de los usuarios del portal móvil de RTL recordó espontáneamente el spot de la película Salt. Entre los usuarios de la aplicación, uno de cada cuatro dijo recordar el anuncio, informa Internet World Business. También el reconocimiento de la campaña de publicidad fue mayor entre los usuarios de la aplicación (69%) que entre los de la web móvil de RTL (64%).

Por otra parte, el informe demostró que la campaña analizada sirvió para despertar el interés de los usuarios. Así, el 66% de los consultados aseguró que el spot había avivado su curiosidad por la película y el 58% encontró atractivo el anuncio. El 27% de los usuarios de la web móvil de RTL admitió que el spot le había animado a ir al cine a ver Salt. Entre los usuarios de la aplicación móvil de RTL, el porcentaje se elevó hasta el 29%. Un 36% de los usuarios encuestados mostró interés general en la campaña.

Para la realización del estudio, IP Deutschland entrevistó a 160 usuarios de la aplicación de RTL para el iPhone y a otros 130 de la web móvil de la cadena de televisión.

7.6. Las redes sociales y el móvil

7.6.1. La influencia de la movilidad en las redes sociales

Facebook ya es el sitio más frecuentado por los usuarios de internet móvil en Gran Bretaña. Casi cinco millones de usuarios de un total de 16 millones que acceden a internet desde sus teléfonos, por delante de Google (4,5 millones) o Telefónica (3,7), Orange (3,5) y Vodafone (3,3).

Las redes sociales se consolidan como uno de los grandes motores del acceso a internet móvil. En España uno de cada tres usuarios acceden ya a sus redes a través de los Smartphones, principalmente, según datos de recientes estudios.

Este fenómeno, que aumenta el negocio de la banda ancha móvil, también explica gran parte de la presión de las operadoras de telecomunicaciones por acabar con la neutralidad de la red, cobrar por la distribución de contenidos y reducir el poder de Apple, Google o Facebook.

El acceso a las redes sociales a través de un terminal móvil se está convirtiendo rápidamente en la forma más habitual de hacerlo en todo el mundo por parte de los usuarios. Una encuesta realizada por Kinetic en octubre de 2010 indica que el 46% de las personas acceden a su cuenta en Facebook a través de su teléfono móvil cuando se encuentran fuera de su hogar. Este trepidante aumento de las conexiones móviles ha obligado a las actuales plataformas sociales a desarrollar versiones móviles para no quedarse atrás, ante los múltiples nuevos competidores que aparecen en el entorno.

A medida que aumenta el número de usuarios móviles al mismo ritmo que las múltiples aplicaciones para sus terminales, la utilización de redes sociales móviles presenta grandes oportunidades y desafíos para las campañas de marketing desarrolladas por las marcas en contextos y entornos hasta ahora inexistentes.

En definitiva las Redes Sociales Móviles se han convertido en una nueva dimensión del marketing de crecimiento rápido y continuo por lo que mo es de extrañar que la penetración de redes sociales móviles y el aumento de usuarios que utilizan Smartphones sean variables que crecen en paralelo. Gartner calcula que el 70% del mercado móvil europeo en 2012 estará compuesto por Smartphones

A menor edad de los usuarios, mayor penetración de las redes sociales móviles. El 52% de los jóvenes entre 18 y 24 años accede a ellas al menos una vez al mes de acuerdo a los datos presentados por ComScore, pero el fenómeno se expande a grupos etáreos mayores que comienzan a incorporar la utilización de redes sociales y Smartphones en su vida diaria.

A medida que las velocidades de conexión a Internet móvil se incrementan, los terminales móviles aumentan sus prestaciones y las redes sociales ofrecen mayores y mejores funcionalidades para el entorno móvil, la tendencia indica que la cantidad de usuarios continuará en ascenso.

Los datos expuestos indican que es muy importante para las marcas el tener en cuenta que el futuro de las redes sociales está en el entono móvil, por lo que desarrollar nuevas estrategias de marketing, aplicaciones y herramientas concebidas para impactar en estas plataformas será estar un paso adelante.

7.6.2. Mobile Social Media

Para mantener su actual relevancia ante usuarios y anunciantes y al menos mantener su cuota de mercado, las redes sociales están obligadas a emigrar al entorno móvil, hecho que ha motivado a redes como Groupon o LinkedIn a integrar funciones específicas para terminales móviles en su oferta, pero sin duda quien lleva la delantera es Facebook.

La mayoría de las actuales redes sociales aún cuentan con un nivel de protección ante la arremetida del entorno móvil gracias a la fidelización de sus usuarios con la red, sin embargo con la aparición de nuevas plataformas, la migración es obligada para no quedar atrás.

Informaciones recientes indican que Apple estaría próxima a incursionar en el mercado de las redes sociales móviles con un nuevo servicio denominado «Encuentra a mis amigos» que permitiría a sus usuarios contactar con sus conocidos a través de sus dispositivos; así como también compartir fotos con otros usuarios de iPhone. Mientras que Google que en la actualidad cuenta con Google Latitude, estaría a punto de lanzar «Google Me», una nueva herramienta con avanzadas funciones móviles.

Eso, sin contar con que tanto Apple como Google cuentan con sus propios sistemas operativos móviles, lo que les da una gran ventaja en cuanto a plataformas y herramientas para desarrollar nuevas herramientas y funcionalidades concebidas para los usuarios móviles.

El crecimiento de las redes sociales móviles continuará su imparable expansión, probablemente no ocurrirá lo mismo con la publicidad móvil, ya que aún queda un arduo trabajo por parte de las redes sociales para obtener beneficios económicos de su tráfico en el entorno móvil.

Las redes sociales móviles se hacen cada vez más grandes y mejores en la medida que plataformas ya consolidadas y nuevas Startups comienzan a ofrecer soluciones innovadoras a los usuarios.

Esto representa una gran oportunidad para marcas de todo tipo y tamaño que tendrán acceso directo a una gran cantidad de información sobre los intereses y hábitos de los usuarios y que, además, podrán ofrecer sus productos y servicios en el momento que el consumidor está en la tienda listo para realizar su compra, pero también convertirlo en un agente evangelizador del hecho a través de su red personal de contactos.

Sin embargo no hay que olvidar que el marketing y la publicidad móvil son un nuevo canal, por lo que no es suficiente el simplemente replicar la información y mensajes contenidos en otras plataformas Web, ya que tanto la experiencia del usuario como el soporte de la información se produce de forma diferente al estar en el entorno móvil, que sentado cómodamente frente al ordenador.

Los principales desafíos son:

- La publicidad móvil y el Marketing Social aún son percibidas como elementos nuevos, por lo que no tienen una gran partida en los presupuestos de forma proporcional a su impacto.

- Las nuevas redes sociales tendrán una ardua tarea para convencer a anunciantes y agencias de invertir en sus modelos publicitarios al mismo nivel que las redes ya consolidadas.

- Las actuales plataformas sociales deberán encontrar la forma de integrar la publicidad móvil dentro de su oferta de contenidos de forma apropiada y sin provocar rechazo por parte de sus usuarios.

- En definitiva, las campañas de marketing social móvil inicialmente serán de alto esfuerzo y reducidos beneficios, mientras las redes sociales investigan en nuevas y mejores herramientas para monetizar sus plataformas móviles, como también ya hay marcas que comienzan a investigar este terreno virgen para tomar la delantera, adquirir conocimiento y construir bases de datos de usuarios para el momento en que el marketing móvil esté consolidado.

7.7. Couponing y código BIDI

7.7.1. Conceptos

Los cupones de descuento son tan clásicos como cualquier otra fórmula de marketing, pero con la llegada de las nuevas tecnologías se han adaptado a los cambios, se han transformado en su forma de presentarse, y hasta han ampliado sus posibilidades para empresas y consumidores.

Mientras lees un periódico puedes encontrar decenas de ellos, sobre cine, descuentos para compras, promociones, etc. Y si observamos los folletos publicitarios de tiendas o restaurantes será posible encontrar alguno entre sus páginas. Los cupones son, además, una estrategia de fidelización. Buscan captar la atención del cliente, conseguir su retorno y motivarle a que compre con un precio sensiblemente inferior gracias al descuento.

En el mundo de la restauración o del turismo han tenido siempre un éxito asegurado. Los bonos de hotel o los bonos para restaurantes son de sobra conocidos como una herramienta de venta bastante inteligente.

En lo que a cupones móviles se refiere, la idea es que el usuario pueda descargar una aplicación gratuita en su móvil, y así en cuestión de minutos, poder visualizar a través de la aplicación las ofertas y descuentos de los comercios más próximos en esa área. El usuario sólo tiene que elegir la oferta que más le interesa y mostrar el cupón electrónico que le aparece en la pantalla de su móvil al vendedor. Además, puede recomendarla o compartirla con sus amigos.

Otra opción es enviar cupones descuento a los teléfonos móviles sin que haga falta imprimirlos, pues la vista del cupón en el móvil será suficiente.

7.7.2. Casos prácticos

El denominado «mobile couponing» promete dar muchas alegrías al marketing móvil en los próximos años. Según un estudio llevado a cabo en Alemania por Acardo e Ib-lab, aproximadamente el 70% de los consumidores dicen tener interés en recibir cupones de descuento a través del móvil.

Según el informe, más del 50% de los usuarios que hasta ahora se han mostrado reacios a los cupones de descuento, admiten sentirse atraídos por la nueva fórmula del «mobile couponing».

Además, las empresas que distribuyen cupones de descuento a través del móvil son percibidas por el consumidor como «innovadoras» (63%) y «orientadas al cliente» (43%), informa Horizont.

Por otra parte, los consumidores apuestan por la introducción de cupones móviles en todos los sectores de actividad, desde las tiendas de bricolaje a las cafeterías, pasando por los restaurantes de comida rápida y por las cadenas de electrodomésticos. De todos modos, donde más opciones tiene de triunfar el «mobile couponing» es en el sector de la alimentación. El 79% de los consumidores consultados por Acardo e Ib-lab dicen estar dispuestos a utilizar cupones móviles en el ramo alimentario.

En 2011 el mercado de los cupones móviles aumentó también en importancia apoyado por el respaldo del consumidor. De acuerdo con un reciente informe de Acardo e Ib-Lab, el 70% de los consumidores están interesados en el mobile couponing.

Dos grandes como Burguer King y Unilever están desarrollando estrategias vinculadas a los cupones móviles de diferentes maneras, pero con el mismo fin: intentar que no caiga el consumo en épocas recesivas. Por el lado de la cadena de fast food, han creado una aplicación para el iPhone que permite a los clientes localizar sus restaurates y hacer pedidos a través del móvil, y también, recibir en sus dispositivos, descuentos basados en sus compras.

Mientras que el gigante de bienes de consumo, Unilever, está llevando a cabo una prueba mediante la que sus clientes pueden descargarse cupones con descuentos en sus celulares, desde el sitio samplesaint.com, y luego escanean dicho cupon en las tiendas de la compañía.

Los cupones ya se están empezando a incorporar como una herramienta de marketing de las empresas que además los utilizan como un medio para repuntar sus ventas.

Un artículo en The Wall Street Journal que comentaba la experiencia de Unilever en este campo hablaba de las dificultades significativas con las que se debe lidiar a la hora de usar el télefono móvil en el comercio minorista, como por ejemplo, errores en el funcionamiento del sistema; la incompatibilidad de los distintos dispositivos; la poca manejabilidad de tener que pasar el teléfono móvil a la persona que está en la caja y la necesidad de adaptar los scanners para que puedan leer los cupones en la pantalla del teléfono móvil del cliente. Pero también se hace hincapié en que la tecnología para superar dichos inconvenientes ya esta disponible, por lo que estas nuevas prácticas «marketineras» empezarán a multiplicarse.

Un caso de ejemplo español es el de Starbucks. La compañía ha confiado en la tecnología bidi (códigos 2D) para ofrecer cupones de descuento a los clientes, de la mano de Codilink. Esta tecnología, cada vez más usada en la publicidad, no sólo ofrece cupones de descuento a los que lo solicitan sino que también está enfocada, por parte de la empresa, como una herramienta clave para fortalecer las ventas de los establecimientos y la lealtad del consumidor.

Los interesados envían la palabra Starbuck's vía SMS a un numero corto y reciben un SMS de respuesta con un cupón en forma de código bidimensional (BIDI). Este cupón debe ser presentado en la caja para ser escaneado. El lector o scanner proporcionado por Codilink, comprueba la validez del cupón, envía toda la información a una base de datos para trazar pautas de consumo e informa a la marca del beneficio que se le entrega al usuario final.

Un caso de éxito más local es el de el centro comercial barcelonés Diagonal Mar que llevó a cabo una exitosa promoción basada en el envío de cupones regalo al teléfono móvil del cliente, a través de códigos bidi. Con esta acción se pretendía aumentar el tráfico al centro e incrementar la base de datos de clientes, y consolidad la imagen moderna e innovadora de la marca.

Flash2flash propuso y desarrolló esta promoción para el centro, con el objetivo de dotar de mayor notoriedad a la acción y aportar modernidad a un proceso promocional clásico. Para ello se optó por el empleo de códigos bidi, que permiten transmitir y almacenar información encriptada entre dispositivos digitales.

La acción se comunicó dentro de una estrategia on-line y off-line que desembocaba en mobile. El buzoneo o la radio apoyaron las piezas en Internet con el objetivo de dirigir al usuario hasta la página web en la que conseguían los códigos regalos que se mandaban a su teléfono móvil.

La acción encontró una respuesta muy positiva, logrando los objetivos que se marcaron en el inicio y abriendo una nueva posibilidad a la comunicación promocional más cercana y cómoda para el cliente.

Capítulo 8
Social Media Marketing

Cuando una empresa decide desarrollar estrategias de comunicación a través de social media antes tendrá que decidir en qué lugares debe estar presente, y cómo explotar las oportunidades de cada uno de ellos.

Pongamos un ejemplo práctico. Una libria, que intenta dar a conocer los nuevos lanzamientos editoriales. Por supuesto abrirá su página en Facebook, en la que mostrará imágenes y otros contenidos relacionados con su actividad. Sin embargo, poca gente llegará a esa página de Facebook a través de los buscadores, ya que éstos y la popular red social no suelen estar bien conectados.

Sin embargo, si la empresa crease un canal de Youtube con vídeos sobre las novedades, sería mucho más factible posicionar ese vídeo en los primeros resultados de búsqueda de Google, que le gusta de mostrar alguno en su primera página de resultados (herramienta de búsqueda de vídeos aparte). De la misma manera, crearía una galería en Flickr con los productos podría llevarnos a aparecer en el buscador de imágenes.

Éste podría ser un caso. Sin embargo, si el objetivo principal es redirigir tráfico al sitio web oficial de la empresa, Youtube sería una de las últimas opciones, ya que aunque podemos colocar un enlace en la descripción, éstos pocas veces llegan a leerse, y mucho menos a recibir un click.

Si se trata de simple exposición de marca, todos estaremos de acuerdo que, por volumen de usuarios o capacidad viral, Facebook, Twitter y YouTube serían las primeras opciones. ¿Siempre? No tiene por qué. Una empresa que ofrezca servicios a otras empresas quizá pueda conseguir una mejor imagen corporativa y de organización si todos sus empleados le sacan brillo a sus perfiles de LinkedIn, la red social de los profesionales.

Y aunque el contacto en esta red suele ser escaso, bien gestionado puede hacernos lograr una imagen de expertos en una materia que sería complicadísimo conseguir por otros medios.

Los agregadores de noticias son un tipo de red social pueden conseguirnos mucha exposición y tráfico si sabemos «disfrazar» nuestra publicidad ofreciéndoles un contenido que sea de interés para la comunidad. Sin embargo, no son la opción que debería recibir más esfuerzos por parte de una empresa cuya necesidad sea la de comunicarse con sus clientes, cuando Facebook o Twitter les permiten hablar con ellos de tú a tú con suma facilidad, y facilita encontrar en su red conversaciones sobre la misma a las que sumarse o de las que obtener información relevante para la organización.

Como podéis ver, no todas las estrategias de social media deberían ser iguales. Hay que sentarse, preguntar qué es lo que busca la empresa, y una vez definida nuestra meta, usar nuestro conocimiento sobre redes sociales para escoger aquellas que nos ofrecen herramientas y oportunidades para que no naveguemos sin rumbo en el inmenso océano de Internet[1].

8.1. Redes sociales

8.1.1. Qué son las redes sociales

Las redes sociales on line son espacios en Internet donde los usuarios pueden crear perfiles y pueden conectar con otros usuarios para crear un red personal. En las redes sociales on line los usuarios suben contenidos a sus espacios y/o perfiles y utilizan herramientas embebidas en la plataforma para conectar con los espacios o websites de otros usuarios.

Las redes sociales proveen de un sistema de control centralizado de acceso en tiempo real a un sistema de comunicación asíncrono con diversas herramientas como blogs, fotografías, música, videos y la posibilidad de subir piezas creativas personales, todo ello bajo una base común personalizada y actualizada.

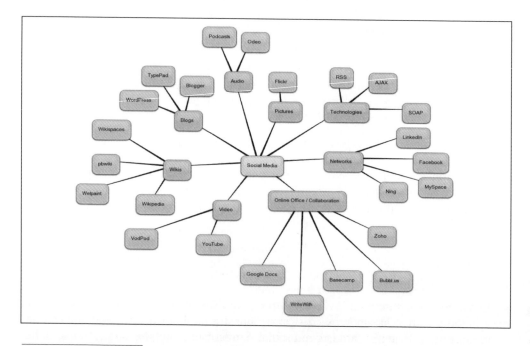

---

[1] Más información: http://bit.ly/Blog-Social-Media.

¿Cuáles son los objetivos de las redes sociales on line? Los objetivos principales son motivar a sus usuarios a participar o incrementar su participación, aunque el objetivo real es demostrar que esa red social sirve para los intereses de sus usuarios.

Las redes sociales proveen de un sistema de control centralizado de acceso en tiempo real a un sistema de comunicación asíncrono con diversas herramientas como blogs, fotografías, música, videos y la posibilidad de subir piezas creativas personales, todo ello bajo una base común personalizada y actualizada.

Las redes sociales on line son espacios en Internet donde los usuarios pueden crear perfiles y pueden conectar con otros usuarios para crear un red personal. En las redes sociales on line los usuarios suben contenidos a sus espacios y/o perfiles y utilizan herramientas embebidas en la plataforma para conectar con los espacios o websites de otros usuarios.

La red social on line más grande, Facebook, está abierto a cualquier usuario y aunque tiene restricciones de acceso según la edad del usuario, en esencia sus usuarios pueden crear cualquier tipo de perfil o red de contactos que seleccionen.

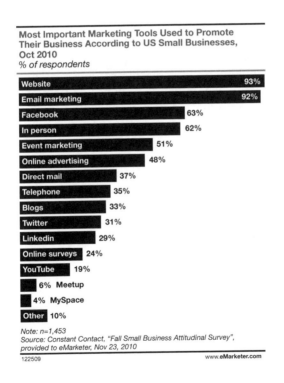

Most Important Marketing Tools Used to Promote Their Business According to US Small Businesses, Oct 2010
% of respondents

Website	93%
Email marketing	92%
Facebook	63%
In person	62%
Event marketing	51%
Online advertising	48%
Direct mail	37%
Telephone	35%
Blogs	33%
Twitter	31%
Linkedin	29%
Online surveys	24%
YouTube	19%
Meetup	6%
MySpace	4%
Other	10%

Note: n=1,453
Source: Constant Contact, "Fall Small Business Attitudinal Survey", provided to eMarketer, Nov 23, 2010
122509   www.eMarketer.com

Los websites de redes sociales on line ofrecen una variedad de herramientas a sus usuarios para comunicarse con la gente, tanto dentro como fuera de Internet: mensajes privados que pueden ser enviados entre usuarios (más de 75% de los usuarios lo realizan), subir mensajes a la página personal de un amigo, enviar un boletín o mensaje a un grupo de usuarios de la red social donde esté admitido, comentarios en los blogs de un amigo, darle votos mediante puntuación o iconos...

La pregunta clave para cualquier anunciante es ¿cómo puedo convertir ese tráfico en las redes sociales en tráfico cualificado su fan page o su website?

8.1.2. Tipos de redes sociales

Existen tres tipos de redes sociales:

- Redes sociales horizontales: que abarcan todo tipo de contenidos. Ejemplos: Facebook, MySpace, Hi5 o microblogging (Twitter).
- Redes sociales verticales: enfocadas en audiencias menores en contenidos pero con una gran proliferación de contenidos específicos como maternidad, educación, religión, deportes o sexualidad.
- Redes sociales mixtas: con dos tipos de integraciones. Integración aguas arriba: desde donde las redes sociales verticales van ganado audiencia e iran completando contenidos alrededor de su contenido principal ó Integración aguas abajo mediante la creación de subcategorías dentro de sites de redes horizontales.

¿Y los blogs? La web se está transformando en si misma en un medio democrático, no solo por la similitud entre la población off line y on line, sino porque se está convirtiendo en una comunidad global de millones de voces y opiniones. Los blogs representan un medio de información dispersa y combinan el poder del boca a oreja con la eficiencia de Internet. Aquellas empresas que quieran conocer que se opinan de ellas, debe saber manejarse en la blogosfera. Los blogs más importantes son: Wordpress, blogger, Myspace blogs, MSN spaces, xanga.com, Yahoo 360º, Typepad.com, Livejournail.com, AOL journals, Greatestjournal.

Si algún lector desea crear una comunicación efectiva a través de las redes sociales le voy a contar cosas que seguramente ya conoce:

- Necesitáis tener una masa crítica mínima necesaria que garantice su rentabilidad (pero la competencia no va a dejártelo tan fácil).
- No debéis concentraros únicamente en los usuarios más jóvenes (no tienen capacidad de gasto).
- Aumentar las fuentes de ingreso: publicidad on line, alquiler de la base de datos de usuarios y comisiones de ventas por acuerdos con tiendas de comercio electrónico.
- Las acciones más efectivas de MGM en redes sociales on line son crear «espacios» personales para que el usuario pueda invitar a sus amigos, aunque con una tendencia (a la baja) al comenzar a ser menos efectivo.

Los motivos de la utilización de redes sociales en un ambiente de negocio son: la localización y contactos con empleados lejanos, conectar con clientes potenciales y demostraciones de productos y/o servicios. También es habitual conectar con antiguos empleados o compañeros de facultad o escuelas de negocio, antiguos compañeros de trabajo y clientes.

Algunas ideas novedosas desarrolladas para redes sociales horizontales es la creación de sites regionales de contacto entre usuarios.

8.1.3. Segmentación y hábitos de uso en las redes sociales

Cómo están segmentados los usuarios de las redes sociales según el nivel y profundidad de utilización de las redes sociales? Según el informe Ladder of Social Technographics de Forrester Research, encontramos los siguientes seis segmentos:

1. **Los Creadores**: Son los usuarios que más influyen en las redes sociales y que entre otras características:

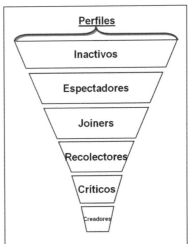

- Tienen un blog actualizado con noticias o comentarios.
- Publican contenido en sus propios websites.
- Crean y suben videos o música.

2. **Los Críticos**: también crean contenidos, pero principalmente contestando en foros o blogs. Características:

- Escriben post y comentarios sobre productos o contenidos publicados.
- Comentan en blogs.
- Contribuyen en foros o escriben/editan artículos en wikipedia.

3. **Los Recolectores**: Menos activos que los críticos, son esenciales para el SEO por su cantidad de aportaciones en post de Facebook o Twitter. Algunas de sus características son:

   - Se apoyan en los feeds de RSS.
   - Utilizan el «Me gusta» en FB.
   - Añaden tags o comentarios a los websites, fotos, videos o retweetean.

4. **Los Joiners**: o «adjuntadores», usuarios que mantienen actualizado sus perfiles en facebook o bien comienzan a utilizan Twitter para relacionarse con blogueros más populares. Intentan buscar su «hueco» social agregándose a marcas, equipos de deportes o medios de comunicación.

5. **Los Espectadores**: Los más numerosos de los usuarios «activos». Todavía no han dado el paso para «intervenir» socialmente a través de las diferentes herramientas, pero con curiosidad y timidez ya disponen de un perfil en FB, donde apenas suben post o comentarios. Twitter, lo conocen, pero no saben cómo sacarle partido o intervenir en «conversaciones». Son lectores ávidos de información o comentarios en blogs y foros, les gustan los videos y escuchan los podcast.

6. **Los Inactivos**: todos aquellos usuarios online que no pertenecen a ninguno de los segmentos anteriores.

Hábitos de uso

En el informe Hábitos de Redes Sociales en España 2011 realizado por IAB y Elogia. Sus principales conclusiones son:

- El 75% de los individuos conectados en 2011 es usuario de redes sociales, significando un incremento de más del 20% respecto al 2009 pero menos del 10% respecto al 2010, posiblemente estemos llegando al máximo potencial que estaría rondando el 80% de los internautas en España.

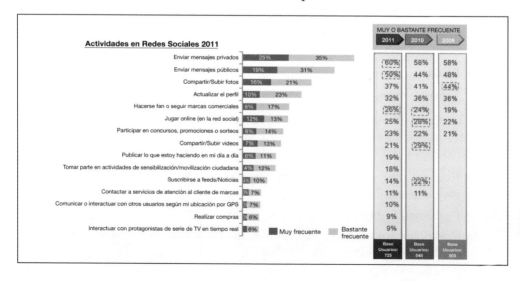

- El perfil medio del social media users español es mujer, entre 18 y 39 años y asalariada. Las actividades más frecuentes que realiza en internet son utilizar servicios de mensajería instantánea, ver la TV a través de internet y participar en juegos online.

- El 75% de los social media users se conectan diariamente, que significa un incremento de más del 30% respecto al 2010.

- Las actividades principales que se realizan a través de las redes sociales en España son: enviar mensajes privados (60%), publicar mensajes públicos (50%), compartir fotos (37%), actualizar el perfil (32%) y convertirse en fans de alguna fanpage (26%). Destaca que el social media ecommerce empieza a tener cifras interesantes ya que el 9% de los usuarios de redes sociales compran a través de las redes sociales o contactan con las marcas (11% de los usuarios).

- Un 38% de los usuarios de redes sociales afirma que accede a ellas a través de su teléfono móvil. El móvil se utiliza principalmente para enviar mensajes privados y públicos, el resto de tareas se realizan de una forma similar entre el móvil y ordenadores, mientras que las compras sociales se realizan casi exclusivamente desde el ordenador.

- Facebook, Youtube, Tuenti y Twitter con las redes sociales más utilizadas.

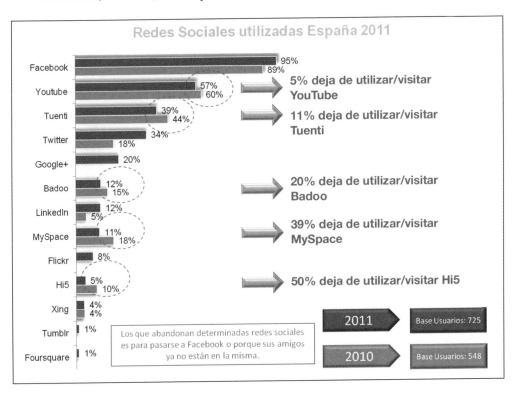

- Por edades podemos destacar que Youtube, Tuenti, Twitter y Google+ son más utilizadas por los menores de 30 años, mientras que Facebook y Linkedin son utilizadas por los mayores de 30 años.

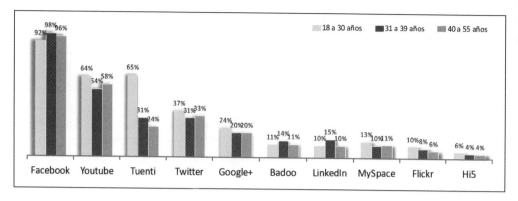

Los usuarios de redes sociales utilizan varias redes sociales al mismo tiempo, siendo la combinación de Facebook + Youtube + Tuenti + Twitter la más habitual.

Facebook, Google+ y Tuenti son las redes de mayor consumo en horas/día.

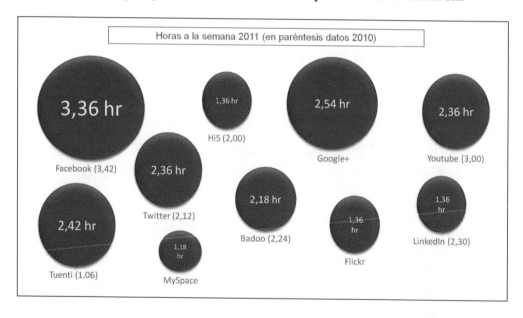

El 26% de los users de social media son seguidores de alguna marca. Para dar genera atractivo las marcas están ofreciendo aspectos relevantes: de ofertas de trabajo/becas, promociones o ser un servicio de atención al cliente 24 × 365.

Los usuarios de redes sociales, poco a poco, comienzan a seleccionar las redes sociales que más se ajustan a sus necesidades, pero la mayoría de ellos siguen utilizando mucho menos que otros usuarios sociales en Europa.

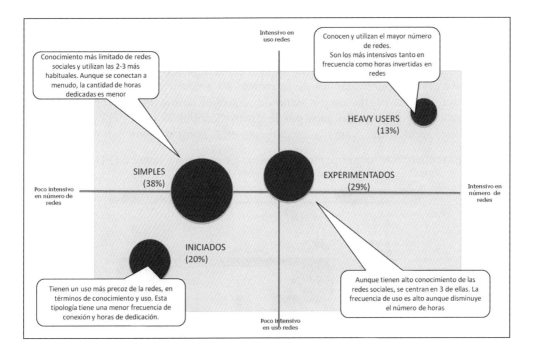

8.1.4. De lo local a lo internacional

Antes de dar de alta los perfiles sociales de nuestra marca, hemos de tener definida una estrategia de lanzamiento en los medios sociales afín a las características de
los mercados en los en los que ya estamos presentes. Así pues, hemos de determinar
si nuestra presencia en una red social, como por ejemplo Facebook, va a ser a través
de un perfil general e internacional, o si por otro lado, vamos a convivir con perfiles
locales (ya sean nacionales o incluso locales) en cada uno de los mercados en los que
la marca está operando.

Las principales diferencias entre los perfiles globales y locales son:

1. Perfil Global

El hecho de tener un único perfil en redes sociales como Facebook o Twitter nos
permite agrupar a todos los fans en un único espacio social en el que se pretende controlar al máximo toda la comunicación global de la empresa. Como principal ventaja
está el hecho de poder agrupar a un gran número de fans en un único perfil (aún hay
marcas que compiten por ver quien tiene más fans). También aseguramos un control
total en el contenido social que sale desde la marca, sabiendo que existe un único
mensaje por parte de la empresa sin incurrir así en riesgos de diversificar el contenido
de una marca entre los diferentes perfiles que pueda llegar a tener.

Como inconveniente aparece, obviamente, el hecho de no tener un contacto próximo con los fans. Se puede apoyar en las diferentes pestañas de una página de Facebook para poder realizar campañas locales, pero no sería el ejemplo más aconsejable.

Facebook permite segmentar las publicaciones de una marca por localización e idioma, consiguiendo hacer llegar un mensaje concreto a un determinado grupo de fans. Es decir, si se publica un mensaje en inglés, sólo aparecerá a aquellos fans que tengan establecido el inglés como su idioma de navegación en Facebook. Pero esto sólo ocurre con las publicaciones de la marca, no a nivel general de la página, por tanto, el muro de la página estaría lleno de mensajes de los fans en diferentes idiomas, provocando un pequeño caos por la diversificación de contenido por idiomas, promociones locales, etc., y un distanciamiento en la comunicación con los fans.

Podemos encontrar los siguientes ejemplos: Coca-Cola, Chanel o IEDGE.

2. Perfil Local

Algunas marcas prefieren abrir perfiles locales, ya sea por país o incluso por ciudad, para poder sentirse más próximos con sus fans. Esta variedad de perfiles tiene numerosas ventajas, como por ejemplo, la de poder expresarse en la misma lengua que los fans y la de poder hablar de temas de actualidad que ocurren en el mismo país o ciudad (ya sean festividades, celebraciones, etc.) que siempre favorecen a la proximidad. Las promociones pueden convivir perfectamente en la página y éstas pueden ser compartidas en el muro sin tener miedo al rechazo por parte de fans que no hablan el mismo idioma o que no son del mismo país o ciudad (problema que si ocurre en los perfiles globales).

Como inconveniente está la diversificación del contenido de la marca, el poco control que puede haber desde el departamento de comunicación central de la empresa y la dispersión de fans en diferentes perfiles.

Podemos encontrar los siguientes ejemplos: LetsBonus España, LetsBonus Barcelona, LetsBonus Roma.

Seguramente la mejor práctica sea la de convivir con un perfil global que sirva de canal para la comunicación más corporativa y como agrupador de perfiles locales, a la vez de estar presentes con un perfil en aquellos países o ciudades en los que la marca está presente en su mercado de forma activa.

Un ejemplo de esta combinación de Perfiles es: Starbucks General y su agrupador de perfiles nacionales o Vueling España y su perfil internacional, Vueling Europe.

8.1.5. Fases de un plan de Social Media

Las fases de un plan de Social Media son:

- Fase I: Diagnóstico:
  - Análisis de presencia en Internet.
  - Interno: de la situación de la empresa.
  - Externo: del consumidor, el sector y la competencia.
  - Definición objetivos generales del proyecto en Internet: mercados y públicos objetivo.
- Fase II: Estrategia
  - Definición de Redes, Posicionamiento y Publicidad en buscadores y otras herramientas de promoción y comunicación on-line: blogs, wikis, etc.
  - Definición de la gestión diaria.
  - Herramientas de gestión y control de resultados
  - Análisis de herramientas de fidelización y viralización: newsletters, video, concursos, etc.
- Fase III: Formación
  - Formar al personal de la empresa tanto en el uso de la Social Media como en la estrategia de la compañía.
  - Formar al Community Manager.
- ¿Qué obtendrá al final?
- Tener presencia on-liney ganar visibilidad.
- Aumentará la cercanía con su cliente.
- Llegar de forma directa a clientes reales y con identidad propia.
- Identificará nuevos clientes.
- Viralizará su marca.
- Escuchará que dicen sus clientes.
- Seguirá las tendencias, los cambios de hábito, los gustos...
- Mejorará su branding... Y todo ello sin altas inversiones.

8.2. Twitter

Twitter es una herramienta poderosa de comunicación... pero, ¿cómo puede una empresa utilizarla eficazmente?

Twitter permite a a cualquier empresa abrir un canal de comunicación bidireccional e interactivo con sus leads o clientes e incluso proveedores y empleados, pero

necesitamos segmentar a los usuarios de las redes sociales. Twitter tiene éxito, principalmente, por su sencillez… pero ¿cómo llevarlo de un entorno «personal» a un
entorno «profesional»? Ahí reside el principal problema que algunos de mis clientes
me plantean habitualmente… ¿Cómo voy a mantener una conversación con usuarios
que no conozco? ¿y si me preguntan/conversan por la madrugada? ¿cómo me defien-
do de comentarios injustos? ¿Cómo puedo vender a través de TW?

En Twitter, cada día más y creciendo en varias variables: número de twitteros
(cobertura), tipos de usuarios (segmentación), nivel de conversación (profundidad) y
tiempo invertido.

Pero como ésta pregunta cambia cada día vamos a ver cuántos usuarios habrán en
los próximos años. Para ello, parto de un gráfico de emarketer de enero de 2011.
Donde aparece reflejado que en España en el 2015, el 68% de los internautas estarán
permanentemente usando redes sociales. Es el porcentaje más alto de la OCDE.

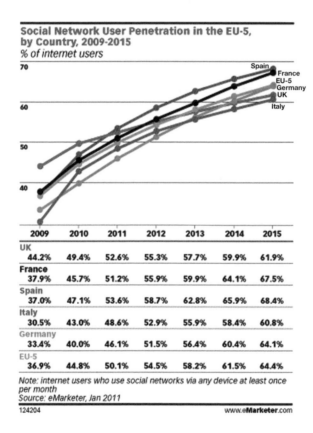

**Social Network User Penetration in the EU-5,
by Country, 2009-2015**
% of internet users

	2009	2010	2011	2012	2013	2014	2015
UK	44.2%	49.4%	52.6%	55.3%	57.7%	59.9%	61.9%
France	37.9%	45.7%	51.2%	55.9%	59.9%	64.1%	67.5%
Spain	37.0%	47.1%	53.6%	58.7%	62.8%	65.9%	68.4%
Italy	30.5%	43.0%	48.6%	52.9%	55.9%	58.4%	60.8%
Germany	33.4%	40.0%	46.1%	51.5%	56.4%	60.4%	64.1%
EU-5	36.9%	44.8%	50.1%	54.5%	58.2%	61.5%	64.4%

*Note: internet users who use social networks via any device at least once
per month
Source: eMarketer, Jan 2011*
124204   www.eMarketer.com

Y de ese porcentaje, ¿cuál será el uso de Twitter?

En México, hay un 2,4 millones de usuarios activos ó publican al menos un tweet
al día, en España se estima unos 1,5 millones de usuarios activos, hay cifras publicadas en el último informe de The Cocktail Analysis que estiman un 14% de los internautas utilizan regularmente Twitter o el último informe de aDigital.

8.2.1. Actividades empresariales en Twitter

Con Twitter una empresa puede:

1. Presentar un nuevo producto o servicio

El uso de Twitter para testear un nuevo producto o servicio es ideal por la rapidez de las respuestas… Siempre y cuando el proceso de navegación esté bien diseñado: es decir, una correcta landing page y un adecuado proceso de pregunta/respuesta, bien a través del mismo Twitter u otros sistemas alternativos: chat, foros, faq, email, teléfono…

2. Promociones y concursos

Pero que sean promociones exclusivas para sus followers, es decir, que los followers tengan algún tipo de recompensa por seguir a su marca. No es recomendable utilizar una misma promoción sin segmentar a los receptores: twitteros, facebookeros y usuarios de otras redes sociales vs. otros usuarios online. Incluso podemos limitar y medir adecuadamente los resultados que deseemos conseguir.

3. Encuestas de satisfacción del servicio

Podemos encontrar aplicaciones gratuitas en TW que nos permiten realizar encuestas de satisfacción de una forma rápida. Asimismo podemos utilizar estas aplicaciones para votaciones sobre cualquier tema que necesite una marca. Polldaddy y Twpoll son dos de las aplicaciones de encuestas más utilizadas en TW.

4. Branding

Si hace poco tiempo decíamos que si una empresa no estaba en facebook, no existía.. ahora podemos decir lo mismo en TW. Una empresa que utilice TW de una forma adecuada, ya no solo le permite esa interactuación «solicitada» por usuarios avanzados, sino que permite acercar a la marca a valores como: «modernidad», «amor por el cliente», «tecnología».. ahora bien, una cosa es la primera impresión y otra después en que efectivamente, con el uso de TW, una empresa se posicione cercano a estos valores.

También podemos archivar como testimoniales o favoritos todos aquellos tweets positivos que una empresa reciba en su cuenta de TW y pueden mejorar la imagen de marca. Para ello, utilizaremos el símbolo de estrella que podemos encontrar en cada tweet. Estos tweets los podemos guardar como favoritos y utilizarlo como testimonial ante otros twitteros.

5. Contact Center multitemporal y multidispositivo

Las cadenas de hoteles norteamericanas son las que mejor están realizando este servicio. Hyatt (@hyattconcierge) tiene un servicio 24 horas de conserje virtual, con 3 contact centers en tres tramos horarios: EE.UU., Mumbai y Australia. Os dan respuesta a cualquier cosa relacionada con tu reserva: desde el tiempo que va a hacer, hasta que te envíen un taxi al aeropuerto.

También podemos utilizar TW para avisar sobre incidencias en el servicio: retrasos, caídas de server, problemas de envío…

hyattconcierge @zepedacarlos how many night were you staying and how many people were in each room
about 5 hours ago via TweetDeck

ninagrennon @HyattConcierge Thanks, we sure will! Even during the tsunami warning in Hawaii, Hyatt was taking such a good care of guests.
about 5 hours ago via TweetDeck

jennasail 3 weeks of #Hyatt in a row in April/May! RT @HyattConcierge: @jennasail Thank you for great comments! We look forward to welcoming you back
about 7 hours ago via web

hyattconcierge @jennasail Thank you for the grest comments! We look forward to welcoming you bcak
about 7 hours ago via TweetDeck

6. Venta

¿Cómo vender a través de TW? La respuesta depende de muchas variables, pero hay algunas acciones que pueden acelerar la venta: promociones agresivas y/o exclusivas para sus followers, utilización de la creatividad aplicada a la promoción, etc., eso sí, teniendo en cuenta, que hoy por hoy, no es posible cerrar la transacción en TW, sino que, insisto –por ahora–, necesitamos llevar al lead a que cierre la transacción o bien por web o bien por teléfono u otro sistema off line, @delloutlet es un buen ejemplo.

7. Gestión de eventos y relaciones publicas

Nuestro social media manager trabaja no solo para un entorno online, también para offline, y al tener un contacto directo con nuestros superusuarios, es la persona adecuada para gestionar cualquier evento o presentación de producto/servicios que se vaya a realizar offline. Mediante un hashtag se puede identificar un evento para que se pueda retweetear.

8. Investigación de mercado

Podemos utilizar TW para conocer la opinión de twitteros respecto a una marca, bien podemos utilizar la función de search de TW, pero es limitada en en numero de tweets o en el tiempo que guarda la información o bien podemos utilizar servicios como medición en Twitter como el de Mediara. El primero es gratuito, el segundo es de pago.

9. Dirección de personas

Nuestra cuenta de TW puede servir para acelerar el proceso de localización y contratación de profesionales mediante ofertas de trabajo. Además ese mensaje se puede retweetar a otros usuarios.

8.2.2. Promoción en Twitter

Existen tres modelos de publicidad en Twitter:

1. Promoted Tweets

Son tweets patrocinados por anunciantes que aparecen cuando los usuarios buscan palabras que el anunciante ha comprado previamente para que enlacen con sus anuncios.

Ejemplo: Audi compra «car» para promocionar su nuevo modelo de coche:

De esta forma, el primer tweet resultante de la búsqueda corresponde al tweet promocionado por el anunciante, resaltando en amarillo que se trata de un tweet patrocinado. La eficacia de estos tweets corresponden especialmente a los relativos a ofertas.

Las palabras clave deben actualizarse constantemente y adaptarse a temas interesantes vinculados con la marca que puedan favorecer su notoriedad.

Se puede realizar segmentación por país y por área metropolitana. Las modelos de coste son:

- CPC: pago por click cada vez que se realiza un retweet, reply, favorito, o se clicka en el link del tweet.
- CPM por alcance.

2. Promoted trends

Nos permite contratar la primera posición en la lista de los Trending Topics del momento. Está ubicada la página de inicio del usuario y la exposición es masiva. Se diferencia del resto porque va acompañado de la caja resaltada en amarillo especificando que es promocionado.

Ejemplo: Virgin Airlines crea el hashtag #FlyFwdGiveBack para promocionar sus rutas con tarifas bajas que devuelven dinero para dárselo a la causa por la lucha contra el Cancer.

El hashtag #FlyFwdGiveBack se coloca en la primera posición de los trending topics, obteniendo así una gran notoriedad del mismo.

La eficacia de los Promoted Trends corresponden especialmente a novedades en productos o servicios exclusivos. El servicio sólo está disponible durante 24h.Twitter requiere que este servicio se vea acompañado de una campaña en Promoted Tweets y Promoted Accounts.

3. Promoted accounts

Son sugerencias basadas en la lista pública de cuentas a seguir que el usuario tiene en su perfil. Cuando un anunciante promueve una cuenta, el algoritmo de Twitter busca los seguidores de la cuenta y determina otras cuentas que el usuario puede tener la tendencia a seguir. Si un usuario sigue alguna de las cuentas, pero no la del anunciante, Twitter puede recomendar la cuenta del anunciante al usuario. Se diferencia del resto de las cuentas recomendadas porque va resaltada en amarillo y está en la primera posición de la lista.

Ejemplo: Cubovision está comprando la palabra «music» para salir posicionado en primer lugar a aquellos usuarios interesados en la música.

El objetivo es incrementar la audiencia base a la que se dirige el anunciante. Se puede realizar una segmentación por keywords, que estén relacionados con los intereses de nuestro target, con lo que podemos aparecer en las cuentas de los usuarios que siguen a nuestros competidores. El CPF (coste por Follower) se realiza cuando se decide seguir a la cuenta, no cuando únicamente se accede al perfil.

La monitorización de los servicios se realiza con un acceso al report de campaña, que puede ser descargado. Los datos recogen: el tiempo, las impresiones, clicks, replies y retweets. También existen alertas automáticas ante un comportamiento extraño de unfollows ante la publicación de un determinado tweet.

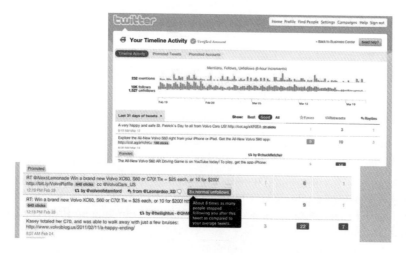

ROI de una campaña de comunicación a través de Twitter

Para medir el ROI debemos definir los objetivos de la campaña de comunicación a través de Twitter, y son los siguientes:

- Tráfico a la landing page/minisite.
- Buzz marketing y stickness/spread del contenido.
- Inbound links para mejorar el SEO.
- Aumento de la reputación social (branding).
- Más leads y/o más clientes.
- MGM en Twitter, es decir, más followers.

Todo ello perfectamente parametrizado en nuestro sistema de analítica web y CRM.

Tips necesarios y a tener en cuenta para una campaña en Twitter:

- Horas/hombre del social media manager en la gestión de la campaña en Twitter.
- Coste del gancho promocional (si lo hubiera).
- Otros costes imputables a la acción: horas/hombre equipo de marketing o agencia, amortización equipos utilizados, costes fijos…

A partir de aquí lanzamos la campaña y vamos cuantificando los resultados que podamos (tráfico, spread del contenido (retweets), CAGR del inbound links, aumento de followers, leads o clientes. Aplicamos la fórmula del ROI y obtendremos el ROI por campaña.

Como seguramente desearán ver una cifra, les puedo indicar que el ROI mínimo por campaña, hoy por hoy, es del 270% sobre leads y followers. Todavía no disponemos de cifras del ROI sobre ventas, pero @delloutlet vendió 6,5M de dólares USA a través de Twitter el año pasado.

8.3. Facebook

Desde su creación, Facebook ha ido incorporando en cada actualización mejoras sustanciales tanto en los perfiles personales como en las páginas de empresa. Por el lado del usuario, el perfil personal nació como una carta de presentación del usuario, una simple landing con fotografía, sexo, edad, y unos pocos intereses y gustos por marcas, equipos, música, etc. Con el tiempo, la información que ha ido dando el usuario ha sido más y más completa. Se ha pasado de un «quién soy», a un «que estoy haciendo», o el más actual «en qué estás pensando». Esta evolución marca la verdadera creación de una red social, en donde no sólo se pretende compartir información personal, sino también compartir aficiones, gustos, etc a través de que cada usuario, para tener pertenencia real a una comunidad.

Es por esto que la última actualización de la página de empresa de Facebook intenta completar esta tendencia, puesto que incorpora una serie de cualidades que hacen que la información que compartimos a través de nuestro perfil, se convierta en lo más social posible. En este sentido, las nuevas páginas, o como se conocen ahora, los Timeline de marcas, incorporan algunas cualidades muy interesantes. Por un lado, el nuevo Timeline hace mucho más visible la actividad que nuestros amigos tienes con las marcas con las que compartimos afición. Anteriormente, Facebook había incorporado el tab de «friend activity» a las páginas de marca, pero este tab quedaba demasiado escondido como para mostrarle interés. Ahora, el nuevo Timeline le da una posición preferente justo por debajo del número de amigos que también son Fans de la marca.

Con este ajuste, Facebook consigue que la experiencia de cada usuario con una marca sea personalizada, consiguiendo así que la interacción sea mayor, puesto, que tal como se ha visto con los buenos índices de interacción en anuncios de «historias patrocinadas», es más fácil hacerse Fan o seguir a una marca, cuando es un amigo el que nos está invitando a unirnos a una página o a una conversación. Para ver el potencial de esta nueva función, es tan fácil como ver cómo nos muestran un Timeline de una marca en la que aún no hemos hecho «like», y ver como se presenta ante nosotros esta marca una vez lo hemos hecho. Una vez más, los mejores prescriptores de una marca serán nuestros contactos más cercanos.

Y toda esta información, ¿cómo la aprovecha Facebook? Pues renovando una vez más su Market Ad y potenciando sobretodo los formatos de «historias patrocinadas», con los que, por ejemplo, podremos resaltar aún más un post determinado para hacerlo llegar al máximo número de Fans (seguramente el lanzamiento de una promoción, concurso, o el anuncio de una novedad importante de la marca). Dos anuncios nuevos son los que aparecerán en el News Feed del usuario, y son dos, puesto que aún tratándose de un mismo formato, uno de ellos va dirigido a los usuarios que se conectan a Facebook a través del móvil. Así pues, y por primera vez, Facebook incorpora publicidad en el móvil. Y finalmente, el formato más novedoso, el «logout experience», el cual permitirá impactar a aquellos usuarios en su pantalla de logout. Un formato que ya utilizan muchos otros medios en donde es preciso conectarse para acceder a su contenido.

En el caso de Facebook, las historias patrocinadas nos permiten impactar a los amigos de los fans que una empresa ya posee en su página. Si yo soy fan de un equipo de fútbol en concreto o de una serie de televisión, es más que probable que por afinidad tenga contactos en mis perfiles sociales que también lo sean.

La segmentación en Facebook nos permite impactar por sexo, edad, ubicación, etc. Pero aún más importante, dirigir nuestras campañas a grupos o páginas específicas en las que sus miembros pueden tener mayor interés en una marca y lo que ésta ofrece. Si tengo una tienda de trajes de Sevillanas, ¿por qué no impactar en páginas o grupos afines a la Feria de Abril de Sevilla? Sin duda, la conversión será más alta que una campaña genérica y con mayor volumen de impactos.

8.3.1. Viralidad de Facebook

Hace unos meses Facebook comenzó a publicar una nueva funcionalidad que al principio llamó la atención de los emarketers sobre cómo se debía interpretar. En este post voy a explicar de una forma práctica como realizar su interpretación.

«Personas están hablando de esto» es el número de personas (no tienen por qué ser fans) que interactuaron de alguna manera con «me gusta», los contenidos, aplicaciones, videos, fotos, etc., de una Fan page. Este dato es crucial para determinar el nivel de «importancia» que tiene una Fan page para cualquier usuario de Facebook. Me explico: si dividimos el número de «personas que están hablando de esto» entre el número de «personas que les gusta esto», obtendremos el «share of voice» de la Fan page.

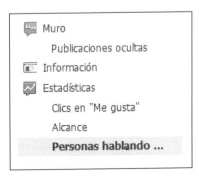

$$\frac{\text{Número de personas que están hablando de esto}}{\text{Número de personas que les gusta esto}} = \text{Share of voice en Facebook}$$

O dicho de otra manera, podremos calcular el stickness o importancia que tiene una fan page para los usuarios de Facebook (sean o no fans). Es extremadamente importante este porcentaje resultante porque se pueden extraer algunas conclusiones generales:

- Porcentajes de más del 7% de share of voice: La empresa está ofreciendo contenidos atractivos o tiene una política de captación de fans agresiva.

- Porcentajes entre el 3 y el 7%: la fan page debe realizar algunos cambios para enamorar mejor aun a los usuarios de Facebook, posiblemente reducir el número de post publicados en el muro durante el día, mejorar los contenidos ofrecidos, realizar alguna aplicación interactiva o mejorar la campaña de captación de fans.

- Porcentajes por debajo del 3%: la empresa necesita claramente mejorar en todos los aspectos. En este porcentaje se encuentran la mayoría de las pymes, posiblemente por no tener una estrategia de social media o porque estén comenzándola y una planificación estratégica en redes sociales requiere un cierto tiempo de consolidación.

Ello no significa que para algunos sectores porcentajes mayores o menores sean buenos o malo, por ejemplo en política: si un candidato tiene menos del 20%, durante el periodo pre y electoral, significa que debe mejorar (y rápidamente). Cada sector debe ajustar sus porcentajes de share of voice y siempre comparándose con la competencia.

El porcentaje de share of voice evoluciona diariamente, por lo que es recomendable realizar una media aritmética de los resultados de los últimos 30 días (que es lo que se puede obtener de las estadísticas internas de una fan page).

Ahora bien, ¿y cómo calcula Facebook el número de personas que están hablando de esto? Al principio, los social media managers desconocían como Facebook calculaba el algoritmo, pero hace unas semanas, Facebook comenzó a publicar, dentro de las estadísticas internas del administrador de una fan page, las «formas en que se está hablando de esto» y que se divide en cinco apartados:

Formas en que se está hablando de tu página

Todas las historias ▾

Todas las historias

Personas que han hecho clic en "Me gusta" en tu página

Historias procedentes de tus publicaciones

Menciones y etiquetas en fotos

Publicaciones de otros

Además, Facebook nos ofrece una información muy interesante que es la denominada «Alcance Viral» para cada unos de esos cinco puntos indicados. Y la importancia del «Alcance Viral» reside en que es precisamente el origen del social media y no es más y menos el número de personas que vieron (y pueden o no haber interactuado) algun contenido relacionado con una fan page, publicada por el amigo que originariamente interactuó con esa fan page. ¡Buenísimo!, nos permite la calcular la importancia del contenido y su efecto viral en los amigos de nuestros fans. ¡Y además para cada uno de los cinco puntos anteriores!

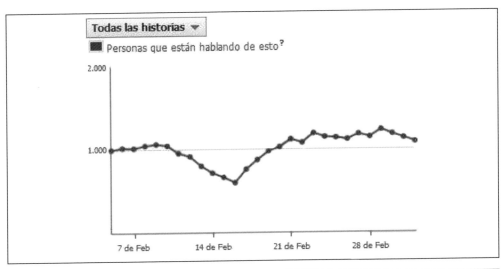

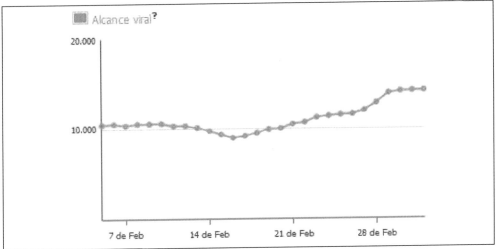

Para mejorar el «share of voice» y el «alcance viral» debemos mejorar en alguno de estos cinco apartados o una combinación de acciones en esos puntos.

8.3.2. Creación de campañas publicitarias en Facebook

Es sencillo crear un anuncio en Facebook y ademas se puede seleccionar si deseamos CPM o CPC.

Éstos son algunos de los elementos que necesitarás para crear un anuncio en Facebook:

- El enlace: Decide si quieres promocionar tu propia página web o alguno de los productos de Facebook, como una página, una aplicación, un grupo o un evento.

• El texto publicitario: Redacta anuncios claros y concisos dirigidos a tu público objetivo. El título puede tener 25 caracteres como máximo y el texto, 135 caracteres como máximo.

• Foto: Agrega al anuncio una imagen atractiva y relevante, que sea apropiada para el producto o servicio publicitados. El tamaño de la imagen se modificará para adaptarla a un rectángulo de 110 píxeles de anchura por 80 píxeles de altura.

Para crear un anuncio en Facebook debemos seguir estas fases:

Paso 1: Diseño del anuncio

Carga el material publicitario, incluido el título (que no debe superar los 25 caracteres con espacios) y el texto del anuncio (de un máximo de 135 caracteres con espacios) en el espacio correspondiente. A medida que crees el anuncio, podrás ver una vista previa del mismo.

Si quieres, también puedes cargar una foto o imagen. A continuación, decide si quieres dirigir al público de tu anuncio hacia tu propia página web o bien hacia un elemento de Facebook, como una página, una aplicación, un grupo o un evento. Si eres el administrador de una página, grupo, evento o aplicación, podrás seleccionarlo en el menú desplegable.

En este paso también puedes elegir la segmentación precisa del anuncio por edad, sexo o situación geográfica de los usuarios, entre otros. Si marcas la casilla correspondiente, agregaremos contenido informando al usuario de las interacciones de sus amigos con tu marca o negocio en Facebook.

Paso 2: Segmentación

Dirígete exactamente al público que quieres gracias a filtros demográficos y psi-cográficos. Por defecto, Facebook dirige la publicidad a todos los usuarios con una edad mínima de 18 años que se encuentran en la situación geográfica especificada por defecto. Sin embargo, te animamos a modificar los parámetros de los filtros para llegar al público más adecuado para tu anuncio. No olvides indicar una cifra aproxi-mada del número de personas al que mostrar tu anuncio que correspondan con tus parámetros.

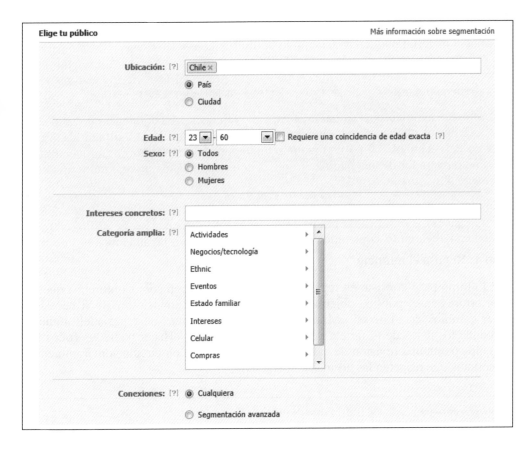

Paso 3: Precio de las campañas

Ponle nombre a tu campaña sin olvidar que los anuncios que pertenecen a la mis-ma campaña comparten el presupuesto diario y la frecuencia de circulación.

Una vez creada la campaña, decide el presupuesto diario y la frecuencia de circu-lación del anuncio. ¿Cuánto quieres gastar al día? El presupuesto mínimo es de un USD al día. A continuación, decide cuándo quieres que se muestre tu anuncio. ¿Quié-res que la campaña esté en circulación de forma continua a partir del momento en que se apruebe el anuncio o prefieres elegir una fecha de inicio y finalización de la mis-ma?

Decide si prefieres pagar por número de clics o de visualizaciones del anuncio. Por último, confirma la cantidad máxima que quieres pagar por clic o por 1.000 impresiones, en función del método de pago que hayas elegido. Podrás ver las cantidades mínimas y máximas que otros anunciantes están pujando para llegar al público objetivo que te interesa. Para obtener resultados óptimos, deberías al menos igualar la cantidad mínima de puja sugerida.

Campañas, precio y programación   Más información sobre precios

Campaña y presupuesto

Campaña existente: [?]   xdirect - sin segmentacion

Presupuesto de la campaña: [?]   10   EUR   Por día   [?]

Calendario de la campaña: [?]   ☑ Poner mi campaña en circulación ininterrumpidamente a partir de hoy

Precios: ◉ Costo por clic (CPC)
           ○ Costo por mil impresiones (CPM)

           Se te cobrará cada vez que alguien haga clic en tu anuncio o   [?]
           historia patrocinada (CPC).

           € 0.15   Por clic (CPC)

           Puja sugerida:€ 0.09–€ 0.14 EUR [?]

Paso 4: Repasa el anuncio

El último paso consiste en repasar el anuncio que has creado. Comprueba que no haya errores en el público objetivo, el presupuesto y el anuncio en sí. Si necesitas hacer cambios, haz clic en «Modificar anuncio». Después de repasar el anuncio, introduce los datos de tu tarjeta de crédito y haz clic en «Hacer pedido». Todos los anuncios pasan una revisión de calidad antes de ponerlos en circulación. También se comprueba que respeten las normas de contenido.

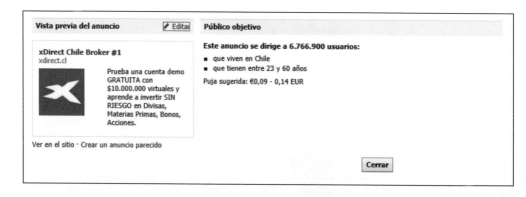

Vista previa del anuncio   ✏ Editar   **Público objetivo**

xDirect Chile Broker #1   Este anuncio se dirige a 6.766.900 usuarios:
xdirect.cl
                                           ■ que viven en Chile
              Prueba una cuenta demo   ■ que tienen entre 23 y 60 años
              GRATUITA con
              $10.000.000 virtuales y   Puja sugerida: €0,09 - 0,14 EUR
              aprende a invertir SIN
              RIESGO en Divisas,
              Materias Primas, Bonos,
              Acciones.

Ver en el sitio · Crear un anuncio parecido

                                                              Cerrar

8.4. Otras redes sociales

8.4.1. Linkedin

El los últimos tiempos Linkedin ha ido incorporando una serie de ventajas para las empresas que han permitido que éstas puedan compartir su contenido en esta red social dirigida a profesionales y llegar cada vez a más gente gracias a sus opciones publicitarias.

Vamos a ver las principales mejoras:

1. Las páginas de empresa

Estas páginas se caracterizan por tener una información general, una zona de carreras profesionales, y la más interesante, un apartado de productos y servicios. En este último apartado, podemos personalizar la zona del banner, que nos permite redirigir tráfico fuera de Linkedin, y ofrecer el listado de los distintos tipos de productos y servicios que nuestra marca tiene. La viralización de contenido juega un papel importante aquí, puesto que los usuarios pueden compartir y recomendar los productos a sus contactos. Así pues, estas páginas de marca ya no sólo tienen presencia en Facebook. Tanto Linkedin, como posteriormente Twitter, han entendido que disponer de una página oficial no sólo es una buena opción donde concentrar el contenido propio de una marca sino también una forma extra de ingresos para la red social a través de la posibilidad de contratar las páginas más avanzadas: Silver o Gold. La página de Dell es una de las más completas que se puede encontrar.

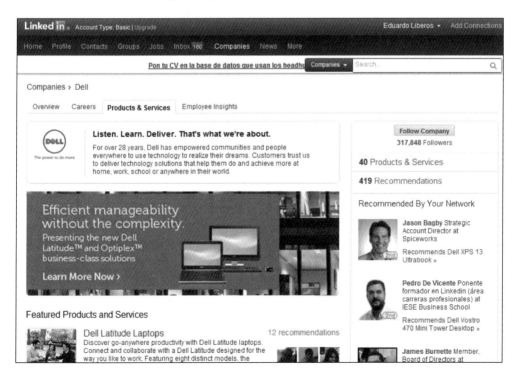

2. La publicidad en Linkedin

Una red social profesional nunca llegará a tener los números de usuarios de una red social generalista, como en el caso de Facebook, pero en cambio, si que puede presumir de disponer de una calidad de perfiles y un poder de segmentación muy interesante para las marcas que deseen publicitarse. Un problema inicial pero, es que la tipología de marcas que pueden anunciarse es muy reducida, puesto que más allá de campañas de marcas de tecnología, escuelas de negocio, o centros de convenciones, etc., es difícil que marcas de otros sectores puedan conseguir campañas con resultados aceptables. Ahora mismo hay dos tipologías de anuncios, los Premium, que sólo se pueden contratar a través de un presupuesto mínimo (alto) y los Linkedin Ads, abiertos a todas las marcas y todos los bolsillos, los cuáles funcionan como enlaces de texto y anuncios de display con un único formato y que cuentan con índices de CTR muy bajos. La principal ventaja de los Premium Ads son la gran capacidad de segmentación de que dispone una marca tanto a nivel geográfico como demográfico.

3. Los grupos

Seguramente, la principal esencia social de Linkedin. Fueron muchas las empresas y sobretodo, escuelas y universidades, que iniciaron su presencia social en esta red a través de la creación de grupos de discusión donde compartir conocimiento y poder establecer vínculos con una marca, escuela, etc. Algunas de estas empresas han visto como sus clientes, trabajadores o proveedores habrían diferentes grupos y sub-grupos para poder comunicarse entre ellos. Es lo que se conoce como el «B2B social». Algunos de estos ejemplos son:

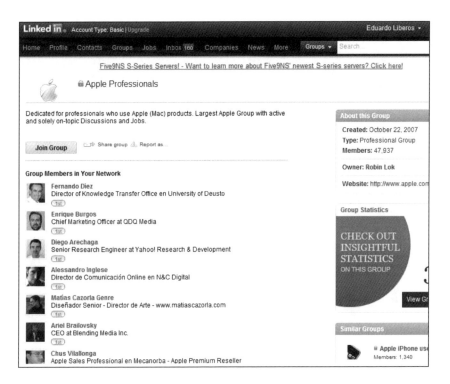

8.4.2. Instagram

Instagram es una aplicación gratuita que se puede descargar desde la App Store de Apple. Se lanzó el 6 de octubre de 2010 por dos fanáticos de la polaroid, Kevin Systrom y Mike Krieger. En tan sólo 1 año y unos meses, esta aplicación cuenta ya con más de 27 millones de usuarios repartidos por todo el mundo, y espera llegar a muchos más gracias a su esperada presencia en el Market de Android, la cual, está en fase beta privada y en breves estará disponible para todos los usuarios de estos dispositivos.

El funcionamiento es muy sencillo, se hace una foto, se aplica uno de los muchos filtros de que dispone y se sube a la aplicación. Instagram tiene todas las virtudes de una red social y permite compartir las fotos con todos los contactos que se hayan agregado previamente. Su sistema de feed con las últimas fotografías subidas, y la posibilidad de clickar en «like» o comentar las fotos, potencian la participación en esta pequeña comunidad de adictos a la fotografía.

El nivel de adicción ha llegado a tal punto, que incluso se han creado diferentes reuniones de grupo entre los más fanáticos. Estas reuniones, llamadas «instameets» http://blog.instagram.com/instameets se realizan por todo el mundo a través del portal de encuentros MeetUp, aunque también han salido algunos casos más concretos y cercanos como la comunidad «Instagramers» (http://instagramers.com/links/cities/spain/), que nació en Barcelona a través de una serie de usuarios que compartían sus fotografías en Twitter cada día a través del hashtag #igersbcn.

A nivel de marca, son varias las opciones que Instagram permite para interactuar con sus seguidores. Más de un perfil de empresa ya cuenta con una presencia muy activa, como es el caso de Starbucks, que ha conseguido agregar a su cuenta a más de 200.000 seguidores. Burberry, Mango, y otras marcas de moda ya comparten sus últimas colecciones «con filtros», y algunas marcas también utilizan esta red para fomentar el número de fotografías que se realizan en un evento, conferencia, etc. Agregando un hashtag de Twitter a las fotografías que se realizan, la marca puede recoger toda la actividad fotográfica que se ha compartido en Instagram para diferentes usos, como puede ser, el de realizar un concurso entre todas las fotografías subidas durante el Evento.

Como en todas las redes sociales, y demás portales de internet, Instagram también cuenta con su propio algoritmo, en este caso, para determinar cuáles son las fotos más populares en un momento dado. Esta opción nos permite descubrir nuevos perfiles a seguir y sobretodo, aprender de grandes «maestros» de la fotografía. ¿Cómo poder acceder a esta sección? Esta es la gracia del algoritmo.

Al final, tanto como para un perfil personal como para uno de empresa, la manera más idónea para poder llegar a conseguir el máximo número de seguidores es mediante la paciencia y la constancia. Todo buen trabajo acaba teniendo su recompensa, y en este caso, el trabajo bien hecho se define en la capacidad de realizar buenas fotografías que acaben virilizándose a través de diferentes contactos consiguiendo así la máxima repercusión.

8.4.3. Google+

Google lanzó su red social Google+, que pretende convertirse en una alternativa a Facebook. La filosofía del proyecto se centra en que por muchos contactos que tengamos en las diferentes redes sociales y microblogging no deseamos compartir todo con todos, y entre otras funcionalidades, Google+ te ayuda a diferenciar que quieres y que no quieres compartir.

Google+ tiene 5 funcionalidades: Circles (Círculos), Quedadas (Hangouts), Subidas desde el móvil (Instant Upload), Intereses (Sparks) y Hola! (Huddle). Veamos cada una de ellas.

1. Circles (Círculos)

Esta funcionalidad es la principal porque encierra la filosofía del proyecto, no compartir todo con todo el mundo o dicho de otra manera, seleccionar que quiero compartir con quien. El usuario podrá crear tantos círculos o segmentos entre sus contactos y decidir que compartir con cada círculo en cada momento.

2. Quedadas (Hangouts)

A través de una aplicación de video, similar a las de las videoconferencias actuales como Skype, podremos quedar con los miembros de un círculo que seleccionemos en nuestro perfil y potenciar la comunicación cara a cara. Tendremos que ver el número máximo de personas al mismo tiempo por el sistema de videoconferencia sin que se pierda calidad en el audio o video.

3. Subidas desde el móvil (Instant Upload)

Google+ pretende potenciar el internet móvil y el uso del móvil como un sistema central de cámara, Messenger y GPS. Para ello permitirá, previa autorización de los usuarios, determinar en qué lugar se encuentran tus contactos según el circulo desees utilizar en un momento y si realizas tu o tus contactos de un circulo alguna fotografía se crees automáticamente un álbum privado de fotografías, esperemos que más delante de videos (¿Youtube+?).

4. Intereses (Sparks)

La funcionalidad sparks es un feed de contenido que te permite seleccionar aquel contenido que realmente quieres leer o visualizar y compartirlo con tu círculo o círculos de una forma rápida e intuitiva.

5. Hola! (Huddle)

La funcionalidad Huddle es un sistema de messenger con los miembros de un círculo con el que desees comunicarte. Hoy por hoy, solo funciona con Android (veremos la réplica de Apple).

Visto lo visto, como todo lo que sale de la factoría Google habrá que esperar a su funcionamiento en real con millones de usuarios y su funcionalidad, pero Google ya ha fracasado en otros intentos relacionados con Social Media como Google Buzz, Wave, la compra en su momento de la brasileña Orkut o la apertura de su API para que se pudiera compartir información.

8.4.4. Foursquare

En marzo de 2009, Dennis Crowley y Naveen Selvadurai crearon Foursquare, después de un intento previo por parte de Dennis en crear una red de geolocalización llamada Dodgeball que acabó en las manos de Google y que nunca llegó a materializarse. Una buena manera de conocer los inicios de esta red social es mediante una serie de sitios, concretamente 14, con sus respectivos comentarios o «tips», que los fundadores de Foursquare han decidido compartir mediante una «Lista», una de las opciones más interesantes que nos ofrece esta red.

Foursquare, la principal red de geolocalización, permite a los usuarios realizar check-ins en los lugares donde uno se encuentra. Cuando un usuario realiza un check-in obtiene puntos, y cuantos más realice en un mismo lugar, más puede conseguir gracias a convertirse en el Mayor de ese establecimiento. La competencia también aparece con los Badges, que son los premios que uno gana por realizar varios check-ins, los hay de diferentes tipos:

Lo que al principio surgió como un simple «juego», como lo llamaban algunos, ha acabado siendo una herramienta importante e útil tanto para usuarios como para empresas, y todo gracias a las constantes mejoras que esta red de geolocalización ha ido desarrollando.

Hace poco ha incorporado la función de explorar, tanto en la versión de smartphone como en la web. Esta opción permite poder encontrar sitios cercanos mediante el uso de términos concretos, es decir, podemos buscar «café» y nos aparecerán los sitios más próximos en donde poder disponer de un espresso o un café americano. La búsqueda aparece con los comentarios que han dejado los usuarios, y más concretamente, los de nuestros amigos que ya han estado allí. Como en toda red social, la recomendación de una persona conocida siempre es más valuosa para nosotros.

Las listas también nos ofrecen una nueva forma de descubrir sitios de nuestra ciudad o incluso estando de viaje. Como ya hemos visto con el caso de los fundadores de Foursquare, hay muchas listas que están colgadas para que la gente pueda ir haciendo check-ins en cada uno de los sitios y encontrar nuevos lugares. También lo puede utilizar una marca, principalmente dirigida al sector servicios, en donde poder ofrecer información extra a sus usuarios. Un ejemplo es Oh-Barcelona, agencia de reservas de hoteles y apartamentos, que ha colgado en una Lista los 8 lugares de Barcelona que uno no puede perderse.

Las marcas también se pueden aprovechar de los cupones que Foursquare ofrece a través de las Special Offers. Las hay de muchos tipos, pero las más interesantes son las que ofrecen un descuento o incluso producto gratis en el mismo momento de realizar un check-in en un lugar. Teniendo en cuenta de que aparecen destacadas cuando alguien realiza una «exploración», es interesante que un establecimiento cuente con al menos una para poder decantar a un usuario indeciso.

A nivel de información, Foursquare ofrece toda una serie de ventajas para el establecimiento. Desde el horario, el mapa de localización, o incluso los eventos que están teniendo lugar. Los cines, en donde ahora se puede consultar la cartelera a través de una búsqueda, los horarios de los partidos en un estadio o las conferencias programadas en un centro de convenciones, son algunos de los ejemplos más interesantes.

Así pues, Foursquare se está convirtiendo en una guía de establecimientos muy completa y que cabe tener en cuenta tanto para el usuario cuando está organizando un plan, como para un establecimiento o marca que desea atraer a más clientes.

8.5. Publicidad en soportes sociales

Para poder convertir los followers o los seguirodes en leads recomendamos que se siga la regla del 3D:

- Deal: Ofertas y promociones exclusivas para tus followers.

- Diversity: No es recomendable bombardear a tus followers con deals tras deals (poniendo en peligro la imagen de marca de tu empresa o producto en Twitter), Con una conversación normal, no forzada, con tus followers sobre temas relacionados con el producto (contenido) no tanto con venta directa.

- Dedication: Los nuevos proyectos en Twitter requieren su tiempo para madurar, sólo el tiempo invertido significará resultados. Le recomendamos que pueda parametrizar cualquier tweet o tinyurl que suba.

A través de las redes sociales, podemos desarrollar diferentes campañas de medios:

- Campaña de captación de fans o seguidores. Estas campañas se realizan sobretodo en el período de activación de un nuevo perfil social el cual necesita de una masa sustancial de fans o seguidores para poder potenciar su comunidad y viralizar de manera natural su contenido. Los anuncios nos redirigen, por ejemplo, a la página de Facebook de la marca o a su perfil en Twitter.

- Campaña de captación de registros. Aunque la manera más aconsejable de conseguirlos es potenciando la conversión de fans a registros a través de campañas específicas, también podemos redirigir tráfico a través de la compra de medios sociales que nos permiten redirigir directamente a la pestaña de una aplicación en una página de Facebook, a una landing externa en donde introducir los datos para entrar en un concurso, etc.

- Campaña de notoriedad. Podemos aparecer en primer resultado de trending topic en Twitter durante 24 horas con el impacto y amplia cobertura que esto supone. Combinarlo con una campaña de Tweet promocionado nos puede ayudar también a redirigir tráfico a una campaña específica.

El éxito de conversión de estas campañas viene dado por una serie de variables como son:

- El grado de conocimiento de la marca.

- En el caso de que estemos realizando un concurso o promoción, el premio o descuento del mismo. Cuanto más apetecible sea por parte del cliente, más éxito de conversión tendrá la campaña.

- La acción requerida para participar. No es lo mismo colgar un comentario o rellenar 4 datos personales, que grabar un vídeo de 2 minutos realizando un salto en bicicleta.

- Y sobretodo, donde realizamos los impactos de esta acción. Es decir, analizar previamente en que foros, blogs, páginas, grupos reside nuestro target más afín.

- En este último punto entran con fuerza los modelos de publicidad social como son las historias patrocinadas de Facebook o su capacidad de segmentación en Engagement Ads, o empresas como Adman Media, especializada en las campañas de recomendación a través de los perfiles personales.

8.6. Social Media Ecommerce

El Social Media Ecommerce también conocido como social shopping se apoya en la aparición de opiniones de compra que ayudan a otros usuarios, no sólo a seleccionar el site más adecuado al producto buscado, sino también el producto más adecuado para un regalo.

¿Cómo funciona el «social shopping»?, bien, desde las redes sociales on line se deriva tráfico cualificado hacia portales de comercio electrónico, mediante el boca a oreja.

En Facebook, actualmente apenas hay desarrollos donde todo el proceso transaccional se realice bajo un entorno de Facebook, y más desde los cambios del lenguaje de programación (FML). Lo habitual es un diseño en alguna sección o pestaña (oferta, búsqueda de producto, promoción cupon) y en el caso que haya interés en ese producto, el proceso de venta se realiza en el website de comercio electrónico.

En twitter, es similar pero en este caso con un enlace a la página de producto o de promoción de las empresa de comercio electrónico.

En el resto de redes sociales, comunidades virtuales o microblogging siguen alguno de los dos formatos anteriores.

8.7. Blogs

La web se está transformando en si misma en un medio democrático, no solo por la similitud entre la población off line y on line, sino porque se está convirtiendo en una comunidad global de millones de voces y opiniones. Los blogs representan un medio de información dispersa y combinan el poder del boca a oreja con la eficiencia de Internet. Aquellas empresas que quieran conocer que se opinan de ellas, debe saber manejarse en la blogosfera. Los blogs más importan-

tes son: wordpress, blogger, weblogs, MSN spaces, xanga.com…

Un estudio realizado por Social Media y GFK31 muestra la aceptación de la publicidad en blogs por parte de los usuarios. El 82,4% de los usuarios de blogs afirma que una marca que se anuncia en blogs es una marca que conoce bien dónde encontrar a su target. Un 78,6% defiende que las marcas más importantes de cada categoría deberían publicitarse en estos sitios especializados.

Para un 69,7% las marcas más innovadoras están en este tipo de sitios. En general, la publicidad en blogs se considera más relacionada con la temática, más fiable y más novedosa en cuanto al uso de formatos.

La cantidad de nuevos blogs crece exponencialmente cada mes. El blogging es un fenómeno que ha causado toda una revolución social al hacer realidad las potencialidades de la Web 2.0, permitiendo al usuario generar y compartir información y ofreciendo a la empresa la oportunidad de conversar con sus clientes (actuales y potenciales) y generar comunidades en torno a la marca.

¿Qué hacemos con los blogs?:

- 82,9% ve vídeos clips online.
- 72,8% lee blogs/weblogs.
- 67,5% lee blogs personales/weblogs.
- 63,2% visita sitios para compartir fotografías.
- 57,3% administra su perfil en alguna red social.
- 54,8% deja comentarios en blogs.
- 52,2% sube fotos personales en sitios para compartir fotografías.
- 45,8% deja comentarios en un nuevo sitio.
- 45,1% descarga podcast.
- 38,7% inicia su propio blog/weblog.
- 38,5% sube vídeo clip a un sitio para compartir vídeos.
- 33,7% está suscrito a feeds de RSS.

Por lo tanto, del 54,8% de los comentarios que un usuario deja en un blog, más de un cuarto están dedicados a hablar de productos y marcas. La tendencia dice que seguirá subiendo la participación de esta conducta, dado principalmente por la digitalización de los medios, alcance, fluidez y crecimiento del entorno digital

Weblogs (o blogs) son básicamente páginas web extremadamente fáciles de actualizar, publicadas por una persona o un grupo. Son estructurados por artículo, donde el más reciente se muestra en la parte superior de la página. Los blogs en general ofecen la posibilidad de que los lectores dejen comentarios de los artículos, lo que conduce a dialogar. Crear un weblog básico es gratis, y cada weblog es accesible desde el mundo entero. Technorati, un índice de blogs y motor de búsqueda, supervisa actualmente 27 millones de blogs.

Existen varias formas de clasificar a los blogs, aunque entre ellas destaca la de José Luis Orihuela, profesor de la Universidad de Navarra, que los agrupa en:

- Personales. Se trata de los blogs que incluyen la opinión individual de una persona.

- Temáticos/profesionales. Especializados en una temática o disciplina (marketing, turismo, política, periodismo…), habitualmente escritos por profesionales, a título personal, que escriben sobre temas que conocen y dominan. En este grupo estarán los llamados «líderes de opinión», o blogs con una amplia difusión y credibilidad.

- Corporativos. Se trata de los blogs que pertenecen a una empresa. Javier Celaya2 los agrupa en función de la dirección de la comunicación:

  - Blogs corporativos externos, para establecer conversaciones con clientes, socios, proveedores, la competencia. Aunque será necesario dar un enfoque o sentido prioritario al blog, entre:

    - Enfoque ventas/marketing.

    - Enfoque relacional/posicionamiento corporativo.

    - Enfoque clientes/atención al cliente.

  - Blogs corporativos internos, cuya función es establecer relaciones internas para que todas las unidades de negocio se impliquen en la estrategia de comunicación empresarial.

Los blogs pueden hacer a una compañía vulnerable debido a la posibilidad de dejar comentarios y comenzar una discusión, también hay micro-medios que son mucho más seguros. Cualquier persona puede comenzar un podcast o un videocast ahora, entonces ¿por qué las compañías se deberían quedar con las formas tradicionales de comunicación? ¿Un videocast no sería una buena manera de publicidad para una gran tienda? ¿Por qué no producir mini-programas sobre moda, con consejos, tendencias y novedades, y mostrar algunos de sus productos en el camino (¡sin convertirlo en un anuncio comercial!), y distribuirlo a través de RSS a los consumidores interesados? ¿Por qué una librería no puede producir una serie de entrevistas con escritores y publicarla como podcast? Una compañía del telefonía móvil podría comenzar un podcast con una llamada telefónica divertida cada día. Los clientes se suscriben con RSS, y descargan el contenido directamente a sus teléfonos móviles con MP3.

Los micro-medios no solamente permiten a los consumidores tener sus propios medios, también permiten a las compañias difundir noticias sobre productos nuevos, tendencias, lanzamientos e información relacionada a sus productos. Esto crea formas totalmente nuevas de publicidad optin. Posibilidades hay miles, y las agencias de publicidad deben llevar a sus clientes a este nuevo mundo de interacción marca/consumidor.

8.8. Sindicación de contenidos, podcast y videocast

RSS (Really Simple Syndication o Rich Site Summary) facilita la sindicación (o distribución) de contenido. Suscribiéndose a un feed RSS, el contenido será entregado automáticamente en el computador del suscriptor, en vez de que él o ella tenga que visitar un website para buscarlo. Este contenido puede ser texto (feed de un weblog o de un sitio de noticias), audio (los podcasts) o video (videocasts). La mayoría de los sitios de noticias ya han adoptado RSS, publicando constantemente las últimas noticias en forma de feed RSS.

Estos feeds se puede ver en los llamados lectores de RSS, software que recibe estos feeds, los interpreta, y muestra su contenido como artículos o como multimedia. Las nuevas aplicaciones para RSS se están desarrollando constantemente y según muchos, será la forma en que en el futuro se distribuirá el contenido de Internet, en el sentido más amplio.

Los Podcasts (combinación de las palabras iPod y broadcast) son esencialmente programas de radio, distribuidos en formato MP3. Aunque es algo más difícil que crear un weblog, crear un podcast sigue siendo relativamente fácil y de muy bajo costo. Un Podcast se puede descargar fácilmente a un MP3 player, lo que, esencialmente, significa radio en tiempo diferido.

Un ejemplo de terminal móvil que está concebido para potenciar esta movilidad del usuario para la reproducción de archivos Podcast es el iPhone, con su software de escritorio iTunes. Precisamente usando este tándem iPhone + iTunes. iTunes U, un canal de podcast para Universidades, para la descarga de archivos relacionados con sus estudios.

8.8.1. Análisis de la sindicación de contenidos (RSS) y podcast

El RSS, el estándar de Internet para distribuir contenido, afectará a los medios de comunicación masiva. La tecnología, que permite que los usuarios se suscriban al contenido del medio, para recibirlo en un lector RSS (y más adelante, en otros dispositivos con soporte RSS), no es necesariamente una amenaza a los medios de comunicación, pero si a la manera en que ellos ditribuyen su contenido.

Es una ventaja para los medios en linea, sobre los medios tradicionales como prensa, radio y televisión por cable. El RSS permite que los usuarios filtren noticias, que se suscriban a ciertas secciones y que desechen otras, y que sean alertados cuando nuevas noticias de su interés estén disponibles. Sin duda crea una experiencia con la cuál los medios tradicionales, en su actual formato, dificilmente podrán competir.

El modelo donde un grupo de redactores decide sobre cual noticia está en el periódico o en la TV, es obsoleto. Sin embargo, los medios de comunicación pueden utilizar RSS en su favor (algunos medios importantes ya se dieron cuenta). En el caso de un periódico, por ejemplo, publicando un feed RSS de una área específica y solamente con titulares, permite que los lectores se mantengan al día a través de sus lectores RSS, visitando el sitio del periódico para leer el artículo completo si les interesa. Por supuesto, esto dará lugar a las modificaciones en la estructura del website (ya nadie entrará por la puerta principal, por decirlo así) y moverá la versión impresa del periódico a una situación de desventaja, por ser menos flexible y relevante que su hermano digital. Sea como sea, esto tendrá consecuencias para los publicistas.

Podemos concluir que las estrategias de medios (y así la publicidad) todavía dependen mayormente de medios masivos (top-down), mientras que la tendencia está claramente hacia micro-medios (bottom-up). En términos de planes de medios, el desafío de los 10 próximos años será adaptarse a este nuevo sistema de reglas, considerando el hecho que, con más poder sobre el contenido que antes, los consumidores pueden conducirse hacia un ambiente con menos mensajes comerciales, o al menos con mensajes más relevantes y con formas de publicidad opt-in.

Capítulo 9
Fidelización online

9.1. Introducción a los programas de fidelización online

«Mejorar un 5% la retención de clientes, puede incrementar un 75% el beneficio».
(*The Loyalty Effect*, Fredrick Reichheld. Harvard Business School Press 1996).

ESQUEMA GENÉRICO DE UN PROGRAMA DE FIDELIZACIÓN ONLINE

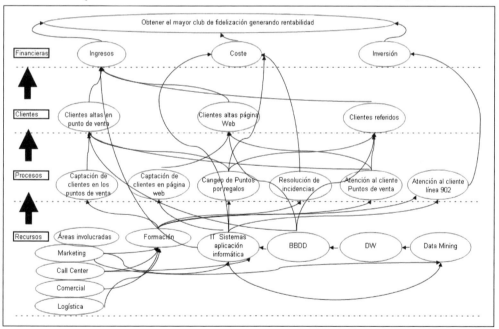

En Internet, el consumidor tiene más poder que nunca sobre las empresas. Tanto es así que hablamos del nacimiento del Prosumer (híbrido entre productor y consumidor). He aquí algunas reflexiones sobre las consecuencias derivadas del aumento de este poder de decisión, una de las cuales es la inclinación a la infidelidad.

En palabras de Alvin Toffler nos encontramos ante una nueva actitud de los usuarios en relación con el medio Internet. Se habla del concepto de Prosumer, una nueva clase de consumidores que intervienen por primera vez en el de proceso de producción[1].

No debemos olvidar la sensibilidad del usuario de Internet acerca de la privacidad y todo lo referente a sus datos personales. Esto ha generado un rechazo hacia el spam y abre las expectativas de una nueva herramienta de e-ventas, como son las redes sociales.

El usuario es quien decidirá qué es lo que quiere recibir, de quién lo quiere, y cuándo. ¿Es eficaz una estrategia de marca? ¿Fiel… hasta cuándo?

La tendencia a la deslealtad o la generación de relaciones temporales impera en Internet y es lógico, hay una gran capacidad de elección y se pueden comparar precios de forma inmediata.

Supongamos que la estrategia de marca consiste en crear una comunidad online de usuarios. ¿Qué acciones se realizan con los usuarios para evitar que en cualquier momento, y con un solo click, se produzca un abandono? ¿Se están generando programas para involucrar a los clientes en la estrategia de compañías? ¿Por qué tengo que ser fiel? ¿Confianza? ¿Seguridad?

9.2. Las claves de la fidelización online

El entorno económico en el que nos encontramos, no nos permite ni la más mínima relajación dentro del ámbito comercial. La competitividad de empresas y marcas ha conseguido que lo que antes era visto por el cliente como un valor añadido a sus expectativas en cualquier acto de compra, se convierta en algo esperado e indispensable para su toma de decisiones.

De ello tenemos un claro ejemplo, la hostelería: los productos cosméticos en el baño, la televisión en las habitaciones, el aire acondicionado y un largo etc. de extras que hace 10 años marcaban las diferencias de calidad entre las cadenas hoteleras, han pasado a formar parte de los servicios normales que cualquiera esperamos encontrar en nuestra habitación cuando viajamos, como tener una cama confortable o un baño independiente.

Con la implantación del comercio electrónico la empresa tradicional no solo tiene que enfrentarse a nuevos competidores, sino a una filosofía comercial totalmente diferente de la suya. El ámbito de Internet y la profusión, cada vez mayor, de empresas on line están acelerando este proceso dentro y fuera de la red. Estas empresas cuentan con desventajas añadidas en lo que a competitividad se refiere frente a las que operan off line. Tanto las páginas de contenidos como las de comercio electrónico cuentan con usuarios potencialmente infieles, puesto que el cambio de una a otra no les produce mayor trastorno que un clic en su ratón.

Por tanto, ¿cuáles son los valores que diferencian a empresas de un mismo sector ante los ojos de un cliente? ¿Cómo evitar la fuga de clientes? La palabra clave que responde a estas preguntas es «fidelización».

---

[1] Más información: http://bit.ly/Fidelizacion-online.

La preocupación de la empresa actual, ya no es tanto captar nuevos clientes, sino conservar a los que tiene. Está demostrado que resulta diez veces más barato retener a un cliente que captar uno nuevo, pero cómo conseguirlo será lo que marque la pauta a la hora de poner en marcha un sistema de fidelización.

Por tanto resultaría interesante que analizáramos cuales son las claves que consiguen que un programa de fidelización funcione.

Lo primero y quizás más importante es definir qué espera el cliente recibir a cambio de su fidelidad. Para ello tendremos que conocer su perfil, saber cuales son sus gustos y sus preferencias. Si el premio o regalo no le resulta atractivo, difícilmente conseguiremos llamar su atención.

Pero el premio también tiene que ser alcanzable. La mejor manera de conseguir el efecto contrario al que deseamos y de desmotivar a un cliente, es ponerle delante un caramelo que nunca va a llegar a disfrutar.

La comunicación es también un elemento esencial para alcanzar el éxito. El cliente siempre debe estar informado, así eliminaremos toda sensación de incertidumbre y evitaremos que se desenganche del programa. Debe saber cuánto le falta para conseguir su regalo, qué avances o novedades se producen y poder resolver de manera inmediata cualquier duda que le surja.

La capacidad de cambio e innovación aportarán un elemento lúdico y especialmente atractivo a toda persona suscrita a un programa de fidelización. El recibir promociones, ofertas especiales, sorteos, juegos o cualquier otro aliciente que rompa con la rutina, hará que nuestro cliente no se aburra ni se desmotive a medida que pasa el tiempo.

Por último, pero no menos importante, una buena gestión. Cuando un cliente quiere obtener su regalo, quiere hacerlo de forma inmediata. Tenemos que tener en cuenta que en su momento le dijimos que confiara en nosotros y que cuando él ya tiene acceso a un premio es que nos ha demostrado de manera sobrada que lo hizo. Es precisamente en este momento cuando tenemos que demostrarle que su confianza estaba justificada. Si tiene cualquier problema en este proceso de gestión, nunca más acudirá a nuestra empresa y conseguirá que no acudan muchas de las personas de su entorno.

Es muy difícil que un programa interno cumpla todos y cada uno de estos requisitos, tanto por el coste como por las implicaciones en recursos humanos y en medios que conlleva su desarrollo. Por eso, cada vez más empresas no se plantean crear un programa propio, prefieren formar parte de un programa de fidelización multisector donde toda la infraestructura ya está creada y donde otras compañías de diferentes sectores contribuyen con el mismo tipo de incentivo a que la obtención del premio para su cliente sea más ágil.

Puede resultar más o menos fácil montar un sistema de fidelización, pero no lo es tanto que dicho sistema funcione y consiga los resultados deseados.

9.3. Ventajas de la fidelización online

El objetivo de los programas de fidelización multisector es el de aportar a los asociados una herramienta que les permita contestar a estas preguntas y al mismo tiempo generar el mayor tráfico posible hacia sus páginas.

Un programa de fidelización online ofrece varias ventajas:

- Beneficiarse de los internautas de todos los asociados del programa: Compartir internautas desde los distintos flujos de procedencia, permite dar a conocer las páginas de los asociados a más internautas, con el consecuente aumento de tráfico y de páginas vistas.

- Identificar los perfiles de los visitantes: Cualquier promoción de marketing tiene como objetivo atraer al usuario a su página web. Conocer que gustos y necesidades demandan los internautas nos sirve para adecuar en cada momento las estrategias de mercado. Además, en los programas multisector se puede tener acceso a los perfiles de los internautas por el hecho de ser asociado sin ningún tipo de coste.

- Incentivar las visitas de nuevos vínculos con premios: Promocionar los nuevos vínculos dentro del propio sitio es clave para el sustento de las páginas, puesto que la diversidad de contenidos anima a la navegación. La obtención de puntos por entrar en estos links asegura en gran medida su éxito. Asimismo, toda forma de atraer nuevos miembros al programa ha de ser premiada igualmente, teniendo en cuenta que si el internauta es obsequiado por cada miembro «apadrinado» el número de navegantes que se afilien al programa será mayor.

- Fomentar las compras repetitivas: Se puja por cada internauta que navega en las páginas, pero no sólo hay que conseguir que se paseen por los sitios, sino también captar su interés para que vuelvan y realicen «el acto de compra», Este representa un motivo más por el que privilegiar a los consumidores on-line, que además de darnos información, contribuyen al mantenimiento de la página con sus compras. Ofrecerles la posibilidad de ganar puntos canjeables por regalos, permite diferenciarse de aquellas otras páginas que no «miman» al consumidor final y en un alto porcentaje, las páginas afiliadas a un programa multisector, adquieren una ventaja de percepción frente a las que no lo son.

- Conocer los gustos de los internautas más asiduos: Todas las visitas de internautas son importantes y nos ofrecen datos de interés. Pero sin duda aquellos que nos visitan con mayor frecuencia, son los que nos aportan más información, por lo que deben ser objeto de nuestra mayor atención. Premiar e incentivar su presencia en las páginas de los asociados nos permite mantener vivo el flujo de información que nos remiten y de esta manera, conoceremos lo que demandan para ofrecérselo de forma directa, sin correr el riesgo de perder su contacto por no contar con ofertas que se ajusten a sus necesidades.

- Ser lo más transparente posible durante la visita en las páginas de los asociados: Es muy importante para que la navegación sea constante, que los internautas no tengan que identificarse continuamente, lo que entorpecería la fluidez de movimiento entre las páginas. El miembro que navega a través de las páginas de los asociados a un programa de fidelización, no debe notar impedimentos o pausas, puesto que esto puede originar el abandono del programa.

• Obtención y validación de los puntos en tiempo real: Actuar en tiempo real fomenta el acto lúdico de los internautas, que ven cómo los puntos se acumulan en su cuenta personal de forma inmediata, sin tener que esperar a que éstos se confirmen, lo que desembocaría en la desidia y el posterior abandono de la página afiliada.

• Exclusividad en el sector de actividad de cada asociado: La exclusividad en el sector asegura una fidelización eficaz para los asociados –puesto que no compiten dentro del programa– y para los internautas, ya que siempre cuentan con uno de los primeros posicionados en cada área, asegurándose así un servicio de calidad.

9.4. Las recompensas en la fidelización online

Internet es un medio interactivo y, por esta razón, se ha convertido en uno de los mejores vehículos para conseguir datos de los usuarios. Toda la información real y útil que pueda recopilarse resulta crucial ya que ha de convertirse en la base de posteriores campañas de comunicación. La información sobre la que vamos a trabajar debe ser fiable y lo más ajustada a la realidad.

La mejor manera de conseguir datos reales de los internautas es recompensándoles a cambio de la información. De esta manera, nos aseguramos de que no van a mentir. El incentivo puede ser tangible, un premio, o intangible.

Existen varias maneras de premiar a los e-consumidores:

• *Concursos:* se ofrecen recompensas bastante cuantiosas o relacionadas con el perfil de los usuarios que visitan el sitio. En ocasiones los concursos y sorteos se realizan entre los usuarios ya registrados, de esta manera se premia su lealtad. Este tipo de sorteos internos se realiza sin previo aviso.

• *Premios directos:* regalos que no suelen tener mucho valor económico pero resultan atractivos, al ajustarse a los gustos de los usuarios moverse o al ser regalos relacionados con el sitio.

• *Premios* en los que hay que realizar alguna acción además de registrarse. Se busca la fidelidad del usuario.

• *Personalización de las ofertas:* como hace amazon que cuando a medida que navegas por su website, tras un periodo de aprendizaje por donde navegas, va mostrándote ofertas relacionadas con productos en las secciones que más navegas o más compras. Además muestra productos comprados o recomendados por otros econsumidores con una valoración escrita del producto adquirido.

• *Descuentos por compras repetitivas:* al estar enrolado en el programa con la inserción del número de socio del programa o del número de la tarjeta identificativa se tiene derecho a un descuento en el total de la compra realizada. Dicho descuento suele ser un pequeño tanto por ciento de lo gastado,

- *Programa de bonificación por compras:* norrmalmente se basan en que la empresa devuelve una parte del importe de lo gastado en cheques regalos canjeables en la propia empresa.

- *Programa de redención de puntos:* el cliente va obteniendo una serie de puntos en función del dinero que se gaste en la empresa. Finalmente una vez acumulado un número determinado de ellos puede canjearlo por un premio. De este modelo hay muchas variantes, premio único, a elegir de varios en un catalogo o a elegir individualmente él y posteriormente la empresa le comunica el numero de puntos necesarios a obtener para conseguirlo.

- *Preferencias en servicios:* como es el caso de la tarjeta Iberia Plus Oro, al tener una serie de puntos en la tarjeta Iberia Plus normal, se es concedida y si tiene acceso a la sala Vip's de Iberia en los aeropuertos.

- *Otros programas de fidelización:* ser el primero en recibir una oferta caducable o/y limitada. Preferencia en adquisiciones, reserva de productos o servicios.

9.5. Construir una estrategia de fidelización online

La fidelización online se tiene que enmarcar dentro de la estrategia empresarial, no se construye adquiriendo tal o cual herramienta. Trabajar sobre fidelización significa trabajar sobre el conjunto de la interface con el cliente. Para implantar estrategias ganadoras, es imprescindible realizar una reflexión global; y según nuestra experiencia, esta reflexión se puede materializar en un plan en cinco etapas.

Tras una «etapa cero» consistente en listar y depurar la información de clientes ya disponible en el seno de la empresa (suele existir en cantidad abundante, aunque de forma dispersa y con una calidad deficiente), la primera etapa consiste en evaluar los retos económicos de la fidelización. Algo engorrosa porque alejada de los conceptos «nobles» de fidelización, esta etapa es no obstante imprescindible para asegurar el alineamiento de la alta dirección, y marcar su compromiso firme, más allá de la obtención de posibles resultados a corto plazo.

En una segunda etapa, la empresa debe entender cuáles son los resortes de la fidelidad en su negocio. Existen para ello herramientas de investigación avanzadas, basadas en factores de causa-efecto, sobre las cuales no procede profundizar en este artículo. Estas herramientas permiten identificar las palancas más eficaces de fidelización: puesta en marcha de «barreras de salida», acciones orientadas a la compra por impulso, construcción de un capital relacional a largo plazo basado en un tratamiento personalizado, diseño de un programa de eventos…

Esta segunda etapa sirve en cierta manera de preludio a la tercera: seleccionar a los clientes valiosos para la empresa. Por ejemplo en el sector bancario, podemos estar hablando de los que buscan una relación personalizada con el banco. O en otros sectores, de los clientes que presentan un fuerte potencial de venta cruzada por su entorno familiar. Fidelizar pasa por lo tanto por seleccionar a sus clientes, a través de la evaluación de su rentabilidad real; lo cual requiere evidentemente la puesta en marcha de una potente Base de Datos de Clientes.

Es entonces cuando la empresa puede definir su estrategia de fidelización. Hablamos de un enfoque global, que pasa por la puesta en coherencia de numerosas variables, entre las cuales la «herramienta» de fidelización solamente es una más; como pueden ser, en el caso de la gran distribución, el concepto de tienda, el surtido, los horarios, los servicios… en definitiva, la oferta global.

Finalmente, la quinta etapa consiste en poner en marcha las palancas para implantar la estrategia definida. Rediseñar la organización alrededor de la oferta de valor definida. Invertir en formación, en motivación, en calidad, en sistemas de gestión y control. Por ejemplo, en el sector de distribución, trasladar la operativa de los programas de fidelización hacia los puntos de venta, haciendo partícipes de los objetivos al personal de tiendas para que optimicen sus planes de marketing local. O trabajar conjuntamente con los compradores para definir el mejor plan de promociones personalizadas, con la colaboración de los fabricantes. En definitiva: dotarse de armas para explotar al máximo el magnífico potencial generado por la estrategia de fidelización.

En definitiva, estas diferentes etapas no son una secuencia con un principio y un final, sino más bien un circulo virtuoso. La implantación de Bases de Datos permite acumular información sobre los clientes, lo cual permite a su vez entender mejor los mecanismos de fidelidad; por lo tanto, focalizar mejor las inversiones, afinar en la utilización de las palancas de acción, etc. De esta manera, la fidelización de clientes es al mismo tiempo una estrategia, una filosofía de negocio y una fuente de mejora continua, siempre que se contemple en su globalidad.

9.6. Retención mediante herramientas online

La retención de los econsumidores puede ser una tarea muy complicada. El acceso a la información y más productos y servicios conducen a la menor lealtad hacia la marca y aumentan la sensibilidad ante los precios y servicios. Las empresas exitosas deben **diferenciar sus productos y servicios de aquellos de la competencia** para retener a los clientes.

La retención de los clientes se centra en el comportamiento de los consumidores y hay que entenderlo como una filosofía basada en:

* **El conocimiento del comportamiento del cliente, tanto en su pasado como en la actualidad, nos permite predecir su comportamiento futuro.**

Pero ese comportamiento no hay que confundirlo con las características demográficas, es decir, si es un hombre y tiene 35 años.

Por ejemplo, tenemos dos grupos de personas que navegan por la Red:

– Uno de ellos se corresponde demográficamente con el perfil de mi público objetivo, pero nunca ha comprado por Internet.

– El otro grupo no se corresponde demográficamente con mi público objetivo pero compra repetidas veces online en diferentes websites.

Si a cada uno de estos grupos visita tu página web y les lanzas una promoción de un 20% de descuento, el segundo grupo tendrá más probabilidades de comprar tu producto.

Esto es así porque el comportamiento actual de los consumidores es el mejor predictor de su comportamiento futuro, mucho más que sus características demográficas.

- **A los consumidores les gusta sentir que «ganan» en el acto de compra…**

Les gusta sentir que controlan la situación y que son lo suficientemente inteligentes en sus actos de compra.

Las empresas aprovechan estas situaciones y utilizan diferentes promociones para que el cliente se sienta mejor consigo mismo.

Estas promociones pueden ser desde descuentos y sorteos/concursos, hasta programas de fidelización u otros conceptos que se aproximan más a los pequeños detalles con los clientes como tarjetas de felicitación. Estas promociones estimulan el comportamiento del consumidor. Si quieres que tus clientes hagan algo, tendrás que hacer algo por ellos, y si haces algo que les haga sentirse bien (como que ganan en el acto de la compra), serán más proclives a hacer lo que tu quieras.

La idea ha existido siempre. En Internet, este comportamiento es mucho más marcado y mucho más obvio que antes. Los consumidores viven ahora la evidencia de esta actitud o comportamiento en toda la Red, en newsgroups, chatrooms, y así sucesivamente.

- **El marketing basado en datos del cliente trata de:**
  ACCIÓN – REACCIÓN – FEEDBACK – REPETICIÓN

En marketing es una conversación entre la empresa y el cliente.

Cuántos más datos tengas de tus clientes, más valor podrás aportar a tus conversaciones con ellos y es muy importante escucharles y recoger toda la información que nos puedan aportar.

A partir de la información que tienes del consumidor, puedes detectar que se ha producido una acción y que el cliente espera una reacción. Desde que el cliente reacciona y hace un pedido, tienes que estar en alerta para obtener todo tipo de información extra que te pueda aportar el cliente y conseguir que repita la compra.

- **El marketing de retención tiene que ver con la distribución y optimización de los recursos de marketing.**

Todos los negocios tienen recursos limitados, incluso las «.com». Cuando gastas 1 euro en marketing, esperas que esa inversión se traduzca en, al menos, un poco más de ese euro en beneficios (no ventas). Si no consigues retornar esa inversión, no habrá sido rentable haber gastado ese euro.

Si consideramos que hay múltiples formas donde poder invertir el presupuesto de marketing, si puedes conseguir un retorno de 1,2 euros en un sitio y en otro sólo 0,9 euros, ¿no sería mejor invertir ese dinero donde consigues más beneficios?

Este concepto se entiende como ROI o Retorno de la Inversión, y la razón por la que es necesario el marketing de retención. El marketing de retención es uno de los métodos que permite calcular el ROI.

Se basa en que ganarás 1,2 euros por cada euro que gastes. Si esto es posible, sería absurdo que no gastásemos cada euro de nuestro presupuesto de marketing en conseguir de vuelta 1,2 euros. Si inviertes cada euro de marketing en conseguir un ROI más alto, los beneficios crecerán incluso cuando el presupuesto de marketing sea muy bajo. Esta es la idea central del ROI –recolocar el capital con bajo retorno en programas con un alto retorno de la inversión, generando mayores beneficios en los procesos.

Hay que desarrollar una estrategia para repartir y distribuir los recursos a las promociones más rentables, permitiendo dirigirse a la persona correcta en el momento adecuado y no perder el tiempo ni el dinero en clientes y promociones no rentables.

9.7. Fórmula IDIP para conseguir la lealtad online

En un mercado en el que se ofrecen cada día mayor cantidad de productos y soluciones a los consumidores, es importante que se agregue valor a la oferta de la compañía a través de una estrategia (tanto de servicio como de producción) más personalizada que represente un plus para el consumidor y lo haga elegir nuestra marca sobre la competidora.

Lo que le da vida a un negocio son sus clientes, de ahí la importancia de retenerlos y desarrollarlos. La fórmula IDIP es una metodología útil para implementar un programa de retención de los clientes y mercadotecnia uno a uno. Está compuesto por cuatro elementos:

→ **IDENTIFICAR:** Obtener información de los clientes e identificar sus diferencias.

→ **DIFERENCIAR:** Con la información disponible de los clientes, se identifican diferentes categorías desde 2 perspectivas: valor del cliente para la organización y necesidades específicas de cada uno. Así mismo, se elaboran estrategias para brindarle un trato diferente a cada uno.

→ **INTERACTUAR:** Se ejecutan las estrategias para interactuar con los clientes de forma consistente.

→ **PERSONALIZAR:** Se adaptan las actividades que así lo requieran para cumplir con las necesidades de los clientes.

A continuación se presenta una guía de actividades y puntos a considerar para llevar a cabo la metodología IDIP. La información que cada empresa recopila sobre sus clientes varía según el sistema que utilicen, sin embargo, por mínima que sea no se debe subestimar la importancia de interpretarla con el objetivo de conocer mejor al mercado objetivo y ofrecerle productos y servicios que mejor se adapten a sus necesidades específicas.

1. Identificar

ACTIVIDADES	PUNTOS A CONSIDERAR
Recolectar y alimentar en la base de datos existente la información de los clientes	• Usar servicios externos para obtener y alimentar datos. • Intercambiar nombres con una compañía (que no sea parte de tu competencia) de tu industria o área.
Recolectar información adicional sobre los clientes.	• Utilizar el diálogo: hacerles una o dos preguntas cada vez que estés en contacto con ellos.
Verificar y actualizar la información de los clientes y borrar a los individuos que han abandonado a la empresa.	• Establecer un día de «limpieza» para los archivos de información de clientes. • Verificar los cambios de dirección de los clientes contenidos en la base de datos.

2. Diferenciar

ACTIVIDADES	PUNTOS A CONSIDERAR
Identificar los mejores clientes de la empresa	• Tratar de identificar a los mejores clientes utilizando datos del año anterior o algún otro parámetro, con información disponible. • Algunas de las variables para evaluar el valor de un cliente son: montos de compra, frecuencia de compra, accesibilidad, antigüedad, etc.
Identificar a los clientes costosos	• Determinar las reglas simples para identificar a clientes menos rentables y reducir la correspondencia o esfuerzos de comunicación y ventas con ellos por lo menos la mitad.
Seleccionar las compañías con las que realmente quieres hacer negocios el siguiente año	• Agregar dichas compañías a tu base de datos con al menos tres contactos por compañía.
Identificar a los clientes que se han quejado de tu producto o servicio más de una vez durante el último año	• Atender sus quejas. Llamarles y verificar el progreso. Contactar a la persona de calidad de tu empresa con ellos.
Identificar a los clientes más importantes del año pasado que han ordenado la mitad de su consumo promedio o menos durante este año	• Ir a visitarlos al instante, antes de que tu competencia lo haga.
Identificar a los clientes que compran sólo uno o dos productos de tu compañía pero que compran muchos de otras compañías	• Hacerles una oferta que no puedan rechazar para que prueben más artículos de tu empresa.
Dividir a los clientes en A's, B's y C's	• Disminuir las actividades y/o gastos de mercadotecnia destinados a los C's es incrementarlos para los A's.

3. Interactuar

ACTIVIDADES	PUNTOS A CONSIDERAR
Llamar a cada una de tus empresas-clientes más valiosos	• Saludarlos. No venderles, sólo hablar, escuchar y asegurarte de que están satisfechos.
Utilizar las llamadas que entran en tu empresa como oportunidades de venta	• Ofrecer especiales, descuentos y muestras para generar utilidades.
Dar seguimiento a los documentos que fluyen en la organización	• Buscar la eliminación de pasos, reducir los tiempos del ciclo con el fin de acelerar la respuesta a los clientes.
Fomentar el diálogo con los clientes valiosos	• Contar con las cartas personalizadas y firmadas para cada uno de los representantes de ventas. • Comenzar un programa en el que se cuente con la gente correcta en la organización para que llame a los clientes correctos. • Llamar a todos los clientes de tu compañía que han sido perdidos en los últimos dos años y darles alguna razón para que regresen.
Mejorar el manejo de las quejas	• Registrar cuántas quejas se reciben diariamente y trabajar para mejorar el grado de respuesta a dichas quejas en la primera llamada.
Revisar todos los procesos que involucren contacto con clientes	• Tener procesos documentales para que todos los empleados conozcan cómo deben actuar en cada situación de contacto con el cliente. • Recolectar sistemáticamente información de cada contacto y analizarla.
Llamar a tu compañía. Hacer preguntas	• Probar ocho o diez escenarios distintos como un comprador «fantasma». Llevar un récord de las llamadas y criticarlas.
Llamar a tus competidores	• Repetir las actividades anteriores.
Monitorear el tiempo de respuesta del centro de información de clientes	• Determinar la manera de hacer grabaciones más amigables, útiles y de tal forma que permitan que el cliente se mueva más rápidamente a través del sistema.
Utilizar la tecnología para hacer las actividades de tu empresa más fáciles	• Obtener las direcciones de e-mail de tus clientes y darles seguimiento a través de este medio. • Ofrecer alternativas de comunicación para evitar el envío de correspondencia.

4. Personalizar

ACTIVIDADES	PUNTOS A CONSIDERAR
Diseñar ofertas relevantes para cada cliente	• En base a la información recolectada de cada segmento, diseñar estrategias para customizar la oferta por cliente.
Adaptar la documentación para ahorrar tiempo a tus clientes y dinero a tu compañía	• Utilizar versiones regionales de los catálogos. • No enviar el catálogo completo a los clientes que no lo quieran.
Personalizar el correo directo	• Utilizar información del cliente para individualizar ofertas. • Mantener la correspondencia simple.
Preguntar a tus clientes cómo quieren que te comuniques con ellos	• Utilizar tweets, post en Facebook, email personalizado, chat online u otras offline según especifique el cliente.
Descubrir qué es lo que los clientes quieren	• Invitar a pequeños grupos de clientes a sesiones de grupo o foros de discusión. • Solicitarles retroalimentación sobre tus productos, políticas y procedimientos.
Preguntar a tus mejores diez clientes qué podrías hacer para mejorar tu producto o servicio	• Hacer lo que te sugieran. • Darle seguimiento y hacerlo otra vez.
Mejorar las relaciones de cliente con la administración general	• Darles una lista de preguntas a realizar basadas en el historial de cada cliente particular.

9.8. Del Cross Selling al Evolution Selling

Existen muchas técnicas de marketing distintas para vender, utilizadas constantemente por las compañías, pero en esta trabajo no nos proponemos describirlas a todas ellas, sino solamente esas que en un contexto de un programa de fidelización tengan su acometido. Es decir expondremos las técnicas que tengan su base de funcionamiento el conocimiento del consumidor y el contacto constante y duradero con él.

En base a esta premisa tendremos que 4 los las estrategias que consideramos adecuadas para este punto:

• Cross Selling.
• Up Selling.
• Evolution Selling.
• Alianzas beneficiosas para los asociados.

9.8.1. Cross Selling

El cross selling se basa en el conocimiento del perfil de cliente. Cuando se determina este se compara su cesta de compras con la que mayoritariamente un cliente optimo ideal de su tipología haría y de esta manera se le ofrecen productos de los que la empresa comercializa que aun no compra pero que teóricamente por pertenecer a ese segmento «debería comprar».

Como vemos aquí, esta técnica esta basada indispensablemente en el conocimiento del cliente y el control exhaustivo de lo que una masa global de clientes compra, y posteriormente segmentados por tipologías.

Con ella conseguimos el doble objetivo pretendido. Por un lado el cliente aumentará su consumo, con lo que contribuye a un mayor margen para la empresa. Por otro lado, al ya ser este un cliente existente, el coste de captarlo es casi nulo, con lo cual se incrementa notablemente el beneficio neto al tener unos menores gastos comerciales.

Otro factor a tener muy en cuenta en el desarrollo de una alta calidad en esta relación es que el cliente nunca es «bombardeado» con una infinidad de productos que no le interesan, ya que conociendo cuales son sus necesidades no le ofertamos productos que no sean afines a ellas. Con ello, personalizamos su percepción sobre el servicio ofrecido así como ahorramos una gran cantidad de dinero en inversiones en ofertar productos que no son para su segmento.

Y con todo ello, además predisponemos a este a una relación duradera con la compañía, ya que esta le soluciona todas sus demandas, incluso antes de que él mismo se de cuenta, es decir le ofrece productos que solventan adecuadamente sus necesidades transmitiéndole la imagen de que la empresa esta configurada en torno a su individualidad como consumidor.

9.8.2. Up Selling

Esta técnica consiste en incrementar el margen de contribución aumentando el consumo de un determinado producto. Ello se logra presentando nuevas situaciones de consumo o usos distintos al básico.

Lógicamente el conocimiento del los hábitos y costumbres de los clientes permitirán enormemente este quehacer. No obstante este objetivo bien podría hacerse sin ayuda de un programa de fidelización. Bastaría, como hacen muchas marcas por ejemplo de sopas o cremas, añadir en sus etiquetas distintos usos de las mismas, o originales recetas que contengan dicho producto. Con ello, queremos dar a entender que, aunque de gran ayuda, no solo es suficiente para optimizar esta técnica el conocimiento de los hábitos de consumo de cliente, sino que el conocimiento de las aficiones, modos de vida, y demás características personales del cliente pueden dar a lugar a una gran intensificación de la aportación de esta técnica. Es decir, si sabemos que el cliente gusta de realizar acampadas o excursiones, podemos presentarle nuestros productos como soluciones para determinadas situaciones acontecientes a estas actividades. Esto hará que el producto sea consumido en las situaciones más repetitivas y atrayentes para el consumidor.

9.8.3. Evolution Selling

Una nueva técnica basada en el conocimiento de los clientes es la que nosotros hemos bautizado con el nombre de *evolution selling*. Todos sabemos que hay productos determinados para determinadas edades, o que simplemente después de adquirir uno automáticamente viene la adquisición de otros. Esto lógicamente nos servirá para que haciendo un detallado seguimiento del cliente podamos ofertarle productos que se adapten a sus preferencias concretas en un momento determinado.

Podemos citar algunos ejemplos para ilustrar cada una de estas dos situaciones que hemos mencionado.

En el caso de una pareja que esta comprando pañales en una gran superficie del cliente, si anotamos en su ficha cuando empieza a hacerlo, podemos saber que edad tiene su bebe. A partir de esos datos sabemos que el niño a los 4 meses necesita determinadas papillas y ropa, a los 2 años empieza a ir a la guardería, etc. Con ello podemos ofertar a la pareja artículos relacionados directamente con las necesidades de su hijo en función a la edad que este vaya presentando.

Otro caso será el hecho de una persona que compra un ordenador, conociendo la vida útil de este aparato y sus programas, podemos ofrecerle renovaciones del software a la salida de nuevas versiones, o cuando este esté obsoleto, presentarle una oferta para que se compre otro.

9.8.4. Asociados

Lógicamente una empresa cualquiera tiene un número limitado de productos/servicio a ofrecer a sus clientes. No obstante, si gracias a un programa de fidelización tiene una relación de confianza alta con ellos, además de tener unos amplios conocimientos sobre ellos, puede utilizar esta complicidad para ofrecer otros productos, ajenos a su sector, que conoce perfectamente que estos clientes son afines a ellos.

Este procedimiento nosotros aconsejamos realizarlo mediante alianzas con otras marcas y que además se presente así. Que en ningún caso un banco que oferta productos financieros de repente ofrezca a sus clientes ordenadores. Nosotros aconsejamos que ese banco, notifique a sus clientes, a los cuales a detectado una afinidad con cierto producto, que ha llegado a un acuerdo para conseguirles ordenadores Compaq a un precio especial, gracias a que ellos son miembros de su programa de fidelización. Con ello se evita el despiste con la marca del consumidor y la sensación de que se está intentando venderle cualquier cosa a toda costa.

Además el cliente percibirá unas ventajas tangibles por formar parte del proyecto, así como una cierta preocupación, por parte del club, de proporcionarle soluciones rentables a sus preferencias personales.

9.9. Club de clientes online

Los Clubs de clientes online son solo para los clientes más fieles y tienen una serie de características:

- Se trata de **premiar al buen cliente por su fidelidad** mediante concursos, promociones, regalos, ventajas…
- Los **premios deben valorar e incentivar el consumo** (ej.: viajes, regalos…) y **deben tener ventajas por ser cliente preferente** (ej.: seguros, revistas…).
- Permiten **obtener información valiosa** sobre el verdadero perfil del cliente.
- **El cliente debe sentirse especial** (ser miembro de un club es pertenecer a un grupo de «elegidos» con las ventajas que eso conlleva).
- **Implican al consumidor en actividades de la empresa**, que a medio plazo repercuten en el volumen de ventas y al largo plazo se trasforman en relaciones duraderas.

A la hora de crear un club se deben tener en cuenta las siguientes **consideraciones**:

- **Delimitar bien el segmento de clientes** (sobre todo los que más beneficio reportan).
- **Crear y gestionar la base de datos**. Los criterios fundamentales son el nombre y volumen de compra por cliente. Lo normal es crear una tarjeta con esta información y disponer de un teléfono de atención.
- **Dinamizar continuamente el club** para revitalizar el interés de los socios (ej.: Acciones, promociones…).
- **Establecer calendario** de comunicaciones personalizadas.

9.10. Programas multisponsor

Consisten en la unión de dos o más empresas para realizar conjuntamente acciones de fidelización.

Los programas multiespónsor tienen una serie de características:

- **Permiten compartir costes** lo que permite abarcar proyectos más ambiciosos.
- **Crea nuevas relaciones** con personas que antes no eran clientes y que proceden del resto de sponsors.
- **Se fomenta la pertenencia a un grupo muy especial.**
- **Crea una mayor frecuencia de uso** ya que con más empresas involucradas hay mayores incentivos para participar.

Capítulo 10
Marketing Content

La utilización de contenidos integrados en la comunicación digital como estrategias de captación, branding o filidezacion de clientes es cada día más habitual y lo dividimos en Branden content y Digital content. Vamos a ver cada uno.

10.1. Branded Content

Sin duda, este concepto está cambiando la forma de construir las estrategias de comunicación publicitaria. La integración de marcas en contenidos multiplataforma, las redes sociales y el consumo de los contenidos han revitalizado el mercado publicitario a través del BC.

Pero... ¿Qué es Branded Content?

Técnicamente es el «Contenido vinculado a la marca». Es cualquier contenido de entretenimiento, información o educación pagado por el anunciante con el propósito de reflejar dentro del contenido los valores ideales de la marca.

Los contenidos utilizados con cierta sutileza intentan construir o fortalecer los lazos entre los productos y consumidores saliendo de la publicidad convencional.

Las formas de hacer Branded Content no tienen formatos únicos y algunas de sus acciones se enmarcan dentro del product placement, infocomerciales, coproducciones, advertorials, partrocionios, acciones e Internet...

La interrupción del contenido que el consumidor quiere ver, leer o escuchar es el principal problema con el que se enfrenta la publicidad tradicional. Para evitar esta situación Branded Content mezcla información comercial con los artículos películas o programas observados en cualquier momento y se presentan como una nueva alternativa. Para ello es necesario crear una junta de producción para poder obtener un buen contenido uniendo a los anunciantes, las productoras de televisión...

Para su éxito completo un estudiado mix de medios e incentivar la participación de los usuarios ya sea por teléfono televisión, redes sociales, Internet... la invasión actual de nuevos medios y desarrollos tecnológicos resulta ideal para el desarrollo de nuevos formatos.

10.1.1. Puntos esenciales para su éxito

- Debe tener muy claro su objetivo, target, y siendo una estrategia a largo plazo.
- La ideal del branded content es integrar la marca en el contexto sin que resulte una invasión para el consumidor.
- Interactuación de los consumidores con el contenido.
- Estar siempre del lado del usuario: aportando algo que les sorprenda, que les sea útil. El contenido es primordial para el éxito.
- Que sea portable (smartphones) y compartible en los medios sociales.
- La marca debe estar atenta a los datos y monitorización continuamente: ¿Qué le interesa y entretiene a mi público?

10.1.2. Objetivos principales

- Entretener a los usuarios.
- Desarrollar comunicaciones comerciales al servicio de los objetivos de la marca: promoción del producto/servicio, fidelización…
- Implicar y comprometer al usuario con el producto o servicio.

10.1.3. ¿Cómo se trabaja sobre el branding y el marketing hoy en día (h-art)

Las campañas ya no bastan los contenidos son clave:

- Engagement.
- Influenciar audiencias.
- Relaciones.
- Desarrollo de comunidades.
- Integración on/off.

10.1.4. ¿Qué hacemos?

Crear todo tipo de contenidos de marca innovadores con un enfoque end-to-end y gestionamos la planificación de los social media que conectan las marcas cotidianas con los consumidores ofrecemos a las marcas una plataforma participativa a largo plazo, viva, humana, multi-contacto, y mediable.

Donde pensamos cada acción para traer innovación y creatividad integrando contenidos de comunicación offline y online con el objetivo de potenciar.

10.1.5. Influencia en los medios

El «branded content» va más allá de un mero patrocinio: los contenidos son creados a medida de la marca y con una intención estratégica y táctica en sintonía con ella.

«Advertainment» (unión de «advertising» y «entertainment»), una «nueva» técnica que consiste en asociar las marcas y los productos a contenidos afines a ellas y relevantes para el público.

10.1.6. Engagement

El poder de la marca es algo emocional y, por tanto, las empresas deben trabajar en la forma de buscar un mayor «engagement» con los consumidores. Nuevas tecnologías al servicio de las marcas.

Contenido y acción social

No emergen sólo como indispensables en cualquier estrategia de marketing, más allá, son consideradas hoy las variables que determinan el posicionamiento global de nuestra marca. Las estrategias de Brand Content nos permiten obtener información social sobre nuestros clientes y nos facilitan la labor de encontrar el enfoque publicitario, que más beneficio mutuo reporte.

Nuevo valor agregado

El consumidor busca palabras emotivas, que le hagan pensar, le permitan aprender, le hagan sonreír, llorar, recordar, en definitiva, busca vincularse con las sensaciones y emociones más vinculadas a su esencia intangible y humana.

Web móvil, la televisión del futuro

Sin duda alguna, las estrategias publicitarias basadas en la utilización de los contenidos de marca como elementos en sí mismos publicitarios, tiene al segmento audiovisual como un poderosos aliado.

Acción social. Acción y promoción

Desde todos los canales, plataformas, mecanismos, que nos permitan llegar a nuestro target, aquel que busca respuesta en los contenidos de nuestra marca.

El mensaje y la marca

El Brand Content permite a las marcas ejercer el control sobre los mensajes que transmite, no en vano, la construcción de un mensaje de marca a partir de la integración del nuevo consumidor en el proceso de innovación, no hace sino garantizar el impacto en el punto exacto donde se generan las emociones. Con ello garantizamos no sólo el éxito de una campaña de marketing y publicidad, sino y principalmente, la evangelización de nuestro público objetivo, base ineludible para alcanzar el paraíso de la viralidad y el crecimiento.

Contenidos = Marketing y publicidad en el ciclo de las emociones

El marketing hoy subyace en cada uno de nosotros, todos somos elementos publicitarios y la consigna es, recuperar la confianza. Para ello, dar respuestas, es lo que mueve hoy, al universo del Social Media y el Brand Content emerge, en el ciclo del usuario en movimiento, como un gran aliado del marketing. Buscamos la confianza, buscamos la credibilidad, buscamos finalmente la evangelización de nuestros clientes y para ello, la clave está en identificar el mensaje que transmite la marca, cuanto aporta y qué beneficio reporta para quienes unan sus influencias a las de nuestra marca[1].

10.1.7. Fórmulas de Branded Content

El branded content utiliza las siguientes plataformas:

TV

- Integrar en mayor medida a las marcas en programas ya existentes Integrar a anunciantes en programas que sean una apuesta real de la cadena.
- Emitir en tv contenidos afines generados directamente por las marcas.
- Definir un modelo de trabajo claro con responsabilidades bien definida.
- Encontrar la forma de medir los resultados.
- La fidelización del anunciante, que nos permite un contacto más allá de pegarnos con él por las cuotas o costes.
- ¿Por qué le interesa el branded content a las marcas? Es una forma más cercana de comunicar, más amable, sin fugas, en muchas ocasiones más notoria, y permite de esta manera dar a conocer los valores de la marca.

Tenemos que tener estos puntos en cuenta al utilizar el branded content en los medios televisivos y fijarnos en la importancia que está empezando a tener y lo que podemos dar de sí al Branded Content.

Redes sociales

- Buscan contenidos que les entretengan y les sean útiles.
- Aprovechar el uso de las redes sociales que hoy en día están muy integradas en nuestro día a día.

---

[1] Más información: @markinteractivo.

- Suponen un menor coste económico para las marcas que hacer anuncios promocionales.

- Conseguir que en los medios se hablen de las marcas ya que en los medios se habla de lo que nos interesa.

Ejemplos: «The Hire» (de BMW), el famoso «Art of Flight» (de Red Bull), «Recuerdos que laten» (de Iberia), etc.

Todo está cambiando y la publicidad no será menos, día a día recibimos bombardeos de anuncios, de publicidad pero los consumidores se han vuelto cada vez más inmunes a la publicidad tradicional, a cada día que pasa tenemos mas publicidad en internet, redes sociales… ha sido el nuevo «boom» de la publicidad por ello podemos aprovechar esta ocasión para decir que el branded content es una de las vías con más futuro para llegar a consumidores y usuarios, ya que es la propia marca (sin vendernos su producto) la que genera un contenido de entretenimiento, siempre en la línea de su esencia y posicionamiento para tener que dejar de correr detrás del consumidor y conseguir que el consumidor vaya detrás de su marca tenemos que conseguir el objetivo de la publicidad mediante el branded content, demostrar que las palabras se convierten en hechos dando el papel de palabras a la publicidad y el papel de hechos al **branded content**.

10.2. Digital Content

Este tipo de estrategias se basa en la generación de información útil y relevante que pueda ser compartida en las redes sociales para generar presencia de marca.

Busca y detecta oportunidades para tu negocio y utiliza todas las herramientas para conseguir tus **objetivos**. Cualquier contenido sobre cualquier empresa, puede ser una oportunidad para contactar su público generando notoriedad y potenciando su viralidad.

El principal objetivo es el de conseguir que no sean las marcas las que vayan a buscar a su público sino el público el que vaya a buscar a las marcas. **Y lo conseguimos a través de**:

- Detección de oportunidades en el entorno.
- Creación de contenido de valor que generen notoriedad a través de múltiples formatos.
- Agitación de contenidos a través de influencers, redes sociales, etc.
- Monitorización de las acciones a través de herramientas automatizadas y análisis de expertos.

Digital content en Internet

El **marketing** se transforma día con día gracias a la llegada de nuevos medios, como las **redes sociales**, que conectan al consumidor directamente con la voz de la marca. No es de extrañar que por ello el **marketing de contenido** este viviendo uno de sus momentos más explosivos debido a que el consumidor busca información útil y relevante que compartir.

«Según el sitio especializado Mashable, el año 2011 fue el año para este tipo de mercadeo y la tendencia no hará más que crecer en este año que comienza. De hecho, según el Content Marketing Institute, en el año anterior se distribuyó más marketing de contenido a través de **YouTube, LinkedIn, Facebook, Tumblr y Twitter** que en cualquier otro momento de la historia».

Algunos ejemplos los podemos encontrar en campañas de Fagos, Nina Fantasy, Kadoo.

CAMPAÑA DE NINA FANTASY

CAMPAÑA DE FAGOR

MAXUS: DISNEY; DISNEY CHANNEL, NESTLE, SEAT, KANDOO.

CAMPAÑA DE KADOO E SUPERBIA

CAMPAÑA DE DOVE

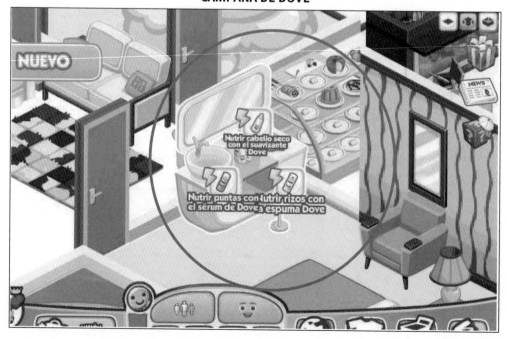

O integracion de keywords en contenidos desplegando un formato richmedia con pieza creativa con un anuncio directamente relacionado con la keyword.

CAMPAÑA DE NISSAN CON RICHMEDIA EN KEYWORD

10.3. Gamificación

La gamificacion o la utilización de juegos online como soporte publicitario está llegando a su máxima expresión a través de apps para móvil, consolas interactivas o juegos sociales.

Como product placement digital, la gamificacion permite a las marcas potenciar su branding sin ser intrusivos, asociar la marca a un entorno digital, dinamico e innovador y llegar al prossumer como nuevo consumidor e influyente digital.

Sólo las marcas más enfocadas a la comunicación digital, hoy por hoy, tienen presencia en juegos online, pero su futuro es grande y poco a poco, a medida que los sistemas de pago se adapten a modelos CPC, CPL o CPA las marcas irán solicitando una presencia mayor en este nuevo canal de comunicación.

CAMPAÑA DE MAGNUM EN SIM

CAMPAÑA DE MAGNUM EN SIMS

Los mismos juegos empiezan a disponer de espacios específicos para comenzar la comercialización publicitaria online. Incluso muchos de ellos en un formato muy similar a la realidad como vallas, exteriores, anuncion de televisión, prensa, etc.

ESPACIOS PREPARADOS PARA SU COMERCIALIZACIÓN EN SIMS

Conceptos y elementos básicos de la Publicidad Online

Ad-Motion: Tecnología aplicada a Internet.

Ad-Server: Sistema de control de inserciones publicitarias online. Los softwares de adserving permiten rotar distintas campañas por emplazamiento, recogiendo la información de contactos conseguidos y click throughs generados.

Alcance o Cobertura: Es un parámetro de medición de audiencias que se establece por el porcentaje de personas alcanzadas por un medio o un soporte de comunicación, dentro de un universo de personas previamente definido.

Afinidad: Por afinidad entendemos un valor que representa el como de parecida es la audiencia de un medio.

Banner: Espacio publicitario. Existen de diferentes medidas y reciben diferentes nombres. Más adelante profundizaremos en este punto.

Cache: Es un sistema especial de almacenamiento de alta velocidad. Puede ser tanto un área reservada de la memoria principal como un dispositivo de almacenamiento de alta velocidad independiente.

Clicks: Es una métrica de la reacción de un usuario frente a un anuncio. Existen tres tipos:

- Click Through.
- In. units.
- Mouse over.

CPM: Coste Por cada Mil impresiones. Se contrata un volumen de impresiones de banners, que se expresan a través de un adserver en el web que se ofrece. Se paga por el número de impresiones que son 1.000.

CPC: Recordamos que es el coste por click en campañas orientadas por palabra clave por la red de contenido o por búsqueda.

CPU: Coste Por cada Unidad. Se utiliza para presencias fijas, por tiempo, o por unidad. Se suelen estimar impresiones, pero no depende de que se cumplan el pago de la posición.

CPL: Coste Por cada Lead. Se utiliza para comprar resultados o ventas. Por ejemplo, que un usuario rellene un formulario, pida un catálogo, compre un paquete de turismo... las variables son multiples, y el costo también.

CTR: Click Through que es el ratio que se obtiene de dividir el número de clicks entre el número de impresiones. Se expresa porcentualmente.

$$\text{CTR} = \text{Clicks/Impresiones} \times 100$$

Conversión: Supone cada una de las veces que llevamos al posible cliente web hasta donde nosotros queremos con el anuncio. Se mide insertando un código HTML en la página web que establezcamos como meta de la campaña.

Coste de conversión: Es la inversión total en cada anuncio web.

Coste/Conversión: Es el coste unitario de cada conversión.

Coste de conversión/Número de conversiones = Coste/Conversión.

CPI: (Common Programming Interface) Interfaz común de programación.

Cookie: Las cookies son pequeños archivos que algunos sitios web guardan en tu ordenador. Si tienes una cookie de un sitio web al que vas a menudo, la cookie recuerda cosas que harán tu próxima visita a esa página un poco más fácil, e incluso hace que las páginas se carguen un poco más rápido. A menudo se utilizan para medir los resultados de campañas.

DNS (Domain Name System): Sistema de Nombres de Dominio. Conjunto de protocolos y servicios para la identificación/conversión de una dirección de Internet expresada en lenguaje natural por una dirección IP.

DHTML: El DHTML o HTML Dinámico (Dynamic HTML) designa el conjunto de técnicas que permiten crear sitios web interactivos utilizando una combinación de lenguaje HTML estático, un lenguaje interpretado en el lado del cliente (como JavaScript), el lenguaje de hojas de estilo en cascada (CSS) y la jerarquía de objetos de un DOM.

eCPC: effective Coste Por Click. El anunciante calcula cuánto le ha costado cada clic dividiendo el número de clics producido entre la inversión realizada, normalmente comprada a CPM o CPU.

EMS (Expanded Memory Specification): Especificación de memoria expandida. Técnica para aumentar la memoria en computadores personales bajo DOS.

Exclusivistas: Empresas que ofrecen sus portales de Internet como medio para publicitarse.

Eye blaster: Empresa que ofrece Tecnología para formatos de publicidad.

Frame: Marco. Área rectangular en una página web que la separa de otra. Una página web puede tener dos o más marcos que la dividen; cada una es una página independiente pero que, generalmente, trabajan en conjunto. Se crean y controlan con tags del lenguaje HTML, aunque se pueden manipular gráficamente con herramientas diseñadores de páginas.

Frecuencia: Tipo de segmentación que delimita el número de veces que un usuario será alcanzado con esa campaña/creatividad.

Flash: Formato de archivo de gráficos para mostrar interacciones interactivas.

Impresiones: el número de veces que aparece impreso un anuncio en la web.

IP: El adserver puede delimitar a qué paises entregar la campaña, basándose en las IPs de la conexión del ordenador del usuario. Hay unas bases de datos que se utilizan y que con una precisión bastante alta pueden decir si un usuario está en un País o en otro.

ISP: ISP son las siglas de Internet Service Provider. Proveedor de Servicios de Internet, una compañía que proporciona acceso a Internet. Por una cuota mensual, el proveedor del servicio te da un paquete de software, un nombre de usuario, una contraseña y un número de teléfono de acceso. A través de un módem (a veces proporcionado también por el ISP), puedes entonces entrar a Internet y navegar por el World Wide Web, el USENET, y enviar y recibir correo electrónico.

Java: Lenguaje de programación orientado a objetos. La programación en Java es compilada en bytecode, el cuál es ejecutado por la máquina virtual Java. Usualmente se usa un compilador JIT.

Javascript: JavaScript es un lenguaje interpretado orientado a las páginas web, con una sintaxis semejante a la del lenguaje Java.

Layer: Es una forma de ocultar los detalles de implementación de un conjunto particular de funcionalidades. En arquitectura de computadoras, un sistema computacional es usualmente representado con cinco niveles (layers) de abstracción: hardware, firmware, assembler, sistema operativo y procesos. (Capa) En graficación en 2D, un layer o capa es donde se grafica sin afectar otras capas. Estás se superponen para lograr un gráfico completo. Éste método es utilizado, por ejemplo, en Flash.

Logs: Archivo que registra movimientos y actividades de un determinado programa (log file). En un servidor web, se encarga de guardar todos los requerimientos («requests») y servicios entregados desde él, por lo que es la base del software de estadísticas de visitas.

MailServer (servidor de correo): Es un sistema informático que se encarga de la administración del tráfico de los correos electrónicos.

Microsite: Son pequeñas webs independientes, dentro de un website, dedicadas a un producto o tema concreto. Normalmente se utilizan para promocionar un nuevo producto, en el microsite se explican las cualidades del producto, se ofrece alguna información de valor relacionada y se puede realizar un pedido. Esta técnica se utiliza en muchas campañas publicitarias enlazando un banner publicitario con un microsite navegable.

MMS (Multimedia Mobile Service): El concepto Multimedia alude a la combinación en un ordenador de sonido, gráficos, animación y vídeo.

Minutos: Tiempo que los visitantes han permanecido en el sitio. Se calculan en base a la duración de las sesiones, con un mínimo de permanencia de un minuto correspondiente a un page view (mínima navegación).

Mouse over: Elemento de JavaScript que dispara un cambio en un ítem (generalmente un cambio gráfico como hacer que una imagen o un enlace aparezcan) en una página web cuando el puntero del mouse pasa sobre el mismo.

Número IP: Una Dirección IP (dirección del *Internet Protocol*), es como un DNI para máquinas, es un número único que utilizan los dispositivos para identificarse y comunicarse entre ellos en una red que utiliza el estándar del Internet Protocol.

Páginas vistas: El número total de páginas que visita todos los usuarios en un período de tiempo.

Píxel: Abreviatura de **Picture Element**, es un único punto en una imagen gráfica. Los monitores gráficos muestran imágenes dividiendo la pantalla en miles (o millones) de píxeles, dispuestos en filas y columnas. Los píxeles están tan juntos que parece que estén conectados.

Portales Generalistas: Sitio Web que frecuentemente sirve como el punto de partida de una sesión de un usuario. Generalmente, proporciona también servicios como búsqueda, directorio de sitios Web, noticias, el tiempo, correo electrónico, espacio de página principal, índices de mercado, noticias deportivas, ocio, directorio telefónico, mapas y chats o tablones de anuncios.

Portales Verticales: Sitios web que ofrecen contenidos sobre temas específicos tales como cine, música, deportes, juegos, finanzas, automoción u otros. Están especializados en una sola temática.

Re-direct: Código con el que las agencias de publicidad contabilizan las entradas que ha tenido cualquier creatividad.

Richmedia: Tecnología de medios que ha sido desarrollada para repartir multimedia interactiva o espacio creativo ampliado para los usuarios.

ROI: Son las siglas en inglés de Return On Investment y es un porcentaje que se calcula en función de la inversión y los beneficios obtenidos, para obtener el ratio de retorno de inversión

ROI = (beneficio obtenido – inversión)/inversión.

Segmentación: Capacidad de reducir el universo de datos a un subconjunto con unas características concretas, como por ejemplo la edad.

Streaming (transmisión al punto): Término que hace referencia al hecho de transmitir video o audio remotamente a través de una red (como Internet) en tiempo real sin necesidad de descargar el archivo completo.

Sesión: Cada una de las visitas que realiza un navegante al sitio web. Al ingresar al sitio, comienza la sesión y ésta concluye cuando se registran más de treinta minutos de inactividad por parte del usuario.

Tags: Conjunto de bits o de caracteres que identifica diversas condiciones acerca de los datos de un archivo, y que se encuentra frecuentemente en los registros de encabezamiento de tales archivos.

Targuet: Conjunto de individuos al que va dirigido un mensaje publicitario.

Usuarios únicos: Los «usuarios» representan el número diario de usuarios únicos que visitan su sitio web. Todas las sesiones de un mismo usuario iniciadas durante un mismo día se agregarán a un usuario único, aunque pueden representar dos o más visitas diferentes.

Visitas: Cada vez que un usuario visita nuestra página.

Visitas únicas: Una visita de página única, tal y como aparece en el informe «Contenido principal», integra las visitas de páginas que genera el mismo usuario durante la misma.

Visitante Único: Navegantes distintos que durante un determinado periodo de tiempo han visitado el sitio.

Bibliografía

ALET, J. (2001): «Marketing eficaz.com». Gestión 2000.

— (2011): «Marketing directo e interactivo: campañas efectivas con sus clientes». ESIC Editorial.

ALPER, J. (2012): «The Mobile Marketing Revolution: How Your Brand Can Have a One-to-One Conversation with Everyone». McGraw-Hill.

ARNOLD, J. (2011): «E-Mail Marketing For Dummies». For Dummies.

ASH, T. (2012): «Landing Page Optimization: The Definitive Guide to Testing and Tuning for Conversions». Sybex.

BAGGOT, C. (2007): «Email Marketing By the Numbers». Wiley.

BARON, R. (2007): «Advertising Media Planning». McGraw-Hill.

BESWICK, J. (2010): «Ranking Number One: 50 Essential SEO Tips To Boost Your Search Engine Results». CreateSpace.

BIRD, D. (2007): «Commonsense Direct & Digital Marketing». Kogan Page.

BLANCHARD, O. (2011): «Social Media ROI: Managing and Measuring Social Media Efforts in Your Organization». Que.

BORONAT, D. (2011): «Vender más en Internet». Gestión 2000.

BROWN, E. (2012): «Working the Crowd: Social Media Marketing for Business». British Informatics Society Ltd.

BURGOS, E. (2009): «Iníciate en el marketing 2.0». Netbiblo.

CARTER, B. (2012): «Ganar dinero con facebook (social media)». Anaya Multimedia.

CELAYA, J. (2011): «La empresa en la web 2.0». Gestión 2000.

CLIFTON, B. (2012): «Advanced Web Metrics with Google Analytics». Sybex.

COTO, M. (2008): «El plan de marketing digital: blended marketing como integración de acciones on y off line». Prentice-Hall.

CRUZ, A. (2009): «Marketing electrónico para pymes: como vender, promocionar y posicionarse en Internet». RA-MA.

DANS, E. (2010): «Todo va a cambiar: tecnología y evolución: adaptarse o desaparece». Deusto S.A. Ediciones.

DAUM, K. (2012): «Video Marketing For Dummies». For Dummies.

DE ANDRÉS, S. (2010): «Quiero que mi empresa salga en Google». Starbook Editorial.

DE JONS, R. (2010): «Sácale partido a Internet: tecnicas para incrementar ventas, visitas y resultados». Gestión 2000.

DEL FRESNO, M. (2012): «El consumidor social: reputación online y social media». Universitat Oberta de Catalunya.

DELAHAYE, K. (2011): «Measure What Matters: Online Tools For Understanding Customers, Social Media, Engagement, and Key Relationships». Wiley.

DOVER, D. (2011): «Search Engine Optimization (SEO) Secrets». Wiley.

ENGE, E. (2009): «The Art of SEO: Mastering Search Engine Optimization». O'Reilly Media.

FARRIS, P. (2010): «Marketing Metrics: The Definitive Guide to Measuring Marketing Performance». Pearson Prentice Hall.

FLEMMING, P. (2000): «Hablemos de marketing interactivo: reflexiones sobre marketing di gital y comercio electronico». ESIC Editorial.

FIANDACA, D. (2010): «Digital Advertising: Past, Present, and Future». Creative Social.

GABRIL, J. (2010): «Internet marketing 2.0». Reverte.

GAMEZ, D. (2012): «Twitter». Bresca.

GARCÍA, D. (2012): «Todo lo que hay que saber de marketing y negocios en móviles». Wolters Kluwer.

GARCÍA, G. (2012): «BUYVIP.COM». Alienta.

GARCÍA, V. (2008): «e-branding». Netbiblo.

GEDDES, B.: «Advanced Google AdWords». Sybex.

GILBREATH, R. (2011): «La siguiente evolución del marketing». McGraw-Hill.

GILLIAM, J. (2012): «Social Selling: How Direct Selling Companies Can Harness the Power of Connectivity... and Change the World». Momentum Factor.

GÓMEZ, A. (2006): «Marketing relacional directo e interactivo». RA-MA.

— (2011): «Redes sociales en la empresa: la revolución e impacto a nivel empresarial y profesional». RA-MA.

GROVES, E. (2009): «The Constant Contact Guide to Email Marketing». Wiley.

HALVORSON, K. (2012): «Content Strategy for the Web». New Riders Press.

HAMEROFF, E. (1998): «The Advertising Agency Business: The Complete Manual for Management & Operation». McGraw-Hill.

HANSEN, J. (2012): «Mobilized Marketing: How to Drive Sales, Engagement, and Loyalty Through Mobile Devices». Wiley.

HOPKINS, J. (2012): «Go Mobile: Location-Based Marketing, Apps, Mobile Optimized Ad Campaigns, 2D Codes and Other Mobile Strategies to Grow Your Business». Wiley.

HUGHES, J. (2011): «Marketing de aplicaciones android». Anaya Multimedia.

HUNT, B. (2011): «Convert!: designing web sites to increase traffic and conversion». Lea.

JENKINS, S. (2008): «The Truth About Email Marketing». FT Press.

KABANI, S. (2012): «The Zen of Social Media Marketing». BenBella Books.

KAUSHIK, A. (2009): «Web Analytics 2.0: The Art of Online Accountability and Science of Customer Centricity». Sybex.

KEEN, A. (2012): «Digital Vertigo: How Today's Online Social Revolution is Dividing, Diminishing and Disorienting us». St. Martin's Press.

KOTLER, P. (2010): «Marketing 3.0».

KRUM, C. (2010): «Mobile Marketing: Finding Your Customers No Matter Where They Are». Que.

LAUDON, K. (2011): «E-commerce 2011». Prentice-Hall International Edition.

LIBEROS, E. (2008): «Lo que se aprende de los mejores MBA». Ediciones Gestión 2000.

— (2010): «El libro del comercio electrónico». ESIC Editorial.

LOVETT, J. (2011): «Social Media Metrics Secrets». Wiley.

MALDONADO, S. (2012): «Analítica web: medir para triunfar». ESIC Editorial.

MACIA, F. (2010): «Marketing online: estrategias para ganar clientes en Internet». Anaya Multimedia.

MARSE, B. (2012): «Youtube». Profit.

MARTÍN, J. (2005): «Publicidad y entretenimiento en la web». RA-MA.

— (2011): «Marketing y publicidad en internet». Starbook Editorial.

MARSHALL, P. (2010): «Ultimate Guide to Google Ad Words». Entrepreneur Press.

— (2011): «Ultimate Guide to Facebook Advertising». Entrepreneur Press.

MAYAR, V. (2011) «Digital Impact: The Two Secrets to Online Marketing Success». Wiley.

McCRACKEN (2011): «Marketing online para empresas». Servidoc.

McSTAY, A. (2009): «Digital Advertising». Palgrave Macmillan.

MEERMAN, D. (2012): «Marketing en tiempo real». Anaya Multimedia.

— (2010): «Las nuevas reglas del marketing». Anaya Multimedia.

MEYERSON, M. (2010): «Success Secrets of Social Media Marketing Superstars». Entrepreneur Press.

MIDDLETON, A. (2009): «Successful Email Marketing Strategies». Racom Communications.

MILLER, M. (2011): «Marketing con youtube». Anaya Multimedia.

— (2010): «The Ultimate Web Marketing Guide». Que.

MUÑIZ, R. (2010): «Marketing en el siglo XXI». Centro de Estudios Financieros.

MUÑOZ, G. (2012): «Analítica web en una semana». Ediciones Gestión 2000.

NICOLÁS, M. (2012): «Estrategias de comunicación en redes sociales». Gedisa.

OKAZAKI, S. (2012): «Fundamentals of Mobile Marketing: Theories and practices». Peter Lang Publishing.

PACHECO, M. (2008): «La publicidad en el contexto digital: viejos retos y nuevas oportunidades». Comunicación social ediciones y publicaciones.

PATERSON, M. (2010): «Create Stunning HTML Email That Just Works». SitePoint.

PÉREZ-BES, F. (2012): «La publicidad comportamental online». Universitat Oberta de Catalunya.

PEÑARROYA, M. (2010): «Marketing electronic per al turisme cultural». Vitel.la.

PFEFFER, M. (2012): «Erfolgspotenziale einer personalisierten Massenkommunikation über das Internet». GRIN Verlag.

PLUMMER, J. (2007): «The Online Advertising Playbook: Proven Strategies and Tested Tactics from the Advertising Research Foundation». Wiley.

POULSEN, W. (2011): «Advertising: Developments and Issues in the Digital Age». Nova Science Pub Inc.

PRAHALAD, K. (2011): «La nueva era de la innovación: como crear valor a traves de redes globales». McGraw-Hill/Interamericana de México.

RISSOAN, R. (2011): «Redes sociales: facebook, twitter, linkedln, viadeo en el mundo profesional». ENI.

ROBERTS, M. (2007): «Internet Marketing: Integrating Online and Offline Strategies». Atomic Dog.

RODRÍGUEZ DEL PINO, D. (2012): «Publicidad on line». ESIC Editorial.

RODRÍGUEZ, I. (2008): «Marketing.com y comercio electrónico en la sociedad de la información». Piramide.

RODRÍGUEZ, O. (2010): «Facebook: aplicaciones profesionales y de empresa». Anaya Multimedia.

— (2011): «Twitter: aplicaciones profesionales y de empresa». Anaya Multimedia.

ROMÁN, F. (2005). «Mobile mk: la revolución multimedia». ESIC Editorial.

ROSALES, P. (2010): «Estrategia digital: cómo usar las nuevas tecnologías mejor que la competencia». Deusto S.A. Ediciones.

RYAN, D. (2012): «Understanding Digital Marketing: Marketing Strategies for Engaging the Digital Generation». Kogan Page.

— (2011): «The Best Digital Marketing Campaigns in the World: Mastering the Art of Customer Engagement».

SABADA, C. (2011): «Redes sociales». Vicecersa Editorial.

SACO, M. (2008): «Supermercados.com: marketing para los supermercados virtuales». ESIC Editorial.

SAFKO, L (2012): «The Social Media Bible: Tactics, Tools, and Strategies for Business Success». Wiley.

SANAGUSTÍN, E. (2010): «Marketing 2.0 en una semana». Ediciones Gestión 2000.

SHEEHAN, B. (2011): «Marketing on-line». Blume.

SHIMP, T. (2008): «Advertising Promotion and Other Aspects of Integrated Marketing Communications». South-Western College Pub.

SINCLAIR, J. (2012): «Advertising, the Media and Globalization». Routledge.

SOMALO, I. (2011): «Todo lo que hay que saber de marketing online y comunicación digital». Wolters Kluwer.

STONE, B. (2007): «Successful Direct Marketing Methods». McGraw-Hill.

THOMAS, L. (2010): «The McGraw-Hill 36-Hour Course: Online Marketing». McGraw-Hill.

VAN NISPEN, J. (2012): «Diccionario lid de marketing directo e interactivo». Lid.

VV.AA. (2009): «Claves del nuevo marketing». Ediciones Gestión 2000.

WEBER, L. (2011): «Estar en todas partes: estrategias de social business (social media)». Anaya Multimedia.

WERTIME, K. (2008): «DigiMarketing: The Essential Guide to New Media and Digital Marketing». Wiley.

WEYL, E. (2011): «HTML5 & CSS3 for the Real World». SitePoint.

WILLIAMS, E. (2010). «La nueva publicidad: las mejores campañas en la era de internet». Gustavo Gili.

ZARRELLA, D. (2009): «The Social Media Marketing Book». O'Reilly Media.

— (2011): «Marketing con facebook». Anaya Multimedia.